東アジア海域叢書6

須江　隆編

碑《いしぶみ》と地方志のアーカイブズを探る

汲古書院

碑《いしぶみ》と地方志のアーカイブズを探る　目　次

東アジア海域叢書6

「碑《いしぶみ》と地方志のアーカイブズを探る」序説

須江　隆

はじめに

本書は、二〇〇五年度から二〇〇九年度にかけておこなわれた、文部科学省科学研究費補助金特定領域研究「東アジア海域交流と日本伝統文化の形成——寧波を焦点とする学術的創生——」（以下、寧波プロジェクトと略す）の文献資料研究部門の中で組織された、地方志・碑記班による五年間にわたる研究成果の一部である。但し本巻は一見すると、二十冊に及ぶ「東アジア海域叢書」の中でも異色の存在と見えるかもしれない。何故ならば、本書の執筆者の殆どが、海外の研究者か中国史以外の研究者で占められているからである。東洋史学が、我が国で明治時代に創設された学問分野であることはよく知られているし、中国学（シナ学、漢学）が日本では長い伝統をもっていて、何れもその研究レベルにおいて、世界的に見ても高水準を維持していることも周知の事実である。しかし、グローバル化と呼ばれるこの時代において、これらの分野の国際化は、如何なものであろうか。勿論、時代の趨勢に必ずしも迎合しなければならないわけではないが、では一体、我々日本人の研究成果は、どれだけ海外の研究者に読まれ引用されているといえるのであろうか。また逆に我々は、中国や台湾のみならず、欧米圏をも含めた研究分野を同じくする海外の研究者の成果を、どれだけ周知し消化しているといえるのであろうか。少なくともこうした点については、昨今では意識せざるを得ない状況になっていると、編者は強く思う。

さて、今から最早十年以上も前になるが、こうした点に警鐘を鳴らしたのが、本書の執筆者の一人でもあり、かつ地方志・碑記班で五年間にわたり苦楽をともにした伊原弘氏であった。その際伊原氏は、とりわけ欧米の研究者が最近の我が国の研究論文を参照し引用していない現実を憂え、宋代史研究会の場で、編者とほぼ世代を同じくする研究者に対して、海外の研究者との今後の積極的な学術交流推進の必要性を力説されたのである。少なくとも編者が、国際的な学術交流に図らずも携わるようになったのは、その現実を認識したそれ以降であったし、そもそも寧波プロジェクトへと結実してゆく活動自体もまた、その時点からスタートしたといっても過言ではあるまい。従って、その伊原氏と研究活動をともにして得られた地方志・碑記班の成果は、自ずと国際色豊かなものとなったし、むしろそうすることを敢えて意識したのである。加えて本書では、比較史的視点をも重視している。それは、中国史の分野に金石学の伝統があるように、例えばベトナム史や古代ギリシア史などの世界でも、碑文学の研究蓄積があって、そこに学ぶべき視点が多々あるからである。

上記の点を意識した上で、本書では、東アジア海域交流において、日本への学術等の発信の窓口となっていた中国側の寧波と、その背後に広がる諸地域に着目し、そこに記録として残存・蓄積されてきた史料としての石刻及び地方志に焦点を当てる。そして、それら史料の特質や価値を踏まえた上で、かかる史料から如何なる地域性や歴史性に関わる新知見が得られ、それら保存記録の利用により、どのような新たな地域史研究の可能性が生まれるのかを、研究環境を異にする多国籍の研究者から、また比較史的視点をもった研究者からも提言してもらおうというのが、本巻の試みである。なお本書では特に、編者らの企画によって、二〇〇九年一月十日に東京大学で開催された国際シンポジウム「寧波とその周辺——地方文献に見える史料性・地域性・歴史性——」での議論を基調としつつ、寧波プロジェクトにおける地方志・碑記班が、その他の国際会議で組織したパネル、及び主催した公開研究会等で学術交流をおこなった成果をも積極的に盛り込み、国際的かつ比較史的な視点から、唐末・五代・宋・元・明・清にわたる、中国における各地域の史料的特質と歴史的特質の解明を期するものである。

一　碑と地方志に着目する理由と研究の目的

さて、ここでは次に、本書編集の経緯やねらいを鮮明にしていくために、本書で碑と地方志に着目した理由や、「地方志及び碑記の史料論的解析を主とした近世中国東南沿海地方の地域性と歴史性」という研究課題を掲げていた地方志・碑記班の研究の目的について言及をしておきたい。

中国における寧波とその背後に広がる広範に及ぶ諸地域は、如何なる地域性・歴史性を具有し現在に至っているのだろうか。その課題解明の手掛かりを我々に提供し、かつ各時代の地域の特色を最も如実に物語ってくれるのが、碑や地方志である。中国では古来より一地方の地理を記した地方志が作られたが、唐代までは地図を中心とする所謂図経が主流であった。豊富な記述内容をもつ地方史的性格を帯びた地方志が州県レベルで盛んに編纂されるようになるのは、北宋末期以降からであり、その傾向は明清時代に至って一層顕著となる。かかる地方への関心の高まりは、地域社会の成熟を背景としたが、地域における祠廟・寺院・学校・社会救済・橋梁・水利等々に関わる諸文化・事業の進展は、碑としてその具体的内容が石に刻まれ、永久的に記録として地域に残されることにもなったのである。

地方志・碑記班では、かかる残存史料・保存記録を、宋から清までを射程に入れて網羅的に調査・整理した上で、叙述内容に解析を施し、寧波を中心とする浙東地方の地域性・歴史性を浮き彫りにすることを目的とし、具体的には概ね次に示した四つの側面からアプローチをすることにした。

（A）浙江の地方志について、残存情況と内容を皆尽的に調査し、行政区画ごとに計量的・系統的に整理する。地方志の序文などを参照し、作成された痕跡が確認できるものも加えていく。

（B）当該地方の碑についても網羅的に調査し、時代・地域ごとにどのような碑が残されたのかを、祠廟・寺院などの分類項目を設定して整理する。

（C）当該地方の歴史性を読み解く上でのキーワードを設定し、それらが地方志や碑の叙述中にどれだけ用いられているのかを計量化する。

（D）地方志については特に序跋文を精読すること、碑については碑文生成の現場における目的意識の刻印を読み取ることに努め、個々の史料性を生成論的に解明し、地域性を探る。

以上の（A）～（D）の試みである。

つまり、地方志・碑記班が寧波プロジェクトで目指したのは、従来の中国史研究では殆ど未解明であった基層社会の論理を物語る地方志や碑を、系統的・計量的分析手法に加え、叙述・刻印された過程・目的をふまえた史料論的な解析法によって分析し、中国側の東南沿海地方を中心とした各地域の特質や歴史性の解明を期することであった。そうした研究を着想した背景としては、欧米の系統的・計量的分析法をより発展させ、かつ我が国の高度な文献史料学に裏付けられた解析法を駆使した研究は、当該史料の近年における利用頻度の高さの割には、内外にわたり乏しい情況にあったという点や、そもそも中国史分野における地域史研究の未成熟という現状があった。加えて、地方志・碑記班では、地方志・碑を断代的・部分的に分析するのではなく、それらが宋代以降に豊富な記述内容を伴う点や何度も重修される特質を生かし、長期的・皆尽的に解析を行うことを重視した。従って、研究対象とする各地方の特質や歴史性の抽出のみならず、地方志や碑の史料としての特質の解明も目指すことになったのである。

従って、この研究では、次の二つの点に関する期待を抱きつつ遂行されることにもなった。第一には、ある地域に残された地方志や碑の悉皆調査と計量的かつ長期的・体系的な整理と分析を行うことによって、事例研究に止まっている中国地域史研究を、より巨視的な観点から地域を捉え直すという新次元へ押し上げ、寧波を中心とする浙東地域やひいては中国そのものが、近世東アジア海域世界に果たした役割の解明に寄与できる可能性があるという点。第二には、とりわけ宋代以降の地方志・碑の分析法をめぐっては、内外を通じてあまり活発な議論が存在していないため、史料性の探求を通じて新たな方法論を内外に発信し、海外の研究者とも討論をすることにより、当該史料の斬新な活用法・可能性が抽出され、新たな文献史料学の創生につながるかもしれないという点である。

以上のような研究目的と期待を掲げて、地方志・碑記班の研究活動はスタートすることになった。そこで次に実際の活動状況について説明しておくことにしたい。

二　地方志・碑記班の研究組織と研究活動

抑も地方志・碑記班は、スタート時点では、研究代表者である編者の須江と、研究分担者である伊原弘氏（二〇〇八年度から連携研究者）、そして二名の海外研究協力者（ベティンヌ・バージ、アンゲラ・ショッテンハンマーの各氏）によって組織された。但し五年間の様々な活動の過程で、内外に広い人脈を得て、最終的には須江と伊原氏、及び当初の海外研究協力者に加えて、地方志や碑と格闘している五名の海外研究協力者（ティ・ジェ・ヒンリクス、ジョセフ・デニス、クリスチャン・ド・ペー、アンナ・ヘリセン、サラ・シュニーウィンドの各氏）と一名の国内研究協力者（比較史部門担当で古代ギリシア碑文学を専門とする師尾晶子氏）を得て、最終的には十名の研究者によって組織される体制に至った。とはいえ、実質上、常時活動をしていたのは、編者と伊原氏の二名に過ぎなかったので、寧波プロジェクトの数ある錚錚たる「大藩」がならぶ研究班の中にあっては、まさしく「小藩」であった。しかし振り返ってみると、江戸時代における小藩の対馬藩の如く、少なくとも国際的な活動に関しては、「大藩」に伍してあるいはそれ以上に、「小藩」でありながらも積極的に携わったという自負があるし、そうした役割を寧波プロジェクトの中で期待されていたのも事実である。従って、研究成果の一部を公にするに当たっては、矢張り上記で述べた研究目的を踏まえた上でも、海外の研究者との学術交流の成果を前面に押し出したかったのである。

そこで以下では特に、この五年間で飛躍的に進展した、地方志・碑記班の地方志や碑の研究における国際学術交流と比較史的検討について言及しておくことにしたい。この点は、本書の内容とも密接に関わるし、数ある研究成果の中でも特筆しておくべきことだからである。なお、以下で言及する活動の他にも、財団法人東方学会主催の国際東方学者会議への参加や海外の研究者の招聘を行ったことを付記しておきたい。

地方志・碑記班では、五年間の研究活動の中で、海外研究協力者等の招聘を伴う四回の公開研究会を主催し、内外の国際的会議やシンポジウムでも多国籍の研究者や他分野の研究者からなるパネルを三度にわたって企画・組織した。いずれも米・英・独・仏・蘭・台湾等の研究者との学術交流を深化・拡大させるものとなった。また古代ギリシア史・ベトナム史等の分野の成果と比較することにより、中国史における地方志・碑の史料的及び研究の特徴が浮き彫りとなった。なお編者・伊原氏ともに、研究成果の一部を英文・中文で海外に複数発信している。主な当該活動は、下記の通りである。

①二〇〇六年三月十六日　第一回公開研究会「歴史史料における石刻史料の意味と役割」（於・東方学会）を開催し、アンゲラ・ショッテンハンマー氏を招聘。師尾晶子氏、八尾隆生氏（寧波プロジェクト地域政治班）らの協力を得て、日本・ギリシア・イタリア・ビザンツ・中国・ベトナムの石刻史料の種類や特色、史料としての意味・役割などに関する比較史的な観点からの検討がおこなわれた。いずれも碑石史料を扱うにせよ、研究対象とする地域や時代を異にする研究者による参加を得ただけに、多彩かつ興味深い内容となり、各地域における石刻史料の形体、研究の独特な視点や手法の相違などについて活発な議論が交わされた。この成果は、『碑石は語る』（『アジア遊学』九一、二〇〇六）として公にされた。

②二〇〇六年五月二十日　第二回公開研究会「宮廷都市の政治的象徴性と内的空間」（於・明治大学）を比較都市史研究会と共催。宋代の宮廷都市を、宮城配置としての物理的空間、政策決定過程としての空間、皇帝及び官僚間の距離に着目してみた空間の三つの視点から、また蘇州の「宋平江図」や桂林の「静江府図」といった刻石された地方都市図に見られる地方官衙の図との比較検討という視点からも議論を深化させた。第五十一回国際東方学

者会議東京会議「シンポジウムⅣ：中国史像の再構成——空間・時間・景観」のために東方学会によって招聘された、フランス社会科学高等研究院のクリスチャン・ラムルー氏や、ステファン・ウエスト氏、平田茂樹氏（寧波プロジェクト官僚制度班）らの参加及び報告を得た。

③二〇〇六年十一月三十日　第三回公開研究会「宋元時代の儒教と社会」（於：東京大学）を小島毅氏（寧波プロジェクト領域代表）の王権理論班と共催。ベティンヌ・バージ氏を招聘し、バージ氏により、「モンゴル支配下における婚姻と相続法の儒教的変化について」と題する講演がおこなわれた。女子の相続に関わる在り方の変化を、宋・元・明という長い時間的スパンの中で捉えた講演は、異民族であるモンゴルの中国史上における支配の意味を明らかにする内容でもあり、中国近世社会の時代性の把握などをめぐる討議が、東京大学の大学院生らとともに活発になされた。

④二〇〇七年三月二十二日～二十八日　第五十九回米国アジア研究学会（AAS）年次総会（於：アメリカ合衆国ボストン市）にて、パネル“Rock, Paper, Scissors: Stone Inscriptions, Local Gazetteers, and the Regional Past in Imperial China”をクリスチャン・ド・ペー、ベティンヌ・バージ、アンゲラ・ショッテンハンマー、アンナ・ヘリセンの各氏と組織。地域史に関する具体的かつ興味深い情報の宝庫ともいえる地方志・碑・墓誌銘の史料としての特質や分析手法を、米・英・独・日の研究者がそれぞれの視点から検討し、それら史料の緻密な解析を通じて、十世紀から十六世紀の地方に生きるエリートや地域の社会と文化の実態の解明を目指した。この成果は、*Journal of Economic and Social History of the Orient*, vol.52-1, 2009. に特集号が組まれて掲載された。本書所収のショッテンハンマー論文、ペー論文、ヘリセン論文は、同誌掲載論文を翻訳したものである。

⑤二〇〇七年九月七日～十八日　第三十八回国際アジア・北アフリカ研究会議（於：トルコ共和国アンカラ市）にて、

パネル“What Do Rocks and Papers Tell Us?: Building a New Theory of Chinese Local History Documents”をニューヨーク市立大学名誉教授のトーマス・リー氏をコメンテーターに据え、ティ・ジェ・ヒンリクス、ジョセフ・デニス、サラ・シュニーウィンド、アンナ・ヘリセン、師尾晶子の各氏らと二部構成で組織。世界的に見ても早くから印刷出版文化が発達し、史料の再生産がなされた中国の唐宋変革期以降に着目し、人間活動の最も身近な場である地域の歴史の源を探るために、地域史料の生成・受容・認知に関する過程や状況についての討論を試みた。具体的には、地域の歴史の何が、石（碑）や紙（出版物）に、誰によって、どのように記録されてきたのか、また石や紙が地域の歴史を生成する上でどのような役割を如何に果たしてきたのか（石媒体の史料と紙媒体の史料との関係についての検討も含む）に関する中国史の独自性の解明を目指した。異なる環境で中国史研究に携わる各国研究者による地域史料論を、中国以外をフィールドとする歴史研究者をも含めて、討論の素材を出し合って議論を深めた。この成果については、百四十頁からなる予稿集を刊行し公表した。

⑥二〇〇八年二月二十七日　第四回公開研究会“Writing, Publishing, and Reading Local Histories in Song, Yuan, and Ming China”（於：広島大学）を故岡元司氏（寧波プロジェクト海港地域班）の協力を得て開催し、ジョセフ・デニス氏を招聘。主として、明代地方志の出版の歴史と情報流通のケース・スタディに関する内容の講演がデニス氏によっておこなわれた。地方志の史料性をめぐる宋・元と明との時代性の相違や米国におけるデニス氏の研究の位置づけ等に関する討論が、広島大学の大学院生らとともに活発になされた。

⑦二〇〇九年一月十日　三部構成からなる国際シンポジウム「寧波とその周辺――地方文献に見える史料性・地域性・歴史性――」（於：東京大学）を、寧波プロジェクトの文献資料研究部門調整班と共催。柳立言、ティ・ジェ・ヒンリクス、ジョセフ・デニス、アンナ・ヘリセン、フランス遠東学院のアラン・アローの各氏を招聘し、高津

孝氏（寧波プロジェクト出版文化班）、師尾晶子氏、八尾隆生氏らの協力と報告及び発言を得た。この国際シンポジウムでは、中国東南沿海地方、特に寧波とその周辺における地方志や碑などの地方文献の史料的性格や活用法、それら特殊史料によって浮き彫りとなるだろう当該地方の地域性・歴史性を明らかにすることを最大の目的とした。個々の報告内容は、家譜の利用とリニージの再定義、地方志、民間信仰、窯業、医学史、書籍蒐集と保存など、社会文化史に関連する研究が中心であり、それぞれに利用史料の性質やそれらを用いた研究の可能性、研究対象とした地域や施設などに垣間見られる世界や特質に言及がなされた。加えて比較史的視点から八尾氏と師尾氏の発言を得て、中国地域史研究とベトナム地域史研究の史料環境の違いや古代ギリシア史研究を通じた碑文活用に関する意義や問題点が明らかにされた。この成果の概要については、『青波』第五号（二〇〇九）に掲載されるとともに、百七十八頁からなる予稿集を刊行した。

以上のような活動を通じて、地方志・碑記班では、近年盛んな中国地域史研究に警鐘を鳴らすべく、地方志・碑の史料性の吟味や緻密な分析の必要性を強調してきた。従って今後、内外の研究者が地方志や碑を活用する際には、必ず参考に資すべき成果を抽出し得たと思っている。実際に地方志や碑を駆使して明代教育史研究を行った、本書の執筆者の一人でもある海外研究協力者のサラ・シュニーウィンド氏からは、特に史料性の吟味という点で、自身の研究成果の見直しに関するコメントが寄せられている。従来乏しかった宋・元・明時代を主とした地方志・碑の史料性や活用法に関する討議が、国籍や研究環境を異にする研究者間で活発になされた意義は大きいし、今後の新たな社会史研究の可能性を呈示できた点は重要である。また海外への外国語による成果発信は、我が国の中国史研究者が得意とする史料論的成果を、国際的にアピールすることになったのではなかろうか。

但し本書を御覧いただければ明らかと思うが、碑や地方志の史料性の解明やそれら史料を用いた研究の可能性については、それなりの成果を上げることができたが、地域性や歴史性の解明については、なお課題があることが明らかとなった。本書所収の伊原論文の「おわりに」の部分でも指摘されているように、そもそも真の意味での中国地域史研究がどの程度進展していたのかを問い直す必要性が、新たな課題として鮮明に現れてきたのである。勿論そうした課題を抽出できたこと自体も、研究の成果であったといえよう。そのため、寧波プロジェクトの活動終了後ではあったが、第五十六回国際東方学者会議において、「中国宋代における「地域」像――中央集権的文臣官僚支配国家下における「地域」史研究」に関する欧米や中国出身の研究者を交えた討論の機会が、伊原弘氏によって設定されることになったのである。その成果についても、別に二〇一二年度中に公にされる企画が、伊原氏を中心として既に進められている。

地方志・碑記班の研究活動の概要は以上の通りであるが、その内容をより具体的に知っていただくためにも、本書を是非読んでいただきたい。そこで次に、本書の構成と内容について簡単に触れておくことにしたい。

三　本書の構成と内容

本書は、三部構成になっている。第一部の石刻・地方志の史料的特質では、特に史料性の吟味を前面に押し出した五編の論文を収める。ショッテンハンマー論文（河合佐知子訳）は、上記④の国際会議での成果を翻訳したもので、唐末から五代初期にかけて節度使を務め、戦乱の世を生きぬいた王処直の墓誌銘を、その史料性に注目しつつ、正史などに見える彼の伝記史料と比較分析することを通じて、五代初期から宋代にかけて、軍人の個性に対する評価が、時代によってどのように変化したのかを生き生きと描出する。次いでヒンリクス論文（吉田真弓訳）は、上記⑦の国際シンポジウムでの成果を翻訳したもので、特に碑と木版の告知という役割に着目する。北宋時代の華南における病気治癒に関わる風俗とその変革運動の実態を明らかにしつつ、病気治癒に関する医療書の内容や薬の配布と処方などを碑や木版にして公にした政府や地方官の政治的・倫理的意味を詳しく論じる。特に明代地方志の編纂・出版・読者に焦点を当てたデニス論文（吉田真弓訳）は、上記⑥の公開研究会の報告用ペーパーを加筆・翻訳したもので、一種の地方志全体を研究対象としてきた執筆者の研究の視点やその成果の一部を披瀝する。主として明代の地方志の編纂に関わっていた人々の系譜・人脈や目的、辺境地帯で編纂された地方志が果たした役割、地方志の製作費や出版費用の調達法、印刷方法や印刷場所などへの言及を通じ、地方志の史料性と活用の可能性を明らかにする。また須江論文は、上記⑦での成果に加筆したもので、特に地方志の史料性や碑が地域社会に及ぼした影響に着目する。繰り返し重修され、碑文の叙述の影響を受けやすいという地方志の史料としての特質や、地域の信仰の内容をも変えうる役割を果たした碑の史料性を踏まえた上で、宋から清の寧波の地方志やその間に作られた碑に、長期にわたって記録され続けた言説を抽出・分析し、寧波の地域性と歴史性の探究を試みている。紹興府の地方志の歴史的価値に言及するデニス論文（須江隆訳）は、上記⑦での成果を翻訳したもので、地方志を戦略的な書物として読むという視点が強調されている。紹興府の地方志に見える二つの水利権をめぐる紛争に焦点を当て、地方社会の特定の人物の利益のために故意に改竄されてしまった地方の歴史に関わる事例と、地方志の著者が近隣の県の利害を冒し、自身の県の利権を主張するために当該史料を利用した事例に着目し、地方志の中に見出せる「戦略」を暴くことによって、地方社会における重要な問題点を見出せることを示唆する。

第二部の石刻・地方志研究の可能性では、史料性を吟味した上で、碑や地方志を活用した研究の可能性を示唆する五編の論文を収める。先ずペー論文（浅見洋二訳）は、上記④の国際会議の成果を翻訳したもので、宋代の知識人が洛陽について書き記した地方志、序、碑石、記、詩などの様々なジャンルのテクストを分析することにより、彼等が洛陽の都市景観のどこに視点を向けて何を描写したのかを明らかにする。その上で、いずれも同じ境界、ルート、禁忌に従っている伝統的なテクストの地誌記述の在り方と、それとは異なる地誌記述の在り方、つまり「都市の通俗的空間が口語的な表現とともに保存される」という在り方とを見出している。そこからは、地誌記述の在り方の分析を通して、宋代の知識人たちの視点やアイデンティティを解明できる可能性があることを教えてくれる。次の伊原論文は、宋代の碑の利用価値に早くから注目し、それらを積極的に活用してきた先駆者ともいえる執筆者が、寧波プロジェクトでの活動で得られた成果をも加味して、碑石から様々な宋代江南の基層社会の様態を読み込むことができるという、碑の史料としての大変興味深い可能性を示唆する。特に碑の一次史料としての特質を踏まえた上で、碑文に現れた都市居住民の名前や寄進額等に関わる数字の記録から、大陸に住む宋代の市井に生きる普通の人々のみならず、大陸から日本にわたって居住する人々の生活の実態や水準をも解明できうることを、複数の事例を通じて指摘する。そして柳論文（山口智哉訳）は、上記⑦の国際シンポジウムでの成果を加筆・翻訳したものである。地方志や碑を主たる史料として研究がなされてきた、宋代明州（寧波）における「家族」研究のこれまでの成果をベースとして、従来の当該研究の問題点や疑問点を多様かつ鋭い視点から提示する。その上で、今後の宋代「家族」研究がなすべき課題と限りない可能性を見事に指摘している。宋代のみならず、中国近世「家族」研究に携わるものにとっては必見の好論である。上記④の国際会議での成果を翻訳したヘリセン論文（小二田章訳）は、陶磁と窯業の街として発展した景徳鎮が、地図、鑑定家の文章、地方志、商人のマニュアルといったテクストの中で、如何に認識されていたかを検討する。その結果、景徳鎮は、商業ネットワークの重要な結節点として機能し、そこで製作された陶磁器が国内各地域のみならず、中国の領域を超えて輸出されていたにも関わらず、これらのテクストには、中国の領域を越えた結びつきに対する言及がほぼ完全に欠如している点を見出し、「陶磁製作業の世界的な過去は、その復元のためにはあまりにもこなごなであると結論付けざるを得ない」と結ぶ。本論のような考察により、テクストの著者たちの視点やテクスト形式の特徴が解明できることを示唆してくれる。第二部最後のシュニーウィンド論文は、上記⑤の国際会議における報告の元となった、氏の原著 *Community Schools and the State in Ming China* (Stanford University Press, 2006) の第六章 Community Schools in Ming Society を翻訳したものである。明代の社学の実態を、関連史料（主として明代の地方志やそこに所収される碑）を博捜することにより、かなり具体的かつ詳細に明らかにし、専制政治を特徴とするといわれてきた明朝と地域社会との連関性を論じる。特にその論点は、本書に付録として所収した氏の原著の結論部分で鮮明に述べられている。

第三部の比較史的視点からの提言では、中国史研究において碑を利用するに際し、参考に資すべき示唆に富む貴重な内容を含む、八尾隆生氏のベトナム史研究と師尾晶子氏の古代ギリシア史研究に関わる二編の論文を収める。八尾氏は、上記⑦の国際シンポジウムで、中国とベトナムとの国のサイズの問題（ベトナムは中国に比して小さい）や、ベトナム前近代史における地方文献の殆どが手書き本のみの世界である点、地域史研究は稿本の家譜に依存し、地方志の刊本は中部を除いては皆無の状況にある点、碑文も録文集は存在するが、拓本集が近年ようやく刊行され出したという点に言及されている。ここに所収された八尾論文は、この提言を踏まえて、特に前近代ベトナム碑文の特徴と研究状況を、ベトナム碑文収集史、ベトナム本国と日本でのベトナム碑文研究の現状と成果、十五世紀の墓誌研究を通した政治史研究における碑文史料の重要性の三つの視点から紹介する。またベトナム碑文研究においても、中国や台湾、日本、ベトナムの各研究者間での、研究の参照が不活発であることを指摘している。一方、師尾晶子氏は、矢張り上記⑦の国際シンポジウムで、古代ギリシア史研究では、文献史料のみではアテネ以外の地方史は書けず、碑文が不可欠である点、一九八〇年代以降の碑文研究は、新事実の解明や旧来の学説を覆すなど役割が極めて大きかった点、断片に過ぎるモノ資料の扱いの難しさや碑文捏造の問題に触れられた。本書所収の師尾論文は、こうした指摘を踏まえて、中国以外の他地域他時代の碑文建立習慣について考えるための素材を提供するために、古代ギリシア世界における文字使用と碑文建立文化の拡大のあり方を、アテナイの事例を通じて考察し、古代ギリシア人が碑に文字を刻むという行為にいかなる意味を見出していたのかについての解明を試みる。

おわりに

中国では各地域の歴史を物語る碑や地方志が長期にわたって大量に作られ蓄積されてきた。しかしかかる史料そのものに拘って分析するという研究は、従来は必ずしも多くはなかった。本書では、そうした保存記録そのものを、すなわちアーカイブズ自体を探ることにより、当該史料のいかなる性質が見えるのか、そしてそれらをいかに活用するかによって、どんな歴史像をそれらに語らせることができるのかを試みた。本書に所収された各論文は、研究環境や対象とするフィールドを異にする研究者たちによるものであり、それぞれが語る内容は様々かもしれない。しかし、碑や地方志という共通した研究素材と共に格闘してきた研究者たちによる成果でもある。各論文が一つの線となって奏でる部分も当然存在しているはずである。またむしろ、その異質性と同質性を認識し合い、互いに影響を及ぼし合えることこそが、国際学術交流や比較史的検討の最大のメリットと思う。

五年間の地方志・碑記班の活動を通して、最も驚いたのは、碑や地方志を研究素材としている編者とほぼ同世代の欧米の中国研究者が予想を超えるほどに多数存在していたことである。我が国の中国研究において、近年活発な欧米の中国研究を視野に入れた学術成果が乏しいことや、英語圏との交流を回避できないことについては、地方志・碑記班の活動にも多大なる理解と尽力をして下さった高津孝氏が、欧米の研究成果を自ら翻訳・編集された著書『中国学のパースペクティブ』（勉誠出版、二〇一〇）のまえがきの中でも言及されている。この点については、勿論編者も同感である。従って本書が、ささやかながらも、今後の我が国の中国史研究における海外との学術成果及び人的交流の進展に向けた一つの起爆剤となってくれたとしたならば、編者としても幸甚である。

碑《いしぶみ》と地方志のアーカイブズを探る

東アジア海域叢書6

第一部　石刻・地方志の史料的特質

埋葬された過去——王処直の墓誌銘と列伝——

アンゲラ・ショッテンハンマー
河合 佐知子 訳

はじめに

王処直は、唐代末期から五代初期にかけて高級節度使を務め、地方を取り仕切る軍人達が絶え間なく競い合う血なまぐさい戦闘の世を生きぬいてきた人物である。この王処直の墓は十世紀の贅を尽くした埋葬の代表的なもので、(1)少なくとも二度盗掘に遭っているとはいえ、その内部建築、特にそこに刻まれた壁画は、葬られた死者の社会的地位が比較的高かったことと、彼の墓が遺族にとって重大な意味をもっていたことなどを伺わせる。中でも女性奏者による合奏シーンの描写は目を見張るものがある。[2] また、王処直の墓には墓誌銘が刻まれており、彼についてのさらなる情報を与えてくれる（図1・図2を参照[3]）。

墓誌銘は王処直の墓に見られるように、考古学的にも歴史的証拠としても高い価値を持つ貴重な史料であり、歴史的事象や人物についての重要で興味深い情報を含んでいる。墓誌銘は死者の個人的経歴（墓誌）の最後に韻を踏んだ追悼文（銘）で結ばれるのが通例で、一般的にその長さやそこから得られる歴史的情報は様々である。[4] しかし、墓誌銘を歴史的な分析史料として取り扱う際に、歴史家は考古学的碑文――石や石に類似した物質に彫られて墓に入れられたため、死者とともに埋葬されたもの――と、紙面上に伝えられた文学的バージョンのそれとを区別する必要がある。[5] 以下に述べる研究内容は、王処直の墓から発掘された石刻そのものの分析である。残念ながら、作成時の政治的背景を知る手がかりになっただろう紙面上に伝えられた墓誌銘は残されていない。

当時は、死去した父親のためにその息子が墓誌銘の作成を依頼するのが上流階層の慣習であった。その作成者としては、近親や血縁関係にあたらない者で、（もし家族にそれだけの経済的余裕があれば）著名な文学者か知識人階級である官人に依頼することが望ましかった。王処直の場合も、息子である王都が父親の墓誌銘の作成を自分の管轄下の義武で書吏として仕えていた和少微（和昭訓）に依頼している。

王都に関する公の記録は墓誌銘と食い違う点が見られ、最初の部分である妻に関する記述から既に内容を異にする。墓誌銘によると、王処直は楚の女性である卜夫人を三番目の妻として迎え、彼女との間に王都を儲けたことになっている。[6] しかし、公の記録は全て、王都は王処直の養子であり、李応之と呼ばれる謎の人物から貰い受けたと告げるのである。詳しい歴史的背景は不明のままであるが、おそらく王都の王処直の法的後継者としての地位を正当化し、『旧唐書』や『旧五代史』にあるような「王都がただ単に父親の職を奪ったのだ」という印象を事前に防ぐために、

図1　王処直墓から発掘された墓誌銘
（河北省文物研究所・保定市文物管理処『五代王処直墓』文物出版社、1998、図版11）

ト夫人を養母に選んだ可能性が高いといえよう(7)。

王都と王処直の関係はかように不明瞭な点が多い。『新五代史』を始めとする史料には王処直は王都を愛していたと述べる。しかし欧陽脩によると、王都が自分の政治的地位や家族内での立場を懸念するようになった時、父親の軍事的キャリアを引き継ぐだけでなく、父親を拉致し殺害することさえ厭わなかったという。これに対し、十世紀の公文書や墓誌銘ではそのようなことには何一つ触れられていない。これらの記録によると、王処直は私宅である西第に隠

図２　王処直墓誌銘の蓋
（河北省文物研究所・保定市文物管理処『五代王処直墓』文物出版社、1998、彩版60）

退し、その後何年もしないうちに老衰による死を遂げたという[8]。

様々な史料――王処直の墓誌銘、公な伝記、その他二つの著名な宋代史書に記された王処直の事跡――を比較分析することにより、五代初期から宋代にかけての軍人達の興味深いパーソナリティに対する評価が、時代によってどのように変化したかをより生き生きと描き出すことが可能である。この比較分析を通して、一般的に如何なる振る舞いが悪行であるか、または家族・国家・自然界の秩序を乱す行いとして非難されるものであるかが見えてくる。つまり、上記の史料は宋王朝の変化する道徳観を鮮明に示す例であり、いかに宋王朝が新たに想像された政体から遊牧民を排除し、五代期の政策を特徴づけてきた実利的外交から遠ざかっていったかを示すものなのである。

一　王処直の墓誌銘

王処直の墓誌銘は、通常どおり死者の称号や官職名等のリストから始まり、その後に作成者の称号と官職名が続き、漢代の出来事や王処直の祖先とされている者達に関連づける内容がちりばめられた冒頭部が続く。次に王処直の家と家族についてと、祖父・父・腹違いの兄に関する詳細な情報が載せられている。その兄、王処存は、その時代の人々に再び平和をもたらしたという誉れ高き軍功により特別な称賛を独占した存在であった。その後、和昭訓が当時の政情、特に地方の軍人達の勢力争いについて詳細に述べ、王処直と後梁の祖である朱温の間に見られた初期の対立から、後の協調態勢へと移っていくまでをその関係に注意を払いながら説明している。また朱温は当時、地方の軍人の中でも屈指の勢力を誇る存在で、李克用と李茂貞を大敵と見なしていた。[9] 和昭訓は、光化三年（九〇〇）に王処直軍と朱温軍との間で勃発した歴史的戦いについて次のように詳細に記述している。[10]

早朝から夜まで戦いが繰り広げられたが、勝敗は定まらなかった。そこで、我が主君は塵が赤に染まることを覚悟で（すなわち、全てをこれに懸けて）むき出しの剣とともに猛突進した。その戦は凄惨極まりなく、空は暗くかげり太陽は沈み、戦士達は剣がなくなり矢が折れつきてしまうまで激しく闘った。朱温は、我が主君が斉牛を焼くの秘策や呂虎を縛るの威声を用いるのではないかと死ぬほど懼れていた。[11]

軍事的功績に続く和昭訓の王処直に対する評価においては、処直の学術的業績を並べたり、過去の武将で博識であると共に確固たる軍事力を誇る者達を引き合いに出したりすることで、処直の博識と高潔さを強調している。[12]

蓮の紅に映ずる幕営で刀筆を運ぶ者は、阮瑀と陳琳である。柳の翠が陣営を遮り、矢筒と弓袋を抱えるのは廉頗と李牧である。[13]

阮瑀と陳琳はともに有名な文学者で後漢の政治と軍事に携わり、どちらも建安七子のメンバーであった。阮瑀はもと蔡邕の学生であり、後に陳琳がそうであったように、将軍として曹操に仕えた。廉頗と李牧は戦国時代の趙の将軍で、どちらも強く勇ましい軍人として知られていた。[14] 例えば、廉頗は前二六九年に秦軍二隊を打ち負かし、李牧は北方民族、特に匈奴討伐においてかなりの功績をあげた。しかし、襲撃に対して李牧がとった戦略は独特なものであった。匈奴に対する反撃の機会を辛抱強く待ち続けることによって、匈奴だけでなく、次第に彼自身の兵士や王にまで李牧が臆病者だと信じこませてしまったのである。「趙の王は立腹して李牧を召し返し、代わりの者を将軍として派遣した」[15]。しかし、匈奴の一年以上に及ぶ趙への侵略行為を見かねた王は、李牧にまた現地にもどるよう促した。ここでも李牧の例の戦略が功を奏し、「匈奴は以後十余年以上も趙の都市を取り囲む城壁まで近寄ろうとさえしなかった」[16]。すなわち、多くの意味が凝縮されるこの対句の中に、これら四人の人物は集められたわけであるが、その四人全てが将軍として成功を収めただけでなく、博識な学者でもあったのである。

墓誌銘の他の部分で和昭訓は、王処直を傅説、袁安、孟明、郭隗に擬えている。それによると、処直は「災害からその時代を守るために傅説の大雨を降らせ、国を案じるがゆえに袁安の涙を流した」とある。[17] 傅説は、殷の武丁によって大臣に抜擢された時、傅険で働く囚徒であった。従って、卑しい身分から最も尊敬に値する地位に昇りつめたのである。[18] 袁安は、漢代の皇帝、章帝と和帝の統治下における著名な学者であり、猶且つ政治家でもあった。[19] 袁安は、漢の匈奴に対する方策をめぐる議論に積極的に関わり、重要な役割を果たした。章帝の死後、漢が再び匈奴に対して好戦的な態度を取るようになった時、袁安は匈奴に対する軍事行動を非難する陳情書を朝廷に提出し、北匈奴は国境地帯を侵略していないのに遠征を行って資源を無駄にする理由はないと主張した。しかし、袁安の強い反対とそれを支持する保守派の意見にもかかわらず、竇夫人は遠征軍を派遣した。永元元年（八九）の夏、漢軍は三隊を組み、敵の抵抗を最小限に抑えて前進し、北匈奴の長である單于の軍を破り、西はアルタイ山脈までその追討に向かった。永元三年（九一）の最終攻撃によって北匈奴が滅んだことにより、辺境地帯に政治的空白が生まれ、漢はその後一世紀に及んでその調整に追われることになる。袁安の涙はすなわち、王処直（と恐らく王都）が同じく自身の国を案じ、政敵である朱温や李存勗の攻撃的な政策に反対したこと示す比喩的表現なのである。他の多くの者達のように、彼らは唐の復興を唱えたといえよう。

和昭訓によると、王処直の学識の幅と深さから言っても、彼を孟明と郭隗に擬えることは理に叶っているという。秦の君主、穆公の治世には、孟明（百里視の字）は将軍として仕え、様々な地方を支配下に置き、秦の領土を西方に向かって拡大していった。前六二七年には命を受けて鄭を攻撃し、彼自身も晋軍の奇襲に遭い捕虜となったが、晋の襄公によって放免された[20]。文公の治世の二年目には、孟明は「崤における敗北の恨みを晴らすために晋に対して兵を挙げたが、またしても秦の大敗北に終わった。しかし行政に更なる注意を払い、寛容な態度で人々に接する秦伯（穆公）は孟明を引き続き任用する[21]。そして、孟明はもう一度兵を挙げ、最終的には晋軍を打倒するのである[22]。郭隗は戦国時代の燕の偉大な政治家である。前三一四年、斉の宣王は、燕で（継承問題による）内乱ともいえる戦が起こったことを利用して侵略を目論み、燕軍相手に大勝利をおさめた。しかし、侵略側の残虐な行為は燕内に反乱を引き起こし、斉は結局撤退することになった。燕の昭王は、その後すぐに斉の攻撃に対する復讐を計り、斉への報復計画を成功に導いてくれる様な有能で信頼できる清廉潔白な人物を捜した。その結果、郭隗が理想的な候補者として選ばれたわけである。その昭王の期待の大きさは、郭隗のために大宮殿を建てるほどであった[23]。後に郭隗宮という語は、有能で信頼厚く高潔な人物が滞在する場所を指す表現として使われるようになった。最後にもう一つ和昭訓が処直に擬えているのは、春秋時代後期の越の高官で将軍を務めた范蠡である。呉の軍勢に会稽山で敗れた後、范蠡も彼の敗北の汚名を晴らすことを決心し、ついに呉軍を討ち滅ぼすことに成功した。范蠡はその後名前を改め、裕福な商人になったという。(24) つまり范蠡は、敗北の辛酸を嘗めながらも嘗ての敵を倒して豪農・豪商として隠退し、最終的にはその名誉を挽回することができたという点で、前述の人物に並ぶもう一人の歴史的将軍といえる。光化三年（九〇〇）の決戦に敗れた王処直は、確かに上述の歴史的将軍に驚くほど酷似している。王処直は孟明やその他の武将のように敗北の恥辱を晴らすことはできなかったが、逆境下においても自分の人生とキャリアを全うし、状況を好転させたという点で彼らと共有している部分を見出せるのである。(25)

王処直を取り巻く様々な要素を分析した結果、彼の墓誌銘は、戦国の世を生きる人々の平和に対する願いや農民達が再び土地を耕すことができるようにという祈りを描写し、人と動物と自然とが仲睦まじく平和に共存している理想像を墓の装飾の上でも表明しているのである。例えば、有徳な行為を記録する際には耐久性の高い方法で保存すべきことを強調し、王処直の墓誌銘では石に彫られた竜や鳳凰について言及している。

もし、丸くて鋭い美玉のような石が徳政〔の証し〕を留めないならば、古き世の人々はどうしてしたがうことなどできようか。(26) そこで、螭頭（蛟の頭）と龜趺（亀の足）とともに、鼇（海亀）が捧げる一枚の板を〔用い〕、竜の模様と矢車菊の形を施し、鳳凰の言葉千語を〔記す〕。(27)

棺と墓誌銘が安置されている墓室の上方に描かれた一対の鳳凰がある。この墓誌銘と装飾はともに、墓の主が称賛されるに値する人物であることを示しているのである。

王処直の伝記は、彼の平穏なる隠退と死、そして子孫の名前の一覧で締めくくられている。同光元年（九二三）の冬、処直は高齢であることを息子に訴え、公職を退きたいと承諾を請うた。処直は最後の数カ月を彼の西第で過ごしたという。また、墓誌銘は、埋葬地の自然・地理的特質を述べる前に、まず処直の高潔な性格を表す言葉を捧げ、最後には韻を踏んだ追悼文で結ばれる。ここで強調しておきたいのは、墓誌銘は最初から最後までを通して理解困難で不明瞭な部分が存在するということである。[28] しかし総じて、墓誌銘の作者の王処直に対する評価は高く、困難な状況下で運悪く決戦に破れてしまったが、忠実で意欲に溢れる博識の将軍であったとして、処直を大変肯定的に描写している。

王処直の墓誌銘は、二つの面において五代政治に対する我々の理解を深めてくれる。一つは軍事的策略と社会という面で、もう一つはイデオロギーと道徳的思想という面である。墓誌銘にはそういった道徳的価値と美徳が満ちあふれている。例えば、人々に尽くすことや何よりも国家の政治的目標達成を念頭においた軍事的成功（または少なくともそういった軍功に対する積極的な試み）、平和や長期にわたる安定をもたらし人々の幸福を保障する努力、そして祖先を追悼し彼らの成功を祈念することなどが表現されているのである。

この墓誌銘の作者を含む当時の政治的・社会的上流層が、彼ら自身の世界と過去のそれとに類似点を見出そうとするのは驚くべきことではない。こういった歴史的類似性に対する興味は、周や漢、または漢代以後の政治的状況や人物（多くは将軍達）について熟考することにより裏付けられる。古代と十世紀前期の状況の類似性は否定することが困難である。政治的・軍事的エリート間の勢力争いと陰謀や再び国家を統一しようという試みなどは、これら異なる時代間の重要な類似点である。[29] おそらく作者は墓誌銘の幾つかの部分を意図的に曖昧にすることにより、政治的展開や人々について、善悪どちらか一つに判定を下すことがいかに難しいかを読者に気づかせたかったのかもしれない。これらの点については後でさらに詳しく述べることにする。[30] しかし、和昭訓が王処直の人生の画期的な出来事をただ書き連ねただけでなく、歴史的人物や展開で王処直の経験に類似するものを比喩として繰り返し用いたことは、この時点で既に明らかである。歴史的人物や出来事を引き合いに出すことで、死者と和昭訓自身と王都とが直面した困難な政治的・道徳的状況を読者に印象付けたわけである。つまり、この墓誌銘は全体として単なる略歴を超える大きな見解を示しているといえよう。戦での敗北やその他の短所はさておき、墓の主は実は永遠に尊敬されるに値する高潔なよき人物であったというメッセージをこめて、天と自然の調和を描いた豪華な装飾を彼の墓に施したのである。

しかし一方で、直接王処直の死を招くことになった原因は明確にされていない。自然死だったのか、心痛のあまりの死だったのか、それとも殺害されたのか。墓誌銘を除く全ての歴史的記録物は、息子である王都が二つの出来事――処直が西第に隠退したことと、王都自身が処直の代わりに彼の職務についたこと――に少なくとも何らかの形で関わっていたと言及している。父親の職務に取って代わることは、いくつかの史料が示すように父親をもとの地位から退かせることであり、親孝行だとは見なされるものではなかった。墓誌銘は、上記の件についてはっきりとは述べていないが、歴史上困難であった状況を繰り返し引き合いに出す比喩的表現から察するに、この暗喩は王処直のキャリアだけでなく、王都やおそらく和昭訓自身の行為を正当化するための手段ではなかったかと考えられる。(31)

しかし、たとえこうした解釈が可能だとしても、墓誌銘は、我々が有する他の公的史料とは違ったバージョンの王処直の人生や運命を示してくれる。公の歴史編纂から外れた和昭訓の言説――戦に負けただけでなく他にもマイナス面を持つ一人の男をよき人物と主張する書き方――は、かかる言説を、検閲を恐れもせず書くことができたということを示すだけではなく、公的に支持された道徳観と実際の軍人の行動にはギャップがあることを和昭訓が意識していたことを示唆している。読者にこうした違いを説明しようという和昭訓の試みは、単に公の史実を否定または軽視しようとするのではなく、むしろ、一見伝統的道徳観から外れているように見える行動（または行動の結果）も、実は最も高い規準や最も優れた道徳的行為の先例になりうることを示そうとしたものといえる。

五代、特に宋代以後、墓誌銘は次第に「私的な歴史編纂」としての性質を帯びるようになっていった。[32] 王処直の墓誌銘はまさにこの私的な歴史編纂の伝統の中に位置づけることができよう。嘗てハーバート・フランク氏は、「〈私的な歴史編纂〉の『私的』という概念を適切に定義するために、官僚制度からどの程度の独立性を保っているか、特に中央（都）の歴史的官職からどれだけ自立しているかに考慮して評価すべきである」と述べた。[33] 公的な歴史編纂においては、様々な出来事、変化、人物などについて触れずに済ますことが多いだけでなく、独特な道徳的考え方を貫くことに重きを置いている。バートン・ワトソン氏は、「晋の太史（つまり偉大な歴史家）が出来事をありのままに記録するというよりは、むしろ政府の究極の責任としての道徳観や教訓を与えるために、実は史実を曲げて記録していることは、かなり懸念すべきであろう」と述べている。[34] 道徳的教訓を与えること、すなわち勧善懲悪は、中国史において主要な格言である。褒貶と善悪は、史書編纂上の規準として重要とされる虚偽と真実を超越してしまうのである。別の可能性としての歴史や個人的見解を取り入れることは公的な歴史編纂の場にもありえないわけではないが、そういった要素は しばしば「Xが言うには」という（X曰く…「臣光曰く」、「君子曰く」などの）形を伴って、各章の最後に置かれる解釈や小文字で本文内に挿入される注釈として、本文とは別にされるのが通例である。これらの意見は時々質問の形を取って書かれるが、後の公的史書に反する見解を提示することも少なくない。

公的な歴史編纂から独立した、私的な歴史を書く者にとって、その当時のイデオロギーや儒教に基づく道徳観を完全に否定する必要はない。しかしここで重要な点は、すでに定着している厳格な道徳観を適用することによって実際の結果に不満が生じる場合、つまり、伝統的規準からすると非難される様な非常手段を必要とされる非常に困難な状況下においては、私的な歴史家は一般的な道徳観に対する例外を主張することができるということである。公的な歴史編纂における道徳観は、私的な歴史編纂に携わる者が公正でよいとする歴史的人物や、より高い道徳的目標の達成に貢献すると見なす行為を非難するかもしれない。墓誌銘の作成者達はまた、彼らが重要とすることや真実と見なすことを書き記す自由を有しており、後世の公的記録中に見られる様な、重要な事柄や出来事を歪曲させる操作及び隠蔽を先立って防ぐことができるのである。

こうした事情を考えると、我々は墓誌銘の「社会宗教的」価値を考慮する必要があろう。[35] 十世紀における墓誌銘は、元々死者とともに埋葬されることになっており、生存している子孫達のために作られるものではなかった。[36] 墓は基本的に閉じられたまま、二度と開けられるものではなかった。[37] ではこれらのテキストは、誰に向けて書かれたものなのか。どういった読者を意図して作られたのか。唯一筋の通る説明は、墓誌銘は来世に君臨する権力者――誰であれ作成者が権力を保持していると見なす人物――のために書かれたという解釈である。特に墓誌銘は、死者の先祖が形成するコミュニティ――先に逝った者と、後に死後の世界に加わる者達との両方――に向けて書かれたものの様に見受けられるのである。[38]

こうした私的に編まれた歴史における一般的性格が、王処直の墓誌銘に当てはまることは明らかである。和昭訓は、死者（処直）と王都が経験した混沌とした時代を、伝統的歴史編纂が遵守する道徳観から逸脱するものと見なしてよいと判断したといえる。公の史書が王処直の様な人物に対し、処直自身の行動は言うまでもなく、王都の行動についてまでも誤解した見解を示したり、あるいは非難したりする可能性さえあることを恐れた和昭訓は、如何に処直の経歴が通常レベルを越えた道徳観の達成に貢献したかを彼なりに解釈して描いている。王処直の墓誌銘は、印象深い歴史的暗喩を織り交ぜることにより、処直がよき人物だったことを主張している。即ちこの墓誌銘は、私的な歴史編纂の領域におけるそれぞれの著者が、いかに慎重な批評を伴いながらも自身の意見を明確に述べることができるかを示している。[39] つまりこの論文における「私的」という概念は、公の検閲を受けないということだけでなく、特に著者の個人的見解や意見を――人物やトピックや出来事についての批判的見方も含めて――提示することができるという意味も含んでいるのである。

墓誌銘に記された王処直の人生と死を公の歴史における彼の行為と比較することで、我々は、墓誌銘の作者並びに後世の歴史家のそれぞれの動機と意図について慎重な結論を導くことができる。ここで特に興味深いのは、王処直の人生の二つの側面である。一つは、契丹（遼）と政略的な提携を築こうとする処直の目論見で、もう一つは、彼の死を取り巻く事情である。(40) 特に五代の外交戦略の取り扱い方が転換していく様は、公の歴史が当時受け入れられていた道徳的見方をいかに色濃く反映させたかを例示してくれるのである。

二　他の史料に見られる王処直の列伝

王処直の公の伝記は、劉昫『旧唐書』、薛居正『旧五代史』、欧陽脩『新五代史』の中に残されている。(41) 加えて、彼を取り巻く政治的状況は、司馬光『資治通鑑』と朱熹『資治通鑑綱目』に記述されている。(42) 馬端臨『文献通考』は、五代の政治状況の説明の中で王処直について触れるが、その内容は契丹（遼）との戦に集中している。(43)

正規の列伝による人物の描写を評価する時はいつも、各人がより大きな政治史の一部として描かれているということに留意しなくていけない。また、描かれている人物の行動が第一にその時代の全般的な特質を例証していること、それも歴史家の目を通して説明されていることに注意しなければならない。(44)「歴史というものは全て、人間の経験に基づく教訓を見出したり、自身が行動を起こす時の手本にしたりできる、過去の『鑑』を人々に与えてくれる。これは太古の原理である。伝記の目的は、行状や追悼の碑が示すように、見習うべき模範を後世に提供したり、警告としての役割を果たしたりすることである」[45]。中国王朝期の公的な史書編纂の目的や役割は、アヒム・ミッタークの言葉を借りれば、第一に君主に必要な知識を生み出し、第二に君主（の統治）を正当化することであった[46]。それではまず、上記の史料における王処直に対する歴史的評価を詳しく分析する前に、処直の伝記について短く要約しておく。

『旧唐書』王処直伝は、彼の腹違いの兄、王処存の列伝に添えられた形で載せられている。これらによると、処直は定州の節度使で、汴の盗賊（即ち朱温の率いる後梁の軍）と激しく戦ったが、不成功に終わってしまった。張存敬将軍の指揮下にある朱温軍が再び定州を攻めてきた時、処直は町を取り囲む壁に登り以下のように宣言したと言う。

「我が方は、朝廷に対する忠誠を欠いたことなど一度もなければ、未だかつて礼を失したこともない。そんな我々の領地を〔朱温軍が〕脅かそうとするなどとは思いもよらなかった。なぜそんなことをするのだ」。それに対して朱温の使者は、「お前は太原（朱温の支配地域）出身なのに、どうして自分の近隣諸州の勢力を弱めようとするのか」と述べた。処直は、「私の兄は、太原と同様に王室のために手柄を立ててきた。更に我々の領地は、近隣と好を通じ往来してきたが、それは常道である。これにより、貴方の計画の変更を要求する」と返答した[47]。

朱温は納得して軍隊を撤回したが、処直は自身の敗北を孔目吏の梁問の責任にし、後に功績のあった戦士達に二十四万反の絹と、牛、酒を振る舞ったという。そして朱温軍の将軍である張存敬は、やがて処直と同盟を結んで撤退したといわれる。次に『旧唐書』は、朱温から処直に授与された最も重要な称号の幾つかに言及し、「数年もたたないうちに、処直は荘宗[48]に再び仕えるようになった。十数年後、処直は息子の王都によって自身の職を廃されて私宅に隠退した。その後、処直は六十一歳で亡くなった」という説明とともに彼の短い列伝を終えている[49]。

『旧唐書』処直伝で目を引くのは、墓誌銘では生き生きと細部にわたり描かれている彼と朱温との合戦が全く述べられていないことである。その代わりに、二人の間で交わされた会話が描かれており、処直の敗北後に朱温が彼と同盟を結ぶことに同意したにもかかわらず、処直が軍事を専門とさえしない彼の孔目吏の一人に敗戦の罪をきせたことが書かれている。[50] この内容からどんな道徳的教訓が得られるのであろうか。この列伝は、目下の者に対する王処直の理不尽な態度が彼自身の没落を予告しているように思われる。処直が節度使として朝廷に忠誠を尽くし、軍事的困難に直面していたことは確かである。しかし、直面していた問題が解決された後でさえ、彼は自分の部下に対して無責任で卑劣な態度を取っている。これは、処直が君臣間の適切な関係を無視したことを示し、彼が地方を治める者として相応しくない行動をとっていたことを物語っている。同時に、父として息子との間に（養子であるかどうかは別として）築いた関係も崩壊してしまった。つまり、処直は政治と家族のどちらの分野においてもその自然秩序を侵害してしまったのである。息子に取って代わられ退職に追いやられるという彼の最終的運命は、処直にとっては不名誉であるが妥当な処罰であったといえよう。この点は、欧陽脩『新五代史』でも意図的に再度取り上げられ、詳述されている。[51] 一方『旧五代史』は、独立した王処直の列伝を欠いている。この書によると、「歴史家薛〔居正〕による王処直伝については、王都が〔父親を〕職務から廃したという部分が存在するのみで、処直についての詳しい記述は残っていない。『旧唐書』における彼の列伝を調べたところ……[52]」とあり、ここからは、『旧唐書』の列伝を逐語的に写したものが続く。その他の情報、処直の李応之との交流や王都との関係などは皆、処直の経歴に続く王都の列伝に含まれている。

欧陽脩は、先の『旧五代史』が仏教的見解で満ちており、儒教に沿った道徳的価値が不十分であるとして、これを書き改めた。リチャード・デイビスは、欧陽脩が目指したのは元の文書史料の精確な保存でなく、幅広い言説を作り上げることだったと述べている。「政治倫理などの道徳的主題を中心に編まれる列伝は、歴史に対する極めて哲学的な推進力の存在を明らかにしている。（中略）一方官撰の正史は、典型的・伝統的に儒者の書である。本文も注釈もどちらも道徳的教訓を最大限に引き出すために操作されている。保守的メッセージは、中国の英雄達に対する称賛や、「蛮人」とみなす他族に対する軽視や、自己主張をする女性・行き詰まった政策・腐敗しつつある家族観を非難する言い回しなどの中にさらに反映されている」[53]。これらの特質は、まさに上記で触れた欧陽脩による処直の列伝に見られる性質そのものである。

欧陽脩は、処直列伝を彼の家族に関する基本情報から始めている。特に欧陽脩は、処直の兄、処存についてのより多くの情報を提供し、処存のことを「君主を支持する公正な方針に基づいて召集された者達の中で最も優れていた」と記している[54]。沙河での朱温軍との戦いとその後に結ばれた同盟については簡単に触れるのみである。朱温が処直に使者を送ったと述べる『旧唐書』の列伝とは対照的に、欧陽脩は、処直が朱温との関係、並びに後梁との関係を強化することを画策して、朱温に使者を送ったと告げる。この処直の行動は背信行為ともとれる。更に欧陽脩は、処直の兵士達は李存勗の後晋軍との戦において十年以上も後梁を支援してきたと述べる。ここで『新五代史』は処直の軍人生活の描写を終え、次に如何にして処直が息子の王都を手に入れたかという政治的陰謀に話を移す。「王処直は魔術を好み、妖人、李応之を家臣とした」が、この李応之の駆使するあらゆる異端の手法は、やがて処直に李応之が神力を有していると信じ込ませてしまった。李応之は息子のいなかった処直に、劉雲郎という名の幼い男の子を育てるようにと受け渡す。前述のように、史料によって処直と王都の関係の解釈は異なるが、欧陽脩『新五代史』は、処直は王都を「非常に」愛していたと言う[55]。これに対して司馬光『資治通鑑』と朱熹『資治通鑑綱目』は、この「非常に」という副詞を欠いている[56]。李応之の奇行がエスカレートしてゆくのをみてとった「指揮官や側近達は、このような行為が災いをもたらすことは不可避だと予期していたが、誰も処直を諫めることはできなかった」[57]。その結果、「予期せぬことを未然に防ぐために」李応之を捕らえて最終的に殺害してしまった。彼らはさらに、王都を殺害するよう処直に懇願したが、処直はそれを認めなかった。その代わり、「秘かに部隊の指揮官以上の全兵士の名前をリストアップした処直は、別の登録記録としてこれを保存しておき、後に種々の事件を利用してその兵士達を処刑した。この二十年程の間、誰一人として自分の行動に対する報いを免れる者はいなかった。処直自身も王都に殺害されてしまった」[58]。処直の経歴に添えられた列伝によると、王都もまた、「処直が代理人と見なした密謀を繰り返す狡猾な男」と称されている[59]。

李応之と王都について述べた後、欧陽脩は如何に処直が契丹（遼）と同盟を結ぶようになったかについて説明する。これによると荘宗は、王鎔を殺害した張文礼に対する処罰を計画していた[60]。しかし、側近達と策略を練る処直は、「鄭州と定州は互いに支え合っている。たとえ文礼が彼の罪により非難されるべきだとしても、定州は鄭州が滅びれば独自で存続していくことは不可能だろう」と述べ[61]、荘宗に彼の計画を断念するよう説得した。しかし皇帝は、文礼から後梁に届けられるはずだった封蠟を押した手紙を阻止し、その手紙を見せながら言った。「文礼は私に反逆した。軍（による鎮圧）を止めるわけにはいかない」と[62]。処直は、郁（側室が生んだ実の息子）と秘かに連絡を取り、彼自身の軍がその案に反対したにもかかわらず、郁に命じて契丹に国境を越えるよう勧めさせて後晋軍に対する防御処置とした。郁は契丹のリーダーである阿保機を買収し、彼の軍隊を総動員して後晋の領域に攻め入らせた。阿保機が国をあげて後晋に攻め入る準備をし[63]、それに対し定州の兵が契丹の攻撃を防ぐ準備をしいていた時、和昭訓という名の側近が王都に仲裁にあたるよう促した。王都は処直を捕らえて西第に幽閉し、留後の地位に就いた[64]。

契丹との同盟についてのエピソードは新たに加えられたもので、『旧唐書』も『旧五代史』も墓誌銘も――つまり十世紀の史料は全て――契丹について何も語らない。しかし、『新五代史』を筆頭に宋代の史料においては、王処直の契丹との謀略疑惑が重要位置を占めている（不成功に終わった遼軍の侵略行為についても『遼史』と『文献通考』に詳しく述べられている[65]。処直と契丹が結んだ同盟や彼の最期については、様々な宋代の史料に書かれており、ここでは言い尽くせないけれども、欧陽脩バージョンの列伝は『旧唐書』や『旧五代史』よりも処直をよりずっと否定的に描いている。欧陽脩の判断によると、先に編纂された歴史書は、明らかに処直の人生と行動を十分細部にわたるまで明確に描写しておらず、後世の者達に回避すべき行動の見本を与えながら効果的な警告をするという道徳的目的を果たしていなかったことになる。

司馬光の『資治通鑑』には勿論処直の列伝はないが、処直が登場するエピソードを含んでいる。司馬光の歴史編纂の目的は結局、「『左伝』の様式に従って、戦国時代から五代までをほぼ年代順に記し、公的史書やその他の書物に情報を求めながら、統治者が知っておくべき事柄は全ておさえ、王朝の盛衰や庶民の幸不幸などに関するもの全てを、模範と忠告を提供できるように良い例も悪い例も含んで書き記すこと」であった[66]。この書において断続的に現れる王処直の行動の記録のうち、幾つかの出来事には短い注釈がついている。また『通鑑』の中で、処直は以下のように紹介されている。

王処直は義武節度使兼中書令で、まだ息子がいなかった。妖人、李応之は陘邑で見つけた劉雲郎という幼い男の子を、「この子は高貴な生まれの顔立ちをしている」と言って処直に与え、その子を自身の息子同様に育てさせた。処直はその子を都と名付けた。都はやがて、ずる賢く不正直な男へと成長していった[67]。

司馬光は、側室が生んだ処直の息子である郁が後晋に逃亡し、そこの王、李克用が娘の一人を嫁として郁に与えたと説明している。一方処直は、都を副節度使に就任させた。『通鑑』は次に李存勗の張文礼を処罰する計画と処直の契丹との交渉について述べるが、『新五代史』とは少し異なる語彙を使用している。例えば、非常に否定的な「入寇」という表現を使う代わりに、司馬光は次の様に言い表している。

新州〔郁が団練使として務めた地域〕が契丹との国境に位置しているという状況を利用し、処直は秘かに郁に使者を送って契丹を買収させ、契丹に国境の侵犯と鎮州の包囲を解くことを命じた。(68)
このエピソードにおける司馬光の語彙の選択は、欧陽脩よりも中立的な口調であることを伺わせるが、話の筋自体は同じである。つまり司馬光も、和昭訓と王都の計略による処直の拉致並びに彼の最終的な死（詳細は後述）について同じ内容を提示しているのである。(69)

欧陽脩『新五代史』から司馬光『通鑑』に及ぶ言説の変化は、朱熹『資治通鑑綱目』でも更に変容を続けた。これらの変化で大切なのは、王処直の軍事的功績の全体像よりも、彼と王都との関係、契丹との間に企てた同盟、彼の死の三点が、処直の人生を描く上でより関心の深い事柄となってきている点である。朱熹は自身の『資治通鑑綱目』を構成する上で、司馬光『通鑑』を基盤としながら、『春秋』に沿い、孔子の教えに基づく道徳観の基本的枠組みを作り上げたのである。また朱熹は、『資治通鑑綱目』を綱（年代史の重要な出来事で、太字で簡潔に書かれるもの）と目（それぞれの綱の後に小文字で記される、より詳細な注釈的説明）に分けている。

綱にあげられた処直の項目は、「義武の武将である王処直は、養子の都によって幽閉された」とあるように、かなり簡潔である。(70)この部分の注釈の冒頭では、多かれ少なかれ司馬光『通鑑』の語を逐語的に用いているが、最後は「胡氏曰く」というように、胡寅の語を引用して終えている。胡寅はより著名である胡安国の甥と言った方が分かりやすいかもしれないが、彼の養子となった人物である。胡安国と歴史に対する興味を共有した胡寅は、『読史管見』（五経などの経典の理念を歴史に適用することを目指した影響力のある書）を記し、(71)この書は後の朱熹の『資治通鑑綱目』にも多大な影響を与えることになる。胡寅も朱熹もどちらも司馬光による「歴史は道徳的教訓と見なすべきだ」という考えとは異なる見解を示してゆく。(72)朱熹による胡寅の王処直に対する評価の引用がそれを示すよい例である。つまり朱熹は、処直の行為とそれに対する最終的処罰を詳しく述べる代わりに、道徳上の普遍的関係についての胡寅による簡潔な解釈を引用することで、処直の道徳的墜落を明示しているのである。胡寅は、李存勗が張文礼を養父王鎔殺害の罪により処罰する一方、同じ罪を犯した王都に対しては殺害した父の職を与えてねぎらったことにより、宇宙的秩序の混乱を招いたと非難している。

十世紀から十二世紀にかけての言説の変化とそれを特徴づける著者の意思表示は、軍事政策に契丹を引き入れようとする王処直の計画及び彼の死に関する文章を綿密に分析することで最もよく説明できるといえよう。

三　十世紀から十二世紀の史料における王処直の運命

前述のように、十世紀の史料の中では『旧唐書』が処直の軍事的経験を率直かつ簡潔に述べている。この書は、光化三年（九〇〇）の朱温軍に対する処直の敗北に纏わる政治的状況やその敗北がもたらした影響については、特に注意を払って書いている。敗北後の処直と朱温の同盟並びに朱温から処直に与えられた称号について記した後、以下の言葉をもって列伝は締めくくられている。

数年もたたないうちに、処直は荘宗に再び仕えるようになった〔即ち、処直は朱温との同盟を破り、後唐との関係を回復したわけである〕。十数年後、処直は息子の王都によって自身の職を廃されて私宅に隠退した。その後、処直は六十一歳で亡くなった。(73)

この部分は、王処直の死について簡潔な描写で終える『旧五代史』の表現を逐語的に再現したものである。(74)『旧唐書』と『旧五代史』のどちらも契丹について触れず、処直との同盟についても検討を与えていない。もし処直が道徳的模範としての資質を欠いていたならば、それは契丹と交渉したからではない。このような軍事的政略は、五代や宋代の史料からは信じ難いかもしれないが、実際にはそんなに珍しいものではなかった。勿論、王処直の墓誌銘は、処直の契丹との同盟や息子による幽閉について何も語らない。十世紀の史料が処直の契丹への歩み寄りについて沈黙を保っているのは、このような同盟が実は全く結ばれなかったか、或はこの北方の近隣民族との提携が当時は異常だとか不忠だなどとは見られていなかったことを意味するのかもしれない[75]。こうした背景を考えると、王都が数年前に父親の計画に反対したにもかかわらず、彼自身が天成三年（九二八）には契丹と同盟を結んでいることも頷ける[76]。王都の契丹との同盟については『旧五代史』に詳細に記されているが、これも契丹との協定や国境間の往来がかなり頻繁に行われていたことを証明するものともいえる。つまり十世紀においては、契丹との提携は先験的に非難されるべきものではなかったのである。

『新五代史』において欧陽脩は、処直自身の列伝ではなく、それに続く王都の列伝の中で、契丹との同盟についてある程度の関心を払っており、処直の息子の郁が契丹のリーダーで遼朝太祖の別称を持つ阿保機に、高額の賄賂を払ったと告げる[77]。この部分における欧陽脩の見解で注目すべき点は、「定州の人々」が皆「契丹を召すべきではない」と言っていること、つまり全員が契丹との同盟に反対していることである。第三者の意見を提示することにより、中でも特に、非の打ち所がない道徳の試金石といえる「人々」・「貧しき者達」・「兵士達」などに言及することにより、著者の歴史的人物に対する道徳的評価を明示することは、古くから使われている伝統的手法である。言い換えれば、人々が反対したこと――それも州の人々が皆、契丹との同盟に不同意なのにも関わらず、処直は聞き入れようとさえしなかったという状況――に言及することで、処直が道徳的に非難されるに値する人物だったことを強調しているのである。次に欧陽脩は、処直の養子の王都が彼を拉致したことについて述べる。ここで押さえておくべきことは、欧陽脩は都の行動が厳密な規準からすると不敬なのにもかかわらず、都を許す一方で、処直には正面から罪を負わせているという点である。

司馬光も同様に、処直自身の兵士が契丹と同盟を結ばないよう勧めたにもかかわらず、処直が聞き入れなかったことを強調している。処直は、この片意地で間違った考えにより、最初の惨事といえる実の息子の死によって処罰されるに至る。さらに司馬光は、処直の兵士達の声も引き続き提示している。

駐屯地の人々は、契丹に援助を要請することについて一様に反対の姿勢を示した。都もまた、自分の〔祖先系統における嫡子としての〕立場を郁に奪われるのではないかと懸念していた。こういった事情から、都は書吏の和昭訓と陰謀を企て、処直を拉致するに至った。処直はちょうどその日、都市の東部で張文礼との宴会を催していたが、数百の新兵士を従えた都は二人が晩に帰還するのを州内に構えた処直の邸宅で待ち伏せていた。都らは、「この都市のためにも、我々指揮官と兵士は契丹に援助を求めることを望まない。主君が西第へ帰られることを請う」と述べ、大騒音とともに〔処直を〕拉致した[78]。

和昭訓が王都に父親を拉致するよう促したとする『新五代史』とは対照的に、司馬光のバージョンは、都と和昭訓が同じ意図のもとに、共謀して処直を拉致したと述べる[79]。また朱熹は『資治通鑑綱目』の注釈に、司馬光のこの文を逐語的に写している。

これら宋代の歴史家は、彼らの言説や注釈から一体何を伝えようとしているのだろうか。詳細部には顕著な違いが見られるにもかかわらず、欧陽脩・司馬光・朱熹は皆、契丹と同盟を結ぶことに対する第三者の反論を紹介する点で共通している。つまり欧陽脩の説明では処直支配下の人々が、司馬光と朱熹のバージョンでは軍隊が、声高に反対しているのである。もちろん、宋代の歴史家は史実に近づけるために情報を追加したということも可能である。結局のところ、五代の史料には契丹との同盟については何も書かれていないし、長慶年間後の基本的出来事の多くは『旧唐書』の記述から洩れているのである。しかし欧陽脩・司馬光・朱熹は、王処直の契丹との同盟やそれに由来する出来事について正確な説明を加えてはいない。むしろ彼らは、契丹との同盟に対する反対的立場全般とそれに直接関係して処直が受けた道徳的報復に終始している。王処直が彼自身の兵士や人々の忠告を拒絶した時、直ちに不運が襲いかかるのである。まず実の息子が病に倒れ、次に養子に拉致され、終に彼自身が亡くなってしまう。たとえ読者が欧陽脩・司馬光・朱熹の道徳的目的にすぐには気がつかなかったとしても、前述の翻訳（道徳的教訓に加えられた部分）が示すように、これらの歴史家が単なる歴史的正確さのみに囚われていたとは信じ難いのである。

処直の運命が示している教訓は、中国の保全及び完全性への妥協や天道を脅かすことは、恥辱と死をもたらすということである。王処直は、「蛮人」と手を結び、自身の人々と軍隊からの支持を失うという違反行為を犯し、有罪の判決を受けたのである。この教訓は、劉友益『資治通鑑綱目書法』中の言葉、「北方の蛮人を招き入れ、自身の人々を失う。これこそ処直の罪である」に見られるように、はっきりと詳説されている。[80] 契丹との提携は宋代にはすでに不名誉と考えられていたことは、その他多数の史料からも明らかである。[81] 悪意に満ちた有害な行為は、必然的に不幸と災難を招くのであり、処直が最終的には彼自身の息子に拉致されるという恥辱を経験することになったのも、当然の成り行きであろう。

史料によって、契丹との同盟についての詳細に差があるのと同様に、王処直の死についても相反する記述が見られる。司馬光によると、王都は処直を拉致して幽閉するとともに、最終的には両親と子孫だけでなく、処直の信任を得ている将官達までをも中山において尽く殺害したという。そして都は、父親の職である留後を奪い取ったのである。処直を西第で隠退するよう追い詰めた後、王都と兵士達は、処直の妻や側室をも西第に幽閉し、子孫のみならず、深い信任を得ている全ての将官と側近を中山において皆殺しにした。留後に就いた後、都は後晋の王に全てを報告し、その結果、後晋の王は都を処直に取って代わらせたのである。(82)

欧陽脩の王処直と王都に関する入念な状況設定は、更に倒錯しているといえる。例えば、欧陽脩は『新五代史』の王処直伝の中で、処直がひどく迷信を信じていたという印象的な内容を挿入している。欧陽脩によると、処直は魔術を好み、妖妄な李応之――異端の妖術師であり、王都を養子として処直に受け渡した人物――を家臣として適用したと告げる。また処直の迷信深さが彼の運命を決定づけたとする。たとえ『旧五代史』も李応之について説明しているとはいえ、その表現は、欧陽脩の描写ほど辛辣ではない。また李応之は、王処直の列伝ではなく、王都の列伝に登場するのである。(83)欧陽脩は、李応之を処直の列伝に移動させ、その妖妄さを更に増長させることによって、李応之を処直の本質的特性を象徴するものとみなしたのである。「処直の迷信への傾倒」と「彼の王都との関係」を関連づける傾向が十世紀の史料では希薄であるとすれば、『新五代史』においては、そのような関連性は処直の人柄によって必然的に形成されるものとなっている。処直が自身の没落を決定づけるのに対し、王都の性格は重要度を失っていく。例えば、欧陽脩の王都列伝の冒頭部分は、「都は絶え間なく陰謀を企む狡猾な人物であったが、処直は彼を副節度使に任したのだ」というように、都の背徳さを処直のそれとは無関係に述べるのではなく、むしろ信頼に値しない養子を任命したことを理由に処直を非難している。(84)

また欧陽脩は、李応之の妖妄さだけでなく、暴力的描写の殆どを王都列伝から処直の列伝に移動させている。例えば欧陽脩は、いかに幽州の李匡儔が首都に向かう途中、中山を越える際に武装した兵士達を派遣して都市を占拠し、李応之を殺害したかを描いている。処直は都を殺害するよう強い要請を受けたにもかかわらず、それを拒絶し、代わりに部隊の指揮官以上の全ての者の名前を秘密の一覧表に書き留めて、後に種々の事件を利用してリスト上の者を皆処刑したという。そして二十年ほどの間に、誰一人として例外無く報復を受けることとなった。最終的に処直自身も都に殺害されることになる。(85)『旧唐書』はこれらの残虐な出来事を似た様な形で描くが、（処直のではなく）王都の列伝でそれを述べている点が異なる。つまり、欧陽脩がこれら殺害の描写を王処直の列伝に移転させていることは、彼が処直の人生を読者に対する忠告として提示しようとしたことを物語っている。司馬光と朱熹によるこの出来事の解釈がそうであったのと同様に、処直の息子に対する態度と都自身の資質及び行動がこの目的（読者への忠告）を念頭に描かれたことを示している。

妖妄・残虐・迷信といった主題は、王処直の死がどのようであったかを連想させる。『旧五代史』は、王処直が誤った方向に導かれてしまい、不誠実な都を信頼して領地を失い失策してしまったが、実は理に叶った判断によってそうなったのだという見方を提示している。例えば、「処直は、愛をそそいで〔王都を〕育て、いずれは彼に全てを任せるつもりでいた。処直の他の息子達は、当時はまだ幼く、都を節度副大使にした。王都はまた、処直の側室の息子であった」と述べているのである。(86)『旧五代史』の列伝は、王都が父親を拉致したことには何も触れていない。薛居正は、王鎔・王処直・王都の列伝を含む分冊の最後に、彼の王処直に対する道徳的評価について詳説している。史臣が言うには、王鎔は鎮州と宜州を占領して自らを王と称し、将来何世代にもわたり彼の統治が続くことを望んだ。処直は易州と定州の将帥となり、やはり高い地位についた。このうち一人（王鎔）は甘言使いの役人によって騙され祖先の功績を水の泡となし、もう一人（処直）は非嫡出の息子を溺愛するあまりに国を滅ぼしてした。何故にこんなことが起こったのか。富と地位が長く続けば、人としての思いやりと義務をおろそかにしてしまう。美に目が眩み、楽器に耳が魅惑されるようでは、悪が実在化する前に防いだり、災難が生じる前に予測したりす

ることはできない。敗北と喪失が次々に起こっても、誰を責められようか。(87)

『旧五代史』によると、処直は息子の都を溺愛することで自身の運命を決定づけただけでなく、国までをも崩壊の運命に追いこんでしまった。妄想を抱くあまりに、凶兆に対する警告に気づくことができなかったのだ。このような王鎔と処直の比較は、後に朱熹によっても取り上げられることになる。

『新五代史』王処直伝において、欧陽脩は迷信と暴力という主題を念入りに形成し、処直の死を象る必然的な要素として纏め上げた。欧陽脩は処直の死を次のように描写する。

阿保機は、定州の兵士が全て契丹との提携に反対したにもかかわらず、国をあげての侵略行為を試みた。書吏の和昭訓が王都に仲介に入るよう促した。それに対して都は、処直を拉致して西第に幽閉し、自身は留後の座に就いた。王氏の子孫や処直の将官は殺戮され、殆ど全滅した。翌年の元旦の朝、都は西第の処直を訪ねた。処直は奮い立って都の胸を叩き、「この裏切り者。私がお前に背いたとでもいうのか」と叫んだ。処直には武器がなかったので、都の鼻を嚙ろうとしたが、都は袖を振りほどいて逃げた。そして処直は殺されたのである。(88)

この陰惨なエピソードのすぐ後に、欧陽脩は宇宙的道徳というコンテクストにこの暴力的な事件を位置づけるような逸話を語る。

以前、黄色い蛇が碑楼にあらわれた。処直はこれを竜だとみなし、それを召して捧げものを供えた。また、数百羽の白いカササギが麦の畑に巣を作っているのを見て、処直はこれらが彼の人徳に引きつけられて集まって来たと考えたが、定州の人々は皆それが凶兆だと知っており、「蛇は山や沼地に潜んでいるものなのに、人間の住処に居着き、カササギは鳥と群れをなして巣を作るはずなのに、野に降りて来て住んでいる。これは、つまらぬ者が高位を奪い、高位にいた者が失脚する兆候である」と言った。その後やがて、処直は地位を奪われ殺害されて

しまった。(89)

この後半部分は、二つの役割を果たしている。一つは、いかに処直が迷信深く盲目であったかを読者に示すことである。処直は目が眩み惑わされ切っていたために、自身が引き起こした打撃や損害に気づかなかった。では、どんな損害を引き起こしたのだろうか。この問いかけは二つ目の役割に関わってくる問題だが、それは処直自身の運命的な死だけでなく、自然の秩序を壊したこと、つまりは天・人・地の調和を歪めてしまったことを示唆しているのである。例えば、蛇は一般的に邪悪の象徴とされ、具体的には王都——あらゆる警告の兆しにもかかわらず、処直が好んだ悪意に満ちた息子——の表象として描かれている。その結果、処直自身と朝廷は悲惨な運命を迎えることになる。物事が適切な違いや区別を失い、動物が人間の居住する地域に住み着くような事態は、個人の惨事を招くのみならず、王朝の没落の前兆とさえ言えるのである。それ故に、欧陽脩は既存の話で省かれた出来事をただ単に記録したわけではなく、むしろ、処直の運命が回避不可能になってしまったことを示す教育的・道徳的目的を意図していたのである。

従って、欧陽脩の処直の人生と死についての説明は、彼の歴史編纂の一般的方針を例示している。彼は、宇宙秩序を念頭に置いた状況で、通常の域を越える歴史的周期——異端行為や盲目的迷信が確実に惨劇や死や政治的失脚を招くような尋常ではない周期——の中に処直の経歴を位置づけている。この点において、欧陽脩の王処直伝は、班固が『漢書』郊祀志にて、幽霊と人間が寄り集まることは悲劇と王朝の没落をもたらすと警告したのを思い起こさせる。(90)

司馬光は、王処直が王都と最後に会った場面において、欧陽脩による描写を近似した形で言い換えているが、終末部においては、処直が自分の誤っていたことに気づくチャンスを与えている点で異なっている。処直の死を遅らせることで、司馬光は処直を読者の代理となし、先立って起こった不穏な出来事を通して読者に悟らせようとしている教訓を、処直自身にも気づかせようとしているのである。

春、正月一日に、王都は西第の王処直を訪ねた。処直は拳をふるい都の胸を殴って、「この裏切り者。私がいつお前に背いたというのだ」と言った。処直はもはや武器を持っていなかったので、都の鼻を嚙みちぎろうとしたが、都は袖を振りほどいて逃げ去った。処直はまもなくして悲しみと憤りのために亡くなった。(91)

『資治通鑑綱目』の王処直についての簡潔な説明では、朱熹は複雑な道徳的宇宙のメカニズムを想起させるのではなく、代わりに基本的な儒学的信条を強調している。前述の通り、朱熹は肝要な情報を一文に絞り込み、その後に司馬光の『通鑑』から逐語的に写した注釈を続けている。(92)次に朱熹は、歴史家胡寅の言葉を引用することで、このエピソードに対する彼自身の道徳的見解を示している。

胡氏が言うには、「王都は父親と母親を幽閉し、彼らの息孫を殺した。これのどこが張文礼の行為と異なるであろうか。しかし、〔李〕存勗は文礼の処罰を命じる一方で、都には〔父親の〕職務を引き継ぐことを許した。褒貶がそんな状態では、地上界の統治者は一体どんな支持を得られようか。三綱〔君臣・父子・夫婦の絆〕が分解すれば、政府の土台もまた消滅してしまう。たとえ一時的に復興しても、また再び一瞬にして崩壊してしまうだろう。ああ、なんという不運であろうか(93)」。

朱熹は、霊と人とが群れ合うことを懸念する代わりに、儒学の根本的信条を軽視したことこそ、王処直の個人的失墜だけでなく、中国の政治的手腕と政治組織全般の衰退をも引き起こした真の原因と判断した。張文礼が養父である王鎔を殺害したことは、王都による王処直の殺害と何ら変わりはないにもかかわらず、李存勗は張文礼を罰する一方で、王都には殺害した者の地位に就かせることによって称賛の意を示したのだ。文礼も都も君主と父親を同時に殺した点で同じであるが、この二例における褒と貶の食い違いは、父子と君臣の根本的関係の崩壊があまりにも深刻で、政治的手腕の基本原理をすっかり失ってしまったことを示唆している。朱熹は彼の褒貶の説明において、新皇帝の李存勗を主犯と見なしている点で司馬光や欧陽脩と異なる。三綱を軽視することによって、政治的手腕や政治的正統性の根本を揺るがしたのは、後晋の国王その者なのだと言うのである。しかし、王処直の不運を家族と政府の根本的絆に対する基本的忠告にすることで、朱熹はこの教訓が読者全てに当てはまるようにしたのである。もし読者がこれらの信条を無視したならば、それによる報復を受け、必ず大惨事・死・王朝の崩壊を招くのである。[94]

欧陽脩と司馬光と朱熹は皆、王処直が自身の不幸を招いた張本人であることに同意している。この三名の歴史家は全て、処直の左遷・拉致・養子の手によって殺害される場面を描写する際に受身形を用い、処直が自身の苦しみを受ける文法上の主格であり続けるようにしている。つまり、「彼は息子の都に廃された[95]」、「王処直は養子の都に幽閉された[96]」、「処直は都に殺された[97]」、「処直は最終的に殺された[98]」と受身で続くわけである。ただ司馬光の説明だけが、王都と彼の兵士達が積極的に人々を幽閉することを計画・実行したと告げる。また三人の歴史家は皆、（欧陽脩が示す様に）処直の話を通じて読者に甘言や迷信や異端行為によってもたらされる影響や、（司馬光と朱熹が示す様に）儒学の基本的信条を軽視することで受ける影響について忠告している。処直の騙されやすさと惑わされやすさが天・人・地の適切な関係を見失わせ、自身の行動の報い（自分の所轄する地方を滅ぼし、兵士と一般市民を共に失い、自分の家族を滅ぼしてしまうという災難）を受ける原因を作ってしまった。処直は自然秩序と社会的序列を乱したにもかかわらず、惑わされているあまりにそれに気がつきもしなかったのだ。

墓誌銘に描かれた王処直の死は、後世の説明とかなり異なっている。墓誌銘には、「処直は私邸に隠退し、そこで南華（つまり荘子）を学んだ」とある。[99] 彼の最後の数カ月は、装飾された言葉を用いて表現されている。これによると、王処直は北極星に捧げ物をし、詩を書き、酒を飲み、静かに彼の余生を楽しんでいたという。もし彼の死が悲しみをもたらしたならば、それは避けられない健康の衰えによるものであった。「ああ、不治の病は溜め息をおこし、寿命の長短は変えられない。彫刻のほどこされた弓が盃に影を落とし、病に喘ぐ声が病床に轟く[100]。〔天祐〕二十年（九二三）正月十八日に処直は六十一歳で死去した[101]」。「彫刻のほどこされた弓が盃に影を落とし」の隠喩から、処直が想像上の病によって死を早めたとも考えられるが、この部分全体からは、処直は穏やかに寿命を全うし、自然の原因によって亡くなったことが明らかである。

勿論、この最も古い王処直の死の記録が真実と思い込む必要はないし、後の記録よりも権威があるものと考える必要もない。そもそも他のいくつかの史料は、墓誌銘の作者である和昭訓を定州の邪悪な権力の中枢近くに位置した人物とする。彼が王都を説得して父親を拉致させたか、あるいは彼自身が別の方法でこのもつれた父子関係に絡む犯罪に加担したとしているのである。もし本当にそうであったなら、和昭訓が王都を親孝行な息子と見なし、処直を公正で有能な節度使として描いても驚くことではない。和昭訓は、王処直の祖先のコミュニティと冥界の権力者達の前において、王都が父親の葬儀や墓のために労を費やしたことを示し、処直が宇宙的道徳と統一国家である唐王朝の再建に向けて忠実に奉仕したという有徳さと成功を表明したのである[102]。

伝統的な歴史書編纂における王処直の人生並びに死の記録について、先行の分析を通して比較的視点を養うことにより、和昭訓による墓誌銘の歴史編纂上の位置についてもより的確な議論を展開することが可能である。まず、和昭訓は墓誌銘の冒頭部分から、その時代を取り巻く政治的・軍事的苦境に読者の注意をひきつけようとしている。そして死者（処直）の生きていた時代を匈奴による侵略に悩まされていた漢代のエピソードになぞらえ、褒貶を明確に分ける伝統的見方はこのような時代には適さないと主張する。

ああ、彼は若くして漢の劉邦が項羽によって南鄭〔現代の陝西省の漢中〕に都する漢中王に任ぜられたように、唐王朝から義武節度使の兵権を受けて軍事行動に自らを捧げてこられた。漢代のある時期に長安の甘泉宮が異民族によって襲撃をうけたようなことはなく、異民族の侵入を防ぐ策に優れていた。また、庶民の親にあたる方であり、皇帝の右腕として仕えた。どうして無冠の王が一字に褒貶の意味を込めたように、彼の功績を褒め讃えることができようか。どうして洪範の「九疇」だけで彼を評価することなどできようか[103]。

ここにおいて和昭訓は、前二〇六年に漢王朝を建てた皇帝、劉邦に処直をなぞらえている。南鄭に拠点をおいた高祖は、遊牧民匈奴の襲撃を防ぐ政策において成功を収めた。つまり、墓誌銘は、王処直が偉大な漢の高祖にならって、契丹の激しい急襲や或いはライバルの節度使から領土を守ろうとしたことを暗に示しているわけである。墓誌銘の冒頭の褒め言葉としてこれ以上の表現はないと言えよう。

殊に、前述の引用に見られるように、孔子によるとされる褒貶の神聖な判定、及び伝説の賢王、大禹によるとされる天下治世の大法「九疇」に対する慎重な批判は興味深いものがある[104]。修辞疑問文によって批判を投げかけることで、作者は十世紀初期の苦境において政治的・軍事的キャリアを積んだ人物を即決に褒めるか非難するかなどはできないと表明している。確かに、どうやってこのような混沌とした時代において善か悪か、または功績をあげたか否かの判定など下すことができようか。こういった形の歴史編纂上の批判が当時の墓誌銘でより頻繁になされたのかどうかを知るには、まだまだ研究が必要である。しかし、確かに敦煌の記録からすれば、これらの混迷期には、孔子の信条が必ずしも犯し難い神聖なものとしては扱われなかったことを示している[105]。また、ラインハルト・エメリッヒ氏は、孔子に対する批判は九世紀と十世紀において当世風とさえ考えられていた可能性があると述べている[106]。

前述のように、墓誌銘の残りの部分は一貫して、王処直を敗北の汚名を克服した歴史的将軍達になぞらえている[107]。どうして和昭訓は、生存中に勝利を収めて復讐を遂げた者達に処直をなぞらえ、処直自身もそうであったかのように示したのだろうか。和昭訓が孟明を取り上げたことは特にこの点において効果的である。孟明についての話は『左氏伝』に詳しく描かれており、和昭訓が『左伝』を「無冠の王」、孔子の著とされる『春秋』の注釈と信じていたかどうかにかかわらず、孟明と処直の運命の間に特別な類似点を見出そうとしたことは明らかである。(108)『左伝』によると、秦の穆公は、晋軍に対する敗北にも関わらず、孟明への信任を失わず、孟明を退けることを拒否することで、秦の穆公は紛れもなく素晴らしい報酬を得たという。

前回の遠征の結果、〔秦の穆公〕は、西戎のリーダーと認められ、孟明を採用し続けた。この話より、この秀でた男は、秦の穆公の統治の仕方――採用した人物に全信頼を置き、一途に彼らを支持するという方針――を認識していたことが分かる。彼はまた孟明の資質を評価し、孟明がいかに勤勉で有能な人物で、困難な状況下においても自分の考えをより有益な形で用いることができるかを理解していた。また最後に、忠誠な人物の例として〔孟明を最初に推薦した〕子桑をあげ、よく人を知り、有能な人物を君主に推薦したと説明している。(109)

つまり、和昭訓は、王処直は困難な時代を生きたのであるから、忠実で献身的な人物で最終的に成功をおさめたとして、孟明のように称えられるべきだと考えているのである。また、処直を傅説になぞらえることを通して、そうした見方をさらに強調し、度重なる惨事を経験した者でも価値のある公正な人物になりうると示唆している。この点で、和昭訓は司馬遷の考え方に賛成していると考えられるのではなかろうか。

困難は殆どの者がいつかは体験するものである。太史公が言うには、古代に生きた虞舜は燃え上がる穀倉の中で捕らえられ、井戸の中に閉じ込められたし、伊尹は三脚と生贄用の台を持ち運ぶことを義務づけられた。傅説は傅険で労働を義務づけられた囚人として働いた。（中略）百里奚は牛の世話をし、仲尼（すなわち孔子）は匡では危険に直面し、陳と蔡では青白い顔色になるほどの飢餓に苦しんだ。これらは全て、博識な者が「慈悲深く道に従っている者」と評価している人々である。もしこれらの人物でさえ不運に遭遇したのであれば、平凡な才能しか持たずに、秩序を失い墜落した時代を切り抜いていこうとする者達はどんなに大変であっただろう。彼らが直面した困難は、きっと数え切れないほどであったに違いない[110]。賢者や古き世に最も価値あるとされた人物でさえそのような惨事に苦しめられたのだから、王処直の誤りに対しても、より理解ある態度で判断を下すべきではなかろうか。和昭訓はかかる尺度——孔子の絶対的評価の尺度ではなく、司馬遷の英雄ともいえる忍耐力を計る規準——で、王処直を評価しようとしたのかもしれない。加えて王都にもこの尺度を適用し、父親を幽閉したという彼の行為も中国に奉仕する上で歴史的に必要な手段だったと考え、その正当化を計ったのかもしれない[111]。

おわりに

和昭訓によって作られた王処直の墓誌銘は、後に編纂された歴史書の列伝よりも権威があるとは言えないかもしれない。また墓誌銘の情報は、厳密には史実と異なる点があるかもしれない。しかし、彩色された石で覆われ、河北省保定にある王処直の荘重なる墓に安置されたこの黒石の厚板は、（公の歴史編纂から）独立した私的な歴史編纂規準に沿って死者を評価し、自立した形で歴史を描写する場を提供しているといえる。和昭訓は最初からこの道徳的自主性を強く主張し、古代に起源を有する伝統的な尺度が軍事的・政治的変動期において果たして適用可能なのかという疑問を提示した。そうした立場から、博識ある過去の将軍——王や皇帝からの信頼を維持し続けることで敗北を後の勝利で償った武将達——に、汚名を晴らす機会が得られなかった王処直をなぞらえているのである。

伝統的な公の歴史書編纂においては、和昭訓のような王処直の人生やキャリアに対する肯定的な評価が見られない。

薛居正『旧五代史』から朱熹『資治通鑑綱目』に至る何世紀もの間に、王処直の行動はより邪悪に、彼の死はより残酷に描かれるようになった。『旧五代史』において、王処直は権力と魔術に翻弄されるあまり、自分の領土を不正直な養子、王都の手に委ねてしまった。『新五代史』では、欧陽脩がかかる主題を例え話として細部に亙って描き、騙され我を忘れた王処直が宇宙秩序を乱し、自身の屈辱の死を迎える前に、家族や信頼する将官達が王都に殺されるのを目の当たりにしなくてはいけなかったことが書かれている。司馬光と朱熹は欧陽脩の解釈を細かい点では変えて書いているとはいえ、宇宙道徳という背景のもとで王処直・王都・李存勗の人生を描いている点では共通する。

宋代の歴史書編纂における王処直に対する中傷は、五代が過去のある特定の時代として一般的に非難されるのと一致している。歴史書編纂において王処直列伝が伝えるメッセージを全体的に再評価することは、王処直のひどく堕落した軍事生活に焦点をあてるだけでなく、契丹と提携しようとしたとされる処直の試みがどう解釈されてきたのかについても考察を加える試みであった。ここでまた、契丹との同盟は十世紀の史料には現れないということを思い出していただきたい。王処直墓誌銘の冒頭での匈奴を暗示する表現が契丹を指している可能性はあるにしても、墓誌銘が遼のことを他国よりも手強い敵だという意見を示しているとか、契丹との同盟が他の政治的・軍事的ライバルとの連携よりも非難されるべきとの見解を提示しているなどといった証拠には全くならない。最近の研究によると、五代において契丹との同盟を結ぶことや他の形で政治的・軍事的目標達成を助けるために契丹と連携することに対する政治的制約がなかったことは言うまでもなく、道徳的タブーさえも存在しなかったことが立証されている。競合する諸国間の国境は絶え間なく変動し、互いに誓った忠誠が崩れたような時には国境は特に動きを見せた(112)。つまり、この不確定な時代において、契丹が他の政治的・軍事的ライバルと明確に異なると考えられることはなかったのである。こうした状況下では、九〇〇年の王処直の朱温に対する敗北は、政治地図を塗り替え、朱温の将来の勝利を可能にした最も重要な出来事といえる。

しかし、宋代には契丹との提携は反逆行為と見なされるようになった。宋王朝を建てた皇帝らが競合相手を滅ぼし、彼らの下に再統一された政府を築き上げた時、後晋が遼に譲渡した燕雲十六州を取り戻すことができないことが明らかになった。この領域を取り戻す軍事行動は屈辱的敗北に終わり、より強大な契丹によって課された莫大な賠償金を認める盟約を景徳元年（一〇〇四）〔正確には一〇〇五年〕と慶暦二年（一〇四二）に結ぶという結果になってしまった。[113] これに似た約が慶暦二年（一〇四二）に半遊牧民族のタングートが建てた国、西夏とも結ばれた。[114] 王賡武は、宋は「小国」になってしまったと述べている。[115] かかる状況では、契丹は政治的にも民族的にも「他」の存在と見なされるようになった。この「よそ者」である権力と提携することは、たとえ単に要求に答えるだけの行為であっても、太古からの中国の遺産の後継者としての宋にとっては、政治的全体性や文化的優位を否定するものとされた。宋の学者は契丹の粗野な風習を蔑み、仏教や異端の慣習を含む異国の影響を全て、太古の賢者から伝えられた完璧な文明を損なうものと見なした。五代という時代は、宋の虚弱性を説明する上で非常に重要な位置にある。この五代こそが燕雲十六州を契丹に割譲するという、戦乱と不安定な世における道徳的破綻を典型的に示す行為がなされた時代であると、宋の歴史家に見なされているのである。『新五代史』・『資治通鑑』・『資治通鑑綱目』の数多くの項目が裏付けるように、契丹は宋にとって大敵となり、この大敵をなだめ鎮めることは、この上もない政治的腐敗と道徳的墜落を示す行為となったのである。

前述の説明から分かる様に、宋代の史料は王処直の行為に対する道徳的非難を示しているといえる。欧陽脩・司馬光・朱熹は処直が無節操な行動をとった原因として若干異なる見解を示しているが、彼らは皆、処直の契丹への申し入れが自然秩序を乱し、中国の道徳と領土の保全を脅かしたことに同意している。文明に背いて蛮人と連携した処直の行為は、彼の経歴を子孫への警告例として提示することを余儀なくした。また、道徳的教訓を示すべきという緊急性は、史実を記さなくてはならないという必要性を超越してしまった。もし彼の人生における事実がよく知られていなかったり、彼の契丹との提携が不確定であったり、彼の死の状況が不明であったりした場合は、たとえ歴史的に確証されていなくとも、歴史家は道徳的に正しい詳細を提供する自由を与えられたわけである。こういう事情で、王処直は蛇を竜と取り違え、自身の軍隊によって幽閉され、養子にした息子によって殺害されたと説明されたといえよう。

王処直の人生の描写が変化を遂げたこと及び彼の死についての詳細な情報が急増したことは、政治的出来事が帝国時代の公の歴史書編纂において、いかにその歴史的人物に対する道徳的評価に影響を与えたかを示す有益な例である。王処直の墓誌銘は、道徳的判断を取り除き、歴史的真実を確実に示したとは言えない。しかし、この石に刻むといった歴史編纂作業は、伝統的な歴史編纂における公の記述を離れ、限定されつつも独立した立場で私的に歴史を編む空間を長期にわたって提供したのである。つまり、墓誌銘は伝統的歴史編纂において最も中傷される人物についてさえも別の見解を残す可能性を与え、この埋没された過去を発掘することは、かけがえのない利益を歴史家に与えてくれるのである。

註

（1）　河北省文物研究所・保定市文物管理處『五代王処直墓』（文物出版社、一九九八）。

（2）　カラー画像については、『五代王処直墓』参照。また楽器については、Angela Schottenhammer, “Das Grab des Wang Chuzhi 王処直（863-923）.” In *Auf den Spuren des Jenseits: Chinesische Grabkultur in den Facetten von Wirklichkeit, Geschichte und Totenkult,* ed. Angela Schottenhammer（Frankfurt: Peter Lang, 2003）: 85-9を参照。

（3）『五代王処直墓』六四～六六頁、及び白黒図版一〇・一一を参照。

（4）韻を踏んだ追悼文の歴史一般、及び墓誌銘の一部としての押韻の追悼文の歴史については、Angela Schottenhammer, “Einige Uberlegungen zur Entstehung von Grabinschriften.” In *Auf den Spuren des Jenseits*, ed. Schottenhammer: 21-59を参照。

（5）墓誌銘は棺の頭部か足下に置かれるのが原則で、特別に墓誌銘のために掘られた穴に安置されることが多い。Angela Schottenhammer, “Characteristics of Song epitaphs.” In *Burial in Song China*, ed. Dieter Kuhn（Heidelberg: edition forum, 1995）: 255を参照。また墓誌銘は、しばしば著名で博識な官僚または文学者によって作られ、刻文の多くは文集、選集、執筆手引書、その他の編纂物に纏められ保存された。作成者の知名度が高ければ、その墓誌銘はもとの石から摺り写された形で残されることが多い。墓誌銘の考古学的データ・それ以外の形で伝えられた史料・死者についての記録といった諸史料を比較検討することにより、著者がどういう意図のもとに、読者や歴史的状況に応じて歴史・伝記的な情報を消去・追加・変更したかが窺えて興味深い。この件に関しては、Sue Takashi “Revelations of a Missing Paragraph: Zhu Changwen（1039-1098）and the Compilation of Local Gazetteers in the Northern Song China”, *Journal of the Economic and Social History of the Orient* vol.52-1, 2009: 57-84も参照。

（6）『五代王処直墓』六五頁参照。

（7）劉昫『旧唐書』巻一八二、及び薛居正『旧五代史』巻五四を参照。

（8）『五代王処直墓』六五頁参照。

（9）この時代の中国北方の状況についての詳細な分析は、Wang Gungwu, *Divided China: Preparing for Reunification, 883-947*（Singapore: World Scientific Publishing, 2007［1967］）及び朱玉龍編『五代十国方鎮年表』（中華書局、一九九七）を参照。

（10）王処直の墓と墓誌銘についてのより詳細な分析については、Schottenhammer, “Das Grab”: 61-118を参照。

（11）Schottenhammer, “Das Grab”: 93-4を参照。斉牛を焼くの秘策は、斉が燕を侵略した時の戦いで始めて用いられたという。牛の角に鋭利な刃を取り付けるだけでなく、敷物や縄を牛の尾に結びつけることで、恐れ興奮した牛の群れが敵軍に突進するように仕組まれた。

(12) 和昭訓は『春秋』の注釈を記し、儒教・道教・仏教に対する彼自身の考えを加えることで、これらの教え並びに「九疇」に対する理解を深めた。『五代王処直墓』六五頁参照。また、王都も本を好む人物だったと記されている。『旧五代史』巻五四を参照。

(13) 『五代王処直墓』六五頁参照。

(14) 『史記』巻八一を参照。

(15) 『史記』巻八一を参照。

(16) 『史記』巻八一を参照。

(17) 『五代王処直墓』六五頁参照。

(18) 『史記』巻一二四を参照。また『史記』巻三、巻二八も参照。

(19) 袁安は『後漢書』で繰り返し言及されている。范曄『後漢書』巻五一、巻六七、巻七五を参照。

(20) これらの出来事は、『左伝』僖公三十三年に記録されている。James Legge, *The Ch'un Ts'ew with the Tso Chuen* (Taibei: SMC Publishing, 1994 [1872]) : 222-6を参照。僖公三十三年と文公元年の戦について、秦伯は自分が不適切な判断を下したからだと述べ、敗北した軍隊に対して全面的責任を負った。「私が蹇叔の助言に背いたために、皆を辱めてしまった。私の罪である」と言い、孟明を更迭せずに、「私の過失であって、お前達に何の咎があろうか。私はたった一つの過ちのために大徳ある人を消したりなどはしない」と言った。「[孟明]に不運をもたらしたのは、私の欲望のせいであり、彼には何の罪もない」と自身が責任を負ったのである。これにより秦伯は、再び[孟明]を政府の職に採用した。これについては、Legge, *The Ch'un Ts'ew*: 225, 230を参照。

(21) Legge, *The Ch'un Ts'ew*: 232-3を参照。

(22) Legge, *The Ch'un Ts'ew*: 235-6を参照。

(23) 『史記』巻三四を参照。

（24）范蠡はもともと楚の出身であり、越王勾踐に仕え、呉を討つのに貢献した。その後、彼は越を去って斉に赴き、斉の陶に定住したため、陶朱公と呼ばれた。『史記』巻四一を参照。

（25）王都は恐らく王処直の汚名を彼自身の手で晴らし、国のために尽くさざるを得ないように感じたのだろう。この時代には、軍事的敗北は一般的に恥じるべきものと考えられた。

（26）琬琰、つまり「丸くて鋭い美玉のような石」は、墓誌銘の様な耐久性のある石刻のために使われる貴重な石材と見なされたらしい。「赤い剣・偉大な教訓・大きな凸状をした象徴的な珠玉・丸くて鋭い美玉のような石は皆、西方の側面に置かれていた」と言われる。James Legge, *The Shoo King*（Taibei: SMC Publishing, 1994［1865］）: 554を参照。

（27）『五代王処直墓』六五頁参照。

（28）墓誌銘の解釈と分析についてはさらなる研究が必要ではあるが、Schottenhammer, "Das Grab": 73-81, 90-101を参照。

（29）五代の多くの軍人は、唐王朝を再建することを理由に彼らの行動を正当化した。この政治的状況は、王莽が漢王朝を剝奪した後の試みに似ている。最終的には劉秀が前二五年に王莽を滅ぼし、光武として皇帝の座に就き、漢を再建した。

（30）Schottenhammer, "Das Grab": 73-81及び蕭婷（Angela Schottenhammer）「王処直墓誌銘的再考察——関於五代節度使階級裡的一些道徳及意識形態趨勢」（『中華文史論叢』四、二〇〇六）一五八〜一七七頁も参照。

（31）王都が父親を殺害したかどうか、または父親を（言葉または暴力によって）隠退に追い込んだかは、結局は程度の問題にすぎない。何故ならば、孔子の教えに沿った道徳観念から厳密に判断した場合、どちらの行動も敬虔な行為とは言えないからである。

（32）私的な歴史編纂に対するこの傾向は、宋代に特にはっきりと現れたということを別の機会に述べたことがある。これについては、Angela Schottenhammer, *Grabinschriften in der Song-Dynastie*（Heidelberg: edition forum, 1995）及びSchottenhammer, "Characteristics of Song epitaphs"を参照。

（33）Herbert Franke, "Some Aspects of Chinese Private Historiography in the Thirteenth and Fourteenth Centuries." In *Historians of China and Japan*, ed. W. G. Beasley and E. G. Pulleyblank（London: Oxford University Press, 1961）: 115.

（34）Burton Watson, *The Tso chuan: Selections from China's Oldest Narrative History* (New York: Columbia University Press, 1989) : 80.

（35）この意見についての詳細は、Schottenhammer, "Das Grab": 80を参照。

（36）曹操が墓に石碑を建てることを禁止した二七八年以降に墓誌銘が作られるようになったという説が一般的に受け入れられている。しかしこの禁令が豪華な埋葬の代わりに墓誌銘を用いることを促したとしても、この理由付けは説得力に欠ける。何故ならば第一に、墓誌銘は禁令の出る以前に、すでに墓の中に安置されるようになっていたからである。第二に、墓誌銘は死にまつわる（葬送の）儀式の一部であり、単に記念碑として埋められたのではなく、石碑とは異なる役目を果たしていたからである。註（5）を参照。

（37）後の宋代には、『家礼』の中で朱熹が墓誌銘は決して一般に公開されてはならないと説明している。朱熹は、刻文が見られないようにするために墓誌銘とその覆いは鉄の鎖でしっかりと留めるようにとさえ勧告している。Patricia B. Ebrey, *Chu Hsi's Family Rituals: A Twelfth-Century Chinese Manual for the Performance of Cappings, Weddings, Funerals, and Ancestral Rites* (Princeton: Princeton University Press, 1991) : 108-9, 201を参照。

（38）より詳細な説明については、Schottenhammer, "Einige Überlegungen zur Entstehung von Grabinschriften": 21-59を参照。

（39）五代において、少なくとも幾つかの墓誌銘の内容は私的な歴史編纂の性質を帯びていると判断できるであろう。しかし、王処直の墓誌銘に表現されたような歴史編纂的批評がどれほど一般的であったかについてはまだ研究の余地がある。

（40）欧陽脩によって書かれた范仲淹の神道碑銘は、公の史書から逸脱した石碑の例であり、一〇三八年に趙元昊によって西夏が建てられた時期における、宋・西夏間の外交的な関わりが詳しく説明されている。この石碑によると、趙元昊は繰り返し平和交渉を提案したことになっている。しかし戦闘を回避しようとした彼の試みは、公の歴史編纂においてはあまり明らかではない。恐らくこれは、宋が引き続き敗北の辛酸を嘗めたためではないかと推測される。『欧陽文忠全集』巻二〇、『范文正公集』巻九、『褒賢集』巻一を参照。

（41）『旧唐書』巻一八二、『旧五代史』巻五四、『新五代史』巻三九を参照。『旧五代史』の二頁に亙る王都列伝は、『旧唐書』から写された王処直に関する短い記録に比べるとかなり長い。『旧五代史』の編集については、Wang Gungwu, "The *Chiu Wu-tai shih and History* Writing During the Five Dynasties," *Asia Major 6* (1957): 1-22を参照。また彼は九頁で「起居注・時政記の類や、この時代の主たる人物の経歴は、王朝［すなわち後唐］の最期に至るまで史局によって収集されたことが明らかである。しかし、後唐の継承者達は、遼を『偽りの』王朝と見なすことを固く心に誓い、それについての記録を残す努力を全くしなかった」と記している。嘗て遼の宰相であった李琪は、先の将官であった霍彦威のために神道碑銘を書いた時、遼を「偽りの」王朝であると記していなかったため、即座にその碑を書き直すように命じられたという。これは、他の形で伝えられた記録には表されていない内容、つまり埋蔵された刻文がなければ消え去ってしまっただろう情報が墓誌銘によって伝えられたというケースの一つである。これについては、『旧五代史』巻四〇を参照。

(42)『資治通鑑』巻二七一、『資治通鑑綱目』巻五五を参照。

(43)『文献通考』巻三四五を参照。

(44) Denis Twitchett は、「列伝は、大きな歴史的政策の一部である。つまり、本紀によって与えられた骨子に実例を加えて具体的に説明し、それぞれの出来事で重要な役割を担った代表的人物の詳細を読者に示すだけでなく、そういう歴史的な人々全てを通して、歴史家から見たその時代の全体像を明らかにすることを目的としたものである」と述べている。Denis Twitchett, *The Writing of Official History under the T'ang* (Cambridge: Cambridge University Press, 2002): 62-63を参照。

(45) Twitchett, *The Writing of Official History*: 78.

(46) 以下にAchim Mittag の文を引用しておく。"Auf die Frage, welche Funktion die offizielle Geschichtsschreibung im alten China hatte, kann man eine knappe Antwort geben: zum einen Herrscherwissen erzeugen und zum anderen Herrschaftslegitimation schaffen Dafur stehen paradigmatisch das verschiedentlich schon erwahnte *Zizhi tongjian*…. des Sima Guang, sowie die im *Shangshu* grundgelegte und in den Dynastiengeschichten perpetuierte Lehre vom Himmlischen Mandat (tianming 天命)." Achim Mittag, "Was heist und zu welchem Ende betrieb man historische Kritik in China," *Oriens Extremus* 1/2 (2002): 29.

(47)『旧唐書』巻一八二。

(48)荘宗は李存勗として生まれ、後唐の皇帝になる前は晋王であり、朱温を敵とした。朱温の死後、王処直と李存勗は再び同盟を結ぶ。李存勗の経歴については、Wang Gungwu, *Divided China*: 117-47を参照。

(49)『旧唐書』巻一八二。

(50)孔目吏または孔目官は、主に行政上の高官を指す。Wang Gungwu, *Divided China*: 139を参照。

(51)ここでは最も重要な部分についてのみ言及したが、欧陽脩の王処直列伝の全訳についてはRichard L. Davis, *Historical Records of the Five Dynasties* (New York: Columbia University Press, 2004)：332-4を参照。

(52)『旧五代史』巻五四。

(53)Davis, *Historical Records*: xlix.

(54)『新五代史』巻三九。

(55)『新五代史』巻三九。

(56)『資治通鑑』巻二七一及び『資治通鑑綱目』巻五五を参照。

(57)以下の翻訳をもとに若干変更を加えた。Davis, *Historical Records*: 333.

(58)Davis, *Historical Records*: 333-4を参照。

(59)『新五代史』巻三九。

(60)欧陽脩は、王処直が王都の養父であったのと同様に、王鎔は張文礼の養父であったとする。『新五代史』巻三、巻二六、巻三九を参照。

(61)『新五代史』巻三九を参照。また『資治通鑑』巻二七一も参照。定州と鎮州の相互依存関係は、『左伝』僖公五年に描かれた虢と虞の相互依存と類似していて興味深い。これによると、「虢は虞の表に当たるもの。虢が滅べば、虞も消えてしまいます。（中略）諺に『輔・車は相依り、唇亡ければ歯寒し』と言うのは、虢と虞の関係を言ったものです」とある。Legge, *The Ch'un Ts'ew*: 143, 145を参照。

（62）『新五代史』巻三九。

（63）文字通りには、「強欲な（または略奪的な）大群が侵攻した」と書かれてある。この表現は、近隣に住む人々の中でも特に徹底して軽蔑している者達の軍事行為を述べる際によく使われる言い回しである。

（64）『新五代史』巻三九を参照。

（65）『遼史』巻二、『文献通考』巻三四五を参照。

（66）E. G. Pulleyblank, “Chinese Historical Criticism: Liu Chih-chi and Ssu-ma Kuang” In *Historians of China and Japan*, ed. Beasley and Pulleyblank: 153-154.

（67）『資治通鑑』巻二七一。

（68）『資治通鑑』巻二七一。

（69）『資治通鑑』巻二七一を参照。

（70）『資治通鑑綱目』巻五五。

（71）胡寅『読史管見』を参照。

（72）Conrad Schirokauer, “Chu Hsi and Hu Hung.” In *Chu Hsi and Neo-Confucian Education*, ed. Wing-tsit Chan（Honolulu: University of Hawaii Press, 1986）: 481を参照。シロカウアーによると、『読史管見』の一五一四年刊本は朱熹の『資治通鑑綱目』に取り入れられた傍注を含んでいるという。

（73）『旧唐書』巻一八二。

（74）『旧五代史』巻五四を参照。

（75）この同盟の例については、Naomi Standen, *Unbounded Loyalty: Frontier Crossing in Liao China*（Honolulu: University of Hawai'i Press, 2007）; Irene S. Leung, “‘Felt Yurts Neatly Arrayed, Large Tents Huddle Close’: Visualizing the Frontier in the Northern Song Dynasty（960-1127）.” In *Political Frontiers, Ethnic Boundaries, and Human Geographies in Chinese History*, ed. Nicola Di Cosmo and Don J. Wyatt（London: Routledge/Curon Press, 2003）: 192-219を参照。

(76)『旧五代史』巻三九、五四を参照。
(77)この後の契丹の侵略行為と敗北については、『遼史』巻二を参照。
(78)『資治通鑑』巻二七一。
(79)『資治通鑑』巻二七一を参照。
(80)『資治通鑑綱目』巻五五。
(81)例えば『新五代史』によると、振武の司令官である安重栄は「蛮人を崇めるために中国を卑しめることは、踏みにじられた我々の庶民に更なる苦難を与え、飽くことを知らない契丹の欲望に答えることに他ならない」と叫んだという。契丹の使者が首都を往復する際に振武を通過した時、安重栄は使者を無作法に非難して通常の敬意を払うことを拒否し、足を組んで座ることを主張してきかなかった。彼は（契丹の）使者を捕らえ殺害したことさえあった。これについては、『新五代史』巻五一を参照。墓誌銘のいくつかは、蛮人や契丹に対抗する態度を示している。また李存勗の婿の宋廷浩のために作られた二〇〇一年発掘の墓誌銘は、契丹と晋王の石敬瑭の間に結ばれた協定に対して、いかに呉巒が異議を申し立てたかを説明している。これによると、呉巒は人々に向かって「私は礼や儀を重んじている。どうして、そんな自分と夷狄を同等と見なすことなどできようか」と叫んでいる。これについては、趙振華「五代宋廷浩墓誌考」（『華夏考古』四、二〇〇三）七一～七六頁を参照。
(82)『資治通鑑』巻二七一。
(83)『旧五代史』巻五四。
(84)『新五代史』巻三九。
(85)『新五代史』巻三九。
(86)『旧五代史』巻五四。
(87)『旧五代史』巻五四。
(88)『新五代史』巻三九。

（89）『新五代史』巻三九。また Davis, *Historical Records*: 334-5を参照。

（90）『漢書』巻二五。この件や歴史編纂に関連した事柄については、Hans van Ess, "Implizite historische Urteile in den Opfer-traktaten von Ssu-ma Ch'ien und Pan Ku" *Oriens Extremus* 1/2:43（2002）: 40-50に興味深い点が提示されている。

（91）『資治通鑑』巻二七一。

（92）『資治通鑑綱目』巻五五を参照。

（93）『資治通鑑綱目』巻五五。

（94）『遼史』巻二によると、涿州の城壁が遼軍によって破壊された日に「白い野ウサギが軍事防衛用の壁によじ上った」そうである。「白」は、死と哀悼（または喪に服すること）を意味する色である。

（95）『旧唐書』巻一八二、『旧五代史』巻五四。

（96）『資治通鑑綱目』巻五五。

（97）『新五代史』巻三九。

（98）『新五代史』巻三九。ここでも王鎔の死を表現する場において、「鎔為張文礼所殺」と受動態が使われている。『新五代史』巻一九を参照。

（99）『五代王処直墓』六五頁を参照。

（100）「彫刻のほどこされた弓の影」とは、想像上の病によって死を急ぐ者の隠喩である。盃に落とされた弓の影は蛇を比喩的に表現したもので、酒を飲みむようにその蛇を飲み干すということを意味し、主人を害するということではない。

（101）『五代王処直墓』、六五頁参照。

（102）蕭婷「王処直墓誌銘的再考察」一五八～一七七を参照。墓とその内装もまた、それを建てた人物がいかに孝行者であったか証明するものであり、ここでは王都のそうした行いを表現している可能性が最も高い。

（103）『五代王処直墓』六四頁を参照。甘泉は漢王朝の宮殿を指し、近くの甘泉山（現在の陝西省淳化県）に因んでつけられた名前である。無冠の王とは孔子のことであり、孔子は伝統的に、『春秋』に示される絶対確実な褒貶を課した人物と信じられている。「洪範」は『書経』の章の一つである。

(104)　「洪範」は伝説の賢王、大禹によって与えられたと信じられており、善政の原理について詳しく説明している。『春秋』に対する歴史的批判や解釈法については、すでにかなり多くの研究がなされている。二〇〇二年に出版された *Oriens Extremus* の特集号では歴史的批評（史評）を特別に扱っている。特にこの件についての包括的概要についてはミッタークの “Was heist” を参照のこと。この部分は、処直の遠い祖先にあたり、迷信深かったと公的史料が記している王莽を比喩的に指している可能性がある。王莽は、周代初期の王達によって築かれたと信じられている完璧な社会を再建しようと試みた。しかしこの試みは実現せず、その上、外交関係が破綻をきたしたため、匈奴とその他の属国との間に長期に及ぶ戦を引き起こすことになった。結局、王莽による統治は劉秀によって幕を閉じた。劉秀は自身が皇帝であると宣言し、光武として君臨した。つまり処直が唐王朝を再建してそのライバル諸国と適切な関係を築こうとしたのと同様に、劉秀もまた漢王朝を再建し、匈奴との関係を改善した点で共通しているといえる。正史においては、王莽は悪の象徴と見なされている。しかし和昭訓は墓誌銘の中で、王莽に向けられている非難が正当なものであるかどうか問いかけているように見える。この部分が曖昧な言い回しであるのも、和昭訓が政治的出来事や人物に対して、断定的に善か悪かを判断することは困難であると読者に気づかせようとしているからかもしれない。ここで訳された箇所に続く部分で、和昭訓は、王処直の祖先が周の人々に習って緱岭（驚くべき植物が育ち、そこでは不死の人々の世界に行けるかもしれないと言われている山）に登ろうと試みたと主張している。この点にも王莽を比喩的に用いていることが暗示されている。

(105)　Reinhard Emmerich, ed., with the collaboration of Hans van Ess, Raoul Findeisen, Martin Kern, and Clemens Treter, *Chinesische Literaturgeschichte*（Weimar: Metzler Verlag, 2004）: 186.

(106)　Emmerich, *Chinesische Literaturgeschichte*: 186.

(107)　これらの歴史的将軍や人物についてのより詳細な分析は、Schottenhammer, “Das Grab”: 73-81及び蕭婷「王処直墓誌銘的再考察」一七一〜一八〇頁を参照。

(108)　これらの伝統的特性については、Anne Cheng, “Ch'un-ch'iu 春秋, Kung yang 公羊, Ku liang 穀梁 and Tso chuan 左伝”

In *Early Chinese Texts: A Bibliographical Guide*, ed. Michael Loewe (Berkeley: University of California Press, 1993): 67-76を参照。

（109） Legge, *The Ch'un Ts'ew*: 236.

（110） Burton Watson によって若干の変更を加えた形で翻訳されている、『史記』巻一二四、游俠列伝の四一〇頁を参照。Burton Watson, *Records of the Grand Historian: Han II*, third edition (New York: Columbia University Press, 1993), 410. 傅説はまた『孟子』と『荘子』で言及されている。孟子は、「舜は田畑を耕す農夫から身を起こして天子となり、傅説は土木工事の人夫から挙げられ宰相となった。（中略）従って、天が重大な任務をある人に与えようとする時には、必ずまずその人の精神を疲れさせ、肉体を飢え苦しませるのである。（中略）こうして、その人の心を発憤させ、性格を辛抱強くさせ、今までできなかったこともできるようにするのである」と述べている。『孟子』告子章句下十五章と James Legge による翻訳（*The Works of Mencius*）の四四六頁を参照。『荘子』によると、傅説は道をえて、列星と肩をならべたと言う。『諸子集成』三（中華書局、一九五四）に所収の『荘子集釈』を参照。

（111） Schottenhammer, "Das Grab": 73-81及び蕭婷「王処直墓誌銘的再考察」一七一～一八〇頁を参照。

（112） Naomi Standen, *Unbounded Loyalty* を参照。

（113） 一〇〇四（正確には一〇〇五）年の澶淵の盟によると、宋王朝は年間十万テールの銀と二十万反の絹を支払うことを義務づけられた。一〇四二年の約ではこの絹の量が五十万反に膨れ上がった。契丹はこれらの支払いを「貢」と呼ぶことを好み、宋王朝の正式な従属を意味しようとしたことを伺わせる。

（114） Michael C. McGrath, "Frustrated Empires: The Song-Tangut Xia War of 1038-44." In *Battlefronts Real and Imagined: War, Border, and Identity in the Chinese Middle Period*, ed. Don J. Wyatt (New York: Palgrave Macmillan, 2008): 151-190を参照。

（115） Wang Gungwu, "The Rhetoric of a Lesser Empire: Early Sung Relations with Its Neighbors." In *China Among Equals: The Middle Kingdom and Its Neighbors, 10th-14th* Centuries, ed. Morris Rossabi (Berkeley: University of California Press, 1983): 47-65.

石刻と木版——地方風俗に対する普遍的医療と儀式——

ティ・ジェ・ヒンリクス
吉田　真弓　訳

はじめに

北宋時代は介入的な政府体制で知られ、これに匹敵するほどの体制は二十世紀になるまで現れなかった。ここでいう介入的とは、政府機構が地方社会の内部、つまり学校教育、貧民救済、徴税、専売、および民間の監視に至るまで介入していたことを指す。そうした体制を生みだした政策の中でも、一〇四〇年代半ば、一〇六〇年代後半、そして一〇九〇年代に出されたものが特によく知られている。しかし、これら周知の政策に先立つこと数十年前にも、すでに北宋の政治家や朝廷は、病気治療に関わる南方の習慣を抜本的に変える一連の活動を地方単位で実施していた。勧告や禁止事項を掲示するほかに、変革の主な手段として医療書を出版し配布したが、それはしばしば木版や石刻の形でなされた。その対象となった民衆にとって、木版や石刻を目にすることにどのような意味があったのかは定かでないが、意図外の対象、つまり官僚、士大夫、そして医者などに焦点を当てれば、ある程度その意味もわかってくる。

この論文では、こうした木版や石刻作成の政治および倫理的な意味を、北宋における地方や朝廷のアイデンティティ構築との関係において述べる。まず、書物の配布や刻印など、華南の病気治癒に関わる風俗の変革運動の調査から始め、福建省の官僚だった蔡襄(1)を取り上げ、さらに詳しく論じていく。

一　書物を利用した華南の風習の変革

病人の扱いに対する華南の悪習に関する北宋政府の対策は、二十種以上が記録に残っている。感染を恐れて病気の親族との接触を避けたり、薬の代わりに呪術を信じるなど、医療に対して全般的に無知な華南の民衆を対象にしたものである。(2)地方官や中央政府は、病気の親族を放置せずに薬を与えることを奨励し、呪術に頼ることを禁じ、巫者を取り締まって彼らの廟を破壊するなどの政策を実施した。(3)また、特に病気治療に関する華南の風習への対処として、政府は医療書を作成して配布し、その内容をしばしば石刻や木版にして普及させるようにした。北宋の有能な官僚であった陳堯叟が出した政策は、その初期のものである。彼は、特に華南の奥地における薬の不足と現地の気候への対処を図った。(4) 嶺南の風俗では、病人は神に祈禱するばかりで薬を服用しない。(5) 陳堯叟は『集験方』を桂州駅の石に彫らせた。またこの地方の「地気」が蒸し暑いので、樹木を植え、井戸を掘らせ、二、三十里ごとに亭舎を設置して飲料設備を整え、人々が脱水状態で命を落とすのを防いだ。(6) 天禧二年（一〇一八）には、朝廷の命で国子監がこれらの書物を印刷し、『陳堯叟薬方』(7) と題して全土に配布した。

開宝四年（九七一）には、現在の広西省の奥地で異端（それゆえ「堕落的」で「呪術的」）な宗教的方法による疾病治療をなくすため、薬や医療書を配布した官僚がいる。

邕州(8) には淫祀の風俗があった。病に冒された者は（医学的な）治療はせず、鶏や豚を殺しては、鬼神のご利益を求めて祈禱をした。范旻は禁令を出し、自分の報酬で薬を買い病気の者に与えた。治癒したものは千人に達した。そして、処方を石に刻んで庁舎の壁に設置し、この地方の人々を感化した。(9)

薬の配布と処方を刻した石碑の建立が地域住民を納得させるためであったことは明らかで、こうした方法は他のさまざまな場合にも用いられた。だが范旻の石刻は、「無知な」庶民が気軽に見たり、拓本をとれるような場所ではなく、庁舎内の壁のくぼみに置かれている。これについては後ほどまた触れるが、わざわざ石刻を作った目的が必ずしも処方の内容にかかわるものではなかったことを覚えておいてほしい。

開宝七年（九七四）にも、異端な風習をやめさせるために東の瓊州や南の海南島で、薬と医療書を配布せよとの勅命が出されている。この地方の俗習では、「病人が出ると呪術や巫者に頼る」ことが皇帝の耳に入ったのである。(10) 景徳三年（一〇〇六）には、同じ目的で医療書と薬が配られ、国庫からそのための予算が出ている。邵曄(11) は真宗に毎年銭五万の支給を求め、(12) 広南地方で太宗の『太平聖恵方』(13) と薬を配布した。淳熙二年（一一七五）の記録から、これが蔓延する瘴気への対策だったことがわかる。この地方では、「巫者や鬼神が尊ばれ、病人には薬や食べ物を与えず死ぬまで呪術に頼っており、（人々は）処方や薬材など見たこともなかった」のである。後者については年代の絞り込みが難しいが、校正医書局が設置された嘉祐二年（一〇五七）頃だったのかもしれない。例えば、以下の場合は至和元年（一〇五四）から嘉祐七年（一〇六二）の間と断定できる。

周湛[14]は戎州[15]の通判[16]であった。（この地方では）人々は医療というものを知らず、病人は祈禱や巫祝に頼っていた。湛は古くからの処方書を選び、石に刻んで人々に教え、巫者を（頼ることを）禁じた。それから人々は薬を用いるようになった[17]。

治平二年（一〇六五）から熙寧八年（一〇七五）頃には[18]、淮南の住民のために処方書を著した官僚もある。羅適[19]字は正之。桐城の縣尉。この地方の習俗は巫者のせいで悪化しており、人々は薬の効用を信じていなかった。羅が薬を配ると多くの病人が癒された。羅は医者を召喚し、処方書を与えてそれらを調合するよう命じた。そして、まちがった風俗から人々を救うため、羅はそれを石に刻んだ[20]。『傷寒救俗方』と題されたこの書が、医療目的で書かれたことはまちがいない[21]。虔[22]の知州だった劉彝も、地方の俗習に対して『正俗方』というまぎらわしい題名の本の出版を命じている[23]。

（その地）は嶺下に近く東南に偏っているため陽気が多くて、気候も均衡がとれておらず、民には疫病が多い。民俗は無知で巫を信じて鬼神に祈る。（そこで劉彝は）医者を集めて『正俗方』を著し、特に「傷寒の疾病」のみを論じた。管轄下にある巫師をすべて登録させたところ、三千七百人余りになった（二十六・五戸に対し巫者一人[24]）。彼らをとりおさえ、それぞれ『正俗方』一巻を与え、医を生業にさせた[25]。

羅適と劉彝は、傷寒による疾病に注目することで、伝染病の環境原因をこの地方の気候による「気」とし、疾病と巫者や鬼神の関わりをなくして、巫者の必要性を断とうとした。そして、感染の拡大は接触ではないことを説き、病人との接触を避ける必要性を最小限にとどめようと努力した[26]。だが、いったい劉彝は華南の巫者らがこうした医療書にどう反応すると考えたのだろう。巫者は文盲だったと思われるからである[27]。彼らはこれらの書物を祭壇に供えたのだろうか。あるいは、病気を起こしている魔物を追い出すために、呪符と同じように燃やして飲み込んだのだろうか。それとも売ってしまったのか。にもかかわらず、これら書物の内容は、非常に慎重に書かれていたようである。こうした書物を作成し、その内容を掲示したり配布したりする行為には、単に処方を教えるという目的を超えたものがあり、対象は華南の民間人にとどまっていなかったのではないだろうか。以下の節では、福建省の蔡襄が出した政策を詳しく調査することでこうした疑問に答え、医療書の作成や配布、そうした活動が地域、あるいは地域を超えた範囲の人々にとってどのような意味をもっていたのかを探っていく。

二　蔡襄の場合

福建出身の官僚で、一〇四〇年代から五〇年代にかけて福州や泉州の長官も務めた蔡襄は、今日でもこの地方で崇められている。地元には蔡襄の研究団体もあって『古今中外論蔡襄』という本を出版しており、それには福建省の蔡一族が調べた族譜も掲載されている[28]。また万暦六年（一五七八）に建立された莆田区蔡襄記念堂もある[29]。インターネットで蔡襄の名前を英語検索すると、泉州や福州の観光ページに行き当たり、そこから彼の書の石碑や万安橋にたどりつく。この橋は蔡襄が皇祐五年（一〇五三）から嘉祐元年（一〇五六）にかけて造らせたもので、現在は歴史的建造物として保護されている。強い水流に耐えられるよう舟形の構造を重ねた万安橋は、「中国の橋」と題されたノヴァのテレビシリーズでも放映され、中国の科学技術の粋を世界に知らしめることになった。それ以外にも、インターネット上には彼の書に関するサイトがいくつかあり、複製も購入できる。そうしたものに興味があれば、そこから茘枝とお茶に関する蔡襄の豊富な知識と独善的な意見も知ることができよう。

今でこそ彼は地域の誇り、そして地域を代表する歴史上の人物となり、一九八〇年代以降からは再び富の象徴にさえなっている[30]。だが、生前の彼の官僚としての仕事ぶり、文筆活動、そして彼について書かれた文章などは、「国家」対「地域社会」という対比における彼の位置づけを複雑にしている（ここでは「国家」を対照的な意味で使う[31]）。官僚としての蔡襄は、地域とのかかわりではなく文化伝統面における活躍で世に知られるようになった。古の聖人の徳を表現し習得するための「古文」運動に参加したのである[32]。『記古録』の中で、欧陽脩は友人であった蔡襄の見解に何度も触れ、書道の大家としての蔡襄を褒め称え、『記古録』の序に蔡襄の書を求めている[33]。蔡襄の書は、彼の「古文」様式の賦と同じく、倫理的で均衡のとれた安定的な作品で、正義感の強い彼の性格をよく表し優雅で美しい。そうした彼の書は仁宗をはじめ、同時代の人々にも称賛された[34]。修養の道としての文化的素養の完成に懐疑的だった朱熹は、蔡襄の書よりも彼の孝の実践に感銘を受け、模範として書物にしたためている[35]。蔡襄により近い時代の人物では、欧陽脩が蔡襄の孝を称え、閩の人々の間では彼が孝の権化として称賛されていると書いている[36]。

北宋時代の国家的なアイデンティティを語るにあたり、ロバート・ハイムズは南宋の士大夫が地域に根付いていたのに対し、北宋の士大夫は中央国家に目を向けていたと言ったが、北宋はまさにそうした国家的アイデンティティの時代であった[37]。その意味で蔡襄は特異な人物である。彼は、范仲淹や欧陽脩らと公私両面で親密な交流関係があったことで知られていた[38]。蔡襄は、若い士大夫や官僚らとともに朝廷の政策に抗議し、正義を求めて積極的に立ち上がることで名を広めた[39]。范仲淹をはじめとする改革派は一〇三〇年代に降格処分になったが、一〇四〇年代になって遼や西夏による侵略の危機感が高まるつれ、徐々に朝廷での官位を取り戻した。慶暦三年（一〇四三）、欧陽脩と蔡襄は諫官として日々の朝廷への出入りを許され、彼らの助言により范仲淹と韓琦が政府のトップになった結果、世に知られる慶暦の改革が起きたのである。しかし、論争を巻き起こした蔡襄の詩が改革反対派に利用され、改革派が長年にわたって派閥を組んでいたと非難されたことで仁宗の不信が募り、慶暦四年（一〇四四）に彼らは追放されてしまった。[40]

蔡襄は中央政府の役人としての仕事に力を注いだだけでなく、郷里の福建（閩）への強い愛着を示す活動も二つ行っている。福建の茶と荔枝の振興、そして地方習俗の変革に向けての努力である。彼の著した『茶録』と『荔枝譜』は、仁宗に奏上されている。『茶録』の序文では、この書に先立ち皇帝に献上した「龍茶」がいかに絶品であるかを述べている。彼は丁謂の『建安茶録』が福建の茶の素晴らしさについて一切触れていないため、『茶録』は陸羽の『茶経』と丁謂の『建安茶録』の落差を埋める貴重な書だと言う。[41]

（1）「教化風俗」

福建の地方風俗に対する蔡襄の最高の賛辞は、荔枝の栽培だろう。[42] だが我々にとってより重要なのは、蔡襄が当時だけでなく、後世の地方志でもさまざまな地方習俗を抑圧したことで知られている事実である。欧陽脩は、福州と泉州での蔡襄の地方官としての業績に関し、以下の文章を残している。[43]

> 蔡公は公明な政治を行った。代々閩の出身だったので、閩の風俗に通じていた。[44]（泉州や福州の）知州となった折には、地域の士大夫の中でも秀でた者に対しては、礼節をもって待遇した。学問を盛んにし、善を確立し、民の生活状態を改善して、（古い習俗による）害を除いた。[45]

ここで欧陽脩は、北宋時代に地方官としての蔡襄の手腕が世に知られていたことを述べている。特に蔡襄は閩の出身で地元の内部事情に通じていたため、この地方の官僚として才覚を発揮した。欧陽脩は、この地方やそこの住民たちに対する蔡襄の政治的手腕は、彼の一族が元々他から移住してきたことにあるとしている[46]。つまり閩の土着の風習とは直接的な関係がなかったため、蔡襄は自らの知識を古い習俗の保護や保持ではなく、その変革に適用させたのである。中央政府から彼に同情の眼を寄せる者たちにとって、地方士大夫の間に「徳」を振興させたこと、そして悪しき習俗を根絶して民間人の倫理観を高揚させたことこそ彼の業績であった。明確には表現されていないが、こうした彼の政策は、当時の政府に対する范仲淹派の活動であった「教化」あるいは「教化風俗」の範疇で語られることが多い[47]。

宋代の教育や改革に関する史料は、そのほとんどが地方の学校設立や士大夫を対象にした政策に関わるものである[48]。仁宗への提言を読めば、有能な官僚候補を選ぶ適切な方法として、士大夫の教育や科挙の重点を、詩の創作から四書五経や政策に関する論文へと移行させた慶暦改革派の意見に、蔡襄が同意していることがわかる[49]。しかし欧陽脩は「士」ではなく「民」を対象にした、それとはかなり異なる「教育と改革」政策について述べている。

閩の風俗は特に凶事を重く見る[50]。（人々は）仏教を信奉し、客を集めて贅沢を尽くして孝を実践する。そうしなければひどい後悔の念に囚われ、地域社会で恥をかくことになる。そのため、毎日、飽くことなく食べ物を求める犯罪者、流民、無頼漢たちや土地財産に貪欲な者たちが際限なくやって来て、その数が数千人にも及ぶことも屢々ある。親が亡くなっても泣くどころか、破産してまで準備を整えてから、初めて泣く者も出る始末である。有力者は、そうした（葬儀の準備に費用のかかる）急な事態に乗じて、土地や家を安く買い上げる。貧しい者はたちまち全てを無くし、負債をかかえ、一生借金から逃れることができない。蔡公は「これ以上の悪があろうか」と言い、即座に禁止令を出し、巫者が病人を扱ったり、蠱毒で人を殺すことを厳しく禁じた[51]。その後、聡明な者を選び、彼らに医療や薬について教え、病気の治療をさせた。上の者の教えに従わない若者もあったため、条項を定めて「五戒」を作成し、彼らを教え諭した。しばらくの後、閩の人々は平安な日々を送るようになった[52]。蔡襄が民間の風習を変革するために刻石した五つの政策のうちの四つがここで述べられている[53]。彼の「教民十六事」は、詐欺など様々な経済犯罪に関するものだが[54]、欧陽脩の言う「五戒」は、古くから続く地方の家族的な風習、特に親子や兄弟間の関係、そして婚姻や財産に関わる伝統的な地方の習慣をとりあげており[55]、「戒山頭斎会」は派手な仏式の葬儀について述べている[56]。

この他にも蔡襄は、模範例を普及させることで「悪しき風習を根絶」させようとした。また、施政における儀式の重要性に関して仁宗と議論し、仁宗の「恩は禽獣にまでおよぶが、四方の風習では（人々は）未だ礼楽を聞いたことがない」と述べた。そして、数ある儀式の中でも葬儀の重要性を説き、「葬儀は仏教を主にしている。陛下には儒者や博学者を集めて古来の制度をまとめ、新たな儀式を設けていただき、百官万民が同じように簡便に質の高い儀式を行えるようにしていただきたい」と指摘した[57]。彼自身が仏教嫌いであったこと、そして儀礼改革を唱えたこと、この両面において蔡襄は宋代の他の儒者、それも交友関係の深かった欧陽脩と同じ論点に立っている[58]。

蔡襄は、地方風俗に関しては禁止や訓戒を発したが、儀礼改革については民を直接の対象にしていなかった。パトリシア・イーブリーは、北宋の儀礼改革は「階層によりよく応じた（儀礼の）定義」がその動機付けの一因となっていたとする[59]。だが、儒教的な家族儀礼が貴族階級のものであった時代とは対照的に、そうした儀礼が貴族階級以外の階層にも求められていた地域があったことを考えれば、宋代における士と民の境界は曖昧だったと言える[60]。蔡襄も農民階級の出身だと言われていた[61]。また、士大夫は模範を示すものであり、地域社会の中で影響力を発揮するものとされていた。それ故、社会全体を変革するには、まず士大夫の儀式改革から始めることが論理的なステップであるとされた。イーブリーは、民間の家族儀礼に対し儒教的な面から分析をしたが、司馬光や程頤など北宋でもやや後の時代

の人物は、士大夫を対象にした書物を著し指導をしながらも、あらゆる社会階層における実践に心を向けていたと言う。(62)

蔡襄が目指したのと同じような目的で、政和三年（一一一三）から十九年の間に『儀礼集』が編纂・印刷され普及した。(63)朱熹も同じような試みを行ったが、それは南宋に典型的なパターンで、政府の政策を通じて目的を達成するとは考えていなかった。(64)その代わりに一般大衆向けの家礼書として、司馬光や程頤などが書いた士大夫向けの著述内容を簡素化したものを執筆し配布した。(65)さらに医療分野でも蔡襄の影響を受けたが、公的な形ではなく、士大夫が著した医学書の序文を書き、その出版費用を請け負うという個人的な形で貢献した。

郭長陽の医書の説は、そのまま古経から出ているとはいえ、古経の深遠で幅広い理論を求めるのは難しいものがある。だが、内容の分類を参照するのは容易い。広くこれを流布させ、世にあって処方を学ぶ者の家に置き、人々にこれを唱えさせて古の賢医の道の源を知らしめ、その難しさに苦しむことのないようにする。余が思うに、蔡忠恵公は長楽(66)（福州）を治めるにあたり、シャーマンらが主体となって病気にかかわり蠱毒で殺人を犯す者たちを憎み、それらをすべて禁止した上で、民の中から聡明な者を選んで医療や薬について学ばせ、治療にあたらせた。これは仁の心である。

朱熹の回想にもあるように、宋代の他の人物たちも風俗や儀式の変革を目指したが、蔡襄はさらに華南の土着習俗だった蠱毒と巫の変革も行おうとした。そのために、儀礼に関する書物ではなく、医療書を作成して配布したのである。

（2）蠱に対抗する医療

蔡襄は、福州知府および福建路の転運使を務めた初期の頃には蠱を飼う習俗を非常に厳しく禁じ、蠱を飼う家を数百戸ほど取り潰した。それ以後この風習はいくらかおさまったのだと言う[67]。明代の史料には「（この習俗は）以後ようやくやんだ」とある。こうした史料は、彼の業績を称えるために誇張されている場合が多いことを考慮しても、蔡襄の変革はそれなりの効果をあげたと言えよう。

閩の地では蠱を育てる。蠱の神気が時に小さな蛇となって人々を毒する。人を殺すことができないものは、恵安や泉に最も多い。八十里以内で、北は楓亭を超えることはなく、南は洛陽橋（蔡襄の万安橋の別称）を渡ることはない。蔡襄が泉州を治めていた頃には、蠱を育てていた者を多く捕えて殺したため、今でも彼を畏れる妖者は多いと言われる。洛陽橋には瑞明祠があり、楓亭は仙遊に属している。瑞明は仙遊の人だったからである[68]。

慶暦八年（一〇四八）、仁宗は蔡襄が処理したと思われる福建の蠱に関わる訴訟を見直し、蠱を追い出す処方を集めるよう命じ、特に福州の医者だった林士元の処方を用いて『慶暦善救方』と題する本にまとめて配布した[69]。

こうした書物の配布には偏りがあり、単に州内での普及に止まっていた可能性もある。『慶暦善救方』は、嘉祐三年（一〇五八）になって初めて福州の県レベルまでいきわたり、各県が木版にして県門に掲げた。十二世紀の史料には、当時の福州の石碑からの引用がある[70]。浙江ではもっと普及が早かったらしく、皇祐元年（一〇四九）には王安石のもとにこの書が届いていた。王安石は元々、蔡襄や欧陽脩の推薦を経て慶暦四年（一〇四四）に官職を得ていたのだが[71]、この書の後書きをしたためて石刻にし、福州知府にならって県の役所の門外に石碑を建て、役人の手を経ずに地域の住民がこれを利用できるようにした。王安石はこれを「不忍人」と言い、孟子的な思想の例として讃えている。

君は天命を制し、天の命を推め、民や臣下に至らす者である。君臣がともにその務めを果たせば、天下の者はすべからくその下に治められる。今は天下に君があると言える。その生養の徳は四海にいきわたり、蛮夷にまで至る。それら全てのために、病を救い生かす方法を考えてきた。臣下らは賤しい身でありながら民を治める命を受けた者である。陛下の恩沢を民にいきわたらせなければ、罪を得ることと罰を逃れることはできないだろう。[72] たとえ蛮人の病を癒すための政策であっても、しかるべき経緯で出され、官僚の手から民間へと伝えられたのである。言うまでもなく、昔から民への福祉は儒教国家の基盤であった。だが殆どの場合、それは君主や官僚が税金を軽くし、国費のかかる戦を避け、品行方正にしていれば自然と形になって現れるはずのものだった。教化は統治の中心的機能を果たしたが、君主がよき模範を示せば自ずと実施されるものだった。民や蛮民は正しい道を示されれば、それに従属すべきとされており、規範や政策は押し付けたり、強制したりする性質のものではなかった。開元五年（七一七）には、政府の救済計画さえ非儒教的だと糾弾された。[73] だが王安石のような北宋の活動家にとっては、地域社会へも勢力的に徳を広めていくのが理想的な儒教統治だったのである。

（3）　巫呪を無くすための薬の処方

蔡襄は、別の書物でも王安石によく似た意見を述べている。

生は天地の徳である。成は聖人の業である。天地の運化流転はこれに随い、失われるものは何一つない。これこそが生の理である。君子が政治の本を推し進め繁栄させ、民が平和で倫理的であること、それこそが成道の顕現である。それ故、天下万人に恩恵を施すことは聖人の仕事なのである。[74]

孔子は自分のことを指して「述而不作」と言い、孟子は「利」に触れたとして梁の恵王をとがめたが、[75] 蔡襄は、「作利」は君主の神聖な役割だとした。[76] それから二十年ほどして、王安石の新法が「義」に相反する「利」を追求するものとして批判されたが、[77] 蔡襄は歴史の中に前例を見出して王安石を擁護した。

神農は百草を味わい、黄帝は『内経』を著して民の病を除いたと伝えられる。彼らの（医療）技術は死者を蘇らせ、短命な者の寿命を長らえることができた。彼らの成し遂げた業を語るにあたり、大禹は治水を行って龍蛇を駆逐し、湯や武は武器を用いて放伐により乱禍を整えたが[78]、いずれも一時の難を救ったにすぎない。どうして（神農や黄帝のような）民に無窮の恩恵をもたらす業と比べることができようか。それ故、天下に恩恵をもたらす行いは、すべて聖人の業だと言うのである[79]。

加えて、過去の王朝の例を出し、さらなる行動を起こすことがいかに必要かを説く。

宋が天命を受けた時、九州の民を火の鼎から出し、彼らに（風）を吹きかけ身体を洗い流して（冷やして）やった。太宗皇帝は、天下を平定し国土を最大に広げると、その気概を復興し大いに蘇らせた。その後、金や絹による官僚の恩賞制度を定め、古今の有名な医療書や処方、鍼灸、診療に関する書物を購入収集させた。そして、朝廷の医者たちがそれらを纏めて百巻に分け、『太平聖恵方』と題した[80]。（太宗は）官民に伝わるよう各州に配布を命じた[81]。だが州の手に渡ると、その大部分が仕舞いこまれ、勿体振って虫干しをするだけで、官も民もその恩恵を受けなかった。

蔡襄は、この書が福州にもたらす恩恵について明確な考えを持っていた。

閩の風習では医者を尊ばずに巫を尊ぶ。病人の家族は巫者に頼る[82]。医者の門を叩く者は十人のうち二、三人しかいない。そのため、医療は益々伝わらなくなっている[83]。

蔡襄は、淳化三年（九九二）に出版された既存の『太平聖恵方』の要約を出させている。

この州を治めるようになった翌年、余は下賜された古い書物を写し、民に見せてはどうかと提案した。この地方の何希彭という者は医療技術に通じており、『聖恵方』に異域の事や奇怪な事が記されていたり[84]、実践が難しい処方や不老長寿を得るために金石や草木を食べるような方法が記されたりしていれば[85]、彼はそれらの記述を全て除いた[86]。そして、民衆が利用できるものだけを採用して、六千九百十六種類の処方を得た。何希彭は謙虚で慎しみ深く、己の分を守る人で、土地の人々に信頼されていた。そこで余は彼の書を採用し、写して木版にし、役所の門の両脇に並べた。聖人の限りない恩卓を求めて民にいきわたらせ、また、巫に頼ることが間違いであることを知らせて、民を正常な道に戻らせるためにそうしたのである。またそうすることは、知州の務めでもあるのだ[87]。

北宋の他の官僚たちと同じく、蔡襄も書物であるが故に権威をもつ医療書を利用し、そこに自らの権威と力を投影したのである。

三　書物を利用した教化風俗

正史である『宋史』の范旻の記録には「感化」と記載されている[88]。薬だけでなく、役所の壁に医療書の内容を石刻した范旻の行為も感化的な効果があったらしい。しかし、そうした石刻を目にし、それを写し取って処方を実際に利用できたのは誰なのだろうか。ほんの一握りの人々にはそれも可能だっただろうが、文字が読めるだけでなく、政府の建物に敢えて入っていく勇気のある人は少なかったに違いない。これらの書物が掲示されたのは、医療知識を知らしめるというより、医療書の出版が朝廷や官僚の特権であること示すためだったのかもしれない。だが、蔡襄や王安石、周湛、羅適及び劉彝など後の官僚たちは、これらの書物の普及に努力した。それにしても、劉彝が捕えた三千七百人のシャーマンたちの中で、与えられた医療書を読める者は果たしてどれほどいたのだろうか。

地方習俗の変革手段として書物を配布したことに関して、いくつかの点が挙げられる。まず、蔡襄の場合、過去にも同様の目的で使われた書物を利用している。「実践が難しい」という理由で地方の治療習俗に不適切な箇所を削除したり、不老長寿を求めたりするための不適切な箇所の他にも、「異域の事や奇怪な事」は明らかに目的にそぐわず異端だと考えたようで削除したりしてある。士大夫が以前よりも政治面で医療や医者と関わることが増えていった宋代では、蔡襄のように治療の「呪術性」に目を向ける士大夫が現れた。蔡襄が疑問を呈したことも、彼より前の時代の著述者や、習俗を変革しようと書物を配布した邵曄らにとっては、それほどの問題にも思えなかったようである。

二つ目に、こうした書物の利用では、カリスマ的権威の移行と共有が起こる。官僚は皇帝の代表としての権威をもつため、書物も権威の対象となる。劉彝が捉えた巫者らは、たとえ文盲でもこれら書物を何らかの力を持つ物として扱うことはあったかも知れない。それが畏敬か軽蔑かは分からないが。医療に関する書物を作成し民間に配布することの象徴的な影響がどうであれ、地方の士大夫の間では医療知識の探求が以前より尊ばれるようになったことは確かだろう。

三つ目に、イーブリーが研究したような葬送儀礼の改革では、儀礼書を通じた習俗改革が行われている。中国の伝統的な観念では、医療は儀礼とみなされていなかった。例えば、華南で病気平癒をしていた巫者らが目をつけられ、抑圧された理由の記録を見てみよう。彼らは、親族を見捨てた。これは孝の思想にあるまじき行為で朝廷の規範に反する。また、病気の治癒を官僚たちと競い合う結果になった。伝染病が発生した際に士大夫たちは薬を買って無料で配布しようとしたが、誰も薬をとりにこなかった。そこで調べてみたところ、巫者たちが薬を使わないよう警告しており、夏竦が言うように人々は「典章よりも（巫者の言葉に）従い、官僚よりも（巫者の力を）畏れている」ことが分かった(89)。官僚たちが庶民の育成の一環として治癒を行うようになると、そうした善業に対する抵抗も強くなる。また、医療は中国やヨーロッパの伝統の中では宗教、儀礼、政治世界との関わりをもちながらも、書物や職業においてはそれらと一線を画していたことも心に留めておく必要がある。治療行為は政治、宗教のどちらの世界においても、聖なる雰囲気に包まれたものとみなされていたのである。

おわりに

病人との接触を避け、巫者を対象として薬の処方を進めるという華南の悪しき習俗を変革する政策は、社会全体の改革を目指す宋の大きな政治的枠組みの一部であった(90)。そのため、「教化風俗」に積極的な活動家が現れ、嘗ては一般社会にあまり介入的でなかった儒教教理が組織的に利用されることになった。これらの政策の要として、官僚の人材源となる士大夫たちが注目され、科挙やそれに向けた教育に焦点が置かれるようになった。加えて、士大夫の示す模範が庶民層に「滴り落ちていく」のを待つことなく、彼らを直に変革していく儒教の教えがあった。そうした試みのいくつかは家族儀式を対象としていた。その中でも、華南の病気対処法に関する政策は最も浸透力が高く、革新的だった。そうした試みにおいて、儒教の改革者たちは、地方の学校などで実施した改革政策と同じく(91)仏僧や道士を手本にした。道教寺院が中世からそうしてきたように、宋朝も鬼神や「邪」に対して、合理的なシステムや手順、階級的な権威や規律を適用したのである(92)。

北宋の改革家の多くが、蔡襄と同じ華南の出身だった。華南の地方習俗の変革を目指す中で、彼らは華北に同調するのではなく、彼らにとって普遍的な価値を持ちこもうとした。筆者は、蔡襄が閩の習俗を変革しようとしたのは、出身地である閩への愛情からであり、閩を見下したり悪しき習俗を恐れたりしたからではなかったと思う。地方文化が当然のように尊ばれ、地方文化を誇りに思うことが当たり前とされる現代では、国家と地方が両極化するが、それはここでは適用できない。蔡襄の一生において、国家と地方、公と私、世俗と宗教という対立的観念は評価の基準にならない。こうした分類は中国という国を考える時には余りぴったりくるものではないが、さりとて使えないというわけでもない。今や蔡襄は福州、泉州そして福建省の人々の誇りである。蔡襄の書と官僚としての業績は、国家的な人物を生みだす福建の綿々と続く伝統であり、世界的に称賛される蔡襄の書は、中国の偉大な文化遺産の一つなのである。

生前の蔡襄の儒教信望者としての名声は、出世より両親の世話を優先したこと、公に対する基本的な姿勢、友人への忠誠と深い友愛、道徳的な古文、優雅な中にも力強さを示す書などに基づいている。こうした資質は彼を国や人民、宗教などとの関わりより、時間軸を超越した内在的な存在でありながら絶対的な規範である「道」、古の聖人が顕現したことで知られ、「復古」によって再興されるべき「道」との関わりで知られる人物にしたてあげた。この「道」が一体何であるのかについては、特に蔡襄との関わりで論じられたために宋代に激しい論争を呼んだが、「道」を「文」に見出した蘇軾は、蔡襄の「道」をその書に見出し、朱熹の場合は孝の実践にそれを見た。閩では、蔡襄による変革と統合の試行に彼の「道」が具現化され、それは石刻、木版、紙媒体を通じて最も具体的に表現されたのである。

註

（1）字は君謨。福建興化仙遊県の出身。『宋史』巻三二〇による。

（2）これらの風俗に対して、地図上では四川、安徽南部、江西南部、江西、湖南、湖北、浙江、福建、広西および広東に相当する地域を網羅する勅命が二本出されている。地方単位の政策も一例を除いてはすべてこれらの地域を対象にしている。

（3）TJ Hinrichs, "The Medical Transforming of Governance and Southern Customs in Song China (960-1279 C. E.)," PhD dissertation, Harvard University, 2003, Chapter 2, Appendix 1参照。

（4）字は唐夫。四川省閬州の出身。広南西路の転運使を務めた。『宋史』巻二八四による。

（5）秦嶺山脈の南の地域で、だいたい広東と広西の範疇に入る。

（6）『宋史』巻二八四。岡西為人『宋以前医籍考』（古亭書屋、一九六九）も参照。

（7）岡西の前掲書も参照。

（8）広南西路。

（9）『続資治通鑑長編』（以下『長編』と略す）巻一二及び『宋史』巻二四九。

（10）『長編』巻一六。

（11）号は日華。彼の先祖は山西の京兆の出身で、その後に一族は桂陽に移った。『宋史』巻七参照。

（12）『独醒雑誌』の記録では五百緡となっているが、『宋史』と『長編』では、銭五万（一緡は銭千に相当）になっており、ここではそれを正しい数字と考える。『宋史』と『長編』には、邵曄がこの予算を求めた記録はないが、『宋史』の記述は、この後に彼が朝廷に地図を奉納することが議論されているため、『独醒雑誌』の記述をある程度裏付ける証拠となる。『独醒雑誌』巻三、『宋史』巻七、『長編』巻六三を参照。銭一緡で米が二百三石買えた。これは、一人がだいたい一年間食べていくには充分の量だった。McKnight, *Law and Order in Sung China* (Cambridge: Cambridge University Press, 1992) 参照。

（13）太平興国三年（九七八）に作成が始まり淳化三年（九九二）に完成している。全百巻で一万六千八百三十四種の処方が掲載されている。王懐隠等編『太平聖恵方』百巻。淳化三年（九九二）と元祐三年（一〇八八）に開封の太学が印刷した版本は散逸しているが、紹興十七年（一一四七）に福建の地方政府が印刷したものは残っている。岡西為人『宋以前医籍考』参照。Yves Hervouet, ed., *A Sung Bibliography* の宮下三郎による記載（中文大学出版社、一九七八）参照。太宗はこの書物を印刷し全国に配布させた。各州に医博士を設置して、この書物を書写して民間に普及させるよう管理させた。『宋史』巻四六

一、『長編』巻二二二、『宋大詔令集』巻二一九。
(14) 京西南路鄧州穰県（現在の河南省）の出身。『宋史』巻三〇〇参照。
(15) 梓州路（現在の四川省）。
(16)「宋初の数十年間、知州の職務を現地で監視する役割を中央政府から委託されていた。知州に知らせることなく州内の諸事について天子に奉書を送る権利を与えられており、知州が出す文書は通判の承認がなければ有効とみなされなかった。数十年後には、これが「同知」として定制化し、いわゆる官職ではなく職務として残った」。Hucker, *A Dictionary of Official Titles in Late Imperial China* (Stanford University Press, 2002) 五五五頁より抜粋。
(17)『宋史』巻三〇〇。『長編』巻一七七～一九六によると、彼は至和元年（一〇五四）から嘉祐七年（一〇六二）にかけて活躍したと思われる。戎州への赴任の年代は、彼の記録で特に目を引く他の官職の前後いずれになるのか確定できない。
(18) 進士になった治平二年（一〇六五）と知県から昇格した熙寧八年（一〇七五）の間と考える。『宋元学案』巻一及び『長編』巻二六四参照。
(19) 両浙路の台州寧海の人。水利関連の業績で知られる。『宋元学案』巻一及び『長編』巻二六四、巻二八七。
(20) 岡西の前掲書四五四頁。『直斎書録解題』（上海古籍出版社、一九八七）三九〇頁も参照。
(21) 岡西の前掲書四五四頁。
(22) 虔州。南は広南東路、東は福建路に隣接する。虔州に赴任した年はわからないが、彼は熙寧七年（一〇七四）に桂州に転任になっている。『長編』巻二五、『北宋経撫年表』三九一頁。
(23) すでに逸失しているが、『宋史』芸文志に『贛州正俗方』二巻の記録がある。『宋史』巻二〇七。贛は贛州のことを示す。尤袤『遂初堂書目』（芸文印書館、一九六八）には『贛上正俗方』、『直斎書録解題』には『正俗方』一巻として掲載されている。『直斎書録解題』三八八・三八九頁、『遂初堂書目』三七頁及び岡西『宋以前医籍考』七五六頁参照。
(24) 元豊元年（一〇七八）の時点で虔に記録されていた全戸数は九万八千百三十戸である。梁方仲『中国歴代戸口、田地、田賦統計』（商務印書館、一九八〇）一四五頁。

（25）『独醒雑誌』巻三。『宋史』巻三三四も参照。

（26）病気の原因を呪術的なものと考えたり、接触感染を信じたりする華南の風習に対する『寒傷』的処方の特殊な使用法については、Hinrichs, "Transforming Governance" の第六章を、接触感染に関する議論については、同書の第七章を参照されたい。

（27）華南の呪術治療や病人を放置する風習に対して、最も影響力があった政策として、夏竦が江西の洪州で天聖元年（一〇二三）に実施したものがある。彼は医療書の配布はしなかったが、地域の千九百戸に上る巫者（これは戸籍に登録された八十七戸につき一戸の計算になる）の家の廟を破壊し、「職を強制的に変えさせて農業に戻し、鍼灸、処方、脈診をするように命じた」。『宋会要輯稿』礼二〇―一〇～一三。夏竦『文荘集』巻一五、『長編』巻一〇一、『宋史』巻九も参照。これら史料の英訳と分析は、Hinrichs, "Transforming Governance" にある。

（28）呉以寧編『古今中外論蔡襄』（三聯書店、一九八八）に所収の「蔡襄家族世系考略」一八六～一八九頁を参照。

（29）呉以寧点校『蔡襄集』（上海古籍出版社、一九九六）の前言。また『古今中外論蔡襄』序文にも書かれている。

（30）例えば、Edward Friedman, "Reconstructing China's National Identity: A Southern Alternative to Mao-Era Anti-Imperialist Nationalism," *Journal of Asian Studies*, 53.1（1994）などを参照。

（31）宋代は平和的関係を保つため辺境の脅威であった異民族に朝貢をしており、国粋主義の芽生えのようなものがあったと思われがちだが、天の命を受けた皇帝が天下の民を治める形態は、現代人が考えるナショナリズム的な国家的概念よりはるかに強かった。

（32）Peter K. Bol, "This Culture of Ours," Thomas H. C. Lee, *Government Education and Examinations in Sung China*（The Chinese University Press, 1985）一七六頁参照。

（33）一例をあげれば、欧陽脩『集古録』に対する蔡襄の意見の引用例については、『集古録』巻一、三、四、五、六、九、一〇を参照。欧陽脩が序文に蔡襄の書を求めたことについては、『文忠集』巻六九を、欧陽脩や同時代の士大夫が蔡襄の書を高く評価したことについては、『文忠集』巻七三を参照。

(34) 仁宗は自分が書いた墓誌銘を書き写すように蔡襄に命じ、蔡襄はそれに応じた。だが、他の官僚が書いた文書を写すように仁宗に言われた際には、このような写しは、報酬を受けるものであるとして断ったという有名な話がある。『蔡襄集』九三七頁の欧陽脩「瑞明殿学士蔡公墓誌銘」。Amy McNair, *The Upright Brush: Yan Zhenqing's Calligraphy and Song Literati Politics*, (Honolulu: University of Hawai'i Press, 1998) 一一、五八、六八、八二、一三〇～一三四頁。また蔡襄の書に関する蘇軾の評価が、Bol, "This Culture of Ours" 二九五頁に引用されている。

(35) 朱熹の修養と倫理に関しては、Peter K. Bol, "Chu Hsi's Redefinition of Literati Learning," in William Theodore de Bary and John Chaffee, eds., *Neo-Confucian Education: Its Formative Stage*, (Berkeley: University of California Press, 1989) 参照。朱熹が蔡襄の書よりも彼の孝行を敬ったことや蔡襄の作品の一部を印刷したことについては、陳俊民校編『朱熹文集』(徳福文教基金会、二〇〇〇) を参照。朱熹は蔡襄の徳治を敬い讃えて表明している（『朱熹文集』巻八三及び巻八六）。

(36) 『蔡襄集』九三七頁の欧陽脩「瑞明殿学士蔡公墓誌銘」及び『文忠集』巻五〇参照。

(37) Robert P. Hymes, Statesmen and Gentlemen: *The Elite of Fu-chou, Chiang-his, in Northern and Southern Sung*, (Cambridge: Cambridge University Press, 1986), *passim.*

(38) 蔡襄と欧陽脩の親しい交流は、二人が同時に進士に合格した天聖八年（一〇三〇）に始まる。親しい交流関係は彼らの文章からもわかる。また蔡襄の弟が中央で官職に就くことになった際より、欧陽脩と彼との関係は、彼が若くして亡くなるまで続いた。『文忠集』巻二八「蔡君山墓誌銘」参照。

(39) Bol, "This Culture of Ours" 一六八～一七〇頁。例えば、景祐三年（一〇三六）に、范仲淹が宰相の呂夷簡の縁故主義を糾弾した罪で降格し、欧陽脩が范を支援した罪で降格した際、范や欧を称え、高若訥を糾弾したことを称賛した蔡襄の詩が広く読まれた。『蔡襄集』八～一一頁の「四賢一不肖詩」参照。

(40) 慶暦改革までの政治史、および改革派が朝廷から放逐されるまでの事情と蔡襄と改革との関わりについては、James T. C. Liu, *Ou-yang Hsiu: An Eleventh-Century Neo-Confucianist*, (Stanford: Stanford University Press, 1967) 及び Bol, "This Culture of Ours" を参照。

(41) 『蔡襄集』巻三五にある『茶録』序文参照。蔡襄の地元への愛着については、Hugh R. Clark, "An Inquiry into the Xianyou Cai: Cai Xiang, Cai Que, Cai Jing, and the Politics of Kinship," *Journal of Song-Yuan Studies*, 31 (2001) を参照。
(42) 『蔡襄集』巻三五の『茘枝譜』。
(43) 蔡襄は、慶暦五年（一〇四五）から皇祐四年（一〇五二）にかけて知福州と福建路転運使を務めている。嘉祐元年（一〇五六）から嘉祐五年（一〇六〇）にかけては、泉州と福州の知府を歴任した。彼の出身地である仙遊県はこれらの地区にまたがる。出身地への任官をさける習慣のあった明や清の歴史家にとって、これは意外に思えたかもしれない。ブライアン・マックライトは、福建の福州および現在の浙江省に位置する杭州と明州の史料を分析し、北宋時代には（少なくとも関連史料の残る地方に関する限り）、地方出身の官僚を出身地に配置する傾向があったことを示した。Brian McKnight, "Administrators of Hangzhou Under the Northern Sung: A Case Study," *Harvard Journal of Asiatic Studies*, 30 (1970) 参照。
(44) 『長編』巻一八七及び『蔡襄集』九四〇頁の校勘記一一にある『欧陽文忠公文集』に基づき、「世閩人」を「於閩尤」と解読している。
(45) 『蔡襄集』九三六頁にある欧陽脩「瑞明殿学士蔡公墓誌銘」。明道二年（一〇三三）以降、瑞明殿学士は、皇帝に奏上する陳情書を読むことを仕事にし、翰林学士よりも低く見られていた。Hucker, *Dictionary of Official Titles* 一三二頁参照。
(46) この地方の蔡一族の歴史や族譜については、Hugh R. Clark, "An Inquiry into the Xianyou Cai" 及び註（28）で引用の「蔡襄家族世系考略」を参照。
(47) Bol, "This Culture of Ours" 一七〇、一八四、一八五頁参照。
(48) 士大夫への教化政策とは対照的に、二十世紀以前における民衆の教化風俗に関わる政策は、中国史の史料には殆ど見あたらない。これは史料そのものの問題ではない。『四庫全書』その他のデータベースで「教化」や「教化風俗」を検索すれば、士大夫に関しては民衆教化よりずっと多くの史料がみつかる。結局のところ、我々が問題にしている史料の書き手たちにとっては、士大夫の教化の方がより切実で問題の核心に関わるものだった。なにしろ、士大夫こそが「教化」の担い手として期待されていたのであり、民衆が模範とする士大夫が乱れていては教化などできないからである。だがこのような教育や教化が、十一世紀の社会道徳論争にとってさほど重要ではなかったにしろ、この論文に使用した史料における士大夫の手になる記録は、余りにも少なすぎると思う。

(49) これらの問題に関わる政策議論については、『蔡襄集』巻二二の「選官」などを参照。教育や科挙に関する慶暦改革についてはBol, "This Culture of Ours" 及び James T. C. Liu, *Ouyang Hsiu* を参照。地方の士大夫の教育に対する蔡襄の関わりは、『蔡襄集』九三六頁の欧陽脩「瑞明殿学士蔡公墓誌銘」などを見るとよい。地方官としての蔡襄の業績に関し、これよりやや簡略化され再構成されたものが、欧陽脩が彼のために書いた墓誌銘から引用されている（著者は明記されていない）。『長編』巻一八七。

(50) 婚姻など縁起の良い儀礼に対する死の儀礼など。

(51) 蟲毒とは、百足、蛇、蟾蜍など毒をとることを目的に飼育された邪悪な動物から抽出した毒薬の製法にかかわるものと信じられていた。Feng and Shryock, "Black Magic Known as *Ku*" 参照。蟲の飼育は少なくとも唐代にまでさかのぼる犯罪で、極悪な「十悪」の第六項目に入っている。Wallace Johnson, *The T'ang Code: General Principles* (Princeton: Princeton University Press, 1979) 七〇、七一頁。

(52) これには続きがある。「蔡公が亡くなると、閩の人々は互いにつれあって州（政府）を詣で、蔡公のために「徳政碑」を建立するよう求めた。（州の）役人は、法で許されていないからと彼らの要請を退けたが、すぐにそれを撤回し、蔡公の善政を個人的に石刻にした。そこには「我ら民衆に蔡公の徳を忘れさせないために」と刻まれていた。『蔡襄集』九三六頁にある欧陽脩「瑞明殿学士蔡公墓誌銘」。

(53) この石碑の年代に関しては、ここに示した以外のことははっきりしていない。蔡襄が福州に赴任中かそのすぐ後に建てられたものと思われる。

(54) 『淳熙三山志』巻三九。この石碑は蔡襄が馮登府で自ら書いたものとされている。『嘉業堂金石叢書』一四巻に所収の『閩中金石志』巻一一（呉興劉氏希古楼、一九二六）。また『蔡襄集』八〇四、〇五頁も参照。

(55) 『淳熙三山志』巻三九及び『蔡襄集』六一八、六一九頁。この石碑と次の「戒山頭斎會」には、パトリシア・イーブリーの英訳がある。*Confucianism and Family Rituals in Imperial China: A Social History of Writing About Rites* (Princeton: Princeton University Press, 1991) 七〇、七一頁参照。イーブリーは、これらを北宋における婚姻や葬儀の習慣を純粋化し統一するための試みであったとする。

(56) 欧陽脩は石刻に酷似した石碑や書から引用していると思われる。『淳熙三山志』巻三九。石碑は馮登府で蔡襄が自ら書いたものとされている。『嘉業堂金石叢書』一四巻に所収の『閩中金石志』巻一一。Ebrey, *Confucianism and Famly Rituals* の七〇、七一頁も参照。

(57) 『蔡襄集』巻三二。パトリシア・イーブリーは、粗野で異端な家族儀礼に対する儒家の反論について調査し、特に死者の扱いについて研究した。北宋時代の状況については、Ebrey, *Confucianism and Family Rituals* を参照。同様に一般民衆を導く目的で書かれた朱熹の『家礼』についても Ebrey, *Confucianism and Family Rituals* を参照。『家礼』は政策についての言及は故意に避けている。政策を持ちだすのは北宋に顕著なパターンで、朱熹のように故意に避けるのは南宋に見られる習慣である。

(58) 朱子学の再興と反仏教の動きは、一般に韓愈に遡るとされる。Ebrey, *Confucianism and Family Rituals*, 七七～九頁、八八、九頁。欧陽脩の仏教排斥と儀式改革の擁護については、James T. C. Liu, *Ou-Yang Hsiu* を参照。蔡襄の仏教観は、Chi-chiang Huang, "Elite and Clergy in Northern Sung Hang-chou," in Gregory and Getz, eds., *Buddhism in the Sung* の三一七頁や Hugh Clark, *Community, Trade, and Networks* の六二頁等を参照。蔡襄が反仏教的だったのは、九世紀から十世紀にかけて福建の寺院が広大な土地の所有権と絶大な権力を拡大していったことに関わりがあるかもしれない。Hugh Clark, *Community, Trade, and Networks* の五九～六四頁参照。

(59) Ebrey, *Confucianism and Family Rituals* の四五、五〇、六五、七七頁。

(60) Ebrey, *Confucianism and Family Rituals* を参照。

(61) 欧陽脩の伝記参照。

(62) Ebrey, *Confucianism and Family Rituals in Imperial China* の一〇一頁。これは嘉泰三年（一二〇三）に出された文書で明らかにされている。「臣下は政治の道は風俗を正すことにあると聞き及ぶ。風俗は民と士に分けられるもので、民の風俗が正しくなければ、士の風俗はそれを教えるものでなければならない。士の風俗が正しくないのに民の風俗を正すことはできない」。『宋会要輯稿』刑法二―一三三。

(63) Ebrey, *Confucianism and Family Rituals* の一一七頁、『宋史』巻九八。

(64) 北宋の政治家が政策を通じた社会改革を目指したのに対し、南宋では地方や個人の活動による改革を試みた政治家が多かったことについては、Robert P. Hymes and Conrad Shirokauer, "Introduction," in Hymes and Shirokauer, eds., *Ordering the World: Approaches to State and Society in Sung Dynasty China,* (Berkeley: University of California Press, 1993) 参照。

(65) Ebrey, *Confucianism and Family Rituals,* 一〇一～一〇四頁参照。

(66) 福州の県。閩王朝の地でもあった。

(67) 『淳熙三山志』巻三九。『八閩通志』及び『蔡襄集』七九七頁も参照。

(68) 『蔡襄集』九二七頁に引用される『閩部疏』より。

(69) 『淳熙三山志』巻三九、『長編』巻一六三、岡西為人『宋以前医籍考』再版（進学書局、一九六九）七二八頁、『八閩通志』及び『蔡襄集』七九七頁を参照。『長編』には、これが「蠱」に対する処方書だと明確に記載されおり、当時の福建の状況にも合致しているが、王安石やその後の著述には、「蠱」に関する記載はない。『玉海』には華南の「病毒」のことしか書かれていない。そのため、この書物は華南の伝染病を中心にしたものだとする研究者もいるが、当時の記録からはそれが証明できない。Catherine Despeux, "The System of the Five Circulatory Phases and the Six Seasonal Influences," in Hsu, ed., *Innovation in Chinese Medicine,* 一四五頁、Asaf Goldschmidt, "The Transformation of Chinese Medicine During the Northern Song dynasty (960-1127): The Integration of Three Past Medical Approaches into a Comprehensive Medical System Following a Wave of Epidemics," PhD diss., University of Pennsylvania, 1999, 三三、四頁、脚注六六等を参照。

(70) これらにも紹興二年（一一三二）と淳熙二年（一一七五）に福州で起きた明らかな蠱毒が書かれている。『淳熙三山志』巻二九。洪邁『夷堅志補』巻一三にある「黄谷蠱毒」。

(71) Bol, "This Culture of Ours" 一八九頁。

（72）『宋以前医籍考』七二八頁の引用を参照。

（73）Hugh Scogin, "Poor Relief in Northern Sung China," *Oriens Extremus*, 25.1（1978）の三〇、三一頁参照。蔡襄は慈善事業を糾弾することはないが、唐の官人と同じ観点から政治が真っ先に行うべきは、必要以上に徴税せず、民の基本的な生活を保障することで、「飢えた時や凍えている時だけに、食べ物や着物を与えることではない」と言っている。『蔡襄集』巻二二。

（74）『蔡襄集』五一九頁、『宋以前医籍考』七二〇頁、『淳熙三山志』巻三九参照。

（75）『論語』述而第七及び『孟子』梁恵王章句上。

（76）仁宗に宛てた「選官」の文章中でも「無為」的な政府を批判し、「百官中無不為」と言っている。『蔡襄集』巻二一。

（77）司馬光などによる。T. C. Liu, *Reform in Sung China: Wang An-shih（1021-1086）and his New Policies*（Cambridge: Harvard University Press, 1959）の五〇頁参照。

（78）殷と周王朝の開祖。

（79）『蔡襄集』五一九頁、『宋以前医籍考』七二〇頁及び『淳熙三山志』巻三九も参照。

（80）序文は淳化三年（九九二）。王懐隠等編、百巻、一万六千八百三十四の処方が記載されている。元祐三年（一〇八八）に再刊されており、紹興十七年（一一四七）の福建の地方政府発行のものが現存している。『宋以前医籍考』七一三～二〇頁、Hervouet, *A Sung Bibliography* にある宮本三郎の記載も参照。

（81）「頒」を「頌」と解読する。

（82）『淳熙三山志』でも「索崇」となっている。岡西前掲書七二一頁では「作崇」である。「崇」は通常、特定の場所や人に憑いている鬼や霊を指す。憑依を指すこともあり、その方が「作崇」の解釈としては相応しい。李建民、"崇病与「場所」：伝統医学対崇病的一種解釈"『漢学研究』一二―一（一九九四）。洪邁『夷堅志』では、明らかに憑依と思われる例が記載されている。『夷堅志補』巻二三等を参照。

（83）『蔡襄集』五一九頁。岡西『宋以前医籍考』七二〇頁及び『淳熙三山志』巻三九。

（84）瑰怪。岡西前掲書ではこれを「瑰奇」つまり「珍しい」とか「尋常でない」と解釈している。『淳熙三山志』では「瑰怪」

となっている。岡西前掲書では、この後に「怪誕」の語が続く（岡西七二一頁）。

（85）岡西前掲書七二一頁には、「食」の語は記載されていない。

（86）『四庫全書』版の『瑞明集』及び『淳熙三山志』により、「致之」の解読として「置之」を使う。岡西もそのようにしている（七二一頁）。呉以寧点校『蔡襄集』では『四庫全書』版を引用しながら、それを拒否して「致民」を使っている。『蔡襄集』五二四頁の校勘記五一。

（87）『蔡襄集』五一九頁。『宋以前医籍考』七二〇、七二一頁及び『淳熙三山志』巻三九。『淳熙三山志』には、蔡襄が自らこれを石に彫ったと記録されている。現在この石刻は、県の役所の右手側に見ることができる。『淳熙三山志』巻三九参照。

（88）『宋史』巻二四九。

（89）『宋会要輯稿』礼二〇―一〇～一三。夏竦『文荘集』巻一五、『長編』巻一〇一、『宋史』巻九なども参照。

（90）Hymes and Shirokauer, "Introduction," *Ordering the World* を参照。

（91）Linda A. Walton, *Academies and Society in Southern Sung China*, (Honolulu: University of Hawai'i Press, 1999), Walton, "Southern Sung Academies as Sacred Places," in Ebrey and Gregory, eds., *Religion and Society in T'ang and Sung China* を参照。

（92）例えば、中世の道教に見られる。Rolf A. Stein, "Religious Taoism and Popular Religion from the Second to the Seventh Centuries," in *Facets of Taoism: Essays in Chinese Religion*, Holmes Welch and Anna Seidel, eds., (New Haven: Yale University Press, 1979）参照。

宋・元・明代の地方志の編纂・出版およびその読者について

ジョセフ・デニス
吉田　真弓　訳

はじめに

本稿は、中国の宋・元・明時代の地方志に関する筆者の研究を披瀝するものである。地方志は、特定の行政単位、施設、あるいは景勝地に関する記録を集めたもので、王朝交代を越えて受け継がれてきた。筆者は行政単位ごとの地方志に注目しているが、各地方志は特定の行政単位の記録であると同時に、地誌の重層的な体系の中に位置づけられている。地方志は基本的に州や県単位で編纂され、その上に府や省のものがあり、それらの頂点に位置するものとして総合的な元明一統志があるのである。

もともと地方志は、特殊かつ重要な書籍様式として登場し、宋代に多く作成されるようになった。張国淦『中国古方志考』（中華書局、一九六二年）には、およそ二千種の宋元代の地方志が掲載されているが、数十種を除いてそのほとんどが逸失している。しかし、夥しい数の序文が地方志の著者の文集や後の時代に作られた版本に含まれているため、そこから失われてしまった地方志について知ることもできる。明代以降については多くの地方志が現存しており、巴兆祥は行政区単位の明の地方志は三千四百七十種あり、そのうち千十四種が現存することを確認している。そのため、宋代や元代を研究するにあたっては、主に現存書に含まれる序文を調査し、明代については多くの地方志を実際に参照した。勿論、地方志の編纂は明代で終わったわけではなく、清朝および民国時代に編纂されたものについても、凡そ七千種の地方志が残っているばかりでなく、現在でも地方志の類は出版され続けている。

地方志のほとんどは、地方の儒学の学校や官衙で、数名の士大夫が集まって編纂されたが、彼らは地方駐在官や知県、知府（知州）など、官員にある程度の資金援助と監督を受けていた。地方志の編纂は高官や地方官らが命じたが、個人の意思で着手されることもあった。国家レベルで編纂される地方志もあり、元代や明代初めでは朝廷が凡例を定め、地方志の提出を各地方政府に命じている。[1]これらは通常『一統志』の編纂に関わるものだったが、皇帝が地方志の閲覧を希望して編纂を命じる場合もあった。例えば、正徳帝が南京に行幸するにあたり、正徳十五年（一五二〇）に地方志編纂の命が下されている。正徳帝は応天府の地方志を閲覧したがっていたが、現存するものがなかったため、新たに編纂を命じたのである。[2]また、省単位で着手されたものもあった。例えば、嘉靖二十一年（一五四二）の『固始県志』（河南）は、河南省の巡撫が、河南の各行政地区に地方志の提出を命じたことから編纂されたものである。[3]その他に府が編纂するものもあったが、地方志のほとんどは、知県か地方の士大夫によって編纂されている。

地方志の記載項目は元明時代には比較的一定していた。資料1は、十五世紀に編纂された主な地方志の典型的な記載項目を示している。記載項目がおおよそ標準化しているのは、元や明の初期には勅令で掲載内容が定められており、地方志は朝廷に差し出され、『一統志』の編纂に使われたためである。資料2は永楽時代の編纂規定である。これらの項目は、一四〇〇年代後半まで維持されたが、それ以降は各編者がある程度の改訂を加えるようになった。

一般には、一種の地方志が書きあがると木版が作られ、それらは州や県の学校や役所に保管されて必要に応じて印刷された。例えば、嘉靖十五年（一五三六）に編纂された『潁州県志』の木版が儒学の学校の書庫の棚に保管されており、「凡遊於斯之賢士大夫有欲印者、当計紙張命工就印。」との注記が残っている。[4] だが、全く別の場所に木版が保管される場合もあった。嘉靖九年（一五三〇）に編纂された『蘄州誌』の木版は、彫り終えた後に、民間における印刷の便宜を図るため、知県が編纂者である甘沢の自宅に保管させている。[5]

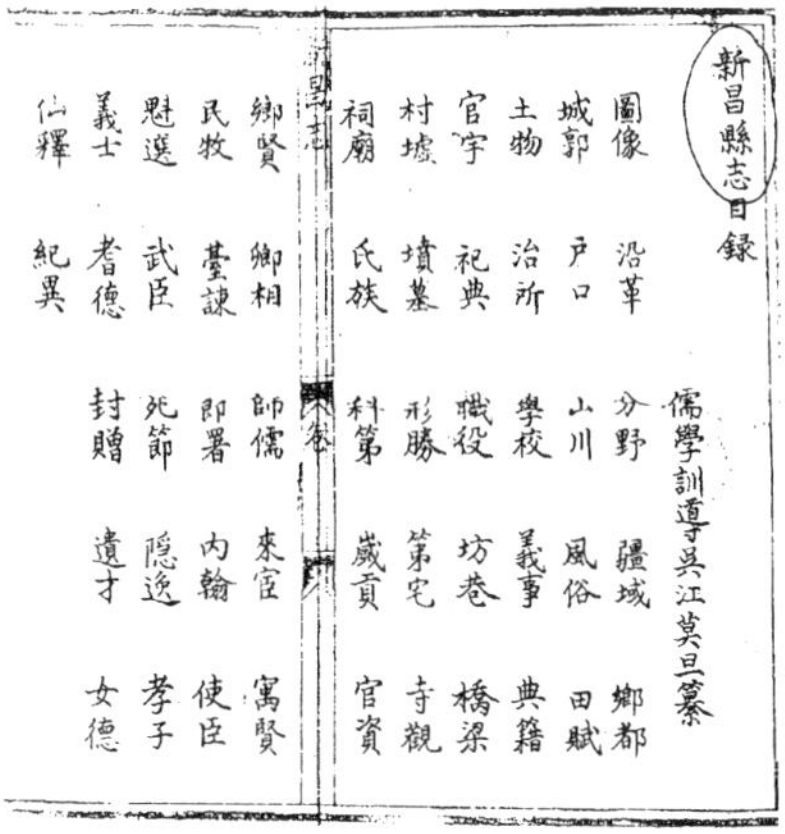
新昌縣志目録
儒學訓導呉江莫旦纂

圖像	沿革	分野	疆域	郷都
城郭	戸口	山川	風俗	田賦
土物	治所	學校	義事	典籍
官宇	祀典	職役	坊巷	橋梁
村墟	墳墓	形勝	第宅	寺觀
祠廟	氏族	科第	歳貢	官資
郷賢	郷相	師儒	來宦	寓賢
民牧	臺諫	郎署	内翰	使臣
魁選	武臣	死節	隱逸	孝子
義士	耆德	封贈	遺才	女德
仙釋	紀異			

資料1

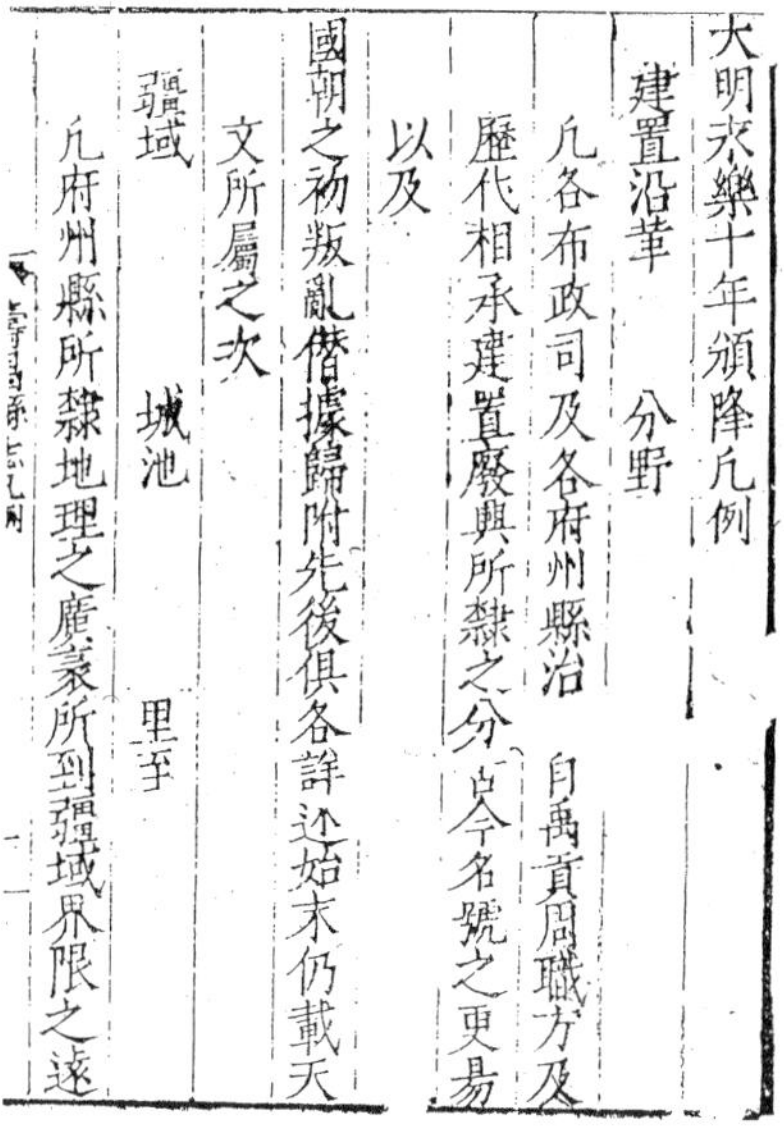
大明永樂十年頒降凡例
建置沿革　分野
凡各布政司及各府州縣治自禹貢周職方及歷代相承建置廢興所隸之分古今名號之更易以及國朝之初叛亂僭據歸附先後俱各詳述始末仍載天文所屬之次
疆域　城池　里至
凡府州縣所隸地理之廣袤所到疆域界限之遠

資料2

一　研究の視点と概要

では、そろそろ本題に入りたい。筆者の研究は、基本的には出版の歴史と情報流通のケーススタディと言える。だが同時に、中国における出版、社会および文化史の研究者が地方志を利用できる方法を模索しており、編集および閲覧の双方の立場から地方志を調査している。編纂については、明代になぜ地方志が書かれたのか、誰が書いたのか、編纂にあたってどんな人脈が関わっていたのか、どんな理由から特定の人物が地方志の著者や編纂者になったのか、掲載情報の収集方法や選択・編集にあたっての政治的絡み・製作費、出版費用の調達法、印刷方法や印刷場所などについて調査している。読者側の研究としては、地方志の流通方法や経路、それが編纂された地方社会の内外の様々な読者層、そしてそれら読者が地方志をどのように読み、利用したのかについて調べている。

次に、今まで地方志に関してどのような研究成果が発表されてきたかを見てみよう。一九八〇年代から一九九〇年代にかけては、地方志の内容やそれらを、様々な研究テーマとして扱う可能性などについて多くの論文や書籍が発表された。中国史研究者のほとんどが、地方志全体ではなく、選択的な個別の項目や部門を調査するという研究手法を使っている。例えば、様々な地方志の同一項目だけを選んでデータを抜き出し、テーマ別の研究をするという方法である。先ほど言及した、**資料1**の目次を見ると、四行目の一番下の項目は「橋梁」である。明代の橋について研究したければ、各地方志の「橋梁」の項目を調べ、必要な情報を抽出して、他の関連史料と照らし合わせながら分析することができる。これは、効果的な方法で、その意味で地方志は中国学における重要な史料と言える。現存する地方志の数は膨大で、そこには非常に多岐にわたる内容が記載されている。地方志には他の史料からは得られない情報も多く、さまざまな分野の研究者がこれを利用するので、地方志についての理解を深めることが重要なのである。

しかし筆者は、一種の地方志全体をひとつの研究対象にしているという点で、そうした利用法とは異なるアプローチを取っている。時には表紙から裏表紙に至るまでくまなく調査し、全体像をとらえて、社会、政治、経済、文化的意味において地方志の編纂を分析する。記載内容は、地方レベルのものもあれば、地方を越えるものもある。地方志をひとつのジャンルとしてとらえた研究はあるが、そこで提起された課題は幅広いものではなく、目立った研究成果は思想史や文化史の研究者の手になるものばかりである。筆者は社会史研究の視点から地方志を見ており、ミクロ歴史学の手法をとっている。現在、地方志に関する研究書を執筆中だが、この書物は一種の地方志の復元と分析から出発したものである。次に、一種の地方志だけを重点的に調査するのではなく、七百種にわたる宋・元・明代の地方志を閲覧し、実際の作成過程やそれらがどのように読まれていたのかを調べた。そうした調査にあたって、地方志は一見したところ雑多な情報を集めた書物に見えるが、実際には、特定の内容や目的を念頭に置いて編纂されたものも多いと考えた。そうした内容や目的は地方志ごとに異なるため、一種の地方志を通して調査することで、それを編纂した社会について知り、地方志に記録されている内容に対する理解を深めることができる。特定の研究テーマに利用するため、複数の地方志の個別の項目から必要なデータだけを抽出するという研究方法では、こうした事実が明らかにされないこともある。編纂過程に注目し、全体を読みとおすことで、新たにさまざま問題が提起されてくるのである。

筆者は嘗て、万暦七年（一五七九）の『新昌県志』編纂に関する詳細な研究を行ったことがある。新昌は、浙江省紹興府の県である。筆者は、これを新昌図書館、ユタ系図協会（Utah Genealogical Society）および上海図書館に保存されている新昌の系譜と合わせて閲覧した。系譜には、この『新昌県志』編纂に関わった四十六名ほぼ全員の情報が記載されている。

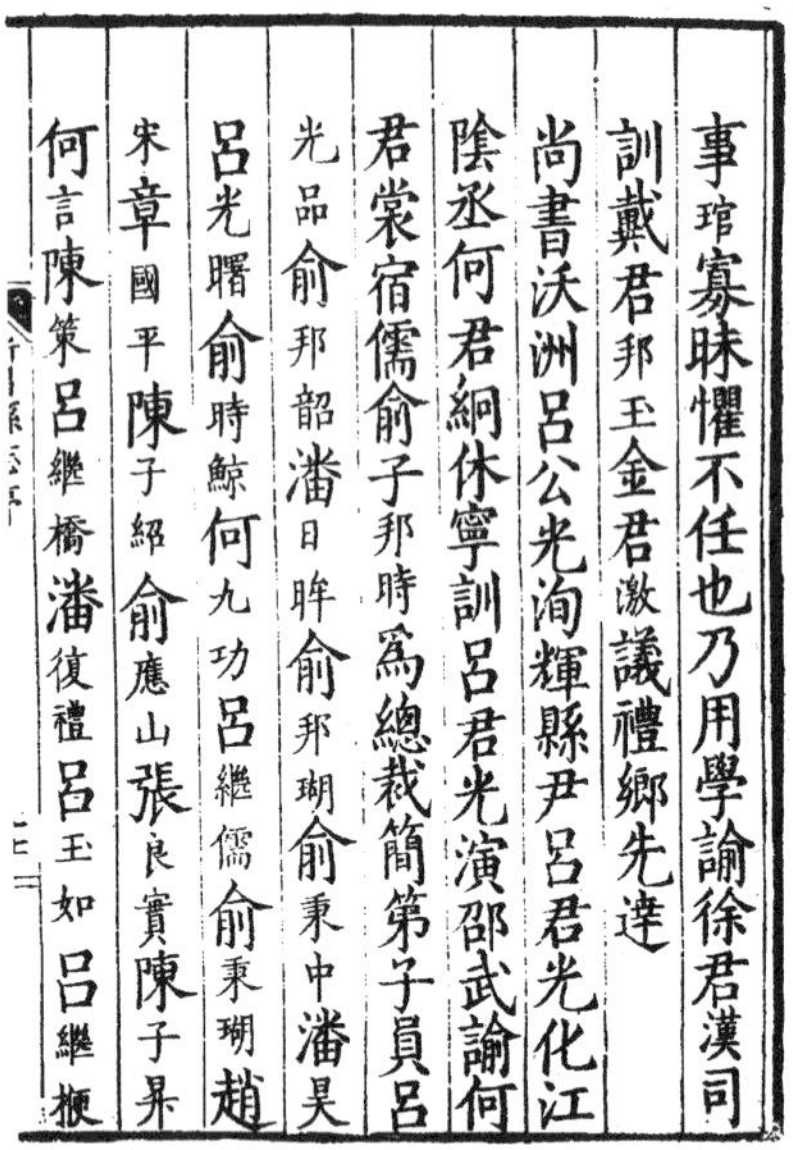
事瑺寡昧懼不任也乃用學諭徐君漢司
訓戴君邦玉金君激議禮鄉先達
尚書沃洲呂公光洵輝縣尹呂君光化江
陰丞何君絅休寧訓呂君光演邵武諭何
君棠宿儒俞子邦時爲總裁簡第子員呂
光品俞邦韶潘日昕俞邦瑚俞秉中潘昊
呂光曙俞時鯨何九功呂繼儒俞秉瑚趙
宋章國平陳子紹俞應山張良實陳子昇
何言陳策呂繼橋潘復禮呂玉如呂繼樞

資料３

資料３は、この万暦『新昌県志』の序文の一例で、編纂に関わった人物の一覧がある。筆者はこれらの編纂に関わった人物の系譜を探し、また彼らの母方や婚戚者の系譜も調べた。そして、族譜、地方志、その他の史料から、地方志が編纂された当時の社会、政治および文化的背景の復元を試みた。そして、地方志に記載される伝記史料を集めて分析し、各編纂者は父方なのか、母方なのか、あるいは婚戚を通じて密接な関係にあったのかを明らかにするとともに、彼らの宗族関係に焦点をあて、代々の系譜を公的に確立して地域社会における指導的立場を強調する目的で地方志の記載項目を選んだことを示した。一族の公的な系譜として地方志を編纂することで、編纂者たちは、地方政府に広がる彼らの系譜の規模を明確にした。その結果、地方志は地域社会における彼らの権威を正当化する役割を果たしていたことが明らかになったのである。各一族は、県内の特定の地域で力を持ったが、県規模の権力は、ひとにぎりの同族婚グループの手に集中していた。彼らは、同族婚を続けた結果、同じ姓を持つ父方の系譜よりも、別姓との関係が近くなっていった。このようにして筆者は、地方志の編纂者を詳細に調査し、地方志を戦略的な書物として調べることで、系譜が地域社会における権威を正当化したとするデヴィッド・フォーレ（"The Lineage as Cultural Invention: The Case of the Pearl River Delta" *Modern China*, Vol. 15 No. 1: pp. 4-36, 1989）の説を県の地方志にまで広げたのである。

また、地方志の編纂状況に注目し、編纂関係者の性別にも焦点をあてることで、万暦『新昌県志』編纂においては、女性親族を通じて形成されたネットワークが重要な役割を持っていたことも示した。地方志を公の系譜として見てみると、ジャンルとしての地方志理解の範囲が深まるだけでなく、父系だけでなく母系や婚姻関係による親族関係や習慣に対する視点も得ることができ、宗族というものがどのように見られており、地方レベルで親族の力がいかなる作用を持っていたかを探る一助ともなるのである。

加えて、編纂過程を詳細に調べることにより、一冊の地方志を、公と私、地方とそれを超えた範囲の接点として見ることもできる。そうすることで、地方と地域社会の指導的人物を、その地域を超えたより大きな文化の中に位置づけ、一地方の特徴を記載した書物である地方志を、下は地方から上は朝廷までをも見ることのできる書物としてとらえることが可能になるのである。

では、地方志を戦略的な書物として読むという考え方に再び注目してみよう。系譜を公にすることが地方志編纂における目的の一つだと述べたが、そこには必然的に、編纂者の意図がどうあれ、明代の読者は地方志を公的な族譜として読んだのかどうか、という疑問が沸く。この疑問に答え、当時の読者がどのように地方志を読んだのかを知るために、ロバート・シャルティエが提起した「interpretive communities（解釈的コミュニティ）」という考え方を取り入れることにした。すなわち、明代の地方志について、その地方の内外の読者がどのようにそれを読んだのかについて、復元を試みる方法である。そのために、筆者は個別の読者情報を集めている。

一例をあげてみよう。新昌に儒学の学校を建設する話にまつわるもので、成化十三年（一四七七）の成化『新昌県志』にある記録とそれに対する地方読者の反応を引用する。この地域の学校では、莫旦という者が助手として子弟を教育していた。莫旦は成化十三年（一四七七）の地方志編纂に関わっている。莫の序文では、新昌には古くから学校があり、それが最近になって修復されたのだと言う。そして、大成殿と呼ばれた主要建築の修復前の様子に関する文書を地方志の中に入れているが、これは黄氏の書いたもので、「重建大成殿記」と題されていた。地方志に見える黄氏の記録では、宋代に知県が学校を建てるべき土地を選んで五カ月かけて建設したこと、誰もがこの学校を気に入っており、ここで学んだ子弟の多くが科挙試験に合格したことになっている。非常に簡潔な記録内容である。黄氏一族がこの記録を莫旦の地方志の中に見つけ、これに応える形で、一族の系譜の中に以下のような文章を入れた。

新昌県の儒学の師に莫旦という者があった。彼は学校の庭を広げ、始祖の墓を破壊してしまった。一族の黄蘁は激怒し、早速訴訟を起こした。知県は始祖の墓の保存を認め、墓を復元して（黄氏に）戻すことを命じた。（莫旦は）危うく罰せられるところだったが、幸運なことに賄賂を使ってそれを免れたのである。後になって莫旦が地方志を再編纂した際に、黄一族の始祖の墓についての記録は削除してしまい、墓所へ通じる道は（学校の絵図に）書き入れなかった。そして、黄一族の中から官吏になった者についても、十人いればその中の一人か二人だけを記録するという体裁だった。そして、黄氏の「重建大成殿記」を地方志に入れた際には、傲慢にもその題を「新建」から「重建」に変えてしまったのである。

そして、黄氏の系譜は、莫が黄氏に対して行った卑劣な行為をいくつも挙げ、以下のように締めくくっている。

これらの事例は莫旦が公道を乱し私怨を積んだことを示している。いにしえには、我らが祖先の栄は浦江に住んでおり、県の礎を築くに当たって多大な貢献をした。栄のために祠が建てられ、そこには「黄将軍祠」と彫られた額がかけられた。後に浦江の知県が「黄」の文字を削り取ってしまった。するとその知県は、突如として狂言を吐き死んでしまった。今、莫氏を浦江の知県に比べると、莫氏はそれよりも悪い。いったい彼は今後どうなるのだろう。そこで特にこれを記載し後世の人々に伝えることとした。

地方志と系譜に見える地域の学校建設にかかわるこの二つの話は、史料によって視点が大きく異なることを示している。地方志は、黄一族の始祖の墓が莫旦によって破壊されたことに関わる軋轢については隠されており、地方志の編纂や学校の建設など公共事業に関わる政治的思惑については全くわからない。実際の読者の反応を調べることで、地方志の内容にどのような作為がなされたのかがわかってくる。上に挙げた例について言えば、一族の位置づけに注目した読者層があったことがわかるのである。

読者層の類型をするにあたり、筆者は読者を地域の内外の二つに分けた。地方志は地域内外の両方の読者に閲覧されるが、地域内と地域外の読者では、読み方が幾分異なるためである。地域内の読者にとっての関心事としては、一族の地位や歴史、系譜や水利権、居住権などの有形的な事実の記載、あるいは地域の特定の場所の記述などがある。地域と関係のない読者とは、書籍の収集家、旅行者および政府の役人などで、彼らは地方志を参考書、旅行案内などとして読むほか、特定の地域やその地域の政治に関する知識を得るために閲覧した。

一族の系譜を公にすることは、地方志編纂の数ある目的のひとつに過ぎない。地方志編纂の多様な潜在的目的を知ることは重要である。地方志編纂の目的を知ることは、記載内容の理解や研究をする上での地方志の利用方法に影響するからである。例えば、ある地方志に記載されている列女や烈女の伝記がすべて編纂者の母方や婚姻関係による親類縁者であれば、列女や烈女の研究にあたって、これらの伝記を利用する場合は慎重を期する必要がある。つまり、それらが特定の時期と場所における理想の女徳をある程度まで反映しているのか、あるいは単に編纂者が自分の祖母、姉妹、あるいは妻たちの逸話の中から注目に値するものだけを選んで並べただけなのかを考慮しなければならない。また、地方の非漢族の政権を漢化させる政策の一環として地方志が書かれたのであれば、地方政権に対する中央政府の態度や考えを理解する目的で、地方志編纂を研究することも可能だろう。

二　辺境の地方志

筆者は研究の一環として、中国の辺境の地で編纂された地方志と中核地域で作成されたものとの違いや、口誦文化を文字文化に変換する上で地方志が果たした役割についても調査している。明代の辺境の地方志は、辺境地方を文化国家である中国の立場から描写している。以下は、非漢民族が住む地域に任官された知県による、嘉靖二十五年（一五四六）の河州（蘭州の南西で現在の甘粛臨夏回族自治区）の地方志のあとがきである。

私の考えでは、中国と外夷の異なる点は文章があることだ。志は文章の中でも際立って重要なものである。中国にあって志がないことは、文章が無いということである。もし（一地方に）文章がなければ、中国にあっても何を貴ぶことができよう。そのため、都から下は省、郡、邑に至るまで、志を持たぬところは無い。志は文教を修め、中華と蛮夷を区別する。(6)

このあとがきの著者は、地方志を限定的ではあるが、既存の中国の文字文化の一部と考えていたことがわかる。だが、明代における南西部の辺境地域の地方志は、文字文化の一部であっただけでなく、非漢民族の口誦文化やほとんど文字のない文化を完全に文字化した中国文化に転換していくための重要な手段でもあった。辺境地域では、書籍として編纂された最初の文書が地方志であることも多かった。地方志を編纂するため、官僚たちは前任者が残したさまざまな著作を集め、より広い地理単位を網羅する地理書や歴史書を探すだけでなく、人々から伝え聞いたり、個人の所蔵する著作類から得たりした情報もそこに加えた。このようにして初めて編纂された地方志は、文字史料がないか、あっても極めて限定的であった地域の情報を、文字文化を持つ中華帝国の一部とし、中華の歴史の流れと拡大された版図に組み込む役割を果たしたのである。

嘉靖二十九年（一五五〇）に編纂された、雲南省の『尋甸府志』は、その一例である。尋甸は、長い間、現地の世襲官僚が治めてきた。しかし、成化十二年（一四七六）に継承問題でもめたため、中央政府はここに府を定めて中央権力を確立しようとして、他地方から官僚を派遣することにした。(7)だが、地方志にも記録されているように、当初は「尋甸は府とはいえども、実際には州や県の上に置かれた有名無実な名称にすぎず、しかも武定、東川、霑益をはじめとするような、野蛮な風習しか知らず、中華の道を知らぬ州や県の真ん中に位置している」と書かれている。結局、新しく任官された役人はこの地方を治めることができず、嘉靖六年（一五二七）には、首長の安銓が反乱を興して、町を攻撃した。(8)反乱鎮圧後、中央政府がここを支配下に置いて漢化させる努力に乗り出したのである。

尋甸を漢化する方策の一環としては、教育と文字文化があった。嘉靖二十一年（一五四二）、知府は府の学校のために、重要な古典（二十一種類）を買い、それに教育基金をつけて与えた。(9)六年後には、王尚用が新たに赴任すると、尋甸に地方志がないと知って、そのような文献の欠落に耐えられるものか部下に訊ねた。部下はそれに答えて、「尋甸には古くからの書物もなければ、徳の高い長老もおらず、名高い官僚や大臣もおりません。どのようにして地方志を編纂することができましょう」と訴えた。憤慨した知府の王はこれに答えて言った。「そうであるならば、地方志のできる日など来ないのだから、蛮人どもの間で安息な日々を過ごしたほうがよいのではないか」(10)。この言葉に感じ入った彼の部下と省都の昆明から来ていた学生が、『雲南通志』から記録を抽出したり、老人から話を聞いたり、あるいは『大明一統志』などの古い書物を参照したりして地方志を編纂した。知府は、たとえ文化的な資源がほとんどないような土地であっても、誰かが最初の一歩を踏み出し、後の学者たちの基盤となる書物を著わさなければならないと考えたのである。

こうしてできあがった地方志の「芸文」の項目は、地方志の文字文化と尋甸の漢化の関係を明確に表明している。「かつて尋甸は、土着の領土で文字文化がなかった。だが、流官が定められ派遣されてからは、文字文化が次第に定着してきた。これらの（新たに作られた）文書を集めて出版することは意義のあることである」[11]。意義があることとは、尋甸を蛮人の土地から区別し、文明と文字文化を持つ世界に変えることであった。

文字や文字文化のきっかけとしての地方志の影響力は、しばしば辺境地域の地方志に記録されている。嘉靖四十四年（一五六五）編纂の『普安州志』（貴州）には、以下の記載がある。

以前は、普安は夷人の地で前代のことは文字にされなかった。永楽朝に郡志が初めて編纂される時には、この地の風俗はまだ原始的ではあったが、幾世代かを経て聖賢な皇帝が何人も続いた後、文化がこの辺境の地を変え、優れた人物や文章が次第に盛んになった[12]。

西南の辺境で編纂された初期の地方志の中には、口誦史料に大きく依存したものも多かった。例えば、万暦三年（一五七五）編纂の江西省の『太平府誌』には、この府は洪武元年（一三六八）に「蛮夷」の土地に設置されたものだが、過去の歴史を記載する部署がなく、地方志の編纂者は個人が所有する文書や、土地の老人の話に頼るしかなかったと記録している[13]。辺境地の地方志は、それまで口で伝えられてきた地方の歴史を文字化して文字文化を促進しただけでなく、地方の学校で学ぶ学生たちに文化的なプロジェクトに参加する機会をも提供したのである。

地方志編纂は、特定の地域が中国の版図に組み込まれたことの象徴であったため、中華文明の一員となることを切望する地方住民にとって、地方志がないことは恥ずべきことであった。嘉靖三十一年（一五五二）の『略陽県志』（陝西）の編纂者は、「郡邑にとっての誌は、国にとっての史、家にとっての譜諜と同じである。史がなくて国を治められようか。譜がなくて家を治められようか。誌なくして郡邑を治められようか」と言っている[14]。

三　馬湖の場合

ここまでは、現地の出身ではない官僚による地方志編纂について述べてきた。だが、地方志は現地出身の官僚の監督下で、その地方で編纂されることもあった。本節では、嘉靖三十四年（一五五五）の『馬湖府志』とこの地方を代々統治してきた一族がそれ以前に編纂した版本とを取り上げる。馬湖の府都は四川省と雲南省の境界にあり、今は屛山と呼ばれている。この地方の住民の多くが、現在では彝族と呼ばれる少数民族に分類されている。

元代末期、馬湖は安済が治める総管府で、唐のころから安氏一族が統治していた。[15]洪武四年（一三七一）、安済が明王朝への従属を表明し、この地に府が定められた。正式な従属の見返りとして、安氏一族はこの地方の知府の世襲を許された。[16]しかし、弘治八年（一四九五）、明王朝は安氏の世襲を廃止した。六代目の知府であった安鰲が凌遅処死に値する罪を犯したため、安鰲の処刑後、明王朝は彼の暴挙を理由に、ほぼ独立化していたこの地方を明の行政区に組み込み、この地方の出身者ではない漢民族の役人が統治するようにしたのである。[17]

安氏一族の統治時代に、少なくとも一巻は地方志が作られている。安氏一族が編纂したものは現存しないが、行政体制が変わってから最初に作られた新しい地方志である、嘉靖三十四年（一五五五）の『馬湖府志』がかつての安氏の地方志に言及しており、安氏の時代の記録を記載している。そのため、行政体制が変わることで、地方志の内容にどのような変化があったのかを知ることができる。この『馬湖府志』の序は「馬湖の古い志は、安氏について詳細に記録している上に誇張がある。ほとんど系譜のようである。そのため見る価値はない」と記している。もしこの描写が正しいのであれば、なぜ安氏一族はまるで系譜のような地方志を編纂したのだろうか。その答えを探す前に、先ずは非漢民族の地における統治者継承に関して定めた明律に目を向ける必要がある。

明律では、地方の世襲役人については、中央政府に系譜情報を提出しなければ後継者が決められないことになっていた。明朝の開国後は、すべての地方官の後継は、吏部の験封司が処理することになった[18]。しかし、洪武朝の末期になって、行政の管轄区が格付けで分けられてしまった。格の高い地方は兵部の従属となり、馬湖のように格付けの低い知府は司封司の配下になった。洪武二十六年（一三九三）、朝廷は、湖広、四川、雲南、広西地方の土官の後継については、他に継承権を持つものがいないかを司封司が確認し、吏部に報告書とともに「宗支図本」を差し出さねばならないという勅令をだした。時代を経るとともに、より詳細な情報が求められるようになった。正統元年（一四三六）の勅令では、土官に後継者となる資格のある息子や甥たちの名前を報告するよう命じている。正統六年（一四四一）の勅令では、土官は後継者の一覧を四部作成して差し出すことになっている。通政使司、都察院、及び都指揮使司に各一部、吏部による審査用に一部である。その後は三年ごとに報告書を更新しなければならない。嘉靖九年（一五三〇）からは、報告書にすべての息子と孫及び彼らの年齢と生みの母親も記載することが義務付けられた。息子のいない土官は、息子が生まれてから報告書を提出するか、弟、甥、あるいは娘たちの一覧情報を差し出したのである[19]。

レオ・シンは「そのような規則が地方の土着の統治者に与えた影響のひとつに、系譜の重要度が増したことがあげられる」と述べている[20]。彼は、「一つの系譜に全員が同意できないほど広がってしまった一族も多かったため、この規則は継続的には実施されなかった」とも述べている。その結果、統治者が亡くなると、その座を狙う者たちが争ってそれぞれの系譜を差し出そうとした[21]。系譜が地方の統治権を決めたため、土官たちは自分の系譜を広く流布させようとして、地方志はそのための理想的な手段となった。地方志は、帝国の歴史の流れの一部に組み込まれる公的な書物である。編纂後は一族の手を離れ、権威ある書物として存在していく。地方志は一族の系譜を記載するだけでなく、祖先の徳を記録して後代の正当性を高める。中核的な地域の地方志の中には、地方の士大夫の公的な系譜として読めるものもあることはすでに述べた。だが、馬湖の場合、土官の世襲に関わる法的条件があったため、一族の歴史として地方志を書くという動機がより強かったのである。

安氏による一族の歴史の記録は、新しい地方志に記載されているものから知ることができる。これらの記録からは、安氏の系譜が語られるだけでなく、安氏一族がいかに中国の理想的政治体制にのっとって地方を治めていたか、その記録を文書化しようとした努力もうかがえる。それは、成化十年（一四七四）の「万寿観」の記録からも見て取れる。ここには、安鰲が中国の民間信仰の最高神である玉皇神の像を安置したことが記されている。この記録は、馬湖は漢の武帝の時代から五十八代にわたって安一族に統治されてきたという文章で始まる。(22) 像の安置については、「これを重んじることは神を重んじることである。神を重んじることは、民を重んじることである。民には何の不安があろうか。それ故、この地の知府の子孫は領地の恵みを得て、永遠に貶められ捨て去られることはない」と言っている。税金を支払わない土着民に対して、納税者である「民」という語を使うことで、この記録の作者である劉は、安鰲が国の理想を支えていたことを強調しているだけでなく、安鰲が中華の道にのっとって野蛮な土着民を感化していこうとしたとも書いている。

土官が良い政治や彼らの系譜を記録しようとしたことは、明代を通じて中国南西部の政治組織が変化していったことからも理解できる。レオ・シンは、明朝下では、時代を経るにつれて土官が中央政府の役所や活動に関わるようになり、それは「辺境地の人々の組織が、親族関係を基盤にした形から政治力や軍事力に依存したものへと変化していったことを反映している」と述べている。(23) 安氏の地方志にとって、宗族関係の記録は明らかに重要だったが、彼はエリート層への足掛かりとしても地方志を利用した。中央政府の規範に従うことで、安氏一族は地方志を読んだ漢人官僚、それも府や中央政府の役人の印象を高めようとしたのである。

嘉靖三十四年（一五五五）の『馬湖府志』は、馬湖にとっての次の政治段階、つまり中国の正式な行政単位となっていく段階が反映されている。安鰲が処刑され、世襲による統治がなくなった後、少しずつ漢民族による統治が構築されていった。しかし、完全に中国化した行政は、一五五〇年代に知府の李行簡が衙門を設置し、安氏一族のものにかわる「適切」な地方志を編纂してからである[24]。李は赴任期間の前半を府都の建設とその漢化に費やし、後半は自分の成功を書きとどめることに従事した。地方志には、彼が安氏の悪しき習慣を取り除いた様々な事柄が記されている。例えば、安氏一族は適切な衙門を持っておらず、私宅で政治を行っていた。そこで李は、漢民族の政府が設立されたことを示すため、百四十余間もある衙門を作り、中国政府の統治がここに及んだことを示した。地方志の記録は、士大夫たちに馬湖が中国の一部となったことを実感させた[25]。地方志の序には、安氏一族の時代には城壁がなかったが、新政府は有事に備えて人々を守るため、堀と城壁、錠のかかった門を設置したと書かれている。李は「地方志は城壁の上の塔のようなものである。これにより優れた政治を告げる」と結んでいる[26]。地方志は安氏一族の影響力を最小限にとどめ、彼らの統治の歴史を否定しようとした。例えば、新しい地方志の官僚一覧では、元以前の安姓の者がすべて削除され、代わりに馬湖よりもずっと東南の地方にある牂柯郡の歴代の太守が記載されている。

地方志は、漢民族あるいは非漢民族のどちらの地であっても、発展途上にある地方に文字文化を広めるための重要な手段でもあった。漢民族文化がいきわたっていないような辺境の土地を中華帝国の版図に組み込む役割を果たしたのである。かつては異民族の地であった地域で作成された最初の文書が地方志であったこともしばしばで、それがきっかけとなって漢人文化が花開くこともあった。馬湖府の場合からわかるように、世襲の土官も地方志を編纂し、そのような地方志は彼らの統治の正当化に役立ったのである。

おわりに――地方志の出版とその費用――

最後に、筆者の研究が、中国の出版の歴史の研究にも関係していることについても、簡単にふれておきたい。中国における出版の歴史を研究するにあたり、地方志を利用することは、次の二つの点で非常に重要と言える。まず、各地方志は特定の地域と密接なつながりをもっており、ほとんどの地方志がその対象地域で木版印刷されていることである。そのため、建陽や南京などの出版が盛んであった都市だけでなく、国全体を通じての印刷・出版の歴史を調べることができる。例えば、資料4の嘉靖三年（一五二四）の『太康県誌』（河南）からは、五カ所からやってきた木版技術者九名が、太康で木版を彫ったことがわかる。地元の太康の技術者が一名、二百キロ以内の範囲から三名、およそ七百キロ南の南京から四名である。膨大な量の地方志からこうした情報を集めると、地域の印刷の中心地がわかり、そこからの技術者の移動状況や印刷物の流通が読み取れる。

地方志を利用するもう一つの大きな利点として、出版経費や資金繰りなどに関わる政府の陳述書や布告などの記載を多く見出せるという点を挙げることができる。これは、出版には一人あるいは複数の政府役人が、監督乃至は資金面での支援をしていたた

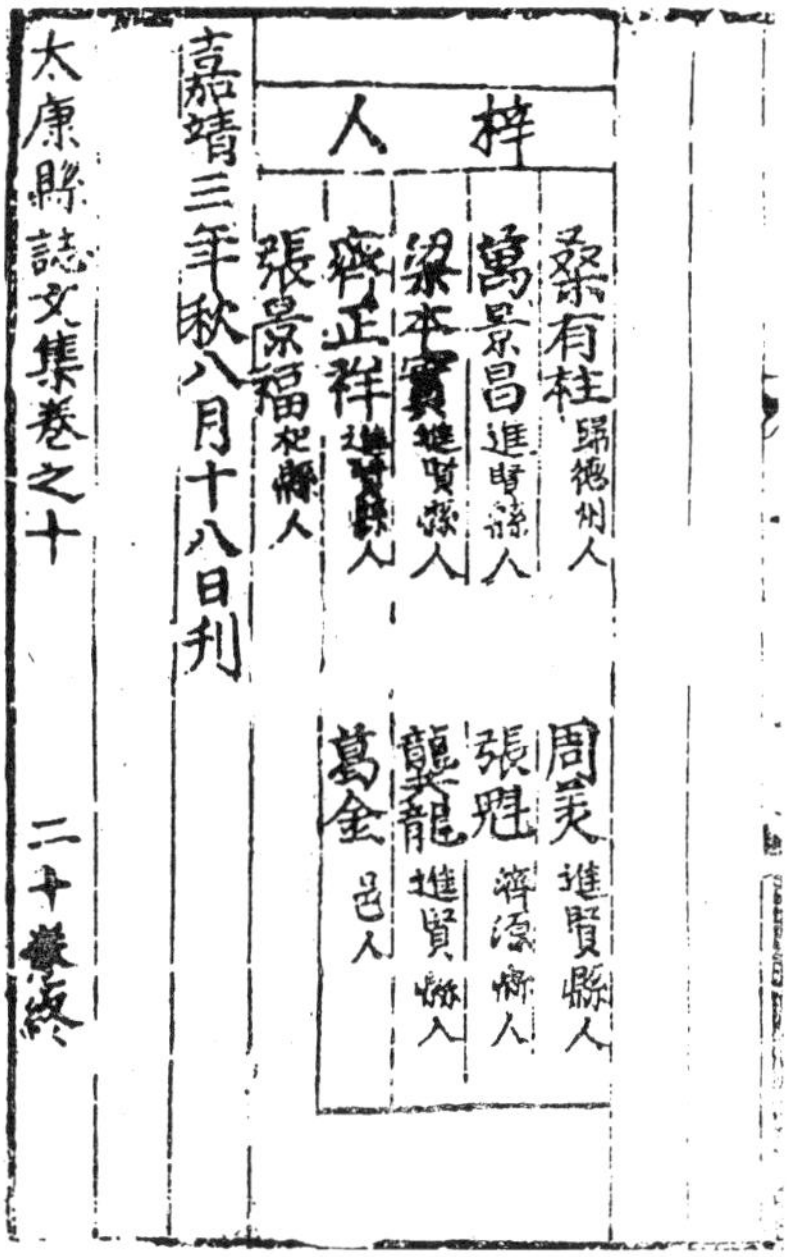
梓人
桑有柱 歸德州人
周美 進賢縣人
萬景昌 進賢縣人
張魁 寧源縣人
梁本實 進賢縣人
龔龍 進賢縣人
齊正祥 進賢縣人
葛金 邑人
張景福 杞縣人
嘉靖三年秋八月十八日刊
太康縣誌文集巻之十
二十

資料4

めである。出版にかかる費用については、ほとんど史料がないが、そうした点からすると、地方志は言わば、手つかずの情報の宝庫である。例えば、嘉靖三十一年（一五五二）の『興寧県志』（広東）には、総経費が銀十両だったことが記載されている。両面に刻印をした木版用の板五十五枚については各銀一分、その他の経費は、刻字、工賃、印刷、および百十葉分の紙（各銀一分）である。(27) 加えて、出版資金についての情報例として、万暦二十五年（一五九七）の『福安県志』（福建）から引用してみよう。以下は、知県の陸以載の記録である。

製作材料費には、余り紙及び隠匿している田園等の項の税金を充て、市民に迷惑をかけないようにすべきだ。(28)

中国における出版経費や本の販売価格については、あまり知られていない。そのため、研究者の間でも、本はほとんどの読者にとって高くて手に入らないものだったとする者と、それほど高いものでもなかったとする者に意見が分かれている。筆者は、何百種もの地方志を読みながら、本の制作に関わる情報も集め、現在、印刷費用と資金についての一連のデータを作成中である。この作業を通じて、各時代や各場所における、本の制作費用や政府による出版活動の資金についてのより詳細な理解が可能になるかも知れないと考えている。

註

（1）万暦年間に編纂された『壽昌県志』（明代孤本方志選所収）には、千四百十二条に及ぶ凡例が残されている。
（2）正徳十六年（一五二一）刊の『江寧県志』（北京図書館蔵）、冠天叙の序、二aを参照。
（3）嘉靖二十一年（一五四二）刊の『固始県志』（天一閣蔵明代方志選刊所収）、葛臣の序文、八abを参照。
（4）『蘄州誌』巻二〇、五b（復刻版の一一一〇頁）。
（5）『蘄州誌』巻九、七二a。
（6）復刻版の『河州志』跋文（二五〇頁）。『河州志』は、嘉靖二十五年（一五四六）、呉禎、劉承学、朱璉らによって編纂され

た。張羽新主編『中国西蔵及甘青川漢蔵区方志彙編』巻三〇、一四三頁〜二五一頁（学苑出版社、二〇〇三年）。

（7）尋甸は、現在は回族と彝族の自治区になっている。成化十二年（一四七六）の件については、『尋甸府志』（天一閣蔵明代方志選刊所収）巻上、一b及び巻下、一〇bを参照。

（8）『尋甸府志』巻下、四八a

（9）『尋甸府志』巻上、四九〜五〇。

（10）『尋甸府志』序、一b。

（11）『尋甸府志』巻下、九b〜一〇a、芸文に「尋昔為土部無文也。改為流設人、文漸着兹。采而刻之者、非無謂也。」とある。

（12）『普安州志』一三a〜一三b。

（13）『太平府誌』（復刻版）一六一頁。

（14）『略陽県志』に見える李遇春の序。

（15）『明実録』孝宗実録、巻一〇三。

（16）『馬湖府志』巻七、一六。

（17）『明実録』孝宗実録、巻一〇三。

（18）『明会典』巻六の土官承襲の条。復刻版の三一。万暦の復刻版である一九八九年発刊の北京の中華書局のものによる。

（19）土官の承襲については、Shin, Leo, *The Making of the Chinese State: Ethnicity and Expansion on the Ming Borderlands* (Cambridge University Press, 2006）の六九頁を参照。

（20）註（19）で引用の文献の七〇頁を参照。

（21）沈徳符の『万暦野獲編』巻四、九三四頁。

（22）『馬湖府志』巻上、提封下巻之三、二b〜三a。

（23）註（19）で引用の文献の七四頁を参照。

（24）『馬湖府志』巻下、創設巻之四、四a、李行簡。

(25)『馬湖府志』巻下、創設巻之四、二b〜三b。
(26)『馬湖府志』に見える余承勛の序、五a。
(27)『興寧県志』修誌文移、三。
(28)『福安県志』七a〜七b。

寧波方志所載言説攷——寧波の地域性と歴史性を探る——

須江　隆

はじめに

中国近世地域史研究を進展させるに当たり、一地方の地域性や歴史性を探るためには、地方志や碑文の活用が不可欠である。何故ならば、地方志や碑文は、いずれも地域の記憶や記録が刻印されてきた史料だからである。しかも地方志は重修されていくという特質を有しているし、また碑文は地域に存立し、石に刻まれた言説を土地の人々に告示し続ける役割を果たしてきた。しかしこれまでの中国近世地域史研究においては、地方志や碑文等史料の断片的記述を無批判のうちに利用したものや、断代史的に一地方を取り上げたものが大方を占めており、各史料の性質を十二分に究明した上で、長期的視野に立って地域史研究を行ったものは、管見の限り、数えるほどしか存在していない(1)。

そこで本稿では、地方志や碑文の史料性を十二分に重視し、具体的には、次に示した四つの視点から、寧波に残存する地方志を主たる史料として活用し、碑文も補助的な史料として用いながら、それらに記録された言説や信仰の内容及び伝承の在り方を長期にわたって分析することにしたい。

一、寧波では、いつ頃からどの程度、地方志が編纂されたのか。

二、どのような言説がどれだけの間、古来より長期にわたり記録されていったのか。

三、各言説はいつ頃、如何にして形成され、後世に及んでどのように変遷したのか。

四、地方志と碑文に刻印された言説には、何等かの連関性があったのか。

なお本稿で注目する寧波は、中国浙江省に位置する港湾都市で、はじめは明州と呼ばれていたが、慶元という名を経て、十四世紀にこの名称となった。嘗ては東アジア海域交流の中心的役割を果たし、特に九世紀以降は日本との交易において、中国側の窓口として繁栄し、ここから書籍・書画・銅銭・陶磁器などの中国の様々な物品が日本にもたらされた。またここは、直接外港に面しているわけではないが、河川を通じて海につながり、逆に水路を使って溯れば、そのまま紹興・杭州を経由し大運河に通じ、黄河流域へも行くことが可能な位置にある。こうした立地環境により、十世紀末には、海外との貿易を監督する役所である市舶司が置かれたのである。一方、寧波は中国国内における有数の文化都市としての一面も有しており、十二世紀には他の都市と比べても、群を抜いて多数の科挙官僚を輩出したことで知られ、その後も多くの著名な文人や政治家を育んだところでもある。特に十六世紀にこの都市に建てられた天一閣は、中国屈指の規模を誇る蔵書楼で、文化都市寧波を象徴する施設といえる。本稿では、こうした長い歴史と地理的・文化的特色を有する寧波で、如何なる言説や信仰が語り継がれて記録されていったのかを、上記で示した四つの視点から分析して、寧波の地域性や歴史性の一端を明らかにし、寧波の「記録保存の社会文化史研究」[2]の構築に寄与することにしたい。

一　寧波の地方志について

（1）　寧波の地誌の系譜

次頁に掲げた〈寧波府地方志編纂状況〉[3]は、寧波の府・州レベルの地方志が、いつ頃、どの程度編纂されたのかを示したものである。これより明らかなように、寧波の府・州レベルの地方志は、宋初乃至はそれ以前から繰り返し重修されてきた。一方、県レベルの地方志についても、宋元時代に編纂された幾つかの書の存在を確認できる。例示すれば、宋の李璜が撰した『鄞県記』、南宋の宝慶年間以前の鄞県の専志とされる『鄞志』、北宋の政和年間の進士であ

郡国志	唐末～宋初？	佚
明州図志	咸平年間（998～1103）？	佚
景徳『明州図経』	景徳4年（1007）	佚
大観『明州図経』	大観元年（1107）	佚
乾道『四明図経』12巻	乾道5年（1169）	
宝慶『四明志』21巻	宝慶3年（1227）	
開慶『四明続志』12巻	開慶元年（1259）	
延祐『四明志』20巻	延祐7年（1320）	
至正『四明続志』12巻	至正2年（1342）	
洪武『明州府志』	洪武初年（1368）	佚（『永楽大典』に山川門の記述有り）
永楽『寧波府志』	永楽初年（1403）	佚（『永楽大典』に山川門の記述有り）
成化『四明郡志』10巻	成化4年（1468）	
成化『寧波府簡要志』5巻	成化年間（1465～1487）	
嘉靖『寧波府志』42巻	嘉靖38年（1559）	
康熙『寧波府志』30巻	康熙12年（1673）	
康熙『寧波府志』33巻	康熙22年（1683）	
雍正『寧波府志』36巻	雍正8年（1730）	
乾隆『四明志浦』	乾隆年間（1736～1795）	

〈寧波府地方志編纂状況〉

る朱翌が撰した『鄞川志』五巻、元の丁済が修した『奉化県志』十巻などである(4)。

ちなみに、清の乾隆帝が編纂した『四庫全書』に収録された宋元時代の地方志は二十種を数えるが、その内の四種は、実に明州のそれが占めていた。また清末に「校刻宋元四明志序」を著した董沛は、その文章の中で、明代以降の地方志と宋元時代の浙江の地方志及び四明六志とを比較して、後者の方の編纂姿勢の謹厳さや優れている点に言及し、後世の編纂方針の範たるを示すのに充分であるとしている。

以上より、寧波では全国的に見ても、古来より水準の高い地方志が数多く編纂されてきたことは明白である。従って本稿でも、宋元時代に編纂された寧波の地方志に注目すべきは当然であるが、本稿の趣旨に添って、古来から記録されてきた、当地の言説を抽出するために、特に現存最古の乾道『四明図経』に着目することにしたい。何故ならば乾道『四明図経』は、更にそれ以前に作られた地誌の記述を引用している可能性があるからである。そこで次に、乾道『四明図経』の史料性について言及することにしたい。

（2）乾道『四明図経』の史料性

乾道『四明図経』の史料性に関しては、嘗て拙稿にて知見を公にしたことがある。(5) 従ってここでは、拙稿で明らかにし得た結論（一部省略）を、以下に引用することで、その史料性に触れることにしたい。なお引用文中の傍線部は、特に注目すべき箇所なので、本稿で引用するにあたって筆者が引いたものである。

乾道『四明図経』は、大観『明州図経』には掲載されていた、あるいはされていなかった、当地の沿革や縁のある歴史的人物、古跡に纏わる言説、山川などの情報を後世へ伝承させることに最大の目的があった。本志の後半部分で、当地に伝わる詩歌や碑文などを新たに蒐集・掲載し、前志の欠を補おうとした点は、まさしく本志の最たる特徴といえる。一方、本志前半部分を編集するに当たっての門目の設定や、大観年間以前から記録・伝承され続けてきた記事に関する叙述の在り方には、独自の視点から、批判的に記録しようとする姿勢を窺うことができた。また前志の佚文乃至は記事と確認できる箇所については、明らかに「古跡」に関わる伝説などが多く、これらの言説は更にそれ以前に編纂された図志等から記録されてきた可能性が高かった。従って我々はこれらの史料と向き合う場合には、先ず、前志の言説を批判的にとはいえ、その真偽は別としつつも、長期にわたり伝承されてきた点を考慮して記録に止めたという編者の意図を充分に配慮する必要があろう。そして次に、本稿で抽出し得た大観『明州図経』の佚文等に見える言説を重点的に分析し、本志以降の地方志でもそれらの記録のされ方を確認しえたとしたならば、数百年、乃至は千年以上にも亙って、当地で伝承・記録され続けた具体的な伝説や信仰の内容を明らかにすることができるはずである。そこから更に、明州（寧波）の地域性や歴史性を考えることも可能ではなかろうか。このように、乾道『四明図経』十二巻は、現存する最古の明州の地方志であるが故に、すでに消失してしまった複数の前志の記事や関連する古来よりの言説のみならず、南宋時代の編者のそれらに関する受容の在り方を窺い知ることができる。加えて本書は、のちの羅濬の宝慶『四明志』の原本とされ、記述の多くは更にそれ以降の地方志へと継承されていくわけであるから、後世の地方志において関連する記事がどのように受容され記録されていったのかを検討することも可能である。

右記傍線部中の記述にあるように、乾道『四明図経』はその史料性故に、寧波で記録され続けてきた言説を長期的に分析する上で、最適かつ貴重な材料を含む書であるといえる。そこで次に、乾道『四明図経』の記述中から抽出できる、大観『明州図経』の佚文に着目し、そこに見える言説について検討したい。

二　乾道『四明図経』に見える旧経以来の言説

乾道『四明図経』が引用する大観『明州図経』の佚文と断言できる箇所、及び同書の記述と推測できる箇所は、以下に示した【史料二】〜【史料四】中の傍線部である。ここに見える言説は、かなり以前から現地で伝承され、旧志にも記録されてきた可能性が高い。

次の【史料二】は、明州の鄞県に存していた古の鄮県城を官奴城と呼称していた由来について、諸説を述べて考証を加えた記述である。

【史料二】「鄮郭」及び「官奴城」

鄮郭。在県東三十里、蓋古鄮県城也。漢為鄞県、後漢改曰鄮、唐武徳四年、於県置鄞州、八年、州廃、復為鄮県、故称其旧城曰鄮郭、即官奴城也。太平寰宇記与旧図経云、「漢光武為賊所敗、有奴耕於田而蔵之、獲免。後定天下、議賞、光武問奴欲何官、奴云欲得鄮県令、故俗号鄮県為官奴県。」又十道四蕃志云、「宋武微時、避吏於此、与人奴善、奴名桂、蔵匿。既久為吏所逼逐、適値桂在田以土覆之、得免。後立官奴城以報之、掘土築城之地、名官奴池。」太平寰宇記以為光武、於史無所拠。今按宋書、孫恩破上虞時、劉裕嘗戍句章、疑其為宋武也。

（乾道『四明図経』巻二、鄞県、古跡）

乾道『四明図経』の著者は、大観『明州図経』及び宋初に著された『太平寰宇記』巻九八で言及する、後漢の光武帝に関する伝説に由来するとした説を否定し、唐の『十道四蕃志』に引く劉裕が嘗て当地で奴婢に匿われた報いとして官奴城を建てたという説を、『宋書』を傍証史料としてあげて支持している。光武帝にしても、劉裕にしても、いずれも王朝を再興・創始する以前に、追っ手に迫られた際に奴婢に助けられ、それに報いたという言説になっている。

また【史料二】は、佽飛廟の祀神を『淮南子』に登場する荊国の佽非とした大観『明州図経』の説を批判し、その言説が現地の人々に影響を及ぼし、むしろ南宋時代には「荊佽飛侯」という誤った祀神に関する新たな掲示が、祠廟に出されてしまったと批難する。

【史料二】「佽飛廟」

佽飛廟。在州北一里二百歩塩倉之西。昔有碑、今亡、故神之姓氏邑里無伝焉。淮南子云、「荊有佽非、得宝剣於干隊、還及渡江、中流暴風揚波、両蛟夾繞其舟。佽非謂枻船者曰、嘗有如此者而得活乎。曰未嘗見也。於是佽非瞋目、勃然攘臂抜剣曰、武士可以仁義説也、不可劫而奪之。此江中之腐肉朽骨、棄剣而已。余又奚愛焉。赴江刺蛟、遂断其頭。舟中人尽活、風波畢除。荊爵為執圭。孔子聞之曰、夫善戦腐肉朽骨棄剣者、佽非之謂乎。」按皇朝建隆中鄞令金翊纂異記謂、「唐武徳時、以此郡為鄞州、至開元中、改鄞為明、郡名奉化、城甬東、地名句章、軍号佽飛。考此、則佽飛廟者、蓋出于当時之軍号、而軍必有将之者、往往有功於人、故人為之祠」、云。大観之初、本州所編九域志、乃引淮南子所謂荊有佽飛。不知淮南子之非、実非是之非、非飛走之飛。今廟新榜、遂称荊佽飛侯、豈非好事者附会其説、而増以荊字歟。（乾道『四明図経』巻一、祠廟）

なお上記に見える『淮南子』の言説は、蛟の出現によって遭難しかけた船が、佽非の活躍で救われたというものであるが、明州には、蛟の名称がつけられた場所が複数存在しており、蛟伝説が現地で古来より浸透していたことは推測に難くない。例えば乾道『四明図経』には、州城の北に位置していた蛟池に関する記載があり、「嘗て蛟が川からやって来てここに住みつき、人々はその災いに苦しめられたので、その池のかたわらに佽飛廟を立てて、蛟を鎮めたのです」という長老の言を載せる。また蛟門・虎蹲と呼ばれる天険の要衝が、東海から寧波への入口付近にあることに触れている記述も見出せる(6)。

次いで次の【史料三】では、祀神の天門都督に関する事跡を未詳とした大観『明州図経』に対し、その神の名の由来や事跡を伝聞史料によって補足している。

【史料三】「祚聖廟」

祚聖廟。旧係東門廟、在県南一百里。按図経、旧載其神号天門都督、未詳事跡。今按、東門山、在県南海中、去州一千二百里。其山与台州寧海県接境、山高二百丈、周迴二十五里、両峰対峙、其状如門、闊一百五十余歩。下有横石如閫、潮退之時、奔水衝湧、不可軽渉、惟波平風息、乃可以渡。其下有廟、号為東門、蓋在寧海之東、故以名之。其廟神伝為天門都督。或云今置廟処、正当古鄞県東南、是承西北天門之勢。廟側之水、亦自西北山而来、故有天門之称。尊敬其神、方之連率都督、行旅往返、無不致祀、随其誠怠、咸有感応。唐貞観中、有会稽人金林、数往台州買販、毎経過廟下、祈禱牲醴如法、獲利数倍。嘗因祭畢、解舟十余里、欻然暴風吹舟、復回不得前進。舟人怖甚、謂必有忤於神。果誤持胙物而去、乃還致廟中、更加祈謝、即得便風、安流而去。永徽中、又有越州工人蔡蔵、往泉州造仏像、獲数百緡、帰経此廟、祀禱少懈、舟発数里、遂遭覆溺、所得咸失、而舟人僅免焉。其廟建置年月、即無碑碣可考。皇朝建炎四年、賜今額。（乾道『四明図経』巻六、象山県、祠廟）

上記の如く、出典は明らかではいないが、「唐の貞観年間に、会稽の客商で金林というものがいて、しばしば台州に舟で商売に出かけるときに、いつも祠廟に立ち寄り、お供え物を懇ろにして祈りを捧げて行くと、必ず数倍の利益を手に入れることができた。ところがある日、いつものように祭祀を執り行い、誤って神様に供えた肉を持ち去り、十里ばかり航海すると、たちまち逆風にあおられ、舟は再びその祠廟の辺りに戻されてしまった。船乗りたちは大変恐れて、はじめて誤りをしでかしたことに気づいた。そこで速やかに供え物の肉を返して祀神に謝罪したところ、ただちに風向きがかわり、安全に航海することができた。唐の永徽年間に、会稽の職人で蔡蔵というものが、泉州で仏像を作り、銭を沢山得て、舟で会稽に帰る途上、祠廟に立ち寄ったが、祈りを少しく怠ったところ、舟が数里行ったところで転覆し、水夫がわずかに助かっただけであった」といったように、唐代における祀神の舟行の安全や海難事故に関する言説が補われている。

さらに左記の【史料四】では、後晋時代の天福三年（九三八）に設置された祠に関する事柄を未詳とした大観『明州図経』に対して、晋代に編纂された『会稽典録』を引用し、誰を祀った祠であるのかを類推している。

【史料四】「黄公祠」

黄公祠。在県東海中四百里。晋天福三年置。其祠載於旧図経、非係祀典、故事実未詳。今按、会稽典録云、「人材則有黄公、潔已暴秦之世」、豈其人歟。（乾道『四明図経』巻七、昌国県、祠廟）

史料中に見える黄公については、実際に『三国志』巻五七、呉書に引く『会稽典録』を見ると、「鄞県大里の黄公は、暴虐な秦の世にあって己を潔く持し、漢の高祖が即位したとき（しばしば彼を召したが）一度も招き寄せることができず、恵帝が恭しく礼を低くして招いたとき、初めて出仕して天下の危難を救った」とあり、現地の先賢であったことがわかる。

なお以上で言及した他に、「大人堂」及び「九経堂」に関する記述中の一部で、大観『明州図経』の佚文であると考えられるものがある。(7) しかしこれらは、何れも高閌（一〇九七～一一五三）が著した碑記中に見られる文で、抑も乾道『四明図経』の著者が直接的に引用したわけではないので、これらの佚文については、本稿では考察の対象とはしないことにする。

三　言説の伝承と推移

では次に、前節で抽出された旧志以来の言説が、現地ではのちの地方志や碑文に、どのように記録・伝承されていったのかについて検討したい。

（1）「鄮郭」及び「官奴城」について

「鄮郭」及び「官奴城」に関する各時代に編纂された地方志に見える記事の変遷から窺えることは、各時代の各編纂者によって、官奴城の名前の由来を、光武帝の伝説とするのか劉裕のそれとするのか、見解が分かれているという点である。既に言及したように、乾道『四明図経』では、以前の図経の記録などを批判的に引用しつつ、名称の由来に関する独自の考えとして、劉宋の武帝の逸話を支持する見解を示していた。次の宝慶『四明志』でも、乾道『四明図経』の記述とほぼ同内容の記録をそのまま掲載している（巻一三、鄞県、存古）。ところが、明代に編纂された成化

『寧波府簡要志』では、旧志の説だとしながらも、後漢の光武帝の言説のみを記録し、官奴城の名称の由来を説明しようとしている（巻五、古城）。この傾向は、嘉靖『寧波府志』の記述でもそのまま踏襲されている（巻一九、古蹟）。しかし清代に編纂された康熙『鄞県志』（巻二三、古蹟）と雍正『寧波府志』（巻三四、古蹟）の二志では、東晋後期の孫恩の乱の勃発にあたり、劉牢之が討伐のために派遣された際に劉裕も参戦したという史実を指摘して[8]、再び官奴城の名の由来を劉宋の武帝の逸話によるものと判断している。但しこれらの記録の仕方を見ると、一方を指示するにしても両説を併存させている傾向も見出せる。このことは却って、これら二つの伝説が、いずれも現地で語り継がれてきたことを示唆してくれる。

実際に、これら二つの言説が、現地のある一つの碑文に記録されている事例がある。それは、後漢の劉植を神として祀った忠佑廟に関する碑文で、後漢の光武帝や劉宋の劉裕に関わる両方の言説が刻石されている。この忠佑廟は、

忠佑廟。県北門外保豊碶側。世伝漢雲台劉植之神。晋建武初立廟、賜額曰忠佑。後避銭鏐名、改名釗将軍廟、俗又称北郭廟。元至正二十三年、加昌城武烈公。（康熙『鄞県志』巻九）

とある通り、東晋時代の初めに、後漢の雲台二十八将の一人劉植[9]を祀神として立てられた祠廟であるが、上記で引用の康熙『鄞県志』巻九の記事では更に続けて、元末の至正二十四年（一三六四）に立てられた碑文の録文を記録に留めている。現在我々が見ることのできるその碑文の詳細な録文が、『両浙金石志』巻一八に元の袁士元「皇元加封忠佑廟神之碑」として所収されているので、以下に示しておく。

元加封忠佑廟神碑

皇元加封忠佑廟神之碑

文林郎翰林国史院撿閲官袁士元譔

中奉大夫淛東道宣慰使司都元帥兼海道都漕運万戸倪可輔書幷篆額

①鄞城北出門数百挙武、踰保豊碶有古廟、額曰忠佑、神曰昌城侯。歴世滋久、揚霊愈昭。城西北内外、連甍聚居之民、里社幾万餘家、歳時展事惟謹。呂氏代為廟史、能歴紀其績、以及歴代褒封之典、伝以迄今。我朝東南海漕達于京師、神之効霊尤彰、奉詔加封、将刻石以揚神休、廟史嘱里人之知言者、章叔明列状請記。余領職翰林、嘗附海舟知其霊異、因不辞。

②按状、侯姓劉氏、名植、字伯先、鉅鹿昌城人、漢雲台二十八将之驍騎将軍也。光武中興、嘗渡淛水至鄮、宰牧奴家、封鄮為牧奴県、事見太平寰宇記。窃意光武草創之際、越江瀕海、雲台貔虎之臣、必有執羈靮以従者、則劉侯之揚霊茲土、蓋其生前所渉効功之所、豈無事而倏至哉。鄮即鄞地、鄞固濱海之邦、島蛮怙険作姦、時或有之。典午氏之東、建武初年、寇犯郡城、侯倏現旗纛、雲霄中昭示雲台将軍名号、寇疑懼而退。由是威霊振揚、郡上聞、封東晋護国昌城号（侯?）、賜廟額忠佑、俾民社得以展事。後隆安間、台寇孫恩復駕船千艘、事抄掠、侯仍現旗号（纛?）如前、寇方驚疑。適大将軍劉裕兵至、攻却之。継而百粤烏尾船入寇、劉牢之将兵至、以同冑出、祭禱于神、即奏功旋師。其効霊於晋室而廟食者、以此由晋而降、及于唐季。神之霊異、故有石刻、紀績燬于兵火、廟史所書得其一二。在劉宋、則以劉姓犯国姓、去卯為釗。在銭鏐、則以方言声相近、呼釗為焦、承訛襲謬、無従質究。今亦不復識別、而其神霊則猶一日也。

③自侯廟所越十里許、為慈谿県境、有驃騎将軍廟。境人沙誠者負気抗直、人以権禁誣之、義不屈辱、即含怒、立死於驃騎廟中。逮捕人至、忽現相雲霄間、恍惚声呼曰、「我在此」。人咸驚異、因像設于驃騎廟。神事之人、或走叩、霊応特甚。遠近聞者、多迎致其神、展奉於它祠。我里大家白于官、亦得像設于侯廟東廡、若従祀。神由是里社有祈有報、或牲牢致祭、袷享無間、洋洋如在、有以慰答人心之趣嚮。廟之霊応、愈加顕聞。宋宣和間、封雲霄撿察

使。豈其神気相為感孚、潜通默会、相資以闡神用、人固莫測其所以然也。入我皇元、神用尤彰。挙其要者、国家建都于燕、多頼東南海漕、以資頒祿、巨浸□□無畔岸、或長風駕浪滔天沃日之勢、智力所不能周、惟倉卒叫号神明、頼以善済。近中原路梗、守臣役善水之卒、倚舟檝為通衢。迺至正二十三年、稛載之艦至鶏鳴山、連日颶風雰霧、晦冥莫知向方。漕臣棹夫同心叩禱、神人徧現、若自天降、豁然開霽、如夜斯暁。既達于京、具辞上聞、加封昌城劉侯武烈公、沙使協佑侯、廟額如故。漕臣汪子美領命還鄞、藩府俾礫牲致祭、以慶褒嘉、刻石以示将来。

④余謂武烈公事英霊瑰奇之気于天、生致侯封、署勲雲台、没而為神、顧乃廟食于海濱三数、千里旧渉之地、歴千数百年、累更世主、迺今加封進爵、施及従類、愈久彌彰、致使枌楡之民尊之若宗祏、信之如蓍亀。雖歳時楽神之会、儀従習俗、鼓鼙歌管之音聞于里巷、一時閭里之人相歓相属、和輯於隣井之間、使各安其生業、子孫保之者、公之恵不既多哉。不但禦菑捍患之在祀典而已也、因摭廟史之辞為記、使刻諸石。至正二十四年、歳在甲辰、六月十八日、朝列大夫海道都奉胡仲瑛刋。

この碑文は、右に示したように、①から④の四つの段落によって構成されている。それらの各段落の主な内容は、概ね次の通りである。先ず第一段落では、この碑文に関わる忠佑廟の基本的情報や、祀神の事蹟を記録した呂氏作成の「廟史」が伝わっていること、元の袁士元がこの碑記を執筆することになった経緯などが記されている。次いで第二段落では、忠佑廟の祀神に関する具体的な情報として、祀神が後漢の驍騎将軍であった劉植であることが述べられた後に、光武帝が当地にやってきた際の伝説を引用して、劉植が当地で祀られることになった因果関係を推定している。また更に、東晋の初めに、祀神が大旗をあらわして雲台将軍の名号を明示し、賊を撃退したこと、それ以降も霊威を発揮し、東晋王朝より賜額・賜号されたこと、東晋後期に妖賊の孫恩が乱を起こした時、再び大旗をあらわして賊を驚かせたこと、その時偶々劉裕が兵を率いてその反乱軍を却けたこと、引き続き蛮族が当地に船で攻め込み略奪をした際に、劉牢之が兵を率いて出撃し、祀神に祈りを捧げて手柄をたてたことにも言及している。そして、こうした東晋王室にもたらした祀神の霊験や廟祀は、唐代にまで及んだので、その記録を碑文に刻んだが、碑文は兵火で損壊してしまったため、その事蹟の内の僅かばかりだけが「廟史」の記録に留められたとしている。引き続き第三段落では、宋元時代に関わる事項や祀神の具体的な霊験が記録されている。先ず、隣県の慈渓県境にある驃騎将軍廟に従祀された沙誠なる人物を、忠佑廟にも従祀したところ、霊験灼かであったため、北宋末期の宣和年間に祀神に対して封号が下賜されたことを述べる。次に、元の時代に入ってからも、大都の建設や水運に際して霊威をあらわし、祀神と従神に対して元朝が加封したため、碑文にその記録を残すことにしたという。そして最後の第四段落では、前の二つの段落中の内容を纏め、千数百年に亙って神として祀られてきたことに言及をした上で、現在もまた祀神の人民に対する恩恵は絶大なので、その事蹟や加封のことを「廟史」の文章をひろいとって記し、刻石させるのだと結んでいる。

ところで、上記の碑文のうち、第二段落と第三段落の記述の典拠は、元代に現地に居住していた章叔明の列状と、詳細は不明だが、唐代に立てられた碑文の情報の一部を盛り込んで、宋から元の間に記されたと考えられる呂氏の「廟史」であった。従って、この碑文にも刻まれた光武帝や劉裕に関わる伝説は、元代の現地の人々の間では勿論のこととして、唐代以前からも、この土地の人々の間で、広く共有されていたことになる。また、この忠佑廟及びその碑文に関連する記録を地方志等で確認してみると、幾つかのことが判明する。特に注目すべきは、忠佑廟の地方志における記述の有無が、上記碑文の建立の前後で大きく異なっているという点である。忠佑廟に関しては、少なくとも管見の限り、乾道『四明図経』や宝慶『四明志』、延祐『四明志』には、その記載は見出せない。ところが碑文建立後に編纂された成化『寧波府簡要志』には、「忠佑廟。県北三里、祀漢雲台将劉植之神。晋孫恩寇鄞、神以陰功助、劉牢之却之、因祀焉。」（同書巻二、祠壇表、鄞県）と見え、雍正『寧波府志』巻一〇、壇廟でも、康熙『鄞県志』巻九の記述とほぼ同様に、元の袁士元の碑文を略して引用しつつ、忠佑廟に纏わる言説を記録している。このことは、元の袁士元の碑文の存在が、後世の地方志の編者に大きな影響を及ぼしたことを示している。一方、碑文中の第三段落に見える慈渓県の驃騎将軍廟に関わる記録は、明清時代の地方志に加え、宋元時代の地方志や古来のものにも見出せるので(10)、古くから極めて長期にわたって、光武帝伝説が存在し続けてきたことを確証づけてくれる。それらの記録では、驃騎将軍廟の祀神は、後漢の光武帝の時に驃騎将軍であった張意の子で、寧波の驃騎山に隠逸した張斉芳であるとする。嘗て光武帝がこの地にやって来たという伝説が現地で根付いていたために、驍騎将軍廟の祀神劉植と同様に、その伝説と結びつけられて、縁のあるものが祀られ、記録に残されたのであろう。その他に分かることとして、この碑文が立てられた後の地方志に、劉裕の伝説に関わる人物（劉牢之）を祀神とする青木山廟の記録が、新たに登場するという点がある。この青木山廟がもともと東晋後期より存在していたのかどうかは未詳だが、明清時代の地方志では、一様にこの廟は元末に跡絶え、明初の洪武十五年（一三八二）に重建されたと記録している(11)。しかし管見の限り、現存する宋元時代の地方志には、この廟の記録は存在していないので、元末以前の存在についてはかなり疑わしい。従って、元末の碑文の影響を受けて現地の人々が青木山廟を建てたことや、明清時代の地方志の編者がその碑文の影響によって記録に留めたことは推測に難くない。

以上で考察した事柄を整理して図示すると、後掲の【図】の通りとなる。この【図】から、当該の言説の伝承と推移の過程がよく分かるし、元末に建てられた碑文が、現地の人々の心性や地方志の編者に大きな影響力をもっていたこと、寧波にはかなり古くから光武帝や劉裕に類する伝説が存在し浸透していたことも確信できる。

【図】

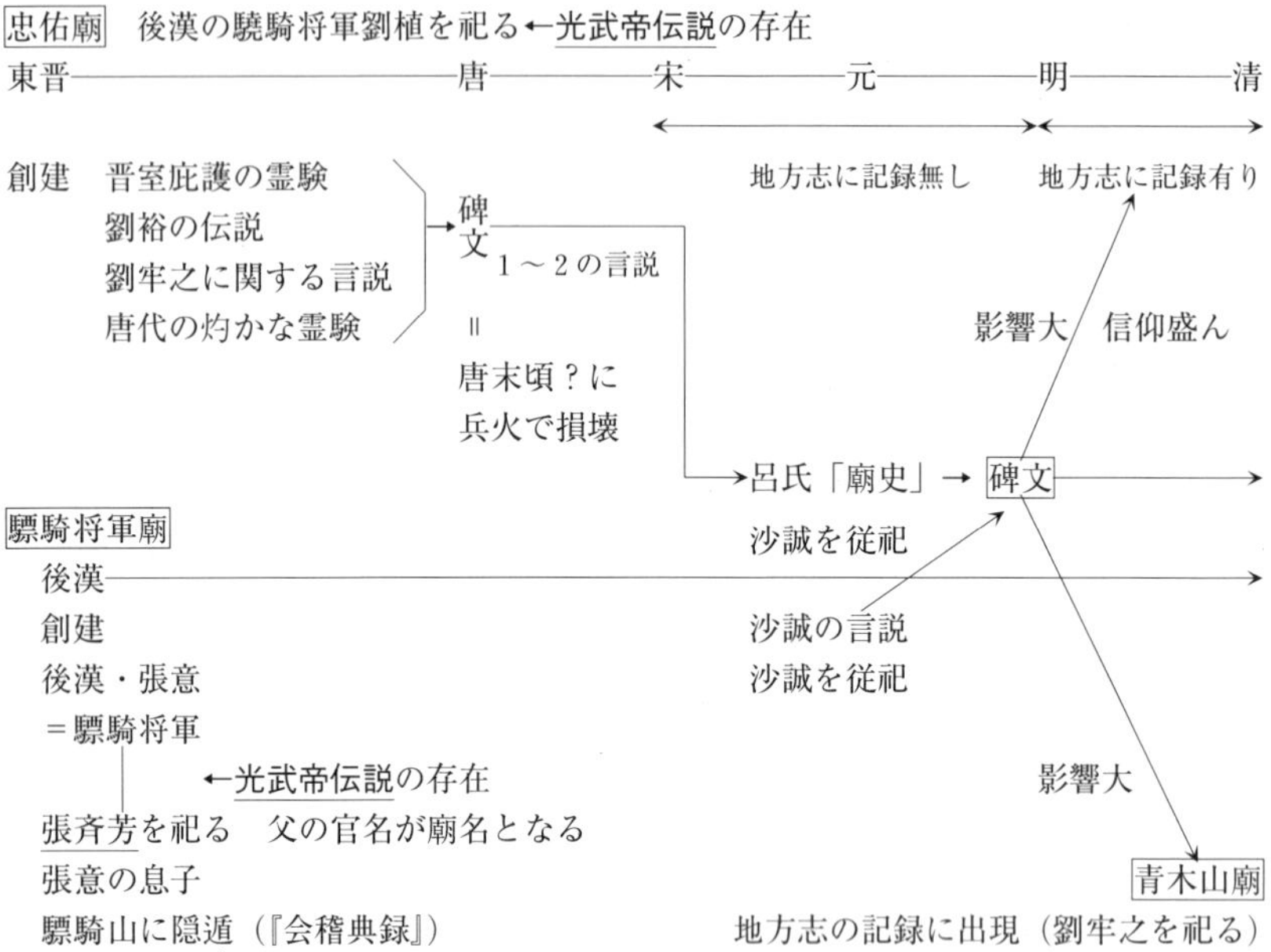

（2）「佽飛廟」について

歴代の地方志等に記された「佽飛廟」に関する言説の推移を考察した場合に、とりわけ注目すべきは、元代に立てられた碑文の出現前後で、祀神についての叙述が大きく変化しているという点である。佽飛廟に関する言説の内容の推移を整理すると、以下の通りとなる。先ず南宋の宝慶志では、本稿の第一節で言及した、前志（乾道志）の佽飛廟に関する祀神についての考証を批判的に受け止めつつも、『淮南子』の蛟伝説に纏わる荊国の佽非説や軍号由来説を記録に留めて祀神を断定せず、新たに唐末の刺史黄晟（九〇九年没）が祀神である可能性を示唆している（宝慶『四明志』巻一一、叙祠）。次いで元の延祐志でも、前志に当たる宝慶志の記述をそのまま簡略化して記録に留めている（延祐『四明志』巻一五、神廟）。ところが、元の至元二年（一三三六）十月に記された程端礼「佽飛廟重修記」では、『淮南子』の荊国の佽非説に見える蛟伝説を融合させつつも、祀神を唐末の刺史黄晟と断定する。先行する二志とは見解に相違があるので、この碑文の内容を少し検討してみたい。碑文の全文は、次の通りである。

程端礼「佽飛廟重修記」〔至元二年（一三三六）十月〕

①奉化之坊隅有廟曰佽飛、居県北四里。神姓黄氏、諱晟、鄞人也。少伉勇、聡明豪傑、豁達俊雅、材宇奇特。嘗渉桃花渡、見一老媪哀慟江滸、因詰其故。媪曰、「此有二蛟為虐。毎三歳境民以一童男女祭之、得之則安、否則為害甚大。妾身年老且貧、止有一女、今将為蛟所享、則無所依矣。寧無慟耶。」神喟然嘆曰、「周処為除長橋之蛟、民甚徳之、祖逖因固南譙之衆、名聞天下。今四方不靖、蛟亦為虐、是親民者不得其人耳。」且嘱老媪以帰。至期、仗剣下中流、一日不起。至次日、持蛟頭従江右池中而出。因名池為蛟池、今在郡城佽飛廟之東也。

②至唐僖・昭間、盗賊蜂起、民不聊生、神遂集結郡豪、守護郷井。県令閭格聞於郡守羊僎、授以鄞塘鎮遏使、即今鄞之鄞塘郷是也。台人劉文寇明州、僎撃文走之、其党走拠奉化。神部兵撃敗、再遷奉化都護防遏兼佽飛都副兵馬使守禦是也。又盗攻越州、董昌不能禦、神縦兵戮之。昌奏神爲左散騎常侍・浙東道東面副都指揮使。羊僎歿、鐘李文継之。鐘歿之後、衆乃戴神摂守明州、昌亦表為刺史。討平隣境、創築羅郭、而人民大悦。神在任十有八年、四民不能一日而忘也。及歿、争相祀之、郡内凡立祠者三、此其一也。

③是祠也、迄今五百年、凡水旱災疫、禱無不応、霊功異績、弗克殫紀、蓋其愛民之心不以存亡久近或替焉。宋時聞于朝、賜廟額曰霊翼佽飛、爵封忠済侯、特以彰其幽明之徳也。原碑毀於兵燹、故郡志以為神姓氏無伝。因引淮南子之説、或為句章軍号、是失其真也。里之耋彦覩廟将圮、以其事請於官、葺而新之、殿宇廊廡凡三十餘楹、翼然整飾。邑之趙侯琮因来実録、求為作記。端礼備員外史、曷敢不書之以伝不朽、云。時至元二年十月記。

（成化『寧波郡志』巻六、祠祀考所収）

この碑文の内容は、①から③の三つの段落によって構成されている。第一段落では、最初から祀神を唐末の刺史黄晟と断言するが、これまでの地方志に記載されていた蛟伝説と黄晟の言動とを融合させて、黄晟が老婆から現地の蛟伝説を聞き、人民を苦しめていた蛟を退治したとしている。続く第二段落は、黄晟の生前の現地での活躍ぶりが、刺史となる前後に亙り記されているが、それらの言説の典拠は、明らかに「黄晟墓碑」乃至は、それと同系統の史料である。(12) そして最後の第三段落は、作者の地の文になっており、従来の祀神に関する『淮南子』説や軍号由来説が否定されるべき根拠などが指摘されている。以上よりこの碑文は、作者の程端禮によって、黄晟の墓碑等の伝記史料に古来からの蛟伝説を融合して作られたことは明らかである。

元の至元年間に建てられたこの碑文の影響が大きかったのか、明清時代に編纂された現地の地方志では、いずれもこの佽飛廟の祀神を「唐の刺史黄晟」とする傾向を強めていく。成化『寧波郡志』では、まだ古来からの説を併記するが、末尾に「郷先生程端学撰奉化佽飛廟記、亦以神爲黄晟、云。」という一節を引用している（成化『寧波郡志』巻六、祠祀考、郡）。また成化『寧波府簡要志』では、二箇所に佽飛廟の記述を見出せるが、何れも祀神を「唐の刺史黄晟」と断定し（巻二、祠壇表、本府及び奉化）、後の嘉靖『寧波府志』（巻一五、壇廟、鄞及び奉化）、康熙『鄞県志』（巻九、廟祠）、雍正『寧波府志』（巻一〇、壇廟）でもその説を踏襲している。なお、佽飛廟の祀神を「唐の刺史黄晟」と断定しているこれらの各地方志の著者は、程端礼の碑文「佽飛廟重修記」の一節を何れも引用しているので、その碑文を参照して論を展開していたことは明らかである。

（3）「祚聖廟」及び「黄公祠」について

先ず「祚聖廟」については、宝慶志及び延祐志の記録を見ると、乾道志の記述がそれらが編纂された時代までは、ほぼそのまま踏襲され、唐代における祀神の舟行の安全や海難事故に関する言説が具体的に伝承されていたことが分かる。(13)ところが、明代の成化年間の地方志になると、急速にその記述は簡略化してしまう。(14)そしてついに、明の嘉靖年間に編纂された地方志では、県レベルのものには記録が見えるが、府レベルのものからは、完全に記録が消失している。(15)これは、明の成化から嘉靖年間の間に、祚聖廟が別の場所に移されて廟が廃れてしまったからのようである。(16)しかしいずれにしても、この天門都督を祀神とする祚聖廟に関する唐代以来の舟行についての言説が、数百年以上にわたって現地の地方志に記録され続けてきたことは、紛れもない事実である。

次に「黄公祠」の記録伝承について言及したい。乾道志ではこの祀神を、『会稽典録』を引用して、秦から漢初に生きた現地の先賢、黄公としていた。ところが宝慶志では、『会稽典録』の記述に加えて『西京雑記』の叙述を、

至西京雑記、乃曰、「東海人黄公少能幻制蛇虎、嘗佩赤金刀、及老、飲酒過度。有白虎見于東海、黄公以赤刀厭之、術不行、為虎所食。故張平子西京賦曰、東海黄公、赤刀奥祝、冀厭白虎、卒不能救、挾邪作蠱、於是不售。」

（宝慶『四明志』巻二〇、昌国県、叙祠）

と更に引用し、典拠は同じでないので、二つの祀神に関する説を併存しておくとしている。その後この「黄公祠」の祀神を東海の人黄公とする一説は、元代に編纂された大徳『昌国州図志』及び延祐『四明志』にも引用され、二説併存の立場が踏襲されるが、(17)明代の嘉靖年間に作られた府志や県志では、いずれも『会稽典録』の説ではなく、『西京雑記』の方の説を支持している。両志によると、東海の人黄公は、人民のために宝刀を腰に下げて蛇虎を眩まし、災難を禦いでくれたので、漁夫に祀られるようになったことは疑いないという。(18)蛇虎の災難が具体的に何を暗示しているのかは未詳だが、漁師が煩っていたことなので、矢張り大水などの被害が考えられる。途中で地元の人々に支持されていた言説は変化したとはいえ、五代の後晋時代から数百年にわたり、現地の賢人・英雄の記憶が、語り継がれて

きたことは間違いなかろう。

四　碑文に見える言説が及ぼした影響

最後に、以上で述べてきたことを通して、地方志と碑文に刻印された言説には、何等かの連関性があったのかどうかについて、言及し得る三点を以下に簡潔に列挙しておきたい。

第一に、地方志の著者は、碑文を重要な情報源乃至は叙述の根拠としていたという点である。例えば乾道『四明図経』の著者は、佽飛廟に関する叙述の中で、「昔は碑文があったが、今はなくなってしまったので、祀神の姓氏や出身地は伝わっていない」と断っている。(19) また前節（2）の末尾でも述べたように、地方志の著者は、佽飛廟の祀神を特定するのに、程端礼の碑文を根拠としていた。

第二に、地方志の著者は、叙述する際に、碑文の内容に影響を受けやすいという点である。これは、前節（1）の事例にその傾向を顕著に見出せた。元末に立てられた袁士元の碑文の存在によって、それ以前の地方志には掲載されていなかった既存の祠廟が、後世の地方志には記録されるという現象を見出せたのである。

そして第三に、碑文の存在は、現地の信仰そのものの内容を変える力を有しているという点である。この点も前節の（1）で指摘したように、元末の碑文の影響を受けて現地の人々が新たに祠廟（青木山廟）を建てるに至ったことや、前節（2）で言及したとおり、碑文の存在によって、信仰の対象となる祀神が特定されることになったことからも明らかである。

おわりに

本稿では先ず、現存する最古の寧波の地方志である乾道『四明図経』の史料性に着目し、本書がかなり以前から繰り返し記録されてきた言説を含んでいることに言及した。その上で次に、それらの言説を抽出し、言説の内容やその後の記録のありようを検討した。その結果、下記のような知見が得られた。

○外洋から寧波への出入り口に当たる蛟門や天門山などに関わる、舟行の安全や海難事故をめぐる言説や、大水を起こすと言われる蛟に関する信仰が長期に亙り伝承されてきた。これらは明らかに海上交通の要衝で、漁業等をはじめとした海に関わる仕事を生業としていた寧波の人々が、大水の災害に悩まされ続けてきたことを示唆していた。かかる言説が永年伝承・記録されてきたことは、明らかに寧波の地域性を反映している。

○漢王朝を再興した光武帝や東晋王朝の下で功績をあげ、劉宋王朝を開いた劉裕に関する言説が、千年以上にも亙って伝承され、土地の人々の中に浸透していた。これらの言説は、地方志や碑文に記録され、また各時代の人々の話題とされ、論議の対象となることもあった。

○地方志は、こうした土地の記憶を次なる時代に伝承させていく上で、大きな役割を果たしていたが、それ以上に碑文が地方志の著者や土地の人々に非常に大きな影響を及ぼしていたことも明らかとなった。

○碑文や地方志に刻印された言説が、土地の人々に受容され、彼等の心性や信仰、記憶をかえていく力を有していたとするならば、碑文や地方志が、一面では寧波の地域性や歴史性を築き上げてきたという指摘もできよう。

本稿で得られた知見は、概ね以上の通りであるが、この内、寧波では何故、光武帝や劉裕に関わる言説が千年以上にも亙って伝承されてきたのか、元代に土地の人々の記憶が整理されて碑に刻まれたのはどうしてなのか等については、依然として判然としないところがある。漢王朝の再興や東晋王朝への庇護、劉宋王朝の創建と、それらに貢献したとも考えられる寧波の人々との関係や、江南を支配することになった元王朝と、寧波という地方との関連性、元朝が、漢の再興や同じく新たに江南に拠点をおくことになった東晋に関わる言説に注目し、尊崇しようとしたことの意味などの解明が必要であるが、これらについては、今後の課題としたい。

註

（1）地方志や碑文等の史料性を重視した地域史研究としては、例えば、ピーター・ボル「地域史と後期帝政国家について――金華の場合――」（『中国―社会と文化』第二〇号、二〇〇五年）や、拙稿「宋～清時代の紙に写された碑文――紹興府城隍廟に関する史料群を中心に――」（『人間科学研究』第五号、二〇〇八年）等がある。また、地方志そのものの史料性に着目した宋代に関わる研究として、青山定雄『唐宋時代の交通と地誌地図の研究』（吉川弘文館、一九六三年）や、James M. Hargett, "Song Dynasty Local Gazetteer and their Place in the History of Difangzhi Writing," *Havard Journal of Asiatic Studies* 56:2, 1996、拙稿「宋代地誌序跋文考（一）――北宋 朱長文『呉郡図経続記』三巻 元豊七年（一〇八四）修――」（『人間科学研究』第四号、二〇〇七年）、拙稿「『呉郡図経続記』の編纂と史料性――宋代の地方志に関する一考察――」（『東方学』第百十六輯、二〇〇八年）、拙稿「宋代地誌序跋文考（二）――乾道『四明図経』の史料性に関する二、三の考察――」（『人間科学研究』第六号、二〇〇九年）等が、明代に関わるものとして、Joseph R. Dennis, "Writing, Publishing, and Reading Local Histories in Ming China," Ph. D. dissertation, University of Minnesota, 2004等がある。加えて、地方志に見える言説を史料論的に分析した代表的な研究としては、小島毅「正祀と淫祀――福建の地方志における記述と論理――」（『東洋文化研究所紀要』第一一四冊、一九九一年）、同「南宋地方志の言説」（『中国近世における礼の言説』東京大学出版会、一九九六年に所収）がある。なお筆者は、拙稿「地方志・石刻研究」（『日本宋史研究の現状と課題――一九八〇年代以降を中心に

――』汲古書院、二〇一〇年）の中で、日本の宋代史研究における地方志及び石刻を活用した研究について、その現状と課題を指摘しているので、そちらも併せて参照されたい。

（2）「記録保存の社会文化史研究」という視点については、拙稿「修復された碑文「唐縉雲県城隍廟記」――記録保存の社会文化史研究に向けて――」（『立命館文学』第六一九、二〇一〇年）を参照。なおこの視点はもともと、文部科学省科学研究費補助金特定領域研究（平成十七～二十一年度）「東アジアの海域交流と日本伝統文化の形成――寧波を焦点とする学際的創生――」（領域代表・小島毅）の中で、重点項目の一つとして設定されたものである。

（3）〈寧波府地方志編纂状況〉は、『四明経籍志』巻二〇、地理類・地理類附録等を参照して作成した。

（4）県レベルの古方志については、『四明経籍志』巻二〇、地理類附録、『直斎書録解題』巻一一及び張国淦『中国古方志考』（中華書局、一九六二年）を参照。

（5）註（1）で引用の拙稿（二〇〇九）を参照。

（6）乾道『四明図経』巻一、州城内古跡に、「蛟池在州之北。故老云、『嘗有蛟自江来竄於此、人患之、故其旁立佽飛廟以鎮之。』池、今為居民所侵、堙塞無幾矣。」とある。また同書巻一、分野には、「明之為州、実越之東部、観輿地図、則僻在一隅、雖非都会、乃海道輻湊之地、故南則閩広、東則倭人、北則高句麗、商舶往来、物貨豊衍。東出定海、有蛟門・虎蹲、天設之険、亦東南之要会也。」という記載を見出せる。

（7）宝慶『四明志』巻一一、叙祠「大人堂」に「高閌撰記、直指為節度使銭億、特意之爾。至循旧経之説謂郡治鄮県、宝応後乃移治鄞、尤為無拠。」とあり、乾道『四明図経』巻九に所収の高閌「重建九経堂記」に「按旧図牒、其地濱海、狃於覇政。」とある。何れも傍線部の記述が、大観『明州図経』の佚文と見られる。

（8）東晋の妖賊孫恩の乱に際して、劉牢之が討伐に派遣され、そこに劉裕が参戦したことは、『宋書』巻一、武帝本紀に「安帝隆安三年十一月、妖賊孫恩作乱於会稽、晋朝衛将軍謝琰・前将軍劉牢之東討。牢之請高祖参府軍事。十二月、牢之至呉、而賊縁道屯結、牢之命高祖與数十人覘賊遠近。会遇賊至、衆数千人、高祖便進与戦。所将人多死、而戦意方厲、手奮長刀、所殺傷甚衆。」と見える。

（9）後漢の驍騎将軍劉植については、『後漢書』巻二一に本伝がある。

（10）雍正『寧波府志』巻一〇、壇廟に「驃騎将軍廟。県東南十五里。会稽典録云、漢世祖時、張意為驃騎将軍、其子斉芳歴中書郎、来隠於此山。人皆賢之、立廟祀焉、以其父之　官名其廟。」と見え、古来の文献である『会稽典録』を引用して祀神について説明している。また成化『寧波府簡要志』巻二、祠壇表、延祐『四明志』巻一五及び宝慶『四明志』巻一七、神廟にも驃騎将軍廟の記録があるが、宝慶・延祐の両志では、祀神を張意とする。一方乾道『四明図経』では、巻五、慈渓県、人物の箇所で「後漢張斉芳、驃騎将軍意之子、隠於州之驃騎山。」と記録するのみで、驃騎将軍廟の記録は見出せない。

（11）嘉靖『寧波府志』巻一五、壇廟に「青木山祠。県西南二十五里、青木山峭壁之下。晋劉牢之禦孫恩・盧循之乱、嘗駐兵于此、一戦而捷、民頼以安。時山木茂挺成囲、因名廟以祀焉。元末、廟圮。国朝洪武十五年、耆民余子安捨基重建、去旧址一里。」とあるのを参照。なおこの祠廟の記録は、成化『寧波府簡要志』巻二、祠壇表や光緒『慈渓県志』巻一四、経政三、壇廟上にも見える。

（12）「黄晟墓碑」については、管見の限り原史料を確認し得ないが、宝慶『四明志』巻一、郡守に、「晟、鄞人也。僖・昭之間、盗賊蜂起、晟結群豪、遷奉化都護防遏兼佽飛都副兵馬使。羊没、鍾季文継之。鍾没、衆乃戴晟摂守、討平隣寇、保護郷井。是時董昌・銭鏐更王、晟皆善事之、表奏為真、創築羅郭、浮橋燬于寇、復新之、境内以安。歴年二十、終于梁之開平三年正月。与母斉氏・妻周氏倶葬于鄮県之隠学山中。事見墓碑。」とあり、程端礼「佽飛廟重修記」碑文の第二段落と「黄晟墓碑」とがほぼ同内容であったことが窺える。なお黄晟については、他に延祐『四明志』巻四、人物攷上、成化『寧波府簡要志』巻四、人物志、郷彦にも本伝が存する。

（13）宝慶志に、「祚聖廟。本東門廟、在県南一百里。世称其神曰天門都督。按天門山在南海中、而接寧海之東境、故号東門。下有石闌、潮汐衝撞、最為湍険。【詳見東門山注。】舟船往來、必致禱焉。唐貞観間、有会稽販客曰金林、数継従薦牲醴、唯謹舟行、毎得所欲。一日祭畢、誤持胙肉去、解纜行十余里、欻然逆風、復漂至廟下、不得前舟。舟人恐甚、乃悟所誤、亟還置加祈謝、即反風安流而済。永徽間、会稽又有工人曰蔡蔵、自泉州造仏像、回獲緡銭数百、祀禱少懈、舟発数里而覆、惟蒿師僅免。是知廟之建置久矣。謂之天門都督者、尊之如方伯也。皇朝建炎四年、賜今額。（宝慶『四明志』巻二一、象山県、叙祠）」

と、延祐志に、「祚聖廟。本東門廟、在県南一百里。世称其神曰天門都督。按天門山在南海中、而接寧海之東境、故号東門。下有石闌、最為湍険。舟船往来、必致禱焉。唐貞観間、有会稽販客曰金林、祭畢誤将胙肉、去十余里、忽逆風復漂廟下、乃悟所誤、亟加祈謝、即反風安済。永徽間、又有工人曰蔡蔵、自泉州造仏像、回獲緡銭数百、祀禱少懈、舟発数里而覆。宋建炎四年、賜今額。（延祐『四明志』巻一五、神廟）」とそれぞれ見える。

(14) 成化『寧波府簡要志』巻二、祠壇表では、「祚聖廟。県南一百二十里、旧名東門廟。図経載其号天門都督。」とあるのみで、祠廟の位置と旧名及び祀神の号を記載するにとどまる。

(15) 嘉靖『象山県志』巻一二、神廟には簡略ながら、「祚聖廟。県南一百五十里、天門山中、其神号天門都督、甚著霊異。唐貞観時所建。」とその記録を留めるが、嘉靖『寧波府志』巻一五、壇廟、象山には、本廟の記載を見出せない。

(16) 嘉靖『象山県志』巻一二、神廟の祚聖廟の条の末尾に、「今人徙、廟廃。」とある。

(17) 大徳『昌国州図志』巻七、廟宇に、「黄公祠。在東海中下沙。晋天福三年建。旧図経雖有之、其実未詳。按晋賈充問会稽於夏統、統曰、其人循、循有大禹之遺風、太伯之義遜、厳光之抗志、黄公之高節。而会稽典録亦称、人材則有黄公、潔己暴秦之世、然則四皓之一也。至西京雑記、乃曰、東海人黄公少能幻制蛇虎、常佩赤金刀、及老、飲酒過度。有白虎見於東海、公以赤刀厭之、術不行、為虎所食、故張平子西京賦曰、東海黄公、赤刀塓祝、冀厭白虎、卒不能救、挟邪作蠱、於是不售。按拠不同、今両存之。」とある。また延祐『四明志』巻一五、神廟にも、「黄公祠。在東海。晋天福三年建。按旧志云、賈充問於会稽夏統、統曰、黄公之高節。而会稽典録亦称、人材則有黄公、潔己暴秦之世、然則四皓之一也。或引張平子西京賦、東海黄公、赤刀奥祝、冀厭白虎、卒不能救之語。今両存之。」と見える。

(18) 嘉靖『寧波府志』巻一五、壇廟、定海に、「黄公祠。県東二百里、昌国海中。或云祀漢四皓黄公、蓋因会稽典録有黄公潔己暴秦之言、故附会之。然西京雑記有曰東海人黄公嘗佩赤刀、幻制蛇虎。是能為民捍患者、其為海人所祀、無疑。」とあり、嘉靖『定海県志』巻九、壇廟の黄公祠の条でも、ほぼ同じ内容の記録を載せる。

(19) 乾道『四明図経』巻一、祠廟の佽飛廟の条に、「昔有碑、今亡、故神之姓氏邑里無伝焉。」とある。

紹興府の地方志の歴史的価値

ジョセフ・デニス
須江　隆　訳

はじめに

紹興府は寧波の西隣に位置し、経済・社会・文化・環境の点において、長い間密接な関係を持ってきた。紹興府の歴史史料は豊富で、特に後期帝政時代と民国時代に編纂された多くの地方志が残存している。これらの地方志は情報が凝縮されているのみならず、総合的に読み込むことで地方社会において重視された事柄や問題視された点を理解できる。その意味で、地方志の編集過程を詳細に調査し、地方志に記載された情報や逆に記載されなかった記録を詳しく検討することは特に有用である。

この論文では、二つの紹興の地方志を検討する。一つは、地方社会の特定の人物の利益のために、故意に改竄された地方の歴史に焦点を当てる。もう一つは、著者が近隣の県の利害を冒し、自身の県の利権を主張するために地方志を利用した事例に着目する。これらの事例は、地方志を戦略的な文書として理解できるという見方や、地方志の中のこの様な戦略を暴くことによって、地方社会における重要な問題点を見出せるということを示してくれるであろう。

地方志の記載内容には、地方社会における重要な権利に影響を及ぼす可能性があったので、人々は地方の歴史を表現しようという強い気持ちをもっていた。例えば、農耕や輸送に必要な水利権は、古くから運河や貯水池が点在する紹興では特に重要であった。紹興と寧波の間に位置する二つの県の場合は、水利権をめぐる紛争が、明清時代の地方志編纂に影響を及ぼした。一つの例では、ある地方志の貯水湖の歴史が、地方の有力者の主張に有利になるよう改竄された。その主張は、彼が物資の水運で用いる運河の水位を維持するために、かつて農民が利用していた貯水湖の水を使用することができるようにするためのものであった。また、もう一つの例では、水利権を争う、隣接する二つの県が、それぞれの権利を主張するために、各々の地方志にその水利権の歴史を書き込んだのである。

一　『上虞県志』における捏造

『上虞県志』の事柄は数世紀にも及ぶが、政治的手段としての地方志編纂の在り方に加え、地方の情報や、法律上の紛争に地方志が利用されたことを示してくれる。その事柄の中心にある水利権争いは、六十四年間に及ぶ二つの異なる訴訟を結果するに至った。以下の万暦十五年（一五八七）刊の『紹興府志』からの引用文は、その事柄の発端を示している。

『上虞志』十二巻〔正統六年（一四四一）編〕は、県人の郭南によって書かれた。郭南は曹黎湖の近隣に居住し、その湖を私有化しようとしていた。そのうえ彼は、偽って郭子儀の末裔であるように見せかけた。[1]彼は地方志編纂を口実として、完全に旧版を改訂してしまった。彼は曹黎を皂李と改め、自身が汾陽（郭子儀）の末裔であるかのように偽って記録した。後に彼は通判となると、汚職して金持ちになった。そこで彼は旧志を高い値段で買い占めて、それらを焼き払い、その版木を破毀してしまった。今、唯一残存しているのは、郭南が編集した地方志だけである。その後やがて、南志（の版木）も焼失してしまったが、彼の子孫たちの繁栄が次第に衰えると、彼等は郭南の地方志（の奥付）を担保にして借金の依頼をした。郭南（と郭氏一族）は、県衙の下役人から立身したという（これは、「郭南は県の儒夫から生まれた」ということをもじったのかもしれない[2]）。最近、新志の抄本は、知県の朱維藩によって大いに書き加えられていたが、殆ど過去の事柄は、すべて郭南の記述を踏襲していたので、それはまだ完本ではないようだ。

上記の事柄は、一五八〇年代に『紹興府志』が編纂された際に記された。当時においては、郭南の正統六年（一四四一）版が一番最近に出版された『上虞県志』であった。県志の編集を促進するために、県の各属官が地方志の最新版を作るように命じられた。葛暁は[3]『上虞県志』の再編を依頼され、郭南の正統六年（一四四一）版を用いて、万暦十一年（一五八三）までに新たな原稿を仕上げたが、それはすぐには出版されなかった。それがようやく十九年後の万暦三十四年（一六〇六）に刊行されると、[4]知県の朱敬循は、葛暁の捏造行為に対する主張を読んで、既に亡き人となっている郭南への怒りを表現して次のように言った。「郡志と薛氏通典は、郭南によって汚され、しかも彼は旧志を焼却してしまった。二百年来、信頼できる歴史は伝えられなかった[5]」。

郭南の県志はもはや存在しないので、直接万暦三十四年（一六〇六）版と比較することは不可能である。しかしながら、万暦十一年（一五八三）版につけられた郭南の序文は残存する。但しその序文が、ごまかしの手がかりを提供してくれるわけではない。郭南は県志の一部を編集したことを認めたが、曹黎湖乃至は皂李湖や、旧志を焼却してしまったことには言及しなかった。郭南は、元代に二つの県志が編纂されたことや、明の永楽年間（一四〇三～二五）に、朝廷が地誌のための凡例を発行し、地方の学者に、リストアップした事柄にかかわる情報蒐集を命じた後に、県民の袁鏵が県志の草稿を書いたことには触れていた。袁鏵の兄である袁鉉は、学官であり、その草稿を推敲して編集した。郭南は正統六年（一四四一）の夏に県志を書き、彼等の草稿と照合して改訂し、自らの資金で県志を刊行した。(6)

葛暁の新版が万暦三十四年（一六〇六）に出版されると、そこには郭南の旧志焼却や捏造に対する葛暁の主張が記されていた。(7) しかし出版して一年以内に、湖の近くに居住していた人々によって訴状が提出され、捏造されていたのは葛暁の万暦三十四年（一六〇六）版の県志であると主張したのである。康熙十年（一六七一）に編纂された『上虞県志』では、以下のようにその事件を要約している。

葛暁が万暦三十四年（一六〇六）に県志を再編したときに、豪民の鄭用九は機をみて葛暁に賄賂を贈り、七つの事実に反する（皂李湖の歴史に関連する）記録を捏造させ、旧志を破毀した。湖畔に住んでいた黄文等は七つの記録の誤りに関する陳述書を用意し、府の役所に告訴した。知府の朱芹と通判の葉が湖に行って現地調査をし、すべてが明らかとなった。(8) 督撫の甘は七つの記録を改正し、（命じて）碑石に刻ませ、（湖の利用を）永久に禁止した。知県の王同謙がその命令に従い、碑文を立てた。(9)

康熙『上虞県志』には、皂李湖に立てられた碑文の録文が所収されている。(10) そこにはこの事件が非常に詳細に記され、明の文書行政の過程が跡付けられている。その碑文を詳細に分析することにより、地方社会における地方志の役割や、政府が地方志をどのように利用したのか、そして地方志の完全性の程度が如何に明末清初の政府にとって重要であったのかが明らかとなる。

以下は、この事件に関する碑文解釈の要約である。その案件のタイトルは、「紹興府上虞県が水利権を調査・返還し、人々の間で生じた紛争に決着をつけたこと」であった。その碑文によると、万暦三十五年（一六〇七）三月二十八日に、知県は黄文と湖畔に住む人々の訴えと考えられる分守道・右参政の沈信からの公文書を受け取った。その訴えの当事者たちは、鄭用九と彼の仲間が湖の支配権を奪い、そのために人民に災難がふりかかったこと、彼等が県志を捏造してしまったことを主張した。公文書によれば、督撫の甘憲は、鄭が実際に湖水の支配権を奪ったのかどうかを明らかにするために、すべての水門の現地調査を命じた。そこで、水利通判の葉夢熊(11)が調査をした。一方、知府の朱芹が災難の及んだ地域を踏査すると、数千もの土地の人民が彼のもとに近寄ってきた。

彼等は道を遮って告訴し、「不当」を叫ぶ声が道路に響きわたっていた。知府は堪えられなくなって彼等に尋ねると、皆は、「県志の皀李湖（の歴史）は鄭用九の個人的な利益のために書き換えられてしまった」と言った。人民は更に、鄭が運河の水位を満たすために、湖から水路を開削してしまったと説明した。

知府の朱と通判の葉は、更に調査を進め、人工湖の近くには一万千余畝の水田が存在し、灌漑のために湖に依存していること、この灌漑の施設は唐代から存在していたことが判明した。彼等は、旧志ではその湖が曹黎と名付けられていたが、郭南の県志がその名前を皀李に改めてしまったことに気付き、湖の名前は改まってしまっても、湖水が蓄えられるのと放出されるのとに変化があるわけではないと指摘した。

知府と通判は、鄭用九が、県志が重修されるのを利用して湖の歴史を改竄し、自分が湖水を使用して運河の水位を上げ、輸送力を高め、湖の長年にわたり灌漑されてきた区域の外側の乾燥している地帯に水を引こうとしたと結論を下した。役人たちは更に、鄭用九の計画が、完全に湖水を排出させ、権利の無かった人々に水を移し、地方の存続を脅かし、「千年もの水利システムの規則を無秩序にしようとする」ものであったことを見出した。
知府はその事実を按察司に報告し、将来的な遵守を確実にするために、湖畔に碑文を立てる命令を下すことを要求した。その報告書は分巡道に送られたが、そこには、鄭用九とその仲間が「逸脱した説を唱え、河を満たすために湖水を排出するのを企てた」こと、それは奸計であること、法律違反をした者は完全に法によって罰せられることが書き留められていた。督撫はやがて次のような命令を発した。

鄭用九は公益を装って自らの個人的な利益を獲得し、更に県志を加筆したり捏造したりできるようにした。彼はまた事をおこし、甚だしく人民を害した。湖水は従来通り近隣の水田に引き込んでたすけとするのがよい。新志に改正し、紛争の火種を防止せよ。

そして知府は、碑文を刻ませ、湖畔に立てるように命じた。知県は、万暦三十七年（一六〇九）の秋に、県丞や県の下役人等とともに碑文を立てた。この事件は、最初に告訴されてから二年半、捏造された県志が出版されてから三年で決着した。
しかしながら、万暦三十七年（一六〇九）の決着によって、皂李湖の水をめぐる訴訟が終わったわけではなかった。第二の訴訟が六十二年後におこされた。それは、『上虞県志』の新たな編集が行われている最中であった。その訴訟の概要は、康熙十年（一六七一）刊の県志で公にされた。

その時（万暦三十七年）、七つの異説は（県志で）すでに公にされていたが、すぐには改正されなかった。今、大清の康熙十年（一六七一）に、知府の張三異が各県に命令を下し、県志を重修させた。湖畔に住む知識人の張俊らは前例に基づいて告訴した。

知上虞県の鄭僑は、以下のように述べている。

今、県志が重修されると、士人の張俊らは七つの異説を削除し、旧志に従って湖水の放出を禁止しようとした。かくして彼等は民衆を集めて監察官に告訴し、死にものぐるいで争おうとしている。本件は彼等の身に迫る重大事なので、大声で激しく叫ばないわけにはいかなかったのだ。

康熙十年（一六七一）刊の県志の概要は、続けて次のように言う。

巡撫の范が府に指示して詳細な調査をさせた。知府の張は知県の鄭僑に調査を命じた。調査の結果、事実が明らかとなり、巡撫に誤りを削除して旧に戻してほしいと報告した。すると巡撫は布政司の袁公を調査のために派遣した。袁公は事実を確かめ巡撫に報告した。巡撫は本件を認め、その子細を碑文に刻ませた(12)。

新しい碑文のタイトルは、以前のものよりも仰々しくなり、「紹興府上虞県が、県志に大混乱をもたらし、湖を奪い、税をごまかし、命を絶ったことに対し、朝廷の法令を言いつけ、誤った記録を削除し、有り難くも旧志に戻し、万年の水利を保つことのためにす」となっている。県志に見えるその碑文によると、康熙十年（一六七一）の春に、巡撫の范が知府の張に命じ、案件に関わる記述の提出を告訴人たちに要求させ、すぐに彼等の訴えを調査の上、「四度編纂された県志(13)」とともに報告書を提出させることにした。

知県の鄭僑は、そののち調査をし、皂李湖が唐代に居民たちによって造られたこと、それ以来ずっと政府からの金銭的援助を受けること無く人民によって維持されてきたこと、地元の人々が注意深く湖水を守ってきたことを報告した。彼は、湖周辺の土地が隆起していることや、湖水をとても迅速に排出できること、近くの「水田が亀の甲羅の亀裂のように広がっている」ことに言及した。知府の張は明代の記録に及ぶまで再調査を行い、それらの記録を用いて結論づけた。張の次官もまた事実を調査して確認し、「旧来通りに、（堤防を）築き、湖水を利用している人々（の原則）を尊重するのが最善である」と提案した。

知府の張は、その事実が「旧志や碑文から明らかである」ことに気付いた。彼の報告によると、明の葛暁は県志を重修するに際して私情を差し挟み、七つの異説を作為し、旧志を破棄しようと謀った。張は更に次のように言う。

記録され調査すべき案件は、当時誤った記録が刊行されてしまい、即座に改正されなかったため、今、県志が重修されると、士人の張俊等が七つの説を削除し、旧志を修復しようとし、県志をかき乱し、湖を奪い取ったことに対して、誤った記述を削除し、旧に戻すことを監察官に訴えたということである。

知府の張は、誤った記録を削除して旧志の記録に戻し、永久に（湖水を不当に排出するのを禁止）できるようにすることを推奨した。

布政司の袁は、後に、曹黎湖が曹・李二姓の土地の人々によって造られたことを決定し、その湖が政府の財源を用いることなく維持されてきたと念を押した。袁は本件に関わる湖の地図や碑文、記録、公文書を再検討し、湖水が本来灌漑されていた地帯の外側に位置する干上がった土地にはひかれていなかったこと、明代において、湖畔で生活する人民が県志捏造に関わる訴状を提出していたことをつきとめた。布政司の袁は、明代の案件が示している点を確かめ、新たな訴訟には理があったことを確定した。

政府は、知県に県志を訂正して新たな碑文を立てるように命じた。知県の張は、自身の報告書を県志編纂の部局に送り、本事案を公的に記録させ、湖水の支配権を奪うために一族を集結してはならないと命令した。(14)

この事例は、政治的手段としての地方志編纂の有り様やそれらの読者層、更には地方社会での地方志利用や明清時代の浙東統制の在り方を調査する上で、豊富な史料を提供してくれる。地方志の中には、例えば成化・万暦年間に編纂された『新昌県志』のように、地方志の中にどの人物の伝記を含めるべきかに関する地方の争いを示してくれるものもある。(15)地方志の内容をめぐる紛争のほうが、地域社会における一族の地位をめぐる論争よりも優越していたことを示すことにより、『上虞県志』の記事は、地方志編纂の政治的特質を更に浮き彫りにしてくれる。上虞県では、当面の、明白な利害が問題となっており、地方の歴史をめぐる紛争は激しく、贈収賄行為や詐欺行為、旧志の焼却、訴訟、殺人と関係していた。

本稿での事例は、地域住民が複数の県志に接触していたことを示している。紹興府の長官は、数千の地元の人々が地方志の捏造に抗議し、地方志出版の後まもなく訴状が提出されたことに言及していた。このことは、すべての抗議をした人々が地方志を読んでいたことを意味するわけではないが、彼等が、地方志の出版後すぐに、その内容を知るための何等かの手段をもっていたこと、その内容が彼等に重要であったことは明らかである。数千の人々の多くは、読み書きができなかったと思うが、明代地方志の読者層を説明する上では、口承で地方志の内容を知った人々のことを念頭に置かねばならない。

上虞県の事例によって、地方史の記憶の持続や自発的な訴訟が、地方志の記憶に基づいていたことも明らかになった。康熙十年（一六七二）の段階で、最初の訴訟が結審してから六十二年が経過していたが、地元の人々はその事を記憶していて、皀李湖の歴史を訂正するための訴訟を起こし、一方で彼等は新たな県志が編纂されていたことも知っていた。その記憶が維持された正確なメカニズムを知ることは不可能であろうが、おそらく、湖畔に立てられた碑文や、現存していた四度編纂された県志によって、人々の記憶は補われたのであろう。地域住民はまた口承でその話を伝えたのかもしれない。水利権をめぐる紛争は、時にかなり長い時代にわたるが、住民が自らの要求を文書化した記録を保持していたとしたなら、驚くべきことではなかろう。陰謀を企んだものたちが、皀李湖の歴史を完全に記憶からぬぐい去ることは、明らかに不可能であったのである(16)。

上記の事例はまた、訴訟の証拠として地方志が利用されていたことを示してくれた。万暦三十五年（一六〇七）と康熙十年（一六七一）の双方の事例では、地方志が決定的な証拠となっていた。鄭用九は、皂李湖の歴史に関する県志の記述が、湖水の支配権を奪い取れるかどうかに影響すると確信し、県志の編纂者である葛暁に賄賂をおくる問題を引き起こした。知県の地方志に与える影響力によって、明白な事実はおそらく修正されていたが、明らかに地方志は、幾つかの事例において重要であった。地方志の証拠としての規定は、明代においては成文化されなかったが、政府によって作られるか承認されるかした文書は、疑いもなく重大な影響力をもつことになった。県志は通常、公的な援助の下で編纂され、知県たちは県志編纂を少なくとも自分の手柄とした。従って、地方志は、実際の編集作業のほとんどが、現職の官僚でない地元の人々によってなされたときでさえも、公的な感じをもっていた。加えて、編纂された県志には、知県たちによる影響が及ぶことにもなった。何故ならば、彼等は地元住民ではなかったし、しばしば方言を解さなかったからである。

もし後期帝政時代の中国の人民が、地方志に見える史料を裁判の証拠として利用し得ることを確信していたとしたならば、強力な動機が地方志の編纂に影響したはずである。確かに、万暦三十四年（一六〇六）刊の『上虞県志』で公にされた史料は、紹興府の長官による比較的早期の命令に従って蒐集され、皂李湖の歴史は、実際の利害に関わって極めて重要であったが、地元の人々は、それでもなおその歴史を、贈賄行為や旧志の破毀によって改めることができた。鄭用九と葛暁は万暦十五年（一五八七）刊の『紹興府志』の編纂者を欺しさえしたのである（あるいは彼等と共謀したのかもしれない）。

明代の省や府レベルの官僚が捏造を知っても、即座に新たな印刷を命じなかったことは興味深い。彼等は単に、次なる地方志での捏造の訂正を命じただけであった。多分、彼等は、湖畔に立てられた碑文や役所で保管されていた訴訟資料があるという観点から、その命令を充分と見なしたのであろう。もう一つの可能性として、官僚たちが地方志を公的な記録として見なしておらず、特別な関心をもっていなかったということも考えられる。明代の官僚によって付けられた「紹興府上虞県が水利権を調査・返還し、人々の間で生じた紛争に決着をつけたこと」という案件のタイトルは、地方志の捏造が、水争い解決の背後にある、第二の重要事項であったことを示唆している。清代初期の案件の「紹興府上虞県が、県志に大混乱をもたらし、湖を奪い、税をごまかし、命を絶ったことに対し、朝廷の法令を言いつけ、誤った記録を削除し、有り難くも旧志に戻し、万年の水利を保つことのためにす」というタイトルは、地方志を訂正することに重点が置かれていたことを示している。地方志により重点が置かれたのは、康熙十年（一六七一）においては、清政府が浙江における地方志の規定の整理や、捏造された記録の訂正を行い、より重大になっていたかもしれない水利権をめぐる問題を明らかにしていたからかもしれない。

この事例からはまた、湖畔に住む人民は、如何にしてすぐに県志の内容を知ったのかという疑問もわいてきた。地方志編纂が開始される以前でさえも、多くの地元の人々がその事業を知っていたことは注目に値する。一例として、県志の編纂が進行していることや、参考に資すべき史料を提出できるということを人民に知らせるために、公的な掲示が衙門に掲げられる場合があった。[17] 従って、農村に住む上虞県の住民が、県志が出版された後すぐに、そこに何が記されていたのかを知ったとしても、驚くべきことではない。

『上虞県志』の事例はまた、旧志に金銭的価値があったことを明らかにしてくれた。具体的に記された歴史を削除するために、高額で旧志を買い上げようとした人もいた。珍しい地方志は、充分な価値があったため、郭南の子孫たちがしたように、借金の担保として利用されたりもしたのである。

二　県相互の紛争に関する地方志

県志は、県内の出来事に焦点を当てているが、ある県の利害が隣接する県と関わる場合には、その利益を主張するために利用された。このことは、上虞県と餘姚県の間におこった、夏蓋湖の水利権をめぐる数世紀に及ぶ紛争によって説明することができる。夏蓋湖は、両県の県境に位置し、宋代より以来、その湖水をめぐる訴訟が繰り返されてきた。万暦三十四年（一六〇六）刊の『上虞県志』には、餘姚県の住民との夏蓋湖の水をめぐる紛争が記され、そこでは、餘姚県が地元住民の有利な地位を守るために、県志の水利に関わる記録を歪曲したと断言している。康熙十年（一六七一）に重修された『上虞県志』に所収の解説は、下記の通りである。

『餘姚県志』によれば、上虞県との境界には、餘姚県が部分的に権利を有している三つの湖があって、白馬湖、夏蓋湖、小査湖という。『餘姚県志』では、白馬湖は、餘姚県の東山、蘭風、開原の三郷と、上虞県の西潜五保に湖水を注いでいると断言する。また、夏蓋湖は、ずっと上虞県の新興等の五郷と餘姚県の蘭風郷に湖水を注いできたという。その上『餘姚県志』は更に次のように主張する。上虞の水路を管理する様々な人々は、永楽年間（一四〇三〜一二五）に編纂された『上虞県志』の中に「立秋以降の三日は、陳倉の水門より八時間、湖水を放出する」という記述があることを口実として言い訳をするので、餘姚では、適切な時に放水できず、蘭風郷の田地を干上がらせることになってしまっている。知府の陳耘（宣徳四年〔一四二九〕から六年〔一四三一〕まで知府として紹興の任にあった）が、上虞の人々の奸計を明らかにし、結審して罰してくれたお蔭で、再び餘姚にも均しく水の利がもたらされたのである、と。『餘姚県志』では、小査湖は雲楼郷を灌漑するという。餘姚の人々が自らの地方志に記録した叙述によると、上虞に隣接するすべての場所は、上虞と権利を共有することになっている。餘姚の上虞に隣接する地域は、権利を共有してもよいのに、上虞が餘姚から権利を受けたのを聞いたことがないのは、何故なのであろうか。そもそも、人民は分かれて隷属し、土地は区画されるものだ。境域を越えて人の権利を手に入れるとしたら、それは法に則っていると言えようか。夏侯曾先の地志によれば、「白馬湖の旧名は漁浦湖で、もともと餘姚の蘭風郷に存在していた。唐の貞元二年（七八六）に蘭風郷から四、五里を割いて永豊郷をおき、そこを上虞県に加えた」という。その湖は現在、永豊郷の境界に位置する。蘭風郷の人民は、旧来よりこの湖水で灌漑し、それを当然とみなし、疑うこともなかった。ところが今や、（灌漑された地域は）餘姚の東山郷、開原郷に広がっているが、上虞の方は西潜の五つの保に過ぎない。これでは、唐代に土地を分割する以前と同然で、しかも領域は上虞に入っても、権利は餘姚に譲渡されているようなものだ。一体、土地を分割する必要があったのであろうか。恰も土地は当初東に属し、東の家の人々が所有していたが、もはや土地は西に属しても、矢張り東の人々が占有しているかのようだ。夏蓋湖は周囲が非常に広く、その地勢は、東北が最も低く、湖の西側と比較すると、その差異は一丈余り(18)である。こういう訳で、その水は餘姚の蘭風郷に傾斜して真っ直ぐに流れ込む。餘姚のより多くの水にすがる人々は、いつも夏蓋湖の水を強く望んでいるので、好機をとらえて水を新たな地区の堰から盗むものもいれば、付近の灌漑した水路から放水することを声明するものもいるのである。彼等は長期にわたってこうしたことをしてきたし、それを当然と見なしてきた。だから、争って水を引くのである。お上の役人たちは、双方を我が人民と見なしているのだから、どうして困っているのを坐視していられようか。もし弟が飢えて死にそうになったら、父たる者は、自分の穀物倉庫でないとしても、兄の穀物を分けて救うであろう。ところが却って、上虞の人々は、悪意をもって餘姚の人々と水利権を均しく分けようとしているというのである。

どうして土地の管区をかえずして傍観していられようか。しかも餘姚の蘭風郷だけは、白馬湖の灌漑のお蔭をこうむっている。その上、夏蓋湖によっても灌漑されているのだから、蘭風郷の穀物は、必ずほどよく実るのに、上虞の人々は湖水の恩恵をうけられず、目を見開き両手を垂れて、餘姚に水利の恵みを提供しているに過ぎないのだ。昔、餘姚から分割した土地は、郷の西の五里に過ぎなかったし、この領域の土地だけが、（夏蓋湖からの）灌漑を許可されたのであった。しかし、その水は、一つの郷を潤し、その上、東山郷や開原郷にもしきりに注がれているのである。知府の陳耘は命令を下して、夏蓋湖のすべての水を（これらの地区に）送ることを可能にさせたが、それでも餘姚の人々は満足しなかった。餘姚の学者、岑原道は、「漁浦湖と夏蓋湖を完全に奪い、（その湖水を）餘姚に戻すことができれば、これらの郷は旱害を免れることができる」と言っている。餘姚の人々の心情は、ここに完全にあらわれている。しかも岑は、奪うと言っているのだから、二つの湖が餘姚のものではないことも明らかだ。小査湖によって灌漑されている雲楼郷の場合については、餘姚は多くの田を上虞の一都の境界に開いてきたので、この湖のまわりの田は、小査湖の水に依存し、そこから郷（の他の場所）へと水を波及させている。その境界は近く、その地勢は適合しているが、雲楼郷の背後に水を流すことは、不適切である。餘姚の人々は、上虞の人々は地方志を編纂することで、水利権を独占しようとしていると言うが、餘姚の人々こそが、地方志の編纂を利用して、ひそかに水を奪おうとしているのではないだろうか。上虞の地方志は、自らの土地のことを記録しているだけである。しかるに餘姚の人々は、他人の土地を盗み取って、自身の土地として記録しているのだ。要するに、餘姚は下流に位置し、最も容易に水を注げるのである。旱害に遭遇した時に、救済を願って真心からねぎらい、苦しい境遇にある気持ちをたずねて、近隣の人々を救済する道理を遍く行き渡らせたとしても、餘姚の人々は、それでも利益があるのではなかろうか。このことについては勿論、もはや議論が尽くされたが、昔の人々がこの様に決めたのは、概ね近くに住んで親しくしていたので、互いに精力的に争うことができなかったからだ。だから私は、聊か上虞の人々のために、その概要をこの様に弁明したのである。[19]

皂李湖の一件と同様に、このテクストは、地方社会における権利の正当性を示すために、人々が如何に地方志を利用したのかという視点を与えてくれる。夏蓋湖の水利組織を構成する人々は、作物の生長期に、餘姚の土地に水を放出しないことを正当化しようとして、永楽年間に編纂された『上虞県志』の「立秋以降の三日は、陳倉の水門より八時間、湖水を放出する」という記録を引用した。上記の一節はまた、上虞県と餘姚県の人民が、双方の地方志を利用して、貯水池が設置された際に、あるいは県境近くに設けられた際に、水利権を決定するための適切な基準に関する議論を前進させようとしたことを物語っている。双方の県のそれぞれの県志は、互いの県の人民に有利になるような立場を主張した。上虞県の人民は、餘姚からは上流ではあるが、その流れの境界の内側に貯水池をもっていたので、たとえ湖水は本来的に、下流の方へ流れ、県境を横断しているとしても、境界線を重視する立場を主張した。しかるに餘姚の人々は、彼らの田は上虞の人々の田と同じ分量の水を必要としていること、上虞の土地の中には嘗て餘姚の一部であり、区画し直す以前に、湖によって灌漑されたところがあることを主張したのである。

おわりに

デヴィッド・フォーレによって論じられた族譜[20]の場合のように、万暦七年（一五七九）刊の『新昌県志』や、皂李湖をめぐる争い、上虞と餘姚の県志での事例は、地方社会における権利を正当化しようとしたものであった。しかしながら、この上虞と餘姚の事例では、「地方」は県境を越えていた。

上記で論じられた、水利権を主張するための地方志利用の在り方は、農業・商業に役立てられる水利システムが広く複雑に発達していた浙東地方の重要な問題点を映し出している。地方志を総合的に読み、その編纂過程に細心の注意を払うことによって、地方社会が如何に機能していたのかについて、新知見を得ることができるのである。

註

（1）郭子儀は、唐代の貴族で、汾陽王であった。Szonyi, Michael, 2002. *Practing Kinship: Lineage and Descent in Late Imperial China*, Stanford University Press の一頁で引用する『福州郭氏支譜』を参照。

（2）「南蓋起自県功曹云」という一節は、万暦『上虞県志』巻五〇、一一b、再版本三三三八頁に見える。ハッカーは「功曹」を "Labor Section" と訳す。Hucker, Charles, 1985. *A Dictionary of Official Titles in Imperial China*, Stanford University Press の二九六頁を参照。『漢語大詞典』では、第二の意味として「吐綬鳥」をあげている。『漢語大詞典』（二〇〇一年、第二巻、七六八頁）参照。なお「吐綬鳥」の図が、『漢語大詞典』（二〇〇一年、第三巻、八九頁）に描かれている。

（3）葛は、ここで引用している様々な史料では、時には葛暁とされているが、葛桷とされている場合もある。筆者は本稿では意図的に葛暁を用いる。

（4）新編『上虞県志』によると、万暦十一年（一五八三）に知県の朱維藩によって県志が出版されたとあるが、これは万暦十五年（一五八七）刊の『紹興府志』の朱維藩が新志を編集したが出版されなかったという記述と矛盾している。『上虞県志』八六九頁を参照。また『紹興府志』三三三八頁を参照。

（5）徐致靖纂『上虞県志校続』光緒二十二年（一八九六）刊、成文出版社影印、三八一六頁を参照。

（6）『上虞県志校続』旧序、再版本の三八一〇頁～三八一一頁を参照。

（7）万暦三十四年（一六〇六）刊の『上虞県志』巻一八、郭南伝を参照。

（8）朱芹が知紹興府の任にあったのは、万暦三十四年（一六〇六）から三十六年（一六〇八）までである。乾隆『紹興府志』

巻二六の二二頁を参照。再版本は巻三の六〇三頁を参照。

（9）康熙十年（一六七一）刊の『上虞県志』巻三、二七b～二八aを参照。再版本は一八九頁～一九〇頁を参照。

（10）康熙十年（一六七一）刊の『上虞県志』巻三、二七b～二八aを参照。再版本は一九〇頁～一九二頁を参照。

（11）葉夢熊が紹興府の通判の任にあったのは、万暦三十四年（一六〇六）から三十五年（一六〇七）である。乾隆『紹興府志』巻二六、三五頁を参照。再版本は巻三、六一〇頁を参照。

（12）康熙十年（一六七一）刊の『上虞県志』巻三、二九aを参照。再版本は一九二頁を参照。

（13）新編『上虞県志』によると、康熙十年（一六七一）刊の県志より以前に編纂された県志は、至正八年（一三四八）、至正十四年（一三五四）、永楽十六年（一四一八）、正統六年（一四四一）、万暦十一年（一五八三）、万暦三十四年（一六〇六）に出版された。碑文では、この内どの四種類の県志が要求されたのかを確認できない。

（14）康熙十年（一六七一）刊の『上虞県志』巻三、二八b～三〇aを参照。再版本は一九二頁～一九五頁を参照。

（15）Joseph Dennis, 2002. "Between Lineage and State: Extended Family and Gazetteer Compilation in Xinchang County," *Ming Studies*, Vol. 45-6の六九頁～一一三頁を参照。

（16）紛争が生じたときに現存していた、上虞県の水源に関する一つの史料が、至正二十二年（一三六二）に陳恬が著した「上虞県五郷水利本末」であった。寿勤沢撰『浙江出版史研究』一九九九年刊、古佚小説会、一〇〇頁を参照。

（17）『天一閣蔵明代方志選刊続編』（上海書店、一九九〇年）に所収の、盛継等共編『興寧県志』（嘉靖三十一年〔一五五二〕刊）、巻首、二a、序文を参照。

（18）一丈は、約三・一メートルであった。

（19）康熙十年（一六七一）刊の『上虞県志』巻三、二〇b～二三aを参照。再版本は一七六頁～一八一頁を参照。

（20）Faure, David. 1989. "The Lineage as Cultural Invention: The Case of the Pearl River Delta." *Modern China*, Vol. 15 No. 1の六頁～八頁、及び二八頁を参照。

第二部　石刻・地方志研究の可能性

言葉の区画——北宋の洛陽における地誌記述と都市空間——

クリスチャン・ド・ペー
浅見　洋二　訳

はじめに

元豊六年（一〇八三）、司馬光（一〇一九—八六）は亡き宋敏求（一〇一九—七九）の『河南志』刊刻に際して序文を書いた。そこで司馬光は、『両京新記』の著者である先駆者韋述（八世紀）を凌駕する、宋敏求の幅広く詳細で明晰な記述を称えている。

凡そ其の廃興・遷徙及び宮室・城郭・坊市・第舎・県鎮・郷里・山川・津梁・亭駅・廟寺・陵墓の名数と古先の

遺迹、人物の俊秀、守令の良能、花卉の殊尤とは、備《つぶさ》に載せざるは無し。……次道（宋敏求）既に没し、太尉潞公（文彦博）西京に留守たり。其の子慶曾等、『河南志』を奉じて以て公に請いて曰く、先人　昔嘗て此の府に佐たりて、其の事を叙ぶること尤も詳し。(1) 其の世に伝わる者甚だ鮮《すくな》きを惜しむ、願わくは公に因りて刻印して以て之を広めん。豈に徒《た》だ先人　不朽の賜を泉壌に蒙るのみならんや。抑《そもそ》も亦た四方の人の未だ嘗て洛に至らざる者をして之を得ること游処して已に熟するが如くせしめ、後世の今日の洛都の盛んなるを聞く者をして之を得ること身《みずか》ら逢い目もて睹《み》るが如くせしむ。(2)

宋敏求の洛陽に関する記述は、清の学者徐松（一七八一―一八四八）が『永楽大典』（一四〇八）から輯録した元代の『河南志』（佚）の佚文の中に残されている。(3) そのテクストは、洛陽の坊の区画に関して線状に連なる記述を提供してくれる。定鼎門の傍の明教坊から北、そして東へと向かって、城市の東北隅に位置する通遠坊に至るまでの。(4) 坊の区画に関する記述は、韋述『両京新記』に基づきつつ、五代および宋初に生じたその後の変遷に関する記述を増補したものである。ごく僅かであるが、元代の地方志編纂者によってその後の情報が書き加えられている。(5) 宋敏求は、洛陽の城壁、城門、宮殿の他に家屋、庭園、寺院、僧院、水車、旅館、橋梁、官庁、亭などについても記録している。

（永泰坊の）次北臨闤坊。河南府廨なり。唐末、張全義（八五〇―九二六）尹と為り、府廨を此に徙《うつ》す。宋の皇祐の初に至りて、夏竦（九八五―一〇五一）・張奎（九八八―一〇五二）之を重葺す。府の東西に皆な門有り。其の榜は銭惟演の飛白の書たり。「張全義徳政碑」は府の南門の西に在り。紫嵩館は景祐（一〇三四―三八）中、判府事張士遜建てて客館と為し、通判府事郭稹　記を為《つく》る。右軍巡院・塩麴院・臨闤館は、旧監院の地にして、張士遜の建つるところなり。

次北延福坊。唐に福先寺の水磑の四輪斉転する有り。萊国公寇準（九六一―一〇二三）の宅は、本は洛民の左氏の

居なり。紫牡丹花有るは、準　謫官せられて始めて之を創る。専勾司太子太保呂端（九三五―一〇〇〇）の宅あり。(6)

この記述におけるディテールの豊かさは注目に値する。これによって読者は、修築された府庁舎の扁額に書かれた銭惟演のかすれた筆跡を知り、僧院の水車の印象深い仕掛けを目撃し、先の宰相寇準の庭の牡丹を垣間見ることになる。

しかし、宋敏求の記述には欠けているところもある。読者がより多くを知るのは、寇準の絶妙なる牡丹についてであって「洛民の左氏」についてではない。他の坊の記述の中にも数は少ないものの庶民に関する言及がなされるが、しかし彼らには名前さえ与えられていない。有名な地位有る人物が嘗て所有した家屋、あるいは後に獲得する家屋の無名の住民として紹介されているだけである。また『河南志』は、商業活動についても殆ど無視している。熙寧十年（一〇七七）の洛陽の商税額は帝国全体の十八番目に位置し、元豊元年（一〇七八）の河南府の世帯数は十一万五千六百七十五戸を数えたにもかかわらず、『河南志』に記される商業施設は旅館と水車（その多くは政府所有のもの）そして北東門市場だけである。(7)テクストは唐代における有名な市場が居住区域となったことを明白に示してはいるが、しかし著者の生きた時代に市場がどこに設置され、商店がどこにあったかについては説明しようとしない。『河南志』の記述は、水路の整った城内の南東区域の高級居住区と、五代の皇帝一族によって建築・維持された洛水の北の僧院とに重点が置かれている。南西区域に関しては殆ど記述せず、市場、商店、酒屋、貧しい庶民の居宅に関しては全く記述していない。全体として細部に渉って詳細な記述がなされているにもかかわらず、坊（三世紀に渉って続いた一マイル四方の居住区）に関する記述はかなり限定されているのである。

司馬光と宋慶曾による宋敏求の宋代洛陽の繁華な都市空間に関する記述の豊かさに対する評価からは、伝統的なジャンルとして型通りの地誌記述が維持されていることへの満足が見て取れる。『河南志』は、韋述『両京新記』の旧い形式・内容を再生産するのみならず、ある種の包括的な方向性を示し得ている。同時代の文学作品に見られる相互に関連する地誌記述をひとつのテクストへと統合することによって。(8) 行政文書に記録された坊・門・宮殿建築、史伝に述べられた高名な官僚、詩にうたわれた庭園等々、それら全ては宋敏求が一連の記述の中に並べ列ねる、洛陽にとって不可欠の重要なイメージを作り出している。すなわち西の都としての洛陽、河南府庁の所在地としての洛陽、唐代の官僚たちの暮らした名高き都市としての洛陽、庭園都市としての洛陽、牡丹の都市としての洛陽といったイメージを。(9) しかしながら、これら重ね書きされた洛陽のイメージの背後には、都市に関する物理的・社会的な地誌記述のかなり多くの領域が隠され、不可視のままに放置されているのである。

司馬光による称賛から百年の後、宋敏求の都市空間に関する描写はもはや包括的であるとは評価されなくなってしまった。淳熙十四年（一一八七）に書かれた『東京夢華録』の跋において、趙師俠は宋敏求による別の地方志『東京記』を批判して次のように言う。

宣政の間（宣和・政和年間、一一一一―一一二六）、太平極まる。礼楽刑政、史冊に具《つぶさ》に在らしむ。伝記・小説有らざれば、則ち一時風俗の華やかなる、人物の盛んなる、詎《なん》ぞ得て伝うべけんや。宋敏求の「京城記」、坊門公府、宮寺第宅を載すること甚だ詳しと為すも、巷陌店肆、節物時好には及ばず。幽蘭居士 旧《もと》の経歴する所を記録して「夢華録」と為し、其の間の事の宮禁典礼に関わり、之を伝聞に得るは、謬誤無くんばあらず。市井遊観、歳時物貨、民風俗尚の若きは、則ち見聞習熟して皆な其の真を得たり。(10)

『東京記』に関する趙師俠の記述と『東京記』の断片的な佚文はともに、この書物が宋敏求の『河南志』と似通ったものであることをはっきりと示している。(11) 宋慶曾は、元豊六年（一〇八三）に次のような期待を表明していた。「後世の今日の洛都の盛んなるを聞く者」たちが、父宋敏求の著作から想像して「之を得ること身《みずか》ら逢い目もて睹《み》るが如く」に感じてくれることを。しかし趙師俠は淳熙十四年、宋敏求の著作がその細部において不十分であることに気づいたのである。『東京記』は、『河南志』と同様、都市に関する型通りの高尚な地誌記述を継承している。その記述は、商売の営みに煩わされることもなければ流行に影響されることもない人々が暮らす、そびえ立つ宮殿や高楼が並ぶ広い通りに沿って進められる。それとは対照的に『東京夢華録』の著者は、平屋の店が並ぶ狭い路地、四季折々の営み、通俗的な地名を言葉として記すことにより、都市開封に関する型にはまらない混沌とした地誌を残そうと努めた。趙師侠は、宋敏求が作り出した、都市の中央の大路に沿って整然と区画された坊のように抑制された形式的なパラグラフのなかをぶらつくのには満足しなかった。むしろ彼は、孟元老の型にはまらぬ追憶が混乱・増殖する迷宮のなかで、自分を見失うことを好んだ。彼にとってはそれこそが、より真正の都市空間の記述と映ったのである。(12)

十一世紀、当時の偉大なる詩人、文章家、歴史家、哲学者、そして政治家の多くが洛陽に集った。尹洙（一〇〇一―四七）、梅堯臣（一〇〇二―六〇）、そして欧陽脩、彼らは一〇三〇年代、官僚として河南府に赴任した期間に文学の創作を深めた。邵雍（一〇一一―七七）は皇祐元年（一〇四九）に洛陽に移ると、哲学論文と詩を書き、親友たちを訪ねる暮らしを送りながら、その生涯を終えた。司馬光は、熙寧四年（一〇七一）から元祐元年（一〇八六）にかけて洛陽に居住する間に范祖禹（一〇四一―九八）の助力を得て『資治通鑑』を編み、それと同時期に程顥（一〇三二―八五）と程頤（一〇三三―一一〇七）の兄弟は、経典に関する新しい学問を唱え広め、学者としての名声を獲得した。重臣文彦博は、一〇八〇年代、判河南府を務めたとき、元同僚である宰相富弼（一〇〇四―八三）と再び交流する機会を持った。(13)かかる活発な社会的・文学的雰囲気に促されて、満開の牡丹のなか、繁る竹林のもと、書簡、記録、石碑、序文、筆記、墓誌等とともに数千篇の詩が生み出されていったのである。

しかしながら彼ら才子たちの夥しい著作は、断片的な、切れ切れの都市の印象を保存したに過ぎない。というのも伝統的な諸ジャンルが重なり合ってなされる地誌の記述は、突出して有名な古蹟にばかり向けられるからである。すなわち、宮殿、洛水、天津橋、月陂、銅駝堤、僧院、庁舎、南東部の富裕な居住区の庭園などに。宋敏求『河南志』と同様、そこに居住する文人たちの著作が作り出すのも型通りの都市イメージである。文人たちの著作は地方志とは異なって季節の移り変わりを描いたりはするものの、しかし庶民や商業活動、通俗的な空間と日常生活とを排除する点では地方志的な地誌記述を反復するに過ぎない。

異聞を記した文献、そして欧陽脩「洛陽牡丹記」などの著作においてのみ、インフォーマルな都市空間は可視化する。名前有る庶民、商業活動、世俗の営みなどの記述を伴って。常ならぬ奇跡的な出来事の出現と牡丹の開花期における常ならざる時間こそが、確固たる文学的記述の秩序だった時空を粉砕し、水平的な都市空間の日常的な断片を伝えてくれるのである。それに加えて考古学的な遺跡もまた、地下に保存されたもう一つの地誌記述を露わにしてくれる。煉瓦、瓦、質素な墓石などに記された職人や兵士の名前とともに。

一　風景のなかのテクスト――石碑と題壁

宋代の洛陽の城壁内に建てられた石碑は、今日一つも残っていない。城内を遠く離れた郊外に、当時の石碑のいくつかがかろうじて残っているだけである。例えば、欧陽脩によって嘉祐元年（一〇五六）に書かれ、王洙（九九七―一〇五七）が古代の書体で筆写し、仁宗の手書にかかる額を冠した范仲淹（九八九―一〇五二）の墓碑（神道碑）は、伊川県の万安山の南に今も残っている。(14) 洛陽の東、鞏義県の墓地には、今なお張観によって書かれた「新修西京永安県会聖宮碑銘」（一〇三〇）が建っている。(15) また近年、考古学者たちは偃師県において、徽宗の痩金体の文字で彫られた、大観二年（一一〇八）に学者たちに諭すために当地の学校に設置された「大観聖作之碑」を発掘した。(16) 清代、好古の学者たちは、蘇易簡（九五八―九六）が礼拝の聖地の修復を記念して淳化二年（九九一）に書いた白馬寺の壊れた石碑を見ることができた[17]。真宗によって龍門の壁に大中祥符四年（一〇一一）に書き記された碑刻は、乾隆五十二年（一七八七）に畢沅（一七三〇―九七）によって確認されている。ただし、嘉慶十年（一八〇五）には殆ど消えて判別不能になってしまっていたようだが[18]。

版本の形で残る洛陽の碑文は、読者が庭園や山中の道に沿って歩くことを可能にするが、都市の通りに沿って歩くことは可能にしてくれない。印刷された碑文は本来の姿を殆ど失っている。その標準化された字体は書家の個性や刻工の技術を覆い隠してしまっている。一般的な印刷物は、歴史的な遺跡から切り取られた石碑の個性を増幅させると同時に破壊する。石碑が消え去り、風景が様変わりすると、広大な空間の構成要素たることを期待された碑文のテクストは、失われた風景の唯一にして部分的な記録となるのである。印刷された碑文のうち洛陽市内の寺院や官庁に関して書かれたテクストは、これらの建物を歴史的時間と制度的文脈の中に位置づける。しかし、それは周囲を取り巻く都市の風景を無視してしまうのである。自然の風景についての描写を欠くのは碑文のジャンルに固有な特質であったわけではない。そのことは、庭園や郊外の古蹟に関する記述が、秩序づけられ、解釈を与えられた風景へと読者の目を導くことからもわかる。例えば「東のかた伊水を俯視すれば暉光澄澈たり、香山の石楼を望めば屏障図画の若し」とあるように[19]。しかしどちらかと言えば、石に刻まれた碑文の形式的で古風なスタイルは、流動的で型にはまらない都市空間を再現するには相応しくなかったのである。

『河南志』は、蔡襄（一〇一二―六七）が謝絳（九九四―一〇三九）のために書いた陶化坊の石碑の位置について記録してくれている。

国子監、後唐の同光三年（九二五）文宣王（孔子）廟を尊賢坊に建つ。宋の咸平三年（一〇〇〇）に至りて重修す。

後に此に徙《うつ》すかと疑う。旧《もと》は府学と曰《い》う。景祐元年（一〇三四）直集賢院謝絳　論奏し、始めて監名を正す。宝元（一〇三八―四〇）中、絳影堂を監に立て、留守推官蔡襄　記を為《つく》る。(20)

宋敏求は、蔡襄の碑文を文宣王廟と国子監のなかにある陶化坊に関する歴史的な地誌記述のなかへと位置づけている。だが、それとは対照的に蔡襄の碑文それ自体は、謝絳の堂が持つ制度史的意義に関心を示している。その蔡襄「謝公堂記」（一〇三九）は後世の学生たちに向けて、彼らの学校の歴史と一人の卓越した教師の姿を顕彰する。その散文の記述は堂を時間のなかへと押し広げてゆく。古蹟そのもののなかには見ることのできないものの姿を描き出し、人々の共通の記憶から間もなく失われるであろうものを保存することによって。(21)

同様に、司馬光「文潞公家廟碑」（一〇八〇年代）は文彦伯の家廟（その種の廟が最初に建てられたのは唐代である）を制度史と家族史のなかへと位置づける。(22)『河南志』によると、廟はもと従善坊に建てられていた。楊凝式（八七三―九五四）の屋敷があった区画、亡き趙普（九二二―九二）の堂々たる屋敷の近くに。(23)しかし司馬光は、国家の礼制と一族の系図とが交差する地点に廟を位置づけるのである。碑文は、古代以降の家廟制度史の概略から述べ始めるが、やがて、近時における国家の勅令と儀礼に関する検討をより細かな点に渉って記録するためにその歩調を緩める。その結果として、碑文を越えて展開される聖なる地誌が生み出されることとなった。ここに記録されるのは、官僚たちに家廟を建てることを許す慶暦元年（一〇四一）の詔勅、皇祐二年（一〇五〇）に翰林学士院の熟議を経て定められた明確な規則、文彦博に対して下された当地に最初の家廟を建設することを許す朝廷の認可など。廟の建物そのものは嘉祐元年（一〇五六）に建立（至和元年〔一〇五四〕に長安で調査された唐朝の廟の設計図に従って建てられた）、嘉祐三年（一〇五八）に増築、翌年の秋に最終的な完成を見、元豊三年（一〇八〇）に最初の祭祀が行われた。門、廊、儀式用の道具の保管場所、台所など、廟の配置に関する細かな描写は、その建築物としての素晴らしさを記録するためのものではなく、文彦博が尚古的な考究を通して獲得した礼に関する貴重な知識を保存し広めるためのものであろう(24)。碑文の序の末尾は、周の時代から直近の祖先に至るまでの文氏の家系を要約し、家廟で行われる儀式を、生命力を備えた、高貴なる一族の継続性を示す権威有る儀式として描写している。碑文の本文は、緑豊かな洛陽（「伊水　洋洋として、山木　蒼蒼たり」）に建つ廟のありさまを、荘厳な脚韻によって詳細に述べている。ここにおいて都市は、重々しい古代性を備えた聖なる場所として表現されるに至ったのである。碑の古風な韻文と同じく、いわば記念碑的なるものとして。

司馬光「独楽園記」（一〇七〇年代）は洛陽にある彼自身の庭園を描写しているが、それを見ると「文潞公家廟碑」におけるまとまった形での自然描写の欠落は、彼の文体上の性癖に由来するものではないことがわかる。

　熙寧四年（一〇七一）迂叟　始めて洛に家す。六年（一〇七三）田二十畝を尊賢坊の北に買い、辟《ひら》きて以て園と為し、其の中に堂を為《つく》る。書を聚むること五千巻を出で、之に命《な》づけて読書堂と曰《い》う。堂の南に屋一区有り、水を引きて北流し、宇下を貫かしむ。中央を沼と為し、方深　各の三尺、水を疏《わ》かちて五と為し、沼中に派《わ》かれ注がしめ、状は虎の爪の如し。……之に命づけて弄水軒と曰う(25)。

洛陽の庭園の正確な位置、とりわけ建物・水流・景観の配置に関する細かな記述を通して、読者は司馬光の後をついて彼の庭を歩み、名高い古蹟が喚起するさまざまな歴史上の人物の姿をありありと思い浮かべることができる。

司馬光「独楽園記」が庭園の壁に刻まれたかどうかははっきりしないが、洛陽の他の庭園の壁や石の上には同様の碑文が書かれていた。例えば、欧陽脩「叢翠亭記」（一〇三二）は、立行坊の洛水の北に位置する巡検署の庭の南西隅の亭から眺められる洛陽の南東の山々について正確に記述してくれている(26)。また、河南府の衙門にある亭の壁に書かれた彼の「東斎記」（一〇三三）には、隠居所とその庭に関する短い記述が見られる。

> 官署の東に閣有りて以て燕休す。或いは斎と曰《い》う。夫れ閑居平心にして以て思慮を養うこと、此に於いて斎戒するが若きを謂うが故に斎と曰う。河南の主簿張応之（張谷、九九五—一〇五三）県署に居りて亦た小斎を理《おさ》む。……傍《かたわら》に小池有りて、竹樹　之を還《めぐ》る。応之　時時に客を引《まね》きて其の間に坐し、飲酒言笑して終日倦まず。某　嘗て応之に此に従い、因りて其の壁に書す[27]。

都市の城壁の外の土地のために書かれた碑文もまた同様に、周囲の環境を細かくテクストへと描き入れる。風景の持つ意味に実質を与え、それを統御するために。大中祥符四年（一〇一一）、真宗皇帝は汾陰での儀式からの帰途、洛陽を経た際にめでたい鶴の群と慈雨をもたらし、名僧と功臣に褒賞を授けた[28]。そして、伊闕としても知られる龍門では、長文の序を附した詩を崖に刻ませた。龍門は自然美の土地として広く知られており、歴史的また風水的にも重要な意味を持っている。夏王朝の創始者、伝説の帝王禹が周辺一帯を水没させた洪水をなくすために、この地を開鑿したと信じられている。後に龍門は、風水上の特別な力を備えた重要な土地となり、前一〇四五年には周公に、大業元年（六〇五）には隋の煬帝に、この地に首都を置くべきだと確信させたのである。宋王朝の創業者、太祖もまた首都を洛陽に移そうとした。「山河の勝に拠りて冗兵を去り、周漢の故事に循《したが》い、以て天下を安んぜんと欲し」て[29]。真宗の碑文は、この地の風水の力、歴史、そして風景に含まれるすべてのものを権威づける。

> 夫れ結びては山と為り、融けては谷と為る。険阻を地理に設け、国都に守距たるに資す。以て坤載の無疆を表し、神州の大壮を示すに足る。矧《ま》復た洪源南に導かれ、高岸　中に分かる。夏禹　川を濬《さら》い、初めて闕塞を通ず。周成　宅を相て、肇めて王城を建つ。風雨の交わる所にして、形勢　斯に在り。霊葩・珍木　畛を接して揚がり、芬盤・石檻　泉は流れを奔らせて響きを激す。宝塔千尺、蒼崖万尋。……躬《みずか》ら両圭を薦めて汾陰を巡り、民福を祈る。言《ここ》に六轡を旋《めぐ》らせ洛宅に臨みて土風を観る。既に名区を周覧すれば、乃ち文を貞石に刊《きざ》む[30]。

まさに刻まれた碑文が、そこに書き記される風景の一部をなすように、真宗は周囲の風景を通して皇室たる趙氏の権力を書き記す。その統治の正統性は、この歴史的創造物の場において物理的な形を獲得する。川を縁取る不思議な断崖、宋代においてなおもかつての力を保ちつづける古代の都市、そして山や川、花や木、宮殿や塔に現れた力となって。真宗の言葉は特別なものではなく、一般的なものに過ぎない。だが、それが刻まれた崖を取り巻く環境と並置されることで確固たる形象を獲得するのである。

淳化二年（九九一）、白馬寺修復の際に蘇易簡によって書かれた碑文もまた、やはり同様の風景のなかへと修復された建物を位置づけている。帝国の歴史のより広汎な時間のなか、周囲を取り巻く帝国の首都の空間のなかへと。

東周の旧壌、西洛の名都、景気澄清、風物奇秀、長源渺渺たり、元亀書を負うの川、平隰依依たり、白馬経を献ずるの地。其の由を考うれば、中国招提の始めと為し、其の要を語れば、西京繁会の間に居る。[31]

残された碑文は、帝国の庇護と関連づけながら仏教の歴史を詳述する。唯一の真の信仰としての仏教の教えを称揚する代わりに、蘇易簡は主張する。僧院の建設と遠方の地からの経典の招来は、人民の福祉に対する国家の関心の一部をなすものであると。国家の権力は、仏教の真理をも包含するのだ。あたかも洛陽（美と権力の区域、「洛書」と漢訳仏典の発祥地）の聖なる風景が白馬寺を包み込むように。

版本として伝えられる碑文は、宋代の洛陽の都市としての空間を無視する。廟や庁舎の石碑のために書かれた文章は、その施設を都市の空間ではなく、歴史のなかへと位置づけるのである。[32]閉ざされた庭園・亭や郊外の風景のために書かれた碑文は、庭園の門の内側と城壁の外の風景を地誌のテクストへと統合するために、専ら自然の風景に意を注ぐ。欧陽脩の「東斎記」は、衙門の敷地内にある平穏な池の風景を写し取り、また「叢翠亭記」は、通りや住居を眺め渡しつつ、遠く城市の彼方の山々へと視線を馳せる。石に刻された碑文の形式的なスタイルは、日常生活や通俗的な街の風景にはそぐわない。石碑の垂直的な表面は、都市空間の水平性を取り込むことができないのだ。他の伝統的ジャンルの形式と言葉もまた、閉ざされた庭園や城門の彼方の風景の描写には適しているが、しかし忙しないマーケットや変化の激しい都市の遊覧を記録するには適していない。庶民や街の通俗的風景を可視化するためには、筆記や怪異譚（趙師侠の言う「伝記・小説」）といった周縁的ジャンル、そして欧陽脩「洛陽牡丹記」のような新たなジャンルの創出が必要だったのである。

二　テクストのなかの風景――詩と記

熙寧元年（一〇六八）、邵雍は、彼がそれまで六年間暮らした住居を購入してくれた人物に向けて詩を書いた。感謝の意を十全に表現するために、彼は筆力の許す限り住居と庭をさまざまな側面から描写しようと試みる。

「天津の敝居　諸公の共に為に買うを成すを蒙る、詩を作りて以て謝す」

重ねて謝す　諸公為に園を買うを、園を城裏に買うに林泉を占む。
七千来歩　流水平らかにして、二十餘家　争いて銭を出す。
嘉祐の卜居　終に是れ僦《か》るなり、熙寧の受券　遂に能く専らにす。
鳳凰楼下　新たなる閑客、道徳坊中　旧の散仙。
洛浦の清風　朝に袖に満ち、嵩岑の皓月　夜に軒に盈つ。
接䍦　倒に戴く　芰荷の畔、談塵　軽く揺る　楊柳の辺。
陌は銅駝に徹して花爛漫たり、堤は金谷に連なりて草芊綿たり。

青春　未だ老いずして尚お出づべく、紅日　已に高くして猶自《な》お眠る。
洞は長生と号し宜しく主有るべく、窩は安楽と名づけ豈に権無からんや。
敢えて世上に於いて明らかに眼を開かんや、会《かな》らず人間に向《お》いて別に天を看ん。
尽く光陰を送りて酒盞に帰せしめ、都《す》べて造化を移して詩篇に入らしむ。
也《ま》た知る　此片の好田地、堯夫の筆の椽《たるき》の似《ごと》きに消《た》え得たるを。(33)

詩は、邵雍の愛すべき住まいにおける生活の細部を、様々な光景、行動、身体感覚の印象と共にスケッチする。司馬光と同じく、邵雍は自分の庭を目に見え、読むことができる文学的人格を投影する場所として利用しており、それがこの詩には描かれている。家宅や庭園をうたう詩句のイメージは一般的であると同時に個性的でもある。それと対照的に安楽窩を取り巻く自然の描写は、眩いばかりの花々と茂る草といった一般的な景色をうたうにとどまっているが、しかし都市における長い距離のまとまった散歩のさま（銅駝堤の小路に沿って北へ向かい、ついで洛水に沿って金谷に向かう散歩）をスケッチするのは珍しいことではある。例えば、宝元三年（一〇四〇）頃に司馬光は書いている。

銅駝陌上　桃花紅なり、洛陽　処として春風無きは無し。(34)

宋代の洛陽で書かれた詩や記は、庭園や郊外における一貫した長距離の歩行（「遊」「游」）を、広大で詳細な景観の眺めとともに示してくれる。それに対して都市の通りにおいては、詩人は天津橋や月陂といった有名な場所での短い距離の歩行（「歩」）や、高名な建物からの周囲から隔絶した眺めをうたうにとどめる。伝統的な詩的表現は庭園の内側や城門の外側でこそ力を発揮するのであって、人工的に作られた都市の環境のなかでは自由を奪われ、不適格なものとなってしまうのである。

李格非「洛陽名園記」（一〇九五年頃）は、洛陽の名高い庭園の外観を文献のなかに保存するのみならず、庭園を眺め味わうための一種の指南書として、庭園訪問記ともいうべき記録を提供してくれている。(35) 建物、樹木、花のリストを提示する代わりに、李格非は自然の景色とそこでの遊覧を記すなか、多くの庭園の多様な要素を結びつける。記された景色と遊覧は、意趣と一貫性を生み出す。まるで庭園の設計者が意図したものを再現するかのように。例えば、富弼の庭について、李格非は書いている。

其の第の東自《よ》り探春亭に出で、四景堂に登れば則ち一園の景勝は顧覧すべし。而して南に通津橋を渡り、方流亭に上りて、紫筠堂を望みて還るを得。右に花木の中を旋《めぐ》れば、百餘歩有り。蔭樾亭・賞幽台を走《あゆ》みて重波軒に抵りて止む。(36)

他の記、例えば司馬光「独楽園記」なども、遊歩道を散文に取り入れるために同じ趣向を活用している。(37)

詩人もまた、読者を意趣に富んだ庭の小径へと導く。

文物　平津閣、風流　太傅山。

勝遊す　松島の外、故迹　薬園の間。(38)

洛陽の造園家は、周りの建物や山を自分の庭のデザインに取り入れようとした（いわゆる「借景」）。文人たちもまた記や詩のなかに隣り合う屋根や遠くの峰を招き入れる。(39) しかしながら、文人が周囲の建築物や遠方の景観を見るために庭の壁の向こうに視線を馳せるとき、彼らは洛陽のよく知られた建物、山、川だけに注意を向けるのである。例えば、王拱辰（一〇一二―八五）のテラスに関する李格非の描写は、南に広がる山、北に広がる都市の眺めを記している。

榭南に多景楼有りて、以て南に望めば則ち嵩高・少室・龍門・大谷の層峰翠巘、畢《ことごと》く奇を前に効《いた》す。榭北に風月台有りて、以て北に望めば則ち隋唐の宮闕楼殿、千門万戸、岧嶢璀璨として十餘里に延亙す。(40)

城壁の外への遊覧（郊外、龍門の僧院、嵩山の頂峰などへの遊覧）もまた、やはり同様の遊覧の記録と充実した風景描写を見せてくれる。例えば、次にあげる詩において、張耒（一〇五四―一一一四）は龍門山への最初の訪問を、生彩に富んだ視覚と聴覚のディテールによって記録する。

「長夏門を出づ」原注・初めて龍門を望む

郭を出づれば心已に清く、青山　忽ち相い対す。
游人　流水に傍い、俯仰す　秀色の内。
誰か張る　蒼玉の屛、中断するに神斧快なり。
清伊　其の間に瀉ぎ、銀漢　天派を曳く。
参差として楼観出で、杳靄として林麓邃《ふか》し。
巖声　遠響に答え、水影　空翠を弄ぶ。
同遊　君子を得、興は烟霞と会す。
勝を選ぶは茲自《よ》りすと雖も、高懐　已に塵外なり(41)。

これらの詩句において張耒は、龍門へと徐々に進んで行くプロセスを、移り変わる景色と聞こえ来る音によってあらわしている。最初に姿を見せるのは青く翠の山、つづいて龍門と伊水、すると突然、亭と僧院が姿をあらわす。そして、瀧や早瀬の響きが耳に届く。かくして張耒と彼の同行者は、素晴らしい景色を見渡す山上に立つのである(42)。

これと対照的に、都市の遊覧に関する記述は短い。少なからぬ文人は都市の内部での「遊」を記しており、それによってこうした志向は観念と実際の両面で存在したことがわかるが、都市内部の遊覧を充実した言葉に表現した者はいない。張耒が、広大な空間軸・時間軸に沿って自然美、古代の神話、僧院、道観を並置するように、都市の遊覧をうたう詩は寺院、市場、個人の邸宅、役所をまちの通りに沿って並べるかもしれない。しかし、洛陽の都市の遊覧を記すテクストは、一貫性を持たない。例えば、邵雍「春遊五首」（一〇六〇）にうたわれる都市の景観は、ばらばらのスケッチから成り立っている。

「春遊　五首」其四
人間の佳節　唯だ寒食、天下の名園　洛陽を重んず。
金谷　暖かくして横たう　宮殿の碧、銅駝　晴れて合す　綺羅の光。
橋辺の楊柳　細く地に垂れ、花外の鞦韆　半ば牆を出づ。
白馬　蹄軽く　草は剪るが如く、爛遊　此に於てすること十年強。(43)

より一般的なケースでは、詩人は洛陽の名だたる景勝地のなかに暮らし、そこからの眺めを記録し、そしておそらくは短い距離の散歩を試みる。例えば欧陽修は、次にあげる明道元年（一〇三二）の詩に、宮殿に沿って散歩する途中の印象を記録している。

「雨後　独り洛北を行く」
北闕　南山を望み、明嵐　紫烟を雑う。
帰雲　嵩嶺に向かい、残雨　伊川を過ぐ。
樹は繞る　芳隄の外、橋は横たわる　落照の前。
依依として荒苑に半ばたりて、行く処　独り蟬を聞く。(44)

詩は、眺めを静的に並置してうたうことから始まり、短い距離の移動で終わっている。帝都の城壁と洛水との間に立って、欧陽脩は南や南東へと去りゆく雲と雨を見つめる。つづいて彼は視線を近くへと転ずる。川の土手に生ずる木々、天津橋の彼方に反射する落日の光、そして北方に広がる荒れ果てた庭へと。最後に、彼は帝都の壁に沿って歩く。その短い距離の歩みは蝉の鳴く声によって印象深いものとなっている。

商店や市場は、洛陽に関する詩には殆どうたわれない。それは『河南志』の場合と同様である。酒屋についてごく稀に一般的な言及がなされる例のほか、詩にはただ一つの商店が姿を見せるだけだ。熙寧二年（一〇六九）、邵雍は、銅駝堤の小路で酒と茶をふるまう店を構える石盃の彫物師萊石氏に向けて、書簡代わりの詩を書き送っている。[45]それによれば邵雍は、萊石氏がすでに茶店を廃業し城外の農民となっていたときにこの詩を書いたのだという。ちょうど詩人が洛陽の騒々しさを、それが聞こえないときにこそ書きたがるように。例えば、「林巒　岑寂　真に賞するに堪え、市井　喧譁　漸く聞くに厭く」と。[46]

三　通俗的テクスト——奇跡・牡丹・瓦

洛陽の通俗的な地誌は、公式の文献の周縁や裂け目においてのみ可視化する。商人や職人、土地の俗称、総合的・水平的な都市空間を伴って。筆記や怪異譚といった周縁的ジャンルにおいては、異常で奇妙な出来事に対する興味が文学的慣習の排他的な境界を消滅させる。[47]あらゆる階層の男女を招き入れるために。牡丹の花咲く特別な時節において、洛陽の愛すべき象徴的な花の栄光は庭園の門を開放し、庶民や文人たちに名所旧跡や書かれたページを共有することを許すべく、あらゆる境界を消滅させる。そして、煉瓦や瓦に刻まれた碑文はついに、それまでの伝統的テクストにおいて排除されてきた庶民の人生の小さな断片を保存するに至るのである。

怪異を記した文献には、権威ある書きもののジャンルから排除され、実際の位置が分かりにくくなっている通俗的な地名に関する地誌記述の一部が含まれている。そこでは亡霊、医師、道士、そして詐欺師たちが、『河南志』のなかに記された通りや僧院を訪ねる。『河南志』のテクストには無視されて記されない路地や酒場を訪ねるのと同じくらい気軽に。例えば『洛陽搢紳旧聞記』において、著者の張斉賢（九四三―一〇一四）は、李装花という名の染め物師について書いている。その染め物師は、数十年前の飢饉の際に殺した男の幽霊にとりつかれたために、開宝元年（九六八）に突然仏教の修行を始めたという。李装花の店がある賢相坊は『河南志』に見えるが、しかし李装花が絞首刑に処せられた南州廂の旧の監獄は見えない(48)。『洛陽搢紳旧聞記』は、別の箇所に述べている。「洛陽　今に至るも尚お南州・中州の号を存す」と。その地には、晩唐期に張全義が廃墟と化した都市に盗賊を防ぐための臨時の壁を築いたが、しかしその正確な所在地ははっきりしない(49)。『詩経』と『易経』に通じた放蕩者の教師である焦生なる人物に至っては、その人生と外傷《トラウマ》の取り合わせはいっそうぼんやりしている。彼は、西宮南里なる土地に住んでいたが、ある日、酒に酔って我を忘れ、唐代の皇帝の庭の一部である柿園店で亡き妻に出会った(50)。邵伯温は『邵氏聞見録』（一一三二）のなかで、唐代の服装をして水街を往来する薬の行商人の記憶について述べている。王明清『投轄録』（一一五九）によると、猪嘴道人（占い師であり、時に果物の行商人でもある）は、友人李瓛が貴族の居住区に奇跡的な侵入を遂げるのを道術によって助けたという。そして彼は、今日の読者を十二世紀初頭の洛陽の酒屋の庭へと導くのである。

　洛人　素より桃花を種ゆ。時に盛夏、（猪嘴道人、李瓛、賈邈）家圃の水閣の中に置酒す。曰く「我　能く小池をして尽く桃花を開かしめ、荷葉の中に雑《ま》じえしむ」と。又た懐中を探りて小礫土を取りて之に擲《なげう》つ。酒　未だ半ばならざるに、蓮跗　冉冉として桃を擎げて花を開き、水面に浮かぶ。花葉　映帯して、深く奇絶と為す(52)。

牡丹の季節、蕾が開くのと時を同じくして社会空間と地誌記述とが拡張する。富裕で地位有る人々は公衆に自分の庭園を開放し、廃棄された区画には臨時のマーケットが設けられる。そして、詩人たちは庶民を作品のなかへと招き入れる。彼らを商売や即興のピクニックの登場人物としてうたい込むことによって。彼らは、まさしく非公式の市場のなかへと身を置くのである。

去年の春夜　花市に游ぶ、今日　重ねて来たるに事は宛然たり。
列肆　千灯　閃爍たるを争い、長廊　万蘂　鮮妍たるを闘わす。(53)

そしてそこにはのびのびとした音楽があり、若い女性たちの姿も見える。

三月　牡丹　方に盛んに開き、鼓声　多処　是れ亭台。
車中　遊女　自ら笑語し、楼下　人の閑かに往来するを看る。(54)

牡丹の花咲く特別な時節が余すところなく言葉に書き記されたのは欧陽脩「洛陽牡丹記」、その「自然に関するディテール」、「技術的手順に対する関心」、そして「都市の大衆文化への没入」といった点で類い稀な論文においてである。(55)この先例のないエッセイに附された自己弁護のための序文には、ある種の包括的な新機軸が示されている。それは、美的鑑賞や商取引の対象としては取るに足らない花卉について、「栄養学的価値や薬学的な効能」に言及せずに詳述することによって達成された。(56)その技術的なディテールと美的な耽溺に関する周到で独創的な描写を通じて、雑多で水平的な都市空間の通俗的営みが可視化する。

洛陽の俗　大抵　花を好む。春時　城中　貴賤無く皆な花を挿す。負担せる者と雖も亦た然り。花開く時　士庶競いて遊遨を為す。往往　古寺・廃宅の池台有る処、市井を為し、幄帟を張る。笙歌の声　相い聞こゆること、月陂堤・張家園・棠棣坊・長寿寺東街と郭令の宅に最も盛んなり。花落つるに至りて乃ち罷む。(57)

欧陽脩がすぐれた古文の作家である尹洙によって文章を評価され、古典文学史上の主要な散文家としての名声を獲得したのは、洛陽において役人生活最初の任にあったときのことである。同時に、彼が魅惑的な花に誘惑されて、都市の通俗的空間を文章に書き記そうとしたのもまた、洛陽においてであった。庶民たちと競い合うかのように名園を訪ねる文人たち、地位ある人々と一時的に服装を同じくする労働者たち、棄てられた居住区で一時的に開かれるマーケット、そして、祭りの生き生きとしたざわめきを写し取る欧陽脩の記述のなかに伝えられる、長寿寺東街・棠棣坊といった通俗的な場所の名前[58]。

考古学的な遺跡は、我々に思い起こさせる。現存するテクストの地誌記述（詳細に記された庭園、城門の彼方に見える傑出した風景、その間に挟まれた広い通りと有名な建物）は、伝統を伝えようとする営みと因習的な言語表現とによって作り出された、いわば重ね書きの羊皮紙《パリンプセスト》であることを。洛陽という土地にあっては、いわば伝統的なテクストの表面の下に隠れる形で、職人の名前が刻された瓦や煉瓦、兵士を記念する簡素な墓石が横たわっている。宋の宮殿の遺跡の発掘によって、窯の名前が職人の名前とともに刻まれた瓦が掘り出された。西窯の楊節、張欽、そして王貴などといった名前がそれである[59]。庶民の簡素な墓碑と買地券は、しばしば粗末な煉瓦に刻まれた。石や金属に墨で書かれることすらあった。そのため、上質の磨かれた石に刻まれたり、あるいは文集に収められたりする高官たちの墓誌に比べると後世に残る可能性は少ない。にもかかわらず、宋代の洛陽の城壁のすぐ北の地において、考古学者たちは福祉施設の墓地に建てられていた二十八の墓石を発見した。そこには十二世紀の前半に没し、遺族の簡単な哀悼の言葉とともに葬られた兵士や身分の低い吏員の名前、劉在、阿李、周進、田丘、王平、聶真、王信、裴青、謝忠といった名前が残されていたのである[60]。

おわりに

一九九七年十一月から九九年二月にかけて、中国社会科学院と洛陽市文物工作隊の考古学者たちは、隋・唐・宋代における定鼎門遺跡の大規模な発掘調査を行った。[61] その結果、彼らは門を通る三本の道路を発見した。外側の二本は北宋の後期に閉鎖され、その後は中央の一本だけが使われていた。[62] 門の基礎の六七メートル北に掘られた探査溝の地層に関して慎重な土壌分析を行った結果、天街は唐代では一〇一・七五メートルあったが、宋代には七四・三メートルに狭められていたことがわかった。宋代の道路の表面に残る車の轍の跡が比較的少ないのを見ると、天街の交通量は当時、すでに減少していたことが窺われる。しかし考古学者たちは、もう一本の別の道路に驚かされた。すなわち、八〇メートルの幅を持ち、轍の跡がたくさん残る、定鼎門から明教坊を通って北東方向へと斜めにまっすぐ走る道路に。[63]

洛陽でのこれらの発見は、伝統的ジャンルにおける地誌記述と都市空間の実態との不一致を証し立てている。版本のテクストでは殆どの場合、宋代の洛陽は、矩形の整然たる坊構造によって特徴づけられる、荘厳な道路と公的な庭園の都市として描かれてきた。フランコ・モレッティ『ヨーロッパ小説の地誌（*Atlas of the European Novel*）』は、文学は形式と言葉だけではなく、空間意識によっても区分されることを説いている。「特有の幾何学、境界、空間に対する禁忌と好まれるルート」によって。[64] しかしながら、宋代の文人たちが洛陽について書き記したさまざまなジャンル（地方志、序、石碑、記、多くの詩）は、いずれも同じ境界、ルート、禁忌に従っている。伝統的なテクストの多くは、歴史的な由来ある美しい景観の場所だけに向けられ、高貴な庭園、優雅な住居、公的な役所のなかに閉じこめられている。そこからは商店、市場、庶民といった存在は除外され、そのため都市空間の多くは不可視のままとなっている。文人たちが自分の住まいから役所へと向かう途中、あるいはある庭園から別の庭園へと向かう途中の馬の背や馬車から眺めた連続的な都市の景観は、対象として取りあげられることはない。牡丹の季節に書かれた詩や文章のなかで混ざり合うさまざまな階層の人々は、他の時節にはそれぞれ別の階層として隔離されている。こうしたテクストの地誌記述は、一種の機能として存在するのである。個別のジャンルの機能というよりもむしろ、伝統的な形式と典故、そして口語的な話し方や通俗的なふるまいを排した古風な表現に満ちた、排他的な技術としての古典的書きものに備わる機能として。

しかし、定鼎門から中央の区画を斜めに走る通りは、伝統的ジャンルの地誌記述の緩やかな変容のメタファーと見なせるかもしれない[65]。ロナルド・イーガンは、宋代初期における文学史上の画期についての研究のなかで「単なる娯楽と気晴らしについて書いたものを受け入れられるだけの新しいいくだけた無頓着さ」を指摘している[66]。欧陽脩「洛陽牡丹記」と孟元老『東京夢華録』に代表される新たな都市に関する記述は、街区や街路の固定的な型を打破し、裏通り、すなわち趙師俠が宋敏求『東京記』に期待し、『東京夢華録』のなかに見出した「巷陌（路地やわき道）」における型にはまらぬ営みを明らかにしたのである。そして、これらの新たな地誌記述のなかを走る斜めの道や路地に沿って、遊歩者（「遊者」「遊人」）が歩みを進める。彼ら遊歩者の視線を通して、十一世紀初め、都市の通俗的空間が口語的な表現とともに保存される[67]。彼らが大通りを通り過ぎて裏通りの商店や夜市へと向かうとき、初めて古典的ジャンルの領土は都市の抜け道にまで拡張し、都市の通俗的空間の断片を保存する口語的な都市的言語が取り戻されるのである。

註

（1）宋敏求は一〇五〇年代に洛陽の任にあった。『宋史』（百衲本）二八四・一三ａｂ、二九一・九ｂ。

（2）『温国文正司馬公文集』（四部叢刊本）六五・一二ｂ―一三ａ。

（3）『河南志』復刻版を参照（中華書局編輯部編『宋元方志叢刊』〔中華書局、一九九〇〕第八巻所収、八三三五―九一）。

（4）テクストは実際には都市を以下の四つの地域に区分し、連続する形で記している。南東部：洛水の南と天国路の東の区域（『河南志』一・三a―一六b）、南西部：洛水の南と天国路の西の区域（一・一七a―一九b）、北東部：洛水の北と宮城の東の区域（一・一九b―二六a）、宮城の区域：都市の北西部（四・一七b―二六a）。後半の部分、宋の宮城については不完全である。

（5）「今」「今朝」という不正確な語で繰り返される宋王朝への言及は、元代の『河南志』編者が宋敏求のテクストを細部に渉って保存していたことを示唆している。周宝珠「北宋時期的西京洛陽」（『史学月刊』四、二〇〇一、一一四）参照。

（6）『河南志』一・一二b。

（7）熙寧十年（一〇七七）の商税額については『宋会要輯稿』（新文豊出版公司、一九七六）食貨一五・一b参照。洛陽の商税額三万七千九百四十三貫は、福建の港市福州の三万八千四百貫に次ぐ額である。Laurence J. L. Ma, *Commercial Development and Urban Change in Sung China (960-1279)* (Ann Arbor: Department of Geography, University of Michigan, 1971): 60-73, 166、斯波義信『中国都市史』（東京大学出版会、二〇〇二）三九―四六、周宝珠「北宋時期的西京洛陽」（『史学月刊』四、二〇〇一）一一五参照。一〇七八年の河南府における戸数については『元豊九域志』（中華書局、一九八四）巻一・四―五による。呉松弟『中国人口史・遼宋金元時期』（復旦大学出版社、二〇〇〇）一二三参照。戸数を人口数に置き換えるのは極めて難しい。例えば、全漢昇「中国経済史論叢」（新亜研究所、一九七二）第一巻・九四―八、斯波義信『中国都市史』三三―四、呉松弟『中国人口史』、呉濤「北宋都城東京」（河南人民出版社、一九八四）三一九―二四などを参照。洛陽の都市人口が河南府の戸数に対して占める割合は計算が困難である。河南府は元豊元年（一〇七八）には十三の県を含み、洛陽はこれらのうち洛陽県と河南県の二県からなる。年代を確定でき、上記の著者たちによってとりわけ戸数の少ない例として引用される河南府内の早い時期（その頃の府の人口は少なかった）の個々の県の戸数は、慶暦三年（一〇四三）における鞏県の七百戸、偃師県の千百戸、そして明道二年（一〇三三）における河南県の七千から八千戸（課税対象となっている庶民の世帯）である。『范文正公政府奏議』巻一・一二a（『范文正公集』四部叢刊本所収）、『欧陽脩全集』（中華書局、二〇〇一）六四・九三五参照。

(8) 韋述の著作の形式・内容については、『続修四庫全書』所収『両京新記』の佚文を参照。

(9) 後には更に次のものが加わる。古文運動の都市としての洛陽（特に臨圜駅のために記を書いた際の欧陽脩の古文文体への転向に象徴される）、王安石の新法に反対する者たちが集うもう一つの首都としての洛陽、そして道学の発祥地としての洛陽。これらの洛陽像については、特に『邵氏聞見録』（中華書局、一九八三）、『伊洛淵源録』（文海出版社、一九六八）を参照。これらのすぐれてイデオロジカルな地誌記述については本論文ではこれ以上取りあげない。

(10) 『東京夢華録外四種』（大理出版社、一九八〇）六三。ここに訳出した文章の後半の三分の二は、Stephen H. West, "The Interpretation of a Dream: The Sources, Evaluation, and Influence of the *Dongjing meng Hua lu*." *T'oung Pao* 71 (1985): 78, 89により、一部修正を加えた。

(11) 『東京記』については、Stephen H. West, "The Interpretation of a Dream: The Sources, Evaluation, and Influence of the *Dongjing meng Hua lu*." 77-81を参照。この失われたテクストの佚文については、『事物紀源』（四庫全書）六・四一a—七・二四a、『汴京遺蹟志』（中華書局、一九九九）一・二、三・四三、八・一一三、一一・一八九を参照。

(12) 孟元老の創造の重要性については、Stephen H. West, "The Interpretation of a Dream: The Sources, Evaluation, and Influence of the *Dongjing meng Hua lu*."; Stephen H. West, "Empresses and Funerals, Pigs and Pancakes: *The Dream of Hua* and the Rise of Urban Literature,"（未刊稿）を参照。

(13) 洛陽を取り巻く社会的・文化的環境については、例えば Alain Arrault, *Shao Yong (1012-1077), poete et cosmologue* (Paris: College de France, Institut des Hautes Etudes Chinoises, 2002); Michael Dennis Freeman, "Lo-yang and the Opposition to Wang An-shih: The Rise of Confucian Conservatism, 1068-1086" (Ph. D. dissertation, Yale University, 1974) などを参照。

(14) 洛陽第二文物工作隊編『画像石刻墓志研究』（中州古籍出版社、一九九四）三四六—五八、洛陽市地方史志編纂委員会編『洛陽市志・文物志』（中州古籍出版社、一九九五）九二—三を参照。また『范文正公集』「洛陽志」、『欧陽脩全集』二一・三三二一—六を合わせて参照。

(15) 宮廷の墓地から出土した墓誌の幾つかは附近の博物館に蔵される。河南省文物考古研究所『北宋皇陵』（中州古籍出版社、

一九九七）三三八―四七、五〇六―一七、洛陽市地方史志編纂委員会編『洛陽市志・文物志』二〇六―八を参照。

(16) 黄吉軍「偃師新出土『大観聖作之碑』跋」（趙振華編『洛陽出土墓志研究文集』朝華出版社、二〇〇二）四七七―八三参照。洛陽地域における上記三つの石碑と宋代の他の碑文については、黄明蘭・朱亮編『洛陽名碑集釈』（朝華出版社、二〇〇三）二三七―三〇七を併せて参照。徽宗の石碑についてはMaggie Bickford, “Huizong’s Paintings: Art and the Art of Emperorship.” In *Emperor Huizong and Late Northern Song China: The Politics of Culture and the Culture of Politics*, eds Patricia Buckley Ebrey and Maggie Bickford (Cambridge, MA: Harvard University Asia Center, 2006) : 507-8; Patricia B. Ebrey, “Huizong’s Stone Inscriptions.” In *Emperor Huizong*: 229-74参照。

(17) 畢沅『中州金石記』（叢書集成初編）四・八一、王昶『金石萃編』（経訓堂刊本）、中国図書館善本金石組編『宋代石刻文献全編』（北京図書館出版社、二〇〇三）第三巻・六二一―四参照。龔崧林編『洛陽県志』（成文出版社、一九七六）一四・一四aを併せて参照。

(18) 『中州金石記』四・八三、王昶『金石萃編』第三巻・一三八参照。『洛陽県志』一三・一五b―一六aを併せて参照。

(19) 『范太史集』（四庫全書）三六・二a。

(20) 『河南志』一・九b。

(21) 『蔡襄集』（上海古籍出版社、一九九六）二八・四八九―九〇。宝元二年（一〇三九）に書かれた「通遠橋記」のなかでも蔡襄は同様に、開封や陝西、四川へと広がる道路や水路のネットワークのなかに当該の橋を位置づけているが、橋そのものについての記述は省いている。謝絳については『欧陽脩全集』二六・四〇八も併せて参照。

(22) 『司馬公文集』七九・九a―一二b参照。文彦博とその子孫は洛陽地域で繰り返し任官することを得た。そのため、彼らは途切れることなく家廟とその儀式に関わったことだろう。『范太史集』三六・六a―七b、『潞公文集』（四庫全書）三二・四ab、三六・三a、三六・四a、『司馬公文集』六六・一〇b―一二b参照。家廟の歴史については、甘懐真『唐代家廟礼制研究』（台湾商業出版社、一九九一）参照。

(23) 『河南志』一・一五ab。

(24) 祠堂のレイアウトや古代の儀式全般に対する司馬光の関心については、『司馬氏書儀』（叢書集成初編）の特に二・二五参照。また Christian de Pee, *The Writing of Weddings in Middle-Period China: Text and Ritual Practice during the Eighth through Fourteenth Centuries* (Albany: State University of New York Press, 2007) : 55-64参照。

(25) 『司馬公文集』六六・九ａｂ。Edwin T. Morris, *The Gardens of China: History, Art, and Meanings* (New York: Charles Scribner's Sons, 1983) : 80参照。司馬光の独楽園については、Robert E. Harrist, Jr., *Painting and Private Life in Eleventh-Century China: Mountain Villa by Li Gonglin* (Princeton: Princeton University Press, 1998) : 50-4; Xiaoshan Yang, *Metamorphosis of the Private Sphere: Gardens and Objects in Tang-Song Poetry* (Cambridge, MA: Harvard University Asia Center, 2003) : 227-42も併せて参照。

(26) 『欧陽脩全集』六四・九二九—三〇。巡検署の位置については『河南志』一・二四ｂ参照。

(27) 『欧陽脩全集』六四・九三五。県の衙門での隠棲は張谷に肺病からの回復をもたらした。『欧陽脩全集』一〇・一五六、二四・三八一—二参照。

(28) 龔崧林『洛陽県志』二四・二五ｂ、『続資治通鑑長編』（中華書局、二〇〇四）七五・一七一五—七、『宋史』八・二ａ、『宋会要輯稿』方域一・二四ａ参照。真宗は宰相呂蒙正（九四六—一〇一一）の私宅に玉座を残した。この玉座はこの邸宅が新たな所有者に売られた後も残されており、誰もそれが置かれている場所に入ろうとはしなかったという。『邵氏聞見録』八・七六参照。

(29) 『続資治通鑑長編』一七・三六九、『邵氏聞見録』七・六六、『東都事略』（文海出版社、一九六七）二八・五ａｂ。『宋朝事実』（四庫全書）一・五ｂ。

(30) 『洛陽県志』一三・一五ｂ—一六ａ、『金石萃編』第三巻・一三八。『中州金石記』四・八三参照。

(31) 『洛陽県志』一四・一四ｂ—一六ａ、『金石萃編』第三巻・六二—四。『中州金石記』四・八一参照。白馬寺は帝国最初の仏教寺院、漢の明帝の見た夢に応じて永平十一年（六八）に建立された。

(32) 上述の例に加えて、『蔡襄集』二八・四八八—九〇、『范太史集』三六・六ａ—七ｂ、『欧陽脩全集』六四・九二四—五、

『司馬公文集』六六・一〇b—一二b、『宋朝事実』三・一九b—七b、『宋文鑑』（中華書局、一九九二）七七・一一一三—一四。

（33）邵雍『伊川撃壌集』（四部叢刊）一三・三一ａｂ。邵雍の安楽窩は天街の東、天津橋の南、宮城の正門の五鳳門から見える場所に建てられていた。『伊川撃壌集』一八・一一〇ａ参照。邵雍の洛陽生活については、Arrault, *Shao Yong*、『河南程氏文集』（『二程集』四部刊要所収）四・五〇二—四、『范太史集』三六・一四b—一五b、Don J. Wyatt, *The Recluse of Loyang: Shao Yung and the Moral Evolution of Early Sung Thought*（Honolulu: University of Hawai'i Press, 1996）を併せて参照。

（34）『司馬公文集』二・六b、四・九b。

（35）このテクストについては、Ronald Egan, *The Problem of Beauty: Aesthetic Thought and Pursuits in Northern Song Dynasty China*（Cambridge, MA: Harvard University Asia Center, 2006）、『邵氏聞見後録』（中華書局、一九八三）二四・一九一—二〇二、Xiaoshan Yang, "Li Gefei's 'Luoyang mingyuan ji'（A Record of the Celebrated Gardens of Luoyang）: Text and Context." *Monumenta Serica* 52（2004）: 237-8を参照。

（36）翻訳は楊暁山により、一部修正を加えた。Xiaoshan Yang, "Li Gefei's 'Luoyang mingyuan ji'" 237-8参照。

（37）例えば『欧陽脩全集』六四・九三〇—一、『河南陝西文集』（四部叢刊）四・五b—六ａも併せて参照。

（38）『潞公文集』七・九ａｂ。また例えば『范太史集』一・一一ａ—一二ａ、『伊川撃壌集』一・九ａｂ、一九・一三二ａ—一三三ａ、『司馬公文集』四・一二ａ—一三ａ、一二・一b、一五・四b—七ａ、『潞公文集』七・八b—九ａも併せて参照。

（39）「借景」については、王鐸「唐宋洛陽私家園林的風格」（中国古都学会編『中国古都研究』浙江人民出版社、一九八七）第三巻・二四五—六、Xiaoshan Yang, "Li Gefei's 'Luoyang mingyuan ji'" 228参照。

（40）Xiaoshan Yang, "Li Gefei's 'Luoyang mingyuan ji'" 241。例えば邵雍『伊川撃壌集』一七・九五b、『司馬公文集』五・五ａｂ、文彦博『潞公文集』六・四bを併せて参照。

（41）『張耒集』（中華書局、一九九九）七・八五—六。

（42）例えば『蔡襄集』四・七一、『伊川撃壌集』三・三四ａ、四・五五ａ、『欧陽脩全集』一・五—九、一〇・一五九、五一・

七一八―二一一、文彦博『潞公文集』五・一b、五・二b、七・二ab、『張耒集』七・八六―八、一一・一七三―四、一三・二二九を併せて参照。また『邵氏聞見録』一一・一一五参照。

(43)『伊川撃壌集』一一・一九b。また、邵雍が洛陽近辺で馬を走らせて書いた詩の描写を参照。特に『伊川撃壌集』一一・一a、一二・二四a、一四・五六b―五七a、一四・五八b―五九a。邵雍の馬車については『范太史集』三六・一五a、『伊川淵源録』五・八b参照。他の郊外の遊行については、『二程集』三・四八二、四・五〇三、『范太史集』三六・一五a、『伊川撃壌集』二・二〇b―二一b参照。

(44)『欧陽脩全集』一〇・一五二。他の都市景観の「遊覧」の例については、『洛陽県志』一八・六四b、『伊川撃壌集』四・四九b、五・六六b―六七a、一〇・一四七b、一二・二四a、一二・二六a、一二・二七a、一二・二九b、一三・四五a参照。また『邵氏聞見録』一八・二〇〇参照。詩における他のなじみ深い都市空間の例としては、『二程集』三・四八一―二、『范太史集』一・八a、『伊川撃壌集』四・四九b―五〇b、五・六七b、一〇・一四七b、一二・二四a、一二・二七a、一二・二九b、一七・一〇三b、『司馬公文集』五・八b―九a、一四・一三b、一五・六b参照。

(45)『伊川撃壌集』七・八五ab。

(46)『潞公文集』七・二a。『伊川撃壌集』三・三四b、『司馬公文集』一一・一b、一三・一四a参照。詩人を取り巻く都市のざわめきについては、『欧陽脩全集』五一・七一六、『伊川撃壌集』四・五一b参照。

(47)筆記と怪異譚の持つ周縁的な性格については、de Pee, *The Writing of Weddings*: 6-8; Alister D. Inglis, *Hong Mai's Record of the Listener and Its Song Dynasty Context* (Albany: State University of New York Press, 2006) : 109, 119-21を参照。

(48)張斉賢『洛陽搢紳旧聞記』（進歩書局、刊行年未詳）四・五a―六a参照。

(49)『洛陽搢紳旧聞記』二・一a参照。南州廂は永楽坊の俗称かもしれない。邵伯温は南州廂が『河南志』では永楽坊に位置づける呂蒙正の住まいであるとしている。『邵氏聞見録』八・七六、『河南志』一・一二b参照。

(50)『洛陽搢紳旧聞記』五・四a―五b参照。

(51)『邵氏聞見録』一七・一八八参照。

（52）『投轄録』（上海古籍出版社、一九九一）二六。
（53）『潞公文集』七・一三a。
（54）『伊川撃壌集』二・二〇a。『洛陽県志』一九・二三a―二四a、『伊川撃壌集』一五・七二a、一九・一二七ab、『司馬公文集』一三・一二b参照。
（55）Egan, *The Problem of Beauty*: 116, 135。
（56）Egan, *The Problem of Beauty*: 116-33, 109-10。
（57）欧陽脩「洛陽牡丹記」（『叢書集成初編』）五―六。翻訳は Egan, *The Problem of Beauty*: 133により、一部修正を加えた。張氏一族の月陂の庭園については、『蔡襄集』五・九〇に「月陂の張家の牡丹は百多余種、姚家黄を第一と為す」とあるのを参照。欧陽脩が「洛陽牡丹記」を書いて以降、その行為に関しては浮薄だと非難されたけれども、牡丹の時節に関する描写は他を圧倒して長く受け継がれていった。例えば『邵氏聞見録』一六・一七二、『司馬公文集』一四・一三b、一四・一四b参照。
（58）棠棣坊は思順坊の通俗名として見える。賈敦頤・賈敦実兄弟を称えて永徽元年（六五〇）に建てられたいわゆる棠棣碑がある場所である。『河南志』一・八b、『太平寰宇記』（中華書局、二〇〇〇）三・一一a参照。
（59）中国社会科学院考古研究所洛陽唐城隊「河南洛陽市唐宮中路宋代大型殿址的発掘」『考古』三（一九九四）四一、中国社会科学院考古研究所洛陽唐城隊「河南洛陽唐宮中路北唐宋遺跡発掘簡報」『考古』一二（一九九九）五〇、中国社会科学院考古研究所洛陽唐城隊「河南洛陽市中州路北唐宋建築基址発掘簡報」『考古』二（二〇〇五）四八参照。
（60）賀官保「西京洛陽漏沢園墓磚」『文物資料』七（一九八三）一五一―六参照。墓石の名前のすべてが判読可能であるわけではない。
（61）中国社会科学院・洛陽市文物工作隊「定鼎門遺址発掘報告」『考古学報』一、二〇〇四、八七―一三〇、図版一七―二四参照。
（62）同上、一〇八。

（63）　同上、一一一。

（64）　Franco Moretti, *Atlas of the European Novel, 1800-1900*（London: Verso, 1998）: 5.

（65）　文人の文学作品に関して一般的に言われている仮定とは異なるが、唐代には閉じた坊は普遍的ではなく、首都の長安・洛陽および幾つかの防衛上の軍事都市に存在するだけであった。定鼎門の斜めの通りに関する隠喩的な読解は他にも広く適用可能であるが、都市景観の物理的な変容は洛陽に特有のものである。

（66）　Egan, *The Problem of Beauty*: 71.

（67）　Stephen H. West, "Spectacle, Ritual, and Social Relations: The Son of Heaven, Citizens, and Created Space in Imperial Gardens in the Northern Song." In *Baroque Garden Cultures: Emulation, Sublimation, and Subversion*, ed. Michel Conan（Washington, DC: Dumbarton Oaks, 2005）: 316. また、Chye Kiang Heng, *Cities of Aristocrats and Bureaucrats: The Development of Medieval Chinese Cityscapes*（Honolulu: University of Hawai'i Press, 1999）: xv-xvi も合わせて参照。遊歩者については Walter Benjamin, *Das Passagenwerk*（Frankfurt am Main: Suhrkamp, 1983）: vol. 1: 524-69を参照。この引用についてはデヴィッド・ビアロックに感謝したい。

碑石史料から読み取る宋代江南の社会と生活

伊原　弘

はじめに

中国史料のなかで金石史料は端倪すべからざる史料である。ほとんどの史料が整理印刷されているなかで、作成当時の当該地域のなまの雰囲気と状況を伝えている可能性が高いからである。金石に刻まれた文言は改変しにくい。削ったり書き足したり、拓本として採取する際に改変することが皆無とはいえぬが、可能性は乏しいと考えるのが普通であろう。これらの刻字を拓本に採るさいの補訂による変化や採取のさいの書き写しも考えなくてはならぬが、書籍になってしまったものより碑文のほうが改定や改ざんがすくないと考えるべきであろう。

このように一次史料としての価値が高いにもかかわらず、宋代にあって、石刻史料は補足史料としての意味が強かった。書籍史料が多いうえに、これらに所収された石刻史料がすくなくないことや宋代史というより中国史研究を特徴づける中央集権的文臣官僚支配という視点からの追及で、地方の特性を示す石刻史料の利用方法開拓が遅れたためであろう。しかし、最近はその豊富な内容が注目を受け利用がはじまっている。本論集はその顕著な事例である。小稿はいままで研鑽してきたことをまとめつつ、この論集の一編をなすべく書かれたものである。

一　石刻史料から読み取ってきた宋代江南社会

宋代石刻史料とその読み取りによってどの程度社会があきらかになるのか。この点について、須江隆氏の論文解題をともなった懇切な解説があるので参照されたい(1)。金石史料が地域・地方を解明する手がかりになることは、氏の論からもあきらかである。金石史料はそれらが存在する地域に即した掲示・告示たる性格が強いので、当該地の折々の状況を明確に伝える性格が強い。たとえば、宋代の記録にはこまかな数字がたくさん出てくる。同様のことは金石文の文面にもいえる。それは碑石の存在する地域の状況を明確にしめす数字といえる。とはいえ、その実態を把握するためには、念入りな作業が必要である。宋代に存在する数字の内容を確かめる作業は十分におこなわれていないからである。よって、それらを集積し整理する基礎作業が必要となる。この点に言及しつつ論じていこう。

金石史料の数字で有益なのが、村々や町などでおこなわれた寺観への寄進や街路舗装などに寄付した文である。寄進者の住所や族的関係を示唆する上に、寄金額と名前、寄進の内容を記したこれらの史料の利用は十分でなかった。この点に着目したわたくしは、これらの数字の集積を考えた。「宋人資産目録算定表」と名づけたこの作業は、数字の集積によって庶民の持つお金をはかろうとしたものである。それは、別途進めていた『清明上河図』にでてくる庶民の生活の実像解読にも役立つものと考えていた。(2)だが、正直なところ、この作業には挫折がおおかった。当初ワープロから始めたこの作業は、コンピュータ・システムの変更の影響をまともにうけた。システムの変更ごとに表の変更を余儀なくされたからである。さらに、一言注意を喚起しておきたいのは、金石史料の内容が一律ではないことである。筆者もこれらを踏まえつつ利用してきたが、このなかで特に筆者の関心をよんだのは地図であった。決して多くはないが、石刻の都市図などがあって、その解析は宋代に発達した都市形態を明確に把握するに足るからである。だが、その解読にも技術を要する。ゆえに、地図を含む図版史料はながいあいだ鑑賞的側面がつよかったようにおもわれる。(3)

石刻地図は『中国古代地図集』が所収するように、いくつか種類がある。(4)また、宋代建康府の地図のように記録のみで現存しないものもある。(5)が、おおいとはいえない。事例のなかでとくに注目すべきなのが、宋代蘇州の地図『宋平江図』と桂林の『静江府図』の事例である。(6)その精緻な表示と美しさはともに瞠目に値する。そのゆえに、地図の鑑賞は多かったが、解析がとぼしかったのである。(7)

これらの地図は宋代の技術と地図の作成表現力を示す好史料であるが、都市の形態を詳細に読み取れることでも意義が深い。また、都市居住者の生活様態や経済力をも示す好史料ともなっている。それらは城内の経済的な活動地などをうかがい知る手がかりを持つと同時に、一般庶民が都市の保持に意を用いたことを示す。

宋代、ことに南宋時代の都市では街路の舗装がすすんだ。舗装にさいして、蘇州では街路に面した居住者が拠金して舗装した事例があって興味深い。その様相は『宋平江図』にも描かれているが、寄進額を記した碑文からも寄進の実態がわかるのである。(8)これらの石刻史料は宋代江南の豊かさを側面から証明する。金石史料はその様態を示すものとして、このように魅力的史料である。その意味で、ある種ジカタ文書的な意味を持つ史料と考えるのである。ひとびとの日常的な経済状態は公的記録からもうかがえるが、日々の実情を記す記録、日本でいうジカタ文書を求めることが大事である。だが、中国では多くの史料が整理され印刷されている。整理されていない、なまの資料、手書きや書き散らした反古のような文書、さらには家計簿のような諸文書が乏しい、もちろん、文書がまったくないというのではない。明以降の文書として注目されてきた徽州文書はその好例である。おおくの文書記録が公刊されている中国にあって、これは貴重である。だが、宋代に関してはその存在はおおくない(9)。そこに金石文の魅力がある。

収集された金石史料を見ると、地方・地域社会におけるひとびとの活動を感じさせるものがおおい。金石を利用して地域社会をはかる試みはわたくしも進めてきた。地方には公的な力の介在をうかがわせる表現を示す石碑がある。のべた道路の補修記録もその例であるが、ほかにもひとびとの自発的思いを示す史料もある。それが寺社への寄進額をしるす碑文である。宗教はひとびとをひきつける。ひとびとは信仰に心を寄せ、時として熱中する。ゆえに、寺社への寄進がおこなわれる。そこには一村を挙げた寄進がみられる。ここにジカタ文書的性格がでてくるのである。一村の名前や寄進額によって集落の構造と財力を押しはかることができるからである。ゆえに、寄進額を刻む金石文はそうした村の構造を研究する好史料となるのである。この点を推し量った拙論では台州や臨安の事例を考察した。そこでは、一村をあげた寄進が見られる。それによって村やそこに住むひとびとの経済力をはかることができるのである。わたくしはこの数字を寄付金負担能力とよんでいる(10)。なお、同様の手法による研究に宋代台州の社会を解明した寺地遵氏の研究がある(11)。ゆえに、寺観への寄進額を刻んだ碑文は村落の様態を推し量るジカタ文書的な価値を持つのである。

そこにあげられた寄進者の名前には仏名としての共通性もみられる。ここから、一村あげての宗教行為の存在と展開も裏付けられ確認できる。道教や仏教への傾倒と熱狂が、中国民衆社会に潜在していることは、いまさら喋喋するまでもない。ときとして爆発するかれらのエネルギーが、中国社会を揺り動かしていくことも多くの指摘がある。それらはとつぜんに湧き起こるものではない。日ごろから信仰が存在し沈静していることを、これらの石刻史料の内容が物語る。と同時に、それらをあやつる宗教団体の存在もあきらかになる。

碑文から理解できるのはそれだけではない。当時、日・宋のあいだでは商人たちの往来がさかんであった。唐が滅び、日本でも平安時代から鎌倉時代に移行していくこの時期にあって国家間の交流は絶えて、民間交流が主体になってきていた(12)。

鎌倉時代になると、日本から宋へ商船が仕立てられたのはよくしられているが、宋からもおおくのひとびとがわたってきていた。九州福岡県の博多港から宋代商人の来航を証明する発掘物、たとえば輸入品の陶磁器などがおおく発見されているのは有名である。だが、日宋の交流を示すのは、それだけでない。思わぬ事例がある。それが近年あきらかになった石造物である。

鎌倉時代になると多くの石像物が出現する。石の塔など仏教関係の彫刻品である。これらは近年の研究活動によって、加工の職人のみならず素材の石も大陸よりもたらされたことがあきらかになった(13)。渡来の品ものには銭もあった。宋代に鋳造された銭すなわち宋銭は日本へ運び出され、国銭となった。だが、それだけではない。素材ともなっていた。近年の追及によって、鎌倉の大仏が宋銭によって鋳造されたといううわさが嘘でなかったことがあきらかになってきている。日宋の交流の複雑さはしだいにあきらかになってきているのである。だが、日宋の交流を示すのはそれだけでない。日本の博多に住みつつも故国とのつながりを維持し活動していた商人の存在もあきらかになってきた。その証明史料は註（11）でも引用した博多在住の宋商人が寧波の寺に寄進したことをしるした石刻の碑文である。なお、本碑文にしるされた金額の価値については、そのご日本史側からも考察が行われ、碑文にしるされた商人が下級という説を否定した拙論が肯定されたことを指摘しておく(14)。

平安時代に海外からの来訪者をむかえる鴻臚館がもうけられて繁栄した博多は、王朝の終焉によってその機能をうしなうが、日宋間のあらたな交流の地として機能したことがここからもあきらかになる。

二　碑文から地域社会と活動をみる

述べてきたように碑石をさぐることにより、編纂史料から読み取れぬ社会の実相を知ることができる。碑石に刻まれた文は公的な布告のものもあるが、市井に生きるひとびとや団体などの布告や記念的なものも含まれるからである。もっとも、それも基礎史料としての編纂史料の解読なくしては成果のあがらぬことではあるが。なぜなら、そうしなくては時代のなかにはめ込みえぬからである。ゆえに、こうした資料は主たる史料である『宋会要輯稿』、『宋史』、『續資治通鑑長編』、文集などに規範を広く求める必要がある。

手元にある題跋索引（新文豊出版『石刻史料新編』巻三〇「石刻題跋索引」）を開いてみると、石刻のなかの雑刻を以下の次第で整理している。

墓碑、墓誌、刻経、石経、釈道経幢、造象、画象、題名題字、詩詞、雑刻、甎瓦、法帖

これらは豊富な内容を含んでいて、興味深い。そして、そこから庶民の生活を探る石刻史料が抽出できる。そのまえに、整理しておこう。ちなみに墓碑や墓誌はいままでも利用されてきた。それらのおおくが文集に所収されているがゆえである。これに対して、刻経、石経、釈道経幢、造象、画象、題名題字、詩詞などは文集その他に所収されている

とはいいがたいので、貴重である。しかも、こうした目録はその集積された内容を解析することにより、あらたな視点をえることができる。

たとえば刻経である。ざっとみても、唐代におおく、宋代に少ない。これは意外である。唐は道教で宋は仏教という一般的な思いがある。だが、この碑文索引にみるかぎり、宋代の石刻史料は乏しい。これが採取者たちの意識なのかどうかはいますこし全体的考察が必要であろう。これは造像も同様である。唐にくらべて、宋はきわめてすくない。しかも南宋になると一層減っていく。こうした傾向は題名題字の場合にも認められる。宋代の題名題字は唐にくらべると、増えていく。その比率は四倍近い。なぜこのように題名題字がおおいのか。おそらくは科挙官僚制の結果、各地に名士が増えたためと考えられる。文を書くものは、みずからの文を残したがるからである。こうした推測を支えるのが詩詞の石刻である。唐代に比べ宋代の碑刻が圧倒的に多い。宋代における士大夫文化の興隆が基盤にあるのであろう。だが、この推測を立証するには、その内容をこまかく立証する必要があり、ここでは指摘にとどめる。しかし、この傾向が文学研究者によって分析されているのであろうか。地域的偏り、詩の内容と傾向などが分析されているとはいいがたいのではないか。文学研究者はよい詩文を対象にしがちだからである。

われわれ研究者は素材の存在を追及するがゆえに、その存在とそのバラつきや史料や史料の異質性に無関心でありすぎたのではないか。全体的な比率、内容、傾向の解析が必要と考える。このことに示唆を与えるのが雑刻の条である。ここには興味深い史料が収集されているが、使用されてないものも多い。たとえば、学田などの史料である。利用と解析は十分でない。学校は官界への挑戦を夢見る者たちにとって重要な存在であったことはいうまでもない。ゆえに、学校は地方教育界の中心的存在であるとともに、知識人たちの集う場所でもあった。その維持のために、郷飲酒礼の存在がこのことをうかがわせるのである。(15) これらは寧波に関する史料ではないのでここではあげないが、地方在住の士大夫の社会を考える上で参照しなくてはならぬ史料である。

さて、述べたように碑石にも細かな数字が登場する。ただ、日本でも寺社や水利工事の際にみられる寄進・寄付の一覧表の類はそれほど多くはない。だが、これらは当該地の居住者やかれらの構成する社会を示すほか、出資者の財力、さらには出資を受けた事業の規模をはかるうえで重要な史料である。(16) これらはわたくしが解析し往時の収入などと照合し、その意味を探ってきたところである。これらの点については、註（11）引用の論考ならびに解析した表をご覧いただきたい。

とはいえ、石刻史料にこまかな寄進者や寄進額、その次第を刻み込んだものがおおいとはいえない。(17) ここで論の中心においている寧波でも、目立つ寄進の事例を記載した碑刻はみあたらない。(18) そこで、近隣の州の事例をあげよう。なお、念のために、いままで利用した碑石をあげておく。註（11）引用の駒澤大学禅研究所の論集の五巻で『両浙金石志』巻六「宋大慈山修塔題記」、同巻一〇「宋石龍浄捨田記」、同巻一三「宋修六和塔記」・「宋六和塔施主題名記」を利用した。次の論集の七巻で利用したのは『両浙金石志』巻五「宋雲巌寺新鋳銅鐘記」、同巻一〇「宋宝蔵寺長命塔碑」・「宋資瑞院残記」であった。(19)

このような寄進の事例は明州すなわち寧波にもある。それが、同じ『両浙金石志』巻九「宋東谷無尽灯碑幷陰」である。

大宋国紹興府上虞県管郷市郭尚徳坊第三保居住清信奉

とあって、寄進者の一覧の第一行目に

三宝女弟子陳氏五娘、施浄財三十六貫文、入明州天童山東谷庵燭長明無尽灯一椀供養

とある。本碑文の最後に年号を記して

紹興二十八年正月　日募縁直歳僧　智宣……立石

とあるから、南宋初期のものとわかる。

さて、寄進者を整理してみよう。現浙江省で台州にも近い紹興府の陳五娘の事例に継ぐのが

弟子荘宇妻呉氏百六娘、共施浄財三十六貫文、就東谷庵燭長明無尽灯一椀供養

女弟子荘四四娘、施浄財三十六貫文、就東谷庵燭長明無尽灯一椀供養

仏弟子樊賓幷妻范氏妙真男陳樊遵遷媳婦許氏小三娘張氏十二娘、共施浄財三十六貫文足、入明州天童山東谷庵、共点昼夜長明無尽灯一椀供養

仏弟子琴彦遷幷妻鍾氏三娘謹施浄財三十六貫文足開田三畝、点廬舎邮仏閣、善知識前無尽灯乙椀、……

仏弟子周栄幷妻李氏興晤謹施浄財三十六貫文足開田三畝、……

である。ただし、これも寧波在住者の資金力とみてはならない。かれらの出身地は江蘇省の泰州で、興化県ならびに海陵県の出身であることが附記してあるからである。ともに揚州近傍である。そして、このことは寧波の寺院の活動域のひろさと集金力の強さをうかがわせる点からも興味深い[20]。そして、宋代江南各地の思わぬ財力も。

さらに注目すべきは寄進形態である。寄進者は個々人でない。おおむね夫婦での寄進だが、樊賓幷妻范氏妙真、男陳樊遵遷媳、婦許氏小三娘、張氏十二娘とある事例は家族の寄進である。なお、記載の金額はすべての家族が三十六貫文ながら、うしろのほうの三つの事例には「足」の文字があるから足銭となる。すると他の事例は省銭での寄進だったことになる。

それにしても、金額的なものとしては個々の一族が集団で寄進しているとはいえ、三十六貫文とは巨額である。月収の十倍ほどの金額だからである[21]。おそらくは寺観の集金目標額や個々の集団に割り当てられた額に対応しているの

だと考えられるが、いますこし史料がほしい。

このように、雑刻類は思わぬ史料を含んでいる。実際、「雑刻、甎瓦、法帖」は興味深い碑石を含んでいる。これはいままで利用してきた史料の大半がここに所収されていることからも理解できる。たとえば、蘇州の街路の寄進目録などである。これらは、前掲の註（7）引用の蘇州関連の論考において論じた。また、関連論文では図表化して使用するとともに原文も掲げてきた。こまかな様態はそれらを参照していただくとして、ここで重ねて碑文から読み取れることを解説しておこう。碑文でまず注目すべきは、宋代蘇州の繁華街に住む住民たちが資金を出し合い街路を舗装した点である。次に、碑文に刻み込んである拠出した金額から当時の都市民の資金力がうかがえる点である(22)。そして更に、刻まれたひとびとのなかに蘇州以外の出身者の名前と女性の名前があるのにも目がいく。このことは、蘇州城内に住んだひとびとのすべてが蘇州出身者でないことを示す。北宋の滅亡に伴っておおくのひとびとが北より江南に移り住んだことは、いまさら喋喋することではない。その結果、都市内にもおおくの移住者がいたであろうことは想像に難くない。また、都市の住民が固定したものでなく、日々にひとの出入りがあったことは、北宋の首都開封の記事からもあきらかである。蘇州のような大都会でも同様であったと考えられる。

となれば、碑文のなかのひとびとの幾人かは非蘇州出身者とみるべきであり、そこに蘇州以外の出身を記したものは新参者か仮住まいとみてもいいように思われる。このような推測が許されるなら、城内に住み込んで日の浅いものも拠金したと考えられるのではないか。都市蘇州が受容したひとびとの重層性を碑文は示すと考えられる(23)。

述べてきたように、引用したこれらの碑文史料は地域の記録である。ひとつの例として橋の問題を論じよう。

人間は大地の上に生活をするものだが、生活に水が不可欠である。とくに、水路は交通手段としても重要である。かつて水によって生活する都市の様態を、蘇州を事例に水生都市として論じた。おおくの水路を取り込んだ都市の様態が、水中に深く根を張って生きていく水生植物の形態に似ているからである(24)。

都市研究に際して水路の重要性はいうまでもないことである。都市に供給される水とその管理の問題。城内における物流の問題など、水路を中心に考えるべき問題はおおい。そのゆえに、水路の重要性は多く論じられてきたが、いまひとつ、水路に関連して重要なものに橋がある。わたくしはかねてより橋に興味があった。橋は人の移動に欠かせないものであるがゆえに、河川に不可欠のものとして存在するからである。それだけではない、一つの世界から別の世界へ移る手段であるがために、結界としての概念もあるからである。

橋に多様な形態があるのも興味深い。たとえば、作りつけられたものと、船などを利用して作り上げられた浮橋すなわち浮梁である。これらの点についても論じてきたが、浮橋も一様でない。この点についてはわたし自身の見聞も含めた紹介をしてきたので、関連論文を参照されたい(25)。わたくしは中国旅行のなかで、いくつもの橋を見聞してきた。それらのなかの唐代の汾河下流の黄河との接点にかけられた浮梁については、折に触れて付随した鉄牛・鉄人とともに紹介をしてきた。また、福建省における多彩な橋の様態についても言及してきた(26)。

これらの橋が伝承を秘めていることも言及してきたが、それらは日本における伝承とは異なる。日本の場合は、とくに結界としての意味から語られる事例が興味を引くが、それらにいくつもの伝承があることも興味を引く(27)。

三　碑石にみる社会

碑石からさまざまな社会の様態が読み込まれることを示唆してきた。そこで、ここでは若干の事例を提示しつつ、諸事を読み取ってみよう。

碑文に現れた数字は関連の論文で読み込んできた。かれらは庶民、いいかえれば市井に生きる普通のひとびとの生活の実態を読みうるものである。これらは、大陸にすむ宋代のひとびとだけではない。日本にすむひとびとの生活実態をも考えさせる史料である。日宋間におけるふつうのひとびとの往来の実態が石刻史料で考察できることは、すでに寧波の寺院への在日宋人の寄進額で論じた。この際には、こまかな配慮が必要なことは論じたとおりである[28]。かくのごとく数字の記録はこのような庶民の寄進額がもっとも顕著な事例で、庶民の経済力を示す。さらに、寺観への寄進は民衆の信仰心や迷信とも結びつく重要な社会の検証史料となる[29]。だが、それだけではない。年齢や所有田土を検索する史料にもなる。これに対して、街路舗装に対する寄付費用の表示は、都市的な側面をも示すのである[30]。だが、示唆してきたように寄進額・寄付額を寄進者とともに一覧化して刻み込んだ碑石は意外にすくない。とはいえ、寄進額を刻み込んだ碑石とそこに表示された金額はいままで数度にわたって検討してきた。そこで、ここでは、もうすこし別の側面からこれらの点を検討してみようと思う。それは、そこに掲載された名前の解析である。

すでに前章において寧波の「宋東谷無尽灯碑幷陰」を考察し、寧波以外の地からの寄進の存在と寄進額の問題を論じた。三十六貫文というかなり大きな金額を寧波から離れた泰州の地から寄進した人たちは、それぞれが家族であった。

碑石に刻み込まれた人名から家族構成がうかがわれることは、いうまでもない。たとえば、博多在住の寧波商人の寄進碑文である。これまで、主として寄進額と文字からみた身分の解釈が問題になってきた。だが、ここに家族の存在をうかがわせるものがあることを指摘しなくてはならない。このことは、すでに早くより示唆されてきたが、本格的に論じたものは乏しい。そこで、ここで一度整理してみよう。

検討に入る前に、碑文の文字である。二〇一〇年に寧波を訪問した際に、市の博物館で展示されたさきの日本在住の宋人の碑文を見る機会を得たが複製品であった。いささか距離もあったので、公開されている文字その他を検証することはできなかった。若干の文字が読みにくく、解析者によって考察されているようだが、ここでは前掲の静永氏の作成された文を主体に検討を進める(31)。

静永氏の考察は面白い点をついている。碑文自体を考察し、原文はもともと日本語で書かれたものではないかと推察するのである。引用文書に出てくる祈願に関する語句が、日本語を思わせるとするのである。例をあげよう。

日本国大宰府居住、弟子張寧、捨身砌路一丈、功徳奉献山三界諸天、宅神香火、上代先亡、本命元辰、一切神祇等、乾道三年四月。

この文中の「一切神祇等」に着目され、「一切神祇」とは「やおよろずの神」といった意味ではないかとされる。また、他の碑文の神々の呼び方が中国的でないと指摘されてもいる。静永氏は神々の表現形態が対句でなく、それゆえに中国的でないとされる。こうした点に疎いこともあって、当初は気がつかなかった。だが、指摘を受けてみれば、なるほどとも思う。静永氏はこの点から碑石の寄進者はながく日本に住みつき、日本になじんでいたのではないかと推測される。また、乱文や本籍地の誤記などもその理由とされる。なるほどと思うが、いささか論を急いだのではないかとも思う。それは下記の碑文考察からの考えである。

建州普城県寄日本国、孝男張公意、捨銭十貫、明州礼拝路一丈、功徳亡孝(考)張六郎、妣黄氏三娘、超昇仏界者。

建州普城県出身で日本に住んでいる張公意が銭十貫文を明州の寺院の礼拝路一丈の舗装のために寄進し、その功徳を父の張六郎ならびに母親の黄氏三娘、さらには極楽往生をささげたひとたちにささげるというものである。この文によれば、なき父と母は建州普城県に住んでいたという。文意から考えると張公意は父の生存中に日本にわたってきた可能性が高い。張公意の生年などがわからないので何とも言えないが、亡祖父母にささげるのならともかく父母になら日本に来て数世代とは言えないのではないか。父母と別れてとなれば、来日してみじかく、日本化しているとは言いにくいのではあるまいか。また、日本にやってきたから、故郷の習俗を忘れたとみるのも性急のように思う。宗教や信心はたやすく捨て去られるものではないからである。これらの碑文は日本国在住の宋商人の、なお強い郷里と家族や同族へのつながりと思いをうかがわせると見るべきであろう。

このような事例は他にもある。たとえば、先にかかげた『両浙金石志』巻一〇「宋資瑞院残記」の寄進者名である。百四十名の寄進者の大半は個人だが、約四分の一の四十六名が家族から構成されている。兄弟などもないではないが、圧倒的に夫婦が多い。ここから一家をあげて信仰に意を用いる家族の姿が浮かんでくる。なお、こうした家族もののほうが寄進額も高い。といっても一ないし二貫程度であるが。なお、足銭と明記したものとしてないものがあるので、明記してないものは省銭だったと考えられる(32)。

おわりに

碑石を使用しつつ論じてきたことを概観しつつ、さらなる問題への展開を論じてきた。他にも考察をすべき点が多々あるが、一応の結論を述べようと思う。だが、その前に一点述べておこうと思う問題がある。それが地域史の問題である。

述べてきたように、石刻史料は帝国が恒久的法令とのその告布を掲示するものとして大きな意味がある。それは素材が容易に破却しがたいものだからである。だが、それ以外の利用もある。一地域において個々の業績や村落の諸事を恒久的に記念し告知するためにも利用されるし、個人の顕彰の記録などにも利用される。石はそのために、まことに有効な素材なのだ。公布にもちいる素材としてまことに好素材だからである。

さて、ここで、地域史という問題について言及しておきたい。近年、地域史と題した論文集が少なくない。だが、中央集権的文臣官僚支配のもとに地域史があるのだろうか。実際、地域史と題した論文のかなりが専制的な皇帝支配組織である中央集権的文臣官僚支配下の地方状況を論じているに過ぎない。もちろん、これでも地域史といえる。だが、一方で中央のくびきのもとにある地域を安易に取り上げて論じていいのか疑問も残る。

本稿では地方に残る石刻史料を解析しつつ問題を論じた。ではこれが地域社会の独自性を論じることになったのか。なお、疑問が残る。強大な力でのしかかる専制的な中央権力のもとにある地方・地域社会を理解するにはさらに組織的な解析が必要になろう。

註

（1）須江隆「地方志・石刻研究」（遠藤隆俊・平田茂樹・浅見洋二編『日本宋史研究の現状と課題』、汲古書院、二〇一〇年）。

（2）データを念頭にまとめ『清明上河図』と社会関係を論じたのが伊原弘「『清明上河図』と北宋末期の社会」（伊原弘編『清明上河図をよむ』、勉誠出版、二〇〇三年）である。本書に先立つ同名の『アジア遊学』があり、その増補版である。

（3）地図は明確に往時の社会形態をしめすものであるが、一瞥して様態を示すがために、逆に解析が難しいものである。また、古地図を利用するには、現代の地図が必要であるが、中国の場合、これらの入手が難しいのも研究をむつかしくしている。

（4）宋代の地図は地方志にも掲載されているが、良い地図を『中国古代地図集』上（文物出版社、一九九〇年）が掲載する。同書には地方志所収の地図も掲載している。宋代をしのばせる地図は『永楽大典』にも所収されているので注意が必要である。

（5）伊原弘「宋元時期的南京城――宋代建康府復元作業過程之研究」（《都市繁華：一千五百年来的東亜城市生活史》、复旦大学

文史研究院編、中華書局、二〇一〇年）参照。なお景定『建康志』には失われた現南京である石刻の建康府の地図をのべている。

（6）『宋平江図』は版碑に刻まれ、桂林の『静江府図』は磨崖に刻まれている。蘇州の地図はおおがかりな都市の修復がおこなわれ、壮大な地図が作成され表示されたのである。『静江府図』は剝落がはげしい。復元加筆された地図が公刊されているが、どの程度ただしいのか不明である。剝落した地図の拓本も入手したが巨大すぎて広げることがむつかしいからである。これらの地図で、ひとつ疑問なのは、きわめて機密性の高い都市地図をなぜ公開するのかという問題である。桂林の地図の作成時期はモンゴルの侵攻が現実になっている時期の作成だけに、いっそう理解に苦しむ。

（7）『宋平江図』に関する紹介はいくつか事例があるが、最初の詳細な論文は加藤繁氏の手になる「蘇州今昔」（『支那学雑草』、生活社、一九四四年）である。わたくしも『宋平江図』について、いくつもの論文を書いてきた。ここではいささか旧聞に属するが、これらを集約した伊原弘『蘇州――水生都市の過去と現在』（講談社現代新書、一九九三年）を参照していただきたい。わたくしの研究成果ならびに関連研究論文や問題を系統的に論じ紹介をしておいた。なお、蘇州については梁庚堯「宋元時代的蘇州」（梁庚堯『宋代社会経済史論集』上、允晨文化、中華民国八十六年）も参照されたい。

（8）宋代蘇州の街路舗装の寄付者と寄付金額は『江蘇通志稿』巻一三「吉利橋版寮巷砌街磚記」参照。なお、本碑文から蘇州城内の舗装に蘇州以外の地からの来住者や女性の寄付者が確認できる。地図からは舗装状況が確認できる。これによって、南宋時代の蘇州の繁華地で都市内居住者が資金を供出して街路舗装をしているのが確認できる。さらに、この碑文から、寄進額の多寡や住民の構成もわかる。幾度も捜査してきたが、なお解析が可能な史料である。こうした問題は拙論・拙著でも論じてきたが、梁庚堯「南宋城市的発展」（梁庚堯『宋代社会経済史論集』上、允晨文化、中華民国八十六年）もくわしく論じる。これらの諸論が論じるように、南宋時代に都市は大きく変化し、街路の舗装は江南の諸都市や四川の成都にも及んだ。なお、後述する寧波発見の在日商人の寧波の寺への街路舗装費用寄進碑文も、こうした史料に連なるものである。

（9）竺沙雅章「漢籍紙背文書の研究」（『京都大学文学部研究紀要』一四、一九七三年）があって、葉徳輝以来の研究を整理しつつ、紙背文書の整理をおこなっている。史料集としても上海市文物管理委員会・上海博物館『宋人佚文簡』（上海古籍出版社、一九九〇年）がある。また、近年注目を受けた徽州文書がある。だが、宋代に関してはおおいとはいえない。論文もおおくはないが、近藤一成「南宋の『銭簿残欠』考」（『史観』一〇七、早稲田大学史学会、一九八一年）があって、総領所関係の残欠をあつかっている。

（10）寄付金額とは公平に割り当てられ負担する一方で、資産家や有力者などは応分の寄付を求められる。寄付金額の高いものほど、有力者であり資産家である可能性が高いのである。ただ、一方で、そのゆえに、低額しか拠金できなくても、この家はかくあるべしと高く記される例もある。それはその地位を金額的に示したともとれるので、誤差はないと考えている。

（11）伊原弘「都市臨安における信仰を支えた庶民の経済力――石刻資料の解析を事例に」（『駒澤大学禅研究年報』五、一九九四年）、「宋代台州臨海県における庶民の経済力と社会――寺観への寄付金一覧表から」（『駒澤大学禅研究年報』七、一九九六年）、「宋代社会と銭――庶民の資産力をめぐって」（『アジア遊学』一八「宋銭の世界」、二〇〇〇年）参照。なお、「宋銭の世界」を拡充・補訂したのが伊原弘編『宋銭の世界』（勉誠出版、二〇〇九年）で、拙論も加筆補訂のうえ、「宋代社会における銭の意義――庶民の資産力を参考に」として再論した。こうしたデータは他の収集データをも勘案しつつ社会考察にも使用している。また、英訳のものとしては、“*Numerical Indices that Can Reveal the Life of Song Commoners*” Angela Schottenhanmmer (ed). *Trading Networks in Early Modern East Asia*, Harrassowitz Verlag, Wiesbaden, 2010. を参照されたい。他には、寧波発見の碑文を考察した「宋代の道路建設と寄進額」（『日本歴史』六二六、二〇〇〇年）ならびに、「寧波で発見された博多在住の宋人寄進碑文続編」（『アジア遊学』九一、二〇〇六年）なども参照されたい。碑文にしるされた人名と職種を考察したものとして、「河畔の民――北宋末の黄河周辺を事例に」（『中国水利史研究』二九、二〇〇一年）、「宋代都市における社会救済事業」（『中世環地中海圏都市の救貧』、慶應義塾出版、二〇〇四年）がある。同様の例として挙げた寺地氏の論文は、寺地遵「南宋末期台州黄巌県事情素描」（平成三・四年度科学研究補助金研究成果報告書『唐・宋間における支配層の構成と変動に関する基礎的研究』、一九九三年）で、『台州金石録』巻一〇所収の「宋慶善寺新鐘銘」の銘文を利用した研究である。銘文は淳祐十一年（一二五一）に焼失した伽藍と鐘の再建のために百五十万貫に及ぶ資金を集めた際に喜捨した多彩な千数百名の名前と居所を鐘に鋳込んだもので、黄巌県の状況をあきらかにする興味深いものである。しかし、総じていえば、こうした好史料は乏しく、断片的な記載がおおいといわねばならぬ。

(12) 日宋間の交流の様態は森克己の日宋交流史研究があきらかにしてきたところである。重厚な氏の論文は『新訂日宋貿易の研究』他、全五巻（勉誠出版、二〇〇八～一一年）参照。また、本文ならびに註（11）引用の寧波発見碑文は在日の宋商人の寧波への寄進碑文であるから、日宋の民間の往来を示す好例と言える。

(13) 石塔や石の造像物その他、ならびに職工の来日についての研究は近年加速している。とくに、鎌倉時代以降の石像物に寧波経由で来日した石工所産の石像や石塔がおおいこと、さらにその素材が江南から持ち込まれたこともあきらかになりだしている。日宋の交流は単に陶磁器などの渡来だけにすぎないわけではないのである。山川均『石造物が語る中世職能集団』（山川出版社、二〇〇六年）参照。なお、この問題は本東アジア海域叢書十巻において『寧波と宋風石造文化』として最新の成果とあわせて論じられる。あわせて一読されたい。

(14) 在日の宋商人が寧波の寺社の街路舗装に寄進したことを記録したこの碑文は、当初日本史側だけで論じられていた。しかし、解釈が誤っていた。時の物価の判断や社会の実相を知らぬがゆえに生じた誤解であった。その後の検討によって誤解が正され、往時の交流の実相に近づくことができたのである。このことは註（11）引用の拙論で論じたが、その後、服部英雄「博多の海の暗黙知・唐房の消長と在日宋人のアイデンティティ」（森川哲雄・佐伯弘次編『内陸圏・海域圏交流ネットワークとイスラム』「九州大学21世紀 COE プログラム（人文科学）東アジアと日本：交流と変容」、二〇〇六年）でさらに詳細な考察がおこなわれて、指摘が確認された。また、静永健「阿弥陀経石の航路」（東アジア地域間交流研究会編『から船往来――日本を育てたひと・ふね・まち・こころ』、中国書店、二〇〇九年）もこの点を論じる。

(15) 郷飲酒礼の存在と郷貢進士の問題はかねてより指摘したことである。関連論文を参照されたい。

(16) こうした史料の記述が社会や経済の実態を示すか否か疑義をはさむ見解もあるとおもう。たしかに、そうした事例を耳にすることがある。お祭りに寄付したが、実際より多めの数字を書き込み掲載したという話や、文化財関係者が寄付をしたら、実際の額より高額で掲示されたという話も耳にする。その意味では。寄進・寄付に関する名前・金額一覧表には問題がある側面を考えておかねばならない。だが、一方でかさ上げして掲げられたものは、そうあるべき家格・財力の家ととられたためということも考えなくてはならない。つまり、全体として一つの傾向を示すものとして使用上の問題はないと考える。

(17) その珍しい例が、南宋蘇州の街路舗装費用である。前掲の註（7）引用の蘇州関連の論考を参照されたい。なお、宋代、ことに南宋時代の街路舗装の事例はすくなくないので、注意が必要である。

(18) その貴重な例が、博多在住の宋商人の寧波の寺院への寄進とその額ならびに一族のことを記した文である。

(19) このなかの「宋雲巖寺新鋳銅鐘記」は寺の鐘に鋳込まれたものである。また、「宋宝蔵寺長命塔碑」は『台州金石録』巻七にも同じく「宋宝蔵寺長命塔碑」があって、日野開三郎「宋代長生倉の発達について」（『日野開三郎　東洋史学論集』七、三一書房、一九八三年）で、宋代の寺観祠廟の利貸経営行為として利用された機関であることが述べられている。つづいて論じる無尽もまた同じである。宋代の寺観の経済活動の活発さはかねてより指摘されてきたが、このような具体的事例が石刻史料として残っているのである。本文で論じる明州（寧波）の寺院についてみると、寄進者の出身地が他の領域であることも興味を引く。さきに論じた博多在住の宋出身の商人たちの寧波の寺への寄進もまた、こうしたことを示すように思う。有力な商業都市である寧波の潜在的な経済活動とそれゆえに周辺域の関係が人的な面にもおよんでいたことを示す事例といえよう。

(20) また、貨幣の数字のあとに「足」とつけているものとないものがあるのも気にかかる。中国の貨幣運営に短陌制度が持ち込まれていたのは有名だが、「足」を足銭とすれば銭一〇〇文、附記のないものは一〇〇文未満を一〇〇文とする省銭となるからである。

(21) 博多在住の宋商人の寄進も高額である。さらに多くのデータを積み重ねなくてはならぬが、三十六という数字に意味があるのかも考えてみなくてはならない。たとえば、宗教関係だけに四×九というような数字的解析もできる点に注意する必要がある。

(22) 念のためにいっておくが、記録された金額がすべて正しいとは限らない。ときとして実際の金額より過分に書き込まれた例もあったと思われる。

(23) 宋代蘇州の記録『呉郡志』を残した范成大は、朝早く蘇州城の西門の閶門について開門をまつさまを歌っている。

（24）伊原弘『蘇州――水生都市の過去と現在』（講談社現代新書、一九九三年）で、このことを論じた。

（25）泉州の平橋については「中国の港町――海の港泉州――その成立と形態を中心に」（中近東文化センター研究会報告№11、シンポジュウム「歴史の中の港・港町Ⅰ――その成立と形態をめぐって」中近東文化センター、一九九四年）参照。すばらしい鉄牛を備えた蒲津関の浮梁と特徴ある橋の様態を写真にのこす潮州の浮梁については、伊原弘『中国都市の形象』（勉誠出版、二〇〇九年）所収の当該論文をご覧いただきたい。

（26）わたくしは文学研究者ではないので、橋にかかわる研究の様態を知らない。しかし、日本では橋は結界を意味するなど幾多の伝承がある。橋は大地における物理上の意味を超えて、人間の琴線にふれる問題なのだ。これはおそらくは中国においても同様であろうとおもわれる。七夕の銀河にかささぎが橋をかけ、牽牛と織女があう伝承もあれば、浮橋や橋のそばに大地と水を象徴する鉄牛がおかれるなどはその好例である。これらについては、伊原弘『中国都市の形象』（勉誠出版、二〇〇九年）を参照されたい。これらのなかで唐代の蒲津関鉄牛については、新聞などに当時中国に在住していていち早く見聞した桜井澄夫氏が断片的に印象をのべられた。氏はのちに「山西の鉄牛と牛肉」（『中国・食と地名の雑学考』〈田畑書店、二〇〇五年〉）で、氏撮影の発掘の様子の写真を公開されている。このほか、愛宕元「唐代の蒲州河中府城と河陽三城」（愛宕元『唐代地域社会史研究』、同朋舎出版、一九九七年）の補註においても言及されている。なお、この鉄牛については『山西民俗』（山西人民出版社、一九九一年）などに言及があるほか、阿南・ヴァージニア・史代、小池晴子訳『円仁慈覚大師の足跡を訪ねて――今よみがえる唐代中国の旅』（ランダムハウス講談社、二〇〇七年）にも、最近の著者見聞時の記録と写真が掲載されている。だが、阿南氏の見聞した鉄牛は記録や発掘時の様態とは似ても似つかぬものである。遺跡の調査にはこのような欺瞞が付きまとうことを承知しておかねばならない。また、碑文などの場合には誤写があることも承知しておかねばならない。

（27）この点は本文で論じ関連論文をあげてきたので参照されたい。なお、橋だけでなく川も結界になることは、わが国の梅若伝説からもあきらかである。

（28）この点も既発表の論文でのべた。よって、ここでさらにあげることはしない。ただ、宋代にはこまかな数字が多く登場することを忘れてはいけないことを指摘しておきたい。社会救済にせよ物価にせよ、こまかな数字に全国で偏重があったか十分に立証されていないのである。

(29) いままで考察してきた寄進額を示す史料には女性の名前をおおく記すものがすくなくない。現時点でも、女性のほうが男性に比して信仰や占いに興味を示すものがおおい。宋代においても同様の例がみられるのである。こうした事実は、社会における女性の信仰心と活動をしる手掛かりになる。

(30) 数値が現れるのは物価や街路舗装の寄付額だけでない。田土の問題もある。このなかでかねてより興味を持っていたのは学田である。宋の根幹をなす科挙官僚制度と深い関係にある学田の展開状況は意外に研究されていない。最近手にした韓国の中国史学会刊行の『中国史研究』六九（二〇一〇年）に李雪梅「学田碑与宋元学田制度化構建之努力」があって、関連研究も紹介している。残念ながら、わたくしは韓国の文字が読めないので、関連研究があることを述べるのみである。しかし、引用史料のかなりを見ているが、所有田土や関連の数字の精査が十分でないことを残念に思う。当該地に住む、あるいは往時の関連数値を精査して論じれば、かなりのことが議論できたように思う。

(31) 註（14）引用稿。

(32) 前引の事例と合わせて足銭・省銭の使用事例、寄進のさいの貨幣の扱いを考えるうえで面白い問題と思う。寺観ゆえ日本の寺社の場合と同様に現行の貨幣と関係なく古銭を賽銭とするのかもしれない。しかし、宋銭は宋代に通行していた銭である。省銭と足銭の通行頻度を考える事例になるかもしれない。

宋代明州（寧波）における「家族」研究——方向と方法

柳　立　言
山口　智哉　訳

はじめに

筆者に与えられたテーマは、宋代寧波の家族と関連する史料についてであるが、紙幅の都合もあり、主として読者の視点で寧波の家族（楼氏・汪氏・史氏・高氏そして袁氏の五大家族が中心となる。附録を参照されたい）に関する研究に対して、幾つかの問題提起を行うという回顧に止まる。これらの論著が導き出した解答から、現在までの研究成果と今後の課題が明らかとなろう。

いずれの時代の家族史研究にもそれぞれ注目される問題があり、これらを一括して論じることはできない。宋代の研究については、史料上の制約から中・上層の家族の考察に限られ、また士大夫のものが多くを占めている。唐代、長期間にわたって政界に居座り、代々にわたって爵禄を享受し続けてきた門閥貴族とは対照的に、宋代家族史に特定される問題はおのずから以下のようなものとなる。

第一に、宋代の家族には新しい形態が出現したのかということである。これは、主として家族構成員の居住地・埋葬地・分家分産そして共同活動等を指し、例えば同居共財なのか異財聚居なのか、家族に組織や規範が備わっているのか、そこから見えてくる家族の規模、族人が家族意識を持っているのかどうか、族人間の各種の関係等である。

第二に、家族はいかにして興り、維持され、そして没落していくのか。関連する要因は多いが、大きく家族の内部経営と対外発展の二つに分けられ、たまに両者が重複する場合もある。内部経営とは、家族所在地の客観的条件（農林水産資源や鉱物資源、および教育や文化に関する資源が豊富であるかどうか）、指導者、家族組織や規範、家族の伝統（家風等）、内部関係（相互扶助あるいは家産分割をめぐる争い）、人口の多寡、名声（貞節・孝友・義門・兄弟同榜・徳行・善政・

学術等に対する顕彰など）、財産、教育、婚姻等である。対外発展には、移住、政府との関係（抗糧・抗租等）、他の家族との関係（代々の婚姻・協力・競争・械闘等）、人脈（政治・軍事・社会・学術・商業・宗教界等を含む）、事績や役割（これまた政治・軍事・社会・学術・商業・宗教界における、橋梁修建・道路建設・社会救済・学校経営・寺院建立等が含まれる）、吏役（里正や甲長といった基層社会の役務を担当して形勢戸となる場合等）、買官、科名、恩蔭、官位の高低等が含まれる。この他、任官制度（薦挙や避嫌等）、政府の家族政策（祭祖の制限や墓田の免役・減税の許可等）、及び突発的な事件（科挙改革・党争・政治改革・戦乱・災害等）といった要素も家族の発展に影響を及ぼす。紙幅の制限から、本稿では、焦点となっている話題、すなわち進士獲得と人的ネットワークの陥穽に限って取り上げることとする。

第三に、政治・経済・法律・社会・軍事・宗教や文化といった、宋代の重要な領域に、家族が及ぼした影響について。例えば宋代の政治・経済および文化といった資源は、小数の家族によって掌握されていたのか。家族の利益は、立法や司法に影響したのか。基層社会は家族によって統制されていたのか。学術や学派は、家族をたのみとして展開したのか。地域経済は、家族にすがるかたちで発展したのか、あるいは逆に家族（さらには村落や行会）によって形成された「伝統と閉鎖的な秩序」の統制を受けて、硬化ないしは停滞したのか。紙幅の都合上、本稿では、焦点となっている話題、すなわち家族が郷里意識や地方文化を形成したのかについて検討を加える。

一　明州の士人家族には新しい形態が出現したのか(2)

（1）いかにして家庭・家族・宗族を区別するか

家庭を区分する最も重要な規則は、共通の祖先を持つ直系親族（父—諸子—諸孫）が同籍共財し、家長だけが指導の権威と懲戒権を持っていることである。法律に照らせば、父母祖父母のいずれか一人が存命であった場合、子孫がたとえ結婚していようとも、依然として父母祖父母と同じ戸籍に入り、財産を共有する（子孫は収入を父母祖父母に渡して管理される）必要がある。とりわけ戸籍を別にすることは禁じられており、一家の内ですでに財産分割（法律では父母の生前における財産分割は許される）がなされ、子孫がそれぞれ関書（家産分割の文書）を持っている場合や、あるいは子孫が游学ないし遠地に赴任中で、父母と同居していない場合でも、彼らはなお同じ戸籍に編入されていた(3)。戸主は、通常であれば家長たる父親が当たり、必ず戸内の賦役や動産・不動産の売買典押、および子女の婚姻などに対して責任を負う。例えば、税を納めることができなければ、罰を受けるのは戸主であって、その子孫ではない。その責任に対して、政府は家長に一定の権力を付与する、これが指導の権威と懲戒権である。例えば手違いで不肖の子を死なせてしまった場合、軽罪で済まされた。このような、専ら「家長」が持つ責任と権力は、一般的に言って「族長」が所有するものではなく、このことは「家庭」と「家族」との重要な差異を反映するものである(4)。梁洪生や程民生、馬玉臣による研究によれば、北方では一戸平均約九人、南方では約六～七・五人、士人家庭の人数はこれよりも多くなるという(5)。人口数から判明することは、一般的な家庭は二、三世代が同居している。一言でいうなら、大多数の家庭が三世代前後の共通の祖先を持つ直系親族によって構成され、法律上、彼らは同一戸籍でなければならず、また財産の共有が理想的とされており、その家長は法で定められた指導の権威と懲戒権を有し、家庭の賦役や財物の売買、あるいは婚姻といった内外の事務に責任を負った。

家族は、家庭が変化したものである。ある家庭の父母祖父母が死亡し、この家人の関係が共通の祖先を持つ直系の「父―諸子（それぞれ兄弟）―諸孫」から共通の祖先を持つが傍系である「諸子（それぞれ兄弟）―諸姪子」になることであり、また一人だけの家長（死亡した父祖）の「家庭」が数人の家長（同輩の兄弟）を持つ「家族」になることである。言い換えるならば、「家族」とは、こうした共通の祖先を持つ傍系の「房支」あるいは「家庭」によって構成されるものの、異なる形態をとっているものである。

祖父母と父母の死後、諸兄弟は二種類の選択に直面する。それは、分家するかしないか、および分家した後はどのような方法で連携を取り合うかということである。ここから生み出される異なる形態の家族には、おおきく義居型家族、聚居型家族、および共祖属群の三類型がある。(6) もちろん、この中には混合型や各種の変型があり、以下、その主要な特徴のみ述べることとする。

第一類型は、義居型家族である。父母祖父母の喪明け（服闋）の後、各房の子孫はただちに分家することもあれば、分家しないこともある。後者の場合、継続して同一戸籍内にありつつ、高度な財産共有を行う。その特徴は、共同所有、公平分配であり、家族意識の最も強力な表現といえよう。いわゆる「人びとと共同でことを行う、義という（与衆共之曰義）」であり、それゆえにこれを「義門」という。彼らの義居は数世代から十数世代に及ぶこともあり、著名な江州陳氏義門は朝廷の命令によって分家した際、二九一戸すなわち大小二九一の家庭に分かれることになったという。(7)

第二類型は、聚居型家族である。財産や丁数が多いために負わされる過重な差役から免れる、といった様々な理由から、大多数の子孫が父母祖父母の喪明けの後に分家を選択する。法律上、これを「別籍異財」という。別籍とは兄弟各房がそれぞれ戸籍を取得することを指し、財産を別にする場合には均分を目指し（時には拈鬮すなわちクジで公平になるようにする）、兄弟が分配する財産はおおよそ等しく、また分配した財産をそれぞれの戸籍に登記することで私産とする。これより各房は独立した戸籍と財産（私産）を持つ家庭となり、それぞれに戸主がおり、各自が戸下の賦役を負担して互いに干渉しない。一般的な家族は、まさにこのような独立した戸籍と財産を持つ傍系家庭によって構成され、今日のものと変わりない。これらの家庭は、各地に分散するか、あるいは継続して一箇所に集住している。ただ集住する場合でも、その関係には緊密・希薄の差異がみられる。

関係が比較的緊密であるような聚居型家族の特徴は、ある程度の家族組織や規範によって個々の独立した家庭が結び付けられ、かなり高い「共同」意識を持っていることである。通常、血縁の希薄化に伴い、個々の独立した家庭間で継続して繋がりを保ち、求心力を増そうとすれば、ある家族は指導者・族祭・族譜・族規・族学・族墓・族産等をまちまちに設立する。一般に家族組織や規範と呼ばれるものは、その規模が大小様々で全て揃っているようなことは少なく、基本的に族祭がなければならず、次いで族譜と家族の指導者（推挙された族長など）がいる。もちろん一定の族産（共同財産）を持つことが最も望ましく、これには通常二種類がある。ひとつは父祖が残してくれた財産の内、一部分を子孫による分割を許さず、後裔が共同で所有するような共産である。いまひとつは各房がそれぞれ私産を持つものの、同時に共同出資で比較的大きい共同財産を設立して各種の共同活動に充てるというものであり、例えば冠婚葬祭時の手当ての支給、学習や科挙受験の費用、および族祭や族譜編集時の資金などである。共同財産は共同出資の成立である以上、族人は使用権ばかりでなく、所有権も有することになる。もちろん後代の人数が増加するに従って、子孫が共同財産を増やそうとしなければ、その獲得しうる利益も次第に減少してしまうので、そう易々と家族結集の機能を発揮することはなくなってしまう。

第三類型は、共祖属群である。実のところ、これは疎遠な聚居型家族であって、分散して居住しているような場合もある。その特徴は、個々の独立した家庭がそれぞれ家事を仕切り、家族組織や規範に欠け、「共同」の意識があってもその程度は高くない。このことは、家庭間で相互扶助関係がないということではなく、相互扶助の多くが個人の力量によるもので、家族によるものではなく、その性質が個人的・個別的かつ臨時的で、合族的・制度的ないし固定

	義居型家族	聚居型家族	共祖属群
同籍	同一戸籍	族内の各家庭は独立した戸籍を持つ。	族内の各家庭は独立した戸籍を持つ。
共財	高度。各過程はできるだけ私有財産をもたない。公平分配。	中度。各家庭は私産を持つ。	低度。各家庭は私産を持つ。
家族組織や規範	高度。	高〜中度。	低度。
共同意識	高度。	中度。	低度。
共同活動	高度。	中度。	低度。

的なものではないということである。例えば共同活動や必要経費のほとんどが臨時的な会合やその場その場で遣り繰りされ、たとえ族産が存在していようとも、その多くが一房の個人財産に属して合族の共同財産とはなっておらず、通常、族人は使用権ないし受益権を持つのみで所有権を持っていない。つまり、単に「通財」（融通できる金銭）なのであって「共産」（共同財産）ではないのである。

研究者は通常、家族組織の規模の大小から、聚居家族に近いか、あるいは共祖属群に近いかを評価しようとするが、両者は決して一定不変のものではなく、一続きの過渡的および重層的な部分を持つものとなっている。例えばモーリス・フリードマンの述べるA（最弱）からZ（最強）へ[8]、これをスペクトルと見なす者もいるのだ。分かりやすく、この三類型の家族の一般的な特徴を表にすれば以下のようになる。表中の「高度」～「低度」とは、三者間の相対的な評価である。

最後に宗族について述べておかねばならない。そもそも宗族と家族の区別はどこにあるのだろうか。杜正勝は『儀礼』喪服伝を根拠として次のように考えている。「家庭」の成員は、主として父己子の三代であり、最も広範には同じ祖父から生まれた人びとにわたる。「家族」とは、大功より緦麻に及ぶ、共通する曾祖・高祖を持ちつつ、財産を共有していないものを指す。「宗族」とは五服外の同姓であり、共通の遠い祖先を持つが、疎遠で服喪関係にない者を指すという[9]。五等の喪服（斬衰三年、斉衰期、大功九月、小功五月、緦麻三月）から家族と宗族を区別するのは正しいが、宋人の言葉の用い方には時に厳格ではない場合もあることを考慮に入れれば、逆に次のように言うこともできる。「宗族」の範囲は最も広く、五服内外の共通の祖先を持つ親族を含み、「家族」とは五服内の共通の祖先を持つ傍系親族、そして「家庭」は五服内の関係が最も密接な、共通の祖先を持つ直系で、かつ財産を共有する親族である、と。すなわち、宗族は家族を含み、家族は家庭を含み、三者に共通するのは、「共祖」つまり共通の祖先を持つことである。もちろん、この祖先は根拠のある祖先であり、聯宗（もともと血縁関係にない同姓が一族となること）や冒宗（ある家族が血縁関係にない同姓と一族であると偽ること）のために無理やり繋げられた祖先ではない。

事実上、族人と宗人には法制上、大きな区別が設けられていた。すなわち、依然として同籍共財の状態にない限り、宗人の犯罪に対して相互に隠すことはできなかった。また相互に侵犯する場合には、一般人として審理し、彼らの交際は赤の他人と同じもので、婚礼や葬儀にも関与しないものとされた。ある者は、おそらく二十等親と兄弟のように親密な場合もあり、我々はもとよりこうした関係の形成や作用およびその影響を研究せねばならないが、このことを根拠にして彼らが兄弟であり、二十等親ではないとは言えない。もし彼ら相互に侵犯があった場合、法官が彼らの同族関係を考慮するかどうかはその個別事案によって決められ、これを通例とみなすことはできない。五服内の親族を審理する場合のように、まず親等から罪を論じて後に罪を定める、さもなくば法官の違法となるようなことはない。

（2）どのように明州家族の形態を評価するか――楼氏を例として研究の切り口を探る

楼氏については、研究の成果が最も多い。では、いったい楼氏は義居家族なのか、聚居家族なのか、あるいは単なる共祖属群なのであろうか。以下、「家産分割」、「家族の伝統」、「族譜」、「族祭」、「組織的な相互扶助」、「非組織的な相互扶助」および「分化・分裂の誘因」などの七つの切り口から試論を提示し、大方の批正を仰ぎたい。分かりや

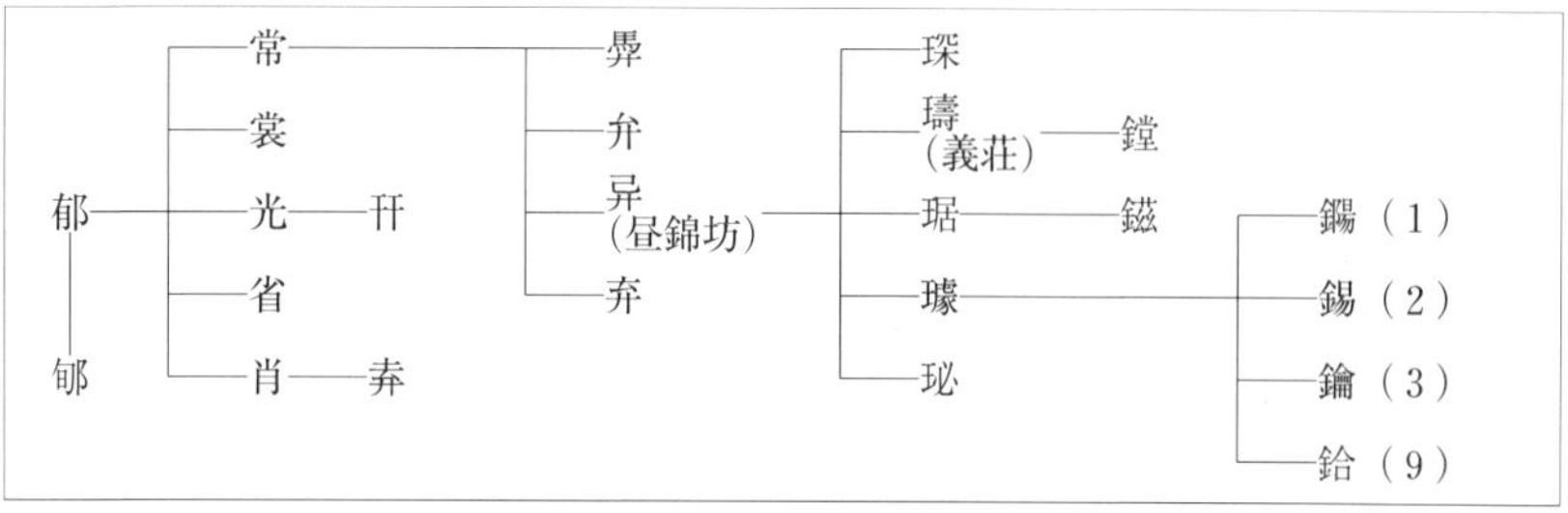

楼氏主要人物の世系図

すく、まず主要人物の世系図を示せば、次頁のようになる。

第一点目は、家産分割である。これは最も重要な問題であるため、まず明らかにしておかねば家と族を混同してしまい、誤解を招きかねない。楼氏は、決して同居共財の家族ではなく、絶えず財産を分割し、同一地区に分散して居住していた。遅くとも北宋中期の楼郁（楼家最初の進士）と楼郇兄弟かその息子の代から、楼家は一代ごとに分家分産を繰り返している。第二代以降の関連史料からうかがえる点について、以下に列挙してみたい。

1　第二代「小」字輩と第三代「廾」字輩の家産分割

［1・1］　楼郁の孫にあたる玕は、「親に孝道を尽くし、父楼光の喪が終わると、財産を一切取らず、妻子と郊外に住んで自活した」とあり、[10] もう一人の孫である弆も、「父楼肖の家産すべてを四分し、自分だけ一銭も取らず、夫人もこれに難色を示すことなく、その決断に賛成した」という。[11] すなわち、楼玕と楼弆の父親たち（楼郁の五人の息子）は、すでに家産を分割しており、その息子たちも父の死後に分家し、もはや同居共財していなかったことが分かる。

［1・2］　楼郁の孫の异は、大型の個人住宅区である「昼錦坊」を建設しており、包偉民と黄寛重は、いずれもこれを北宋楼氏の最盛期の象徴であり、このことを契機として家族組織の設立を試みたとみなしているようで、楼氏の後裔も彼には義荘を設立する

用意があったものの、ついに完成をみなかったという。一歩退いて考えてみるならば、南北に相隔てる五百尺の昼錦坊内には昼錦橋・錦照橋・錦照堂・継繡堂といった建築物があるのだが、その内部に住んでいるのはいったい楼异一房の「家」人なのか、それとも研究者の言うように、楼异の二人の兄と一人の弟およびその後裔を含むような「族」人なのであろうか。楼异の栄達は、族人に影響を及ぼしたのであろうか。昼錦坊は、家産分割の運命から免れて、楼异の五人の息子たちの共有財産となりえたのであろうか。

2　第四代「玉」字輩の家産分割

両宋交替期、明州が陥落し、楼家も破産してしまうと、族人は相互扶助が不可能となり、楼异の第四子璩の一家は長期にわたって妻の家に身を寄せることとなった。このような痛ましい経験を経つつも、戦後に家の復興を遂げた際、依然として楼璩の五人の兄弟は分家の状態にあった。楼璩の第三子鑰による「祭叔父（知）郴州（楼珌）」によると、家を隣近所に建てて余生を過ごすこととしたが、弟の家が先に完成し、じつに立派に整った屋敷になったが、自分の家の方はまだ完成せず、依然として建設中だ、とある。[12]すなわち、隣近所であっても、楼璩と楼珌の五人の兄弟の家産分割の状況は一貫して維持されていたのである。もはや資金を出し合っての共同建設ではなく、各家の資本に応じてそれぞれ住宅を建てており、その落成にもおのずと先後が生じているのである。

3　第五代「金」字輩の家産分割

［3・1］　黄寛重は、家園重建の際、楼璩の次子錫がかつて独力で堂宇を建てて父に奉じたことを指摘している。楼錫の弟の鑰が兄に代わって撰した行状によれば、「父（楼璩）は久しく屋敷を建てようと思っていたものの、その

資金がなかった。兄は父親の意をうけ、その建設に力を尽くした。……父が知州の赴任待ちをしていると、兄は嘆息して『親の齢がますます高くなるのに、これをゆるがせにしてはおけない』と言い、県城に入って段取りを立て、日々事が運んで落成すると、両親を奉じてここに住まわせ、世話をした(13)」とある。この史料は、楼鍚が私財を蓄え、ひいては父親よりも裕福になり、楼鑰ら九人の兄弟ともすでに分居異財の状態にあったことを示すものである。もしも共有財産を利用して建てたのであれば、それは「独力」ではない。このような、父親の存命中に家財を分けた後、独居ないしはいずれかの息子と同居し、他の息子たちとは異居異財という状態は、決して珍しいことではなかったであろう。

［3・2］　楼鑰は、父親楼璩のことを「清貧終身」と述べ、自身は父兄が相継いで世を去ると、「飢饉の歳にあたり、一族は、外では助け合い、内では夏冬の祭祀などを行い、八方手を尽くしてやりくりし、なんとか無事に乗り切った」という。これを楼鑰が家族全体の責任を負っていたことを示すものだと考える研究者もいるが、そもそも家族全体の範囲とはどれぐらいの規模なのであろうか。筆者が考えるに、最大でも楼鑰自身の九人の兄弟という「一家」であり、四人の叔父・伯父の家庭を含むようなものではなかったと考えられる。なぜならば、少なくとも叔父楼琺と伯父楼璩の家庭が彼の家族経営を頼りにする必要はなかったからである。

楼鑰兄弟一家は、引き続いて成長を遂げ、後には楼鑰の母以下、百人を超える四世代が同居する大家庭となった。もとよりこれを俗に家族と呼ぶことは可能であるが、父親の直系であって傍系の家族でないこと、生活上の圧力が自身の兄弟やその甥姪といった「家人」に由来するものであり、決して堂兄弟や従兄弟およびその甥姪ら「族人」ではなかったことを指摘しておくべきであろう。このほか、さらに注意すべきこととして、このような数世代が同居している直系家族は、たとえ諸子が婚姻の後、諸房が並立することになろうとも、法律上は依然として一戸であって複数戸ではないということである。上述のように、唐宋時代の法律規定では、父が亡くなって母が存命である場合、諸子はなお別籍異財を許されない。とりわけ官僚の家庭では、天下の大悪をあえて犯すようなことは非常に少なく、かりに兄弟がすでに反目し合って仇敵となっているような場合でも、寡母が亡くなり、その喪が明けてようやく別籍異財の運びとなる。ゆえに、寡母の喪明け前に兄弟児甥が同居共財であっても、それは単に「守法」というだけであって、家族意識に基づく「意図的な」同居共財だとはいえないのである。寡母の喪明け後は、法律においても分家を許しており、もしも兄弟児甥が依然として同居共財している、ないし別籍異財であってもなお比較的強固な連携を維持して共祖属群の関係になっていないようであれば、今一度その家族意識について検討すればよい。

［3・3］　義荘を創設した楼璩の五人の息子も二度にわたって分家しており、最初は楼璩が紹興三十一年（一一六一）に生前分割を行い、二回目は彼の死後の分割で、次子鐣の寡婦の墓誌に、「家産を分割する際、亡夫に黙禱を捧げて『私はこの屋敷を守りたく存じます』と言うと、はたしてその通りになった。庁堂は改めず、その他はいずれもこれを新しくした」とある。[14]前者の記述によれば、クジ引きによる分家方法で争いを避けたようで、その結果、大宅は二房によって引き当てられることになった。

［3・4］　楼氏の地位を象徴する昼錦坊もまた分家分産の運命から免れることはできなかった。宋金戦争が勃発し、楼异が建設に尽力した私人住宅区・昼錦坊が兵火による破壊を受けると、彼の直系子孫たちは家族の共有財産の再建に力を合わせるのではなく、各自が継承分を重建し、当然ながら各自が所有者となった。史料には、楼鐊の父親楼琚は斉公（楼异）の継繡堂があった土地を得てこれを屋敷としたとあり、[15]この一房が西側の継繡堂の一帯を継承したことが分かる。楼鑰の房は、東側の東楼一帯を継承し、楼鑰が執政に任じられた際に完成した。そして楼少潜の一房はおそらく継承部分の残りを重建したはずで、さらに「昼錦坊」という坊門（坊表）を再建している。

総じて、学者たちは「結局のところ同居共財なのか聚居異財なのか」といった問題を抱いて史料を読み込んでいき、おそらくはより多くの情報を見出したうえで、楼氏の家族を構成する各家庭は分家した後、経済的に相当程度まで独立した存在となり、地位の比較的高い家族の指導者や家族制度の構造を持つこともなく、個々に財産を処理できたと指摘するのであろう。これらの家庭が相互扶助を行うかどうかは、完全に家長ないしはその家の決定者の決定に左右され、もしも家財を惜しむような家庭があれば、他の家庭との関係はおそらく相手の友人や姻戚との関係に及ばなかったであろう。北宋の中晩期に宰執となった李清臣がまだ若い頃に撰した対策には、「今、天下の民は、家屋を分割し、田産を数えない者はなく、とりわけ井戸・爨・墳墓は、血の繋がりをもつ親族であっても、はるか遠くに離れており、一族で集居する者など千室のうち二、三もなく、どうして秦俗だけが軽薄だなどといえようか」とある[16]。この「殊井爨墳墓」の一句は、一見して重々しい表現となっており、果たしてここに族産・族墓・族祭の設立といった可能性が存在するであろうか。南宋中期の陳淳も、「ひどいときには父母がいるのに財産を分けて戸籍を別にし、兄弟でも顧みることなく、まるで道行く他人のようである。戸籍を分けないでいると逆に互いに仁義の道を損ない、親がまだ健在でありながら往来せず、冠婚葬祭も告げあうことなく、困窮していても助けようとしない」と述べる[17]。実のところ、中下層の士大夫が家族を維持できる能力があるかどうかは、極めて現実的な問題だったのであり、完全に道徳的な、あるいは儒家理想的な問題というわけではなかった。

第二点目は、家族の伝統（例えば家風など）である。家族の伝統を形成しようとすれば、集団記憶がもとより有用であるが、虚飾や記憶違い、断片的なものがあり、またある集団記憶と別の集団記憶との衝突が生じたりする。ゆえに最も好ましいのは、本来の形を留めて改変がなされていないような具体的な物証があることである。学者のほとんどが家学を楼氏の重要な資産であったと認識しているが、非常におかしなことがある。楼郁は楼氏最初の進士であり、なおかつ学問と教育によって高い名声を得、そして豊かな人脈を築いた人物であるものの、子孫に伝家の宝とされるような彼の作品、例えば印刷物や、学校ないしその神位が安置されるような場所に置かれて共同資産となっているようなものは存在せず、第五子である楼肖の手中に帰していたというのだ。両宋交替期、金兵が明州に侵入すると、楼氏の族人たちは避難の最中に、楼郁の手稿をどう処理すべきか判断がつかず、結局、楼肖の次子弅の妻であった張氏が金で人を募って穴の中に隠すことで、長らく家宝として扱われたが、最終的には散佚して行方知れずとなってしまった。おそらく、当初は楼郁の著作が遺産の一部分とされており、分家の際に楼肖の房に渡ってその（自己処理ができる）家産となり、（家族の同意を得て初めて処分が可能となる）族産ではなくなっていたということであろう。[18] しかしながら、楼肖の子孫の挙業は成功をみることなく、この重要資産の働きもまた、人によってまちまちであったことが分かる。

第三点目は、族譜である。北宋時期、おそらく楼氏には各家（房支）の譜牒があるだけで一族を併せた譜牒というものはなかったようである。楼鑰が先人の事績を記述する際には、房支も、名諱も、移住状況もはっきりせず、高祖楼郁の五人の伯父・叔父すら誤って四人としている。楼鑰の当時の地位を考えれば、必ずや事実を追究する力があったはずだが、どうやら彼はそういったことはしなかったようである。いったいこれは何を反映しているのであろうか。楼璩の一支は義荘を設けており、族譜を用いてその親等と真偽を見分けようとしたようである。これについては『昼錦楼氏宗譜』という族譜があり、後に宰相となる鄭清之が序文を撰しているというが、目下のところ未見である。

第四点目は、族祭である。これまでの研究では、族祭を支えた族墓田や、族祭田のような共有財産は発見されておらず、さらに楼氏に族祭の活動が存在したことを指摘する者もいない。執政にまで至った楼鑰は、かつて両親のために長汀庵を建設したが、これは家廟に属するものであって族祠ではない。彼は、「この事業は、個人の力によるものであるが、このことは、じつに諸房に関係することである」と述べており、ここから、彼個人の出資であって、兄弟による共同出資でなかったことが窺え、おそらく後者に使用権はあっても所有権はなかったはずである。事実上、楼鑰は諸房の族人子弟に気を許すことはなく、彼らに当庵での仮住まいや物品の放置などを戒めるとともに、さらに彼らの従僕たちにも、一本の竹木であっても侵すことなく、代々受け継いでいくように戒めた(19)。これより、宋代の家族を研究する際に、必ず指摘されるべき以下のような点がある。ひとつには独力による建設であり、決して族人の共同出資によるものではないこと、ふたつには身分不相応な望みを抱く者が多く、一度創設者の力が弱まってしまうと、そのような状態が長く続くことにはならなかったということである。このことは、族産の維持に際しては個人を頼みにすることはできず、家族制度による管理に頼るべきであることを反映している。しかし、家族制度は宋代において未発達であり、創設者が公共施設を建設後、族人が使用権を享受できても所有権を認めなかったので、用途が「公」の施設に属するものであっても、その性質は依然として一房の「私」産であった。この点は、後世のものと大きく異なるようである。

第五点目は、組織的な相互扶助である。従来の研究には史料的な限界が存在する。最も注目されるのが南宋初年に楼郁の曾孫璹によって創設された義荘なのであるが、これによって我々は楼氏に一定の族産と制度的な相互扶助を持つ、聚居型家族の特徴を認めることができるであろうか。おそらくそれは不可能であり、いくつかの基本的な側面から整理がなされなければ、一房一支の私産を誤って族産とみなしてしまい、楼氏義荘の性質と機能を誤解ないし誇張しすぎてしまうことになる。

①義荘は、楼氏一族全体の共有財産ではない。わずかに創設者である楼璹「一房」ないし「一家」の共有財産であり、楼璹およびその兄弟の「諸房」あるいは「一族」の共有財産ではない。その管理もまた主として楼璹の五人の息子（そのうちの一人はおそらく早世して後裔もいなかった）の内の四人の息子によって行われ（「四子歳更任其出納、定規約(20)」）、

その他の族人の参与は見出せない。こうした情況は元代に至るまで続いたようで、「宗族組織と宗族の公産（義荘）にはそれぞれ管理者および支持者がおり、その利益をめぐって衝突した結果、訴訟にまで発展した。こうして、楼氏の宗族は有名無実と化す」ことになったのである。(21)

②寄付者の範囲に限界がある。楼鑰が参知政事であった時、六人の族人が連名で彼に朝廷の力を利用して義荘を保護し、族人の侵奪を防ぐように依頼した。この六人中、一人は楼鑰の弟鐳の孫である杞、他の五人はいずれも楼璹の後裔で、なおかつ楼璹の五人の息子のうちの四人の子孫である。このことは、義荘が楼璹によって創設された後、他の房支の族人が義荘の発展を目指してさらに寄付を行うことが少なかった、あるいは全く行っておらず、管理者や所有者のグループに参加していなかったことを示している。

③受益者の範囲には限界があり、曾祖が同じで下は緦麻に至るまでの貧者や、服喪の関係にはないがその行いや業績に関する評判の高い者が、それぞれ応分の支給を受けていた。(22)楼璹の曾祖父は楼郁であり、つまり楼郁の弟楼郇と彼ら四人の叔父の後裔はいずれも排除されていたことになる。楼鑰によれば、父親が「揚州知事の伯父（楼璹）の義荘を拡張して、宗族に及ぶようにしたい」と述べていたとあり、このことからも、もともと義荘が緦麻以外の宗人に及んでいなかったことが分かる。恩恵を受ける程度にも違いがあったようで、リンダ・ウォルトンは、受益者が主として楼异の子璹らの五兄弟であり、彼らが受益者グループを形成して彼らの従兄弟たちとは区別されていたという大胆な推論を下している。義荘の正確な名称が「昼錦楼氏義田荘」であり、昼錦楼氏が楼异の一支のみを指して楼氏全体ではなかったことから考えて、この可能性は高い。

④義荘の機能には限界があった。義荘の設立当初は、良田五百畝もの土地を所有しており、理論上、各種の宗を敬い、族人を結集させるような機能を発揮し得たであろう。しかしながら、その主な支出は、基本的な費用を除けば、

五服内の貧しい族人および五服外ではあるがその行いの賞賛すべき貧しい宗人を救済することに終始しており、族人の凝集力を高めうるような家族活動である婚喪田・墓田・祭田・学田といった類の役割を果たしていないようである。我々は、楼鑰が「范氏復義宅記」を著したからといって、すぐさま両氏の義荘を同一視してはいけない。楼氏の義荘は貧しい族人を救済しただけであるのに対し、范仲淹の義荘は基本的な生活費・婚喪費および科挙受験の旅費など族人全体に支給されるもので、両者の対象と機能はまったく異なっている。事実、楼鑰自身が異なる一文中で、楼氏の義荘が単に「宗族之不給者」および「寒宗之貧者」に対してのみ支援するものだったことを述べており、范氏義荘には遠く及ばないものであった(23)。

総じて、我々はもとより楼氏義荘に対する限りない尊敬の念を抱くものの、これを伝説化してしまうことは良くない。楼氏義荘の機能には限界があり、問題も多く、研究者が想像するような「その運営は順調で、高い効果を上げ、楼氏の後裔が科挙受験であるか、官途についてからであるかを問わず、いずれも成功を収め、これまた楼氏家族が南宋中期以後に安定して発展を遂げるプラスの要因となった」施設とは言えないし、まして「このような家族を安定させる経済的要素が、後になって楼氏家族の科挙における他の士人との競争意識を喪失させることになった」という評価など到底ありえないことを指摘しておかねばならない。「義荘」の二文字からすぐさま族人を保護し、族基を安定させるものだと想像してはならず、必ず詳細にその内涵を分析してこそ、はじめて実際の機能とその限界を理解することができるのである。我々は、楼氏義荘を、范仲淹や趙鼎の、まさに「家族」を出発点として設計された義荘と比較することで、その糸口をつかむことができるであろう。

第六点目は、非組織的な相互扶助である。どの家族も義田のような共有財産を有して族人を助けていたわけではない。したがって、我々は非制度的な相互扶助、すなわち人的結合や人的ネットワークの実際上の働きを分析し、架空の設定を論じることがないようにしなければならない。楼鑰は長年にわたって高官に任じられ、その庇護を受けた者は数十人に達するが、目下のところ判明しているのは、父が同じ兄弟と自身の兄一人・弟三人の子供（期親）だけで、遠くても三等親に限られ、彼の伯父・叔父の子孫の事例は見出せない。親しいところから疎遠なところへ、というのが人の常であるが、被恩蔭者の範囲がどのようなものであったかについては、いま少し明確にしておかなければ、曖昧にも「族人」が恩恵を被っていたとは言えず、父が同じ兄弟の子供の範囲内でしかない。一般的な情況下においては、あるいは杜正勝の述べるような、大功が共有財産の極限、互いに有無相通ずる最大範囲であるのかもしれない(24)。

学者はしばしば族人間における相互扶助や、ある族人の他の族人に対する援助という点から家族の重要性を説明しようとする。これについて異論を挟むつもりはないが、古代から現在にいたるまで一貫してこうだったのだと、単にこの点だけを恃みとして宋代家族の重要性を論じるのであれば、中国の伝統家族が宋代に発展をみた特徴を浮かび上がらせることはできまい。史料中に現れる族人の相互扶助については、幾つかの問題を考慮することが可能である。

第一に、「族」の範囲がどのぐらいなのか。古来より言われている九族とは、どのような範囲であろうか。同じ一族の九世代の人間だという説もあれば（高祖より玄孫にいたるまで。次頁図参照）、異姓を含むという説もある（父の族四、母の族三、妻の族二）。人命と無関係であれば、学者たちの論争は大いに止まるところを知らないだろうが、族誅（株連九族）や分産に関わってくるとなると、境界を定めてこそはっきりする。従来の研究では、『元典章』・『明会典』そして『大清律例』中の「本宗九族五服図」等を根拠にして、遅くとも元代から九族は同じ一族の九世代の人間を指すと考えられている。このことは、おそらく宋代へ遡らせることが可能であり、少なくとも当時の人間もこの境界を利用して幼児を教育していた。例えば四字経である『名物蒙求』には「高曾祖父、在己身前、由己而後、子孫曾玄、是為九族、教人親親(25)」とあり、また『三字経』にも「高曾祖、父而身、身而子、子而孫、自子孫、至玄曾、乃九族(26)」

とある。ゆえに、いわゆる族人への支援とは、高祖を同じくする九族（すなわち一般に言う五服親）を支援することとなるばかりでなく、曾祖を同じくする七族でも、祖を同じくする五族でも、さらには父を同じくするだけの三族でも構わないことになる。三族といえば、父母・妻・子と兄弟姉妹だけである（次頁図の太線で囲んだ部分）。『清明集』には、後継ぎをめぐる紛争の案件があり、双方が協議した結果、一族の者すなわち朱修炳ら一人ひとりが証文の後部に署名することとなった(27)。後継ぎの問題に関わるのは、主として二つの家庭と族内の調停者（例えば朱修炳）等であり、この「合族」が九族もの範囲を指すとは考えられない。実際問題として、かくも多くの族人を集めて簽押するなど不可能である。魏道明は、族誅とはいっても、三族を基礎として祖や孫を加えるに過ぎなかったと指摘している(28)。筆者は、宋代史料中に見られる「族」が、はっきりとした範囲が指定されているものを除けば、そのほとんどが父を同じくする三族あるいは祖を同じくする五族ではなかったかとの疑念を抱いている。

第二に、族人の個人的な援助以外に、当該家族で制度的・組織的な相互扶助のシステムがなかったか。簡単に言えば、援助の方法と方向を考えることで、方法とは固定化されたもの、さらに制度化されたものであったかどうかであり、方向とは公共施設、例えば墓田および族産などの家族の共有財産に向けたものがあるかどうかである。

伝統家族の宋代における発展の特徴について論じる際、必ず「通財」（私産）と「共財」（共有財産）、および「血縁としての」家族と「組織としての」家族を弁別しなければならない。宋代の家族には范氏義荘や趙鼎『家訓筆録』などの家訓が出現しているが、これらが貴重であるのは、個人関連の通財が公共性と権益性を持つ共有財産に変化していることであり、一人一人にその資格があったことは当然である。また同様に貴重なことは、血縁としての家族が、血縁を兼ねつつ、祠堂・墓田・族学・族産と管理規則などを備えているような組織としての家族に進化していることである。こうした変化を把握しておかないと、宋代家族の発展の特徴およびその効果について理解することができず、

南宋車垓〈本宗五服図〉

				高祖 父 斉衰三月	高祖 母 斉衰三月				
			族曾 祖姑 曾祖姉妹 緦	曾祖 母 斉衰五月	曾祖 父 斉衰五月	族曾 祖父 曾祖兄弟 緦			
		族祖姑 祖従父姐 妹 緦	従祖祖 姑 祖姉妹 小功	祖母 嫡孫祖在 杖斉 斉衰不杖 期	祖父 斉衰不杖 期	従祖 祖父母 祖兄弟 小功	族祖父母 祖従兄弟 緦		
	族姑 父再従姐 妹 緦	従祖姑 父従父姐 妹 小功	姑 嫁反及無 夫与子者 同 不杖期	母 斉衰三年	父 斬衰三年	伯叔 父母 父兄弟 不杖期	従祖 父母 父従父兄弟 小功	族父母 父再従兄弟 緦	
族姐妹 三従姐妹 緦	従祖 姐妹 再従姐妹 小功	従父姐 妹 従姉妹 大功	姐妹 嫁反及無 夫与子者 同 不杖期	妻 父母在則 不杖 斉衰杖期	己身	兄弟 不杖期 妻 小功	従父兄弟 従兄弟 大功 妻 無服	従祖 兄弟 再従兄弟 小功 妻 無服	族兄弟 三従兄弟 緦 妻 無服
	従祖兄 弟之女 再従姪女 緦	従父兄 弟之女 従姪女 小功	兄弟之 女 姪女 不杖期	婦 嫡不杖期 衆大功	子嫁反 者同 父母為嫡 子三年 衆男女 不杖期	兄弟之 子 不杖期 婦大功	従父兄弟 之子 従姪 小功 婦緦	従祖兄弟 之子 再従姪 緦 婦無服	
		従父兄 弟孫女 従姪孫女 緦	兄弟之 孫女 姪孫女 小功	孫婦 衆婦緦	孫 衆男女 大功	兄弟之 孫 姪孫 小功 婦緦	従父兄弟 之孫 従姪孫 緦 婦無服		
			兄弟曾 孫女 姪曾孫女 緦	曾孫婦 無服	曾孫 衆男女緦	兄弟之 曾孫 族曾孫 緦 婦無服			
				玄孫婦 無服	玄孫 衆男女緦				

西洋の家族研究の論調に対する回答も出しえない。というのも、こうした論調の出発点には、宋代家族の発展が「組織性」と「戦略性」にあって、明清時期の家族形態により近いとする考え方があらかじめ存在しており、これらの論調が言及する社会流動・人的ネットワーク・家族社会と地方主義なども、家族組織および発展戦略と密接な関係があることは間違いないとみなしているからである(29)。

第三に、先の問題とも関連するが、援助の対象が族人以外の人間に及ぶかどうかということである。つまり、支援者がもともと善行を好むような人物であれば、とくに族人の世話をするとは限らない。一例を挙げれば、劉革は「家塾を開き、書籍を収集して教師や学友を招き、一族の子孫を集めて討論を行った。……施しを好むのは、彼の天性であり、およそ冠婚・貧困・病気・葬儀・転居などを理由に、彼の家門を叩いて金を借りに来る者は、親しい付き合いかどうかや身分の高低を問わず、いずれも求めるものを得て帰った」とある。これより、劉革は同族にも異姓にも十分に手厚く援助したことが窺えるが、では我々は劉革の家塾が家族の相互扶助を反映したものであると言えるだろうか。おそらくは不可能であろう。というのも劉革は「兄弟が来て財産分割を求めると、とどめることができず、自身は最も質の悪い田地と家屋をとり、兄弟が持ち金を使い果たすと、またこれに金を与えた」とあり(30)、また劉革の兄弟は別籍異財を要求して何度となく口論が繰り返されていたからである。彼の兄弟が継続して塾の経営と族人以外の救済を支援したとは想像しがたい。このほか、士大夫の中には養士の風があり、才能ある士子を優遇するものの、一方で才能をもたない、あるいは科挙に落第した族人を蔑視することもある。当時、「宗族の恩を欠くようになると、人々は親族に対する親密の情を知らなくなってしまった。……異姓の人と急に道で出会うと、利害の向きが重ならずとも、悲喜の情を通じたり、あるいは共同で何かをしたりする。ところが同族であればそんなこともなく、卑賤の身であればこれを辱め、高貴な人物であればこれに嫉妬する。そのような凌辱と嫉妬の心が生じてしまうがゆえに、果ては宗族の間で目をそらしあうようになってしまい、兄弟で仲良くすることができない者が多い」[31]と述べて嘆息する者もいた。従って、いわゆる族人の扶養は、時として選択性を有するものであり、義荘のように全てを平等に扱うようなものではなかった。

第四に、上記の点より敷衍される問題として、もしも重点を劉革の個人的な行為におき、他の族人の行為を考慮しなかった場合、我々はいったい個人史・家庭史あるいは家族史のいずれを研究していることになるのであろうか。すなわち、ある族人による他の族人に対する支援を強調するとき、我々が目にしているのは、いったい「ある人」の族人に対する重要性なのか、それとも「家族」の族人に対する重要性なのであろうか。このカギを握る人物が世を去って後、彼の家族がどうするのか、すぐさま離散してしまうのか。張載・程頤や朱熹らはまさにこの問題を見据えていたからこそ、新しい宗法・祠堂・祠田・共有財産・族譜・家規などの家族組織を解決方法とするよう提案したのである。今日の研究者が依然として焦点を個人の家族に対する機能においているのであれば、それは張載らが直面した問題を認識しつつも、彼らが提案した解決方法を理解していないとみなして間違いない。しかしながら、彼らが提起した解決方法にこそ、近世における家族発展の特色が存在しているのである。

唐宋変革のある重要な特徴である、旧形態（郡望および爵祿の世襲や族内婚）の世家大族が没落すると、宋儒が目の当たりにしたものは個人の力が頼みにならず、その位が公相に至ろうとも、ひとたび当人が世を去れば一族も散り散りになってしまい、その家が続かないという状況であった。そこで宋儒は、ある永続可能な新たな形態の世家大族の建設を図ろうとしたのである。我々は宋代の社会的流動性を興味深く語るが、すでに上昇移動を遂げて既得権益を持った者について言えば、あらゆる手を尽くして自身の下降移動と他人の上昇移動を防ごうとするのであり、そんな彼らが切望ないし憧れていたものこそ、新たな形態の世族大家であり、家族組織を通じて成り立つものであった。

第七点目は、分化・分裂の誘因である。これまでの研究によって、同居共財を破壊する、ないしすでに別籍異財の状態にある家族がさらに一歩進んで分裂してしまうのを促す重要な原因が族人の身分や地位、財産がしだいに懸け離れてしまうことにあり、このような状況は、官僚の家族で比較的容易に発生し、庶民の家族では起こりにくいということが指摘されている。楼氏の状況がまさにこれに該当し、黄寛重は「楼氏の各房支の間には、単なる科挙の成功・失敗によって家族成員それぞれが官途上で異なる境遇に置かれるばかりでなく、経済的に各自が独立していることも家族内に貧富の差を生みだす現象を形成した」と指摘している。このことは、我々に科挙—仕宦がもたらす機能の二面性（興隆も仕宦、分裂も仕宦）ばかりでなく、楼氏の各家庭の身分と財産にも徐々に格差が生じていくことを示してくれる。こうなってしまえば、おそらく各家庭を寄せ集めて一度にその人的ネットワークを語ることはできない。

上述した七点のほかにも、家族の指導者や指導者グループ、および具体的な家規・家訓など、いずれも家族の内部関係を理解する主要な項目となるが、これまでの研究では関連する史料と文献がなく、今後、楼氏家族の凝集性を探る研究が待たれる。

以上より、その証拠は個々に独立したものかもしれないが、総合的に考えれば楼氏の各世代は絶えず分家分産し、おそらくは父母が亡くなればただちに分割を行い、兄弟が同居共財を継続することは非常に少なく、おのずとそれは義居型家族ではなかったと信ずるに足る理由がある。分家分産の後には、個々に独立した戸籍と財産を持つ家庭が集住しているだけで、決して家族組織のような一定の構造で各家庭が繋がっていたものではなく、相互扶助もその多くが個人の手によるもので集団によるものではなかった。したがって、聚居型家族よりも共祖属群に近かったのである。

二　家族の発展に影響を及ぼす要素——進士獲得の手法と人的ネットワークの陥穽[32]

ある学者は、たった四句で最近の士人家族の盛衰に関する研究成果を概括して「経済は基礎、科挙はカギ、婚姻は非常に重要、関係が少なくてはダメ」という[33]。しかしながら、読者は疑念を禁じえないであろう。この四つの条件は大部分の士人家族がみな有している一般的な条件ではないのか、なぜに同様な条件下にありながら、甲の家は栄え、乙の家は衰えてしまうのか。すぐさま思いつくのが、甲の友人は乙の友人よりも財力・勢力を有し、甲の妻は乙の妻よりも才能や財力に優れているといった、甲の持つ条件が乙より優れているという答えである。これに続く問題は、おのずと甲がどのような条件でかくも優れた妻を娶ることができたのかということになる。これに対する回答は、もしかすると甲がもともと才能と財力に優れていたがゆえに、家柄の釣り合う妻を娶ることができた、すなわち甲自身の成功が良縁をもたらしたのであり、良縁が甲の成功をもたらしたわけではないのかもしれないということになる。この発見は、ロバート・ハートウェルおよびロバート・ハイムズらペンシルバニア大学の学者たちの重要な主張に挑戦することになる。彼らは、多くの士人が科挙合格を果たす前にすでにエリートなのであって、科挙合格後にエリートになるのではないため、重要なことは科挙合格ではなく、婚姻と人的ネットワークにあると考える。現在、我々は婚姻が家族の盛衰にさほど重要ではないことを見出す。これはもちろん総論であり、もし研究を深化させるとすれば、「一般条件」を列挙した後に、その家族の特殊条件を探し出してはじめて、この家族がなぜ他の家族に勝ることができたのかを説明できる。事実上、我々は、一般条件下の異常な状況に注意することで、特殊な条件を発見することができる。それは、例えばほとんどの士人家族が挙業に従事できるのが一般条件であるのに対し、ある家族の科挙合格者数が特に多いことがあれば、それが異常な状況という具合である。

（1）進士合格への道のり

研究者は時としてある家族が輩出した進士数を計算し、多ければ隆盛、少なければ衰退とみなす。しかしながら、これはおそらく研究の過程にすぎず、結果とみなすことはできないであろう。よもや、その家族がどうしてかくも多くの進士を生み出すことができたのかと問うことが許されないわけではあるまい。周知の通り、二つの新及第進士の名簿の中には、非官戸出身の進士が半分強を占め、表面上はもう半分の官戸出身の進士と相拮抗しているが、では前者が非官戸人口（平均して約八〇〇〇万）中に占める割合はどれぐらいなのであろうか。また後者が官戸人口（平均して四〇万を下らない）中に占める割合はどれぐらいなのであろうか。明らかに、この割合は符合せず、士人家庭などの官戸は科挙の競争内で、相当の優勢を占めていた。以下に論じてみたいことは、公正かつ公平と呼ばれた科挙試験およびそれ以上に関係が緊密だった教育機構の中で、士人家族はいかにして同列ならびに一般庶民と競い合い、さらにそこから抜きん出て優位に立ったのだろうかということである。

1　試験内容

王安石の大改革以前、科挙は解試より省試、そして殿試にいたるまで、いずれも二つの科目に分かれており、士子はそのうちの一つを選択して試験に臨んだ。ひとつは、進士科であり、主として詩・賦・論策を試験し、また詩・賦が重視された。いまひとつは『九経』・『五経』・『三史』・『三礼』・『三伝』などの諸科であり、主として帖経と墨義を試験する。明州の家族の士人は、二つの科目をいずれも受験しており、試験合格の機会は、前後三度にわたる二科目の内容の変化がもたらす影響を受けた。

最初の変化は、仁宗嘉祐二年（一〇五七）、翰林学士欧陽脩が省試の主考官に任じられるという絶好の機会を利用して、文章が平板で理屈の通っている受験生を大量に採用し、ひねくれた太学体を退けたことである。古文の流行に伴い、古文で書かれた策と論がしだいに詩や賦を凌ぐようになり、順位の上下を決める重要な基準となった。第二は王安石の大改革であり、諸科および進士科の内容を徹底的に改変し、諸科を廃止したばかりか、進士科における詩賦試験をも廃止し、省試段階で経義を合否基準にし（暗記だけを重視していた諸科の改革であるといえる）、殿試において策問を順位判定の基準とした（詩賦だけを重視していた進士科の改革であるといえる）。策問は官僚経験のある家族の子弟にとっては非常に有利であった。というのも、彼らは平時に聞き慣れ見慣れることで時務に詳しくなり、おのずと書籍の知識しかない庶人子弟に勝るからである。また神宗は「道徳を一にし、以て風俗を同《とも》にす」という目標のために、王安石の新学『三経新義』と『字説』を試験テキストとして採用し、経義は王安石の解釈をのみ是とした。王学を好まない士子は、これにどう付き従えばよいか分からず、とりわけ紹聖年間の新旧党争時期には、元祐学術が焚書毀版の憂き目に遭い、前後二十余年もの長きにわたって、「現今の答案文は、諸史を引用したり、誤って蘇軾の一句を用いたりすると、すぐさま不純正であるといい、官僚がその文章を気に入っていても、不合格処分とする」という事態になった(34)。第三の変化は、程朱の学が王氏新学の後を継いで学術の正統とされたことで、科挙における模範答案となり、陸学などの地位が低下して風下におかれるようになった。

三度にわたる科挙の内容の変化は、功名だけを求めるような士人であれば時勢にうまく調子を合わせて事を構えないようにすれば良いのかもしれないが、学派に帰属し、家学を継承してきたような明州の士人家族、例えばそれぞれ洛学と陸学の伝承者と称される高家と袁家について、彼らにいったいどのような影響があり、その進士合格者数が減少することになったのだろうか。士人家族は、どのようにしてこの三度に及ぶ変化に対応したのであろうか。彼らはその普及に参与したのか、はてまた反対したのか。この三度の変化が特定の士人家族に対して打撃だというのであれば、それは彼らを劣勢に立たせたのであって優勢に立たせたのではない。研究者は、科挙の内容の変化および家族の合格者を年表に記録していかねばならず、そうしてはじめて両者の関係をみることができるようになる。

2 解額

『宝慶四明志』には、楼家最初の進士楼郁の名前の下に「貫開封」という注が入れられている。(35) これはいかなることであろうか。ひとつの可能性として、明州奉化県を本貫とする州県学教師の楼郁が首都開封で遊学した際、なんらかの方法で戸籍を取得し、当地で試験に参加したことが考えられる。

宋代の各府州軍には異なる解額（地方より京師へと解送されて省試に参加する受験生の人数）が設けられており、ある地方の受験生が少なくて解額が多ければ、合格のチャンスは増すことになり、外地の受験生は様々な手を尽くしてその地で受験しようとする。もしもそれが非合法な手段であれば、これを冒貫とよんだ。程民生の統計によれば、太宗中期（約九八八年）より理宗末年（約一二五九年）にいたるまで、明州の八四一人の正奏名進士中（武科挙の進士二十人を含まない）、冒貫の疑いがあるのは計四八人で、開封府の籍貫を詐取した者が二十六人を占めていた。主な原因としては、開封府の解額がとりわけ多いこと、科挙に関する情報が最も手に入りやすいこと（試験官が誰であるか、彼らが好む文体など）、そして特殊な状況や条件の下で政府が外地の人間の受験を許可したことなどが挙げられる。(36) 開封に居住することは、そう簡単なことではなく、とりわけ田地を購入して戸籍を取得するなど、ある程度の財力がなければ不可能であった。

開封府以外に、国子監の管轄する太学と国子学の解額も垂涎の的であった。すでに平民化してしまったとはいえ、中央の太学や地方の官学に入ることは決して容易なことではない。張潜は、「賢者や士人を愛し、賓客が訪れると帰ってきたかのように応対する。……そういうわけで教養ある親類や旧友が四方におり、彼らはいずれも当代の著名な士大夫で、子孫が官学に入る際に彼らをたのみとした」と述べている(37)。これは、一時の著名な士大夫の助けを頼って官学で学んだことを実に正直に述べたものであり、財力のみならず士大夫との交際も求められたことは、おのずと士人の家族が一般の商人や富戸よりも優位に立つこととなった。

蔡京が強力に推進した太学三舎法は、「郷挙里選」を起点とし、范仲淹の興学に同じものである。北宋の初期に解試受験生が公巻を持って郷里の名士や大官に拝謁したことと同工異曲の妙が見られ、後になって三舎法が地方の州学にまで推し進められると、時人はこれを「地位の高い者を利して、低い者を利さず、若者を利して老人を利さず、富者を利して貧者を利さず(38)」と謗った。各種の人的結合を有する士人家族にとって有利に働いたのである。明州の士人家族で太学に進む子弟はとても多く、高碩と高閌の五人の兄弟や淳熙四先生（舒璘・沈煥・楊簡・袁燮）などがおり、後者の四人はともに陸九齢を師とし、いずれも前後して科挙に合格している。もちろん太学に進むことのすべてが解額や入仕のためであるとはいえないが(39)、より良い教育環境のためではあっただろう。我々が次に問わねばならないことは、彼らがどのようにして入学したかである。

要約すれば、たとえ家族の子弟の外地受験や官学に進むひとつひとつの背景を追えないとしても、そのような事例の数を導き出し、彼らの科挙合格の方法が他と異なることを指摘せねばならない。最も興味深いことは、家族の子弟がいかにして試験制度と教育制度の改変に適応したかである。例えば、太学三舎法が推進され、科挙と並行して実行されるようになると、彼らは引き続いて科挙に参加のうえで入仕したのか、それとも歩調を合わせる態度を採り、太学三舎を経て入仕したのか、あるいはどのように新制度の中で自分にとって有利な点を見出していったのか、これらはいずれも検討する価値がある。科挙と教育の改革はもとよりひとつの理想ではあるが、同時に厖大な利害関係に及ぶものであり、士人家族は必然的にその中に巻き込まれていく。これは、ぜひ追究すべきであろう。

3　解　試

地方の解試、中央の省試、そして御前で実施される殿試の三段階の科挙試験中、最も重要なのが省試であるのは言うまでもないが、これは最も合格が至難であるということではない。省試は平均して十人に一人をとり、南宋ではもう少し高く、おそらく八人に一人の割合だったと考えられる。これに対して地方の解試は、十人中一人というものから百人中一人というものまでまちまちで、平均して数十人に一人の割合となり、その競争の激しさたるや大変なものである。南宋の明州がまさにこのような状況であった。

受験生の運命を握っていたのは主に試験官であった。およそ彼らの主要な職務は出題・採点・試験監督、そして順位の決定などである。解試と省試の最も大きな違いは、当然ながら当該地方の官僚が地元の士子を試験することであり、となると我々は、すぐさま州県学官の楼郁と知州の楼异を思い浮かべる。また家族内の退隠者や待闕（ポスト待ち）の官員といえば、これも彼らと試験官との平時の交流が想起される。李弘祺は、「発解（解試通過者を京師に送ること）は州郡が担当するとはいえ、解額の分配は県を単位としてなされていた。解額数は県ごとに限りがあったので、たやすく地方の有力者の影響を受けることは想像に難くない。したがって次のように言うことができるだろう、宋代の試験制度は少なくとも地方においては、容易に地方勢力の影響を受ける、と」(40)。

太学の課試と解試もまた学官によって掌握され、「およそ試験を受けて上舎に合格した者は、権勢によって獲得した者でなければ、利益によって採用された者であり、優秀でも貧しい者は、きまって不合格にされる」という状況であったため、御史が上疏して、直講や判監を開封府や国学の試官としないよう請願する事態となった[41]。学官になった者は明州の士人家族にも多く、袁燮・高閌・高文虎などがいる。石田肇は、高閌が太学に代わって設けた試験が元豊・元祐および紹聖年間の混合体であったことを指摘している。高文虎は、ひとたび国子監の学官に任じられると、「長らく学校の職にあたり、ひたすら天下の士の障害となり、およそ性命や道徳のことを言う者はみな落とされる[42]」という事態を招いたといい、これは学派の利害や家族の利益を考慮してのものかどうか、今後の検討が待たれる。陳暁蘭は、「宋代における地方の科挙を研究する場合には、しばしば郷試が重視され、時には郷試を発解試と同列に扱う。そして、国子監試や漕試といった、その他の地方の発解試の方法および機能については、言及が極めて少ない。四明地区における科挙の状況は、国子監試と漕試が発解試となっており、南宋期の四明の士子にとって、郷試にひけをとらぬ重要性を持っていたことを示している[43]」と指摘している。

4　省試と殿試

宋代における古文運動が成功した最も重要な要因は、欧陽修が嘉祐二年（一〇五七）に省試主考官という身分を笠に着て、文章が平板で理屈の通っている受験生を大量に採用したことによるが、こういった実のところ公正とはいえない状況は、南宋期にも依然として発生していた。ホイット・ティルマンの研究によれば、道学が士子を惹きつけたひとつの原因は、呂祖謙らが省試の試験官となった際、多くの道学の子弟を合格させたためで、「周囲が大いに道学を敵視していた時、呂祖謙は力を尽くして彼の言う『吾道』と『吾党』を保護し、なおかつ乾道八年（一一七二）に進士科の主考官となった折にも、彼は尤袤とともに多くの重要な道学家を採用した。これは宋朝の歴史上において、最も多くの道学家が及第した科挙試験であった」[44]と述べている。現代風に言えば、正しいテキスト（理学）を読み、正しい予備校（呂氏書院）に通い、正しいサイコロの目（予備校の有名講師が試験官になる）に賭けるということである。

御前で実施される殿試は、受験生の順位に影響し、その順位は昇進の先後や職位の高低に影響を与えるもので、これも同じように試験官によって左右される。楊寄林は進士の上位三名（状元・榜眼・探花）を選ぶ際にみられた十二種の異常現象について分析し、このうち心存偏愛（えこひいき）・考場暗示（試験場での手引き）・政見不同（政治意見の違い）・褊狭抑賢（狭量で賢者を受け入れない）・明哲保身（小賢しく保身的な態度をとる）・粉飾太平（悪事を隠して何事もなかったようにみせる）などの六項目が試験官と関係のある事柄であるとする。[45]

省試や殿試の試験官となるのは、ほとんどが翰林学士・知制誥・館閣の官・殿院の官・学官（例えば国子司業）などのいわゆる清要官と文学侍従であるが、彼らは家族とどのような関係があるのだろうか。岡元司「南宋期科挙の試官をめぐる地域性——浙東出身者の位置づけを中心に——」（一九九八）は、目下のところ、最も重要な著作であり、一四六二人の試験官の中で、一三五五人が出身地を確認でき、そのうち六二・九%が両浙東路（三七〇人で二五・三%を占め、明州出身者四十五人のうち、楼氏のいた鄞県が三十九人）・福建路（二八六人）・両浙西路（二六四人）の出身であるという。こうした地方の試験官の人数が当該地方の進士数に比例することは、進士（省元・状元）の輩出が、必ずしも地方経済の発達の程度と関連するわけではなく（福建の農業はけっして豊饒ではなく、両浙東西路の戸数も江南東西路に及ばないことなど）、試験官と密接な関連を持つということである。岡は、とりわけ明州と温州に籍を持つ試験官と受験生の関係について、その多くが姻戚・同じ学派、加えて同じ地域（温州と明州の士人は一貫してその関係が密接であった）といった関係にあり、おそらくは試験官が「つりあわない影響力」を、受験者が「つりあわない報酬」を得たことを発見した。[46]楼・高・袁・汪そして史氏は、絶えず誰かが試験官となっているが、岡が抽出した十四名にはまだ太学の試験官を含んでいない。我々は、できるだけ事例を洗い出し、彼らに一定の不正行為があったことを指摘するわけではないが、少なくとも試験官と受験者の一家に友人、敵、族人、郷人、師弟、さらに姻戚関係がないかどうか、および家族内の合格者が最も多い時期に、こうした人間が都合よく試験官になっていないかを明らかにせねばならない。

5　特奏名

明州の家族には一定の比率で「特奏名」進士が存在するが、これは何を意味するのであろうか。正奏名が三つの難関を突破した正真正銘の進士をいうのに対し、特奏名は解試を通過したものの、しばしば省試や殿試に失敗してすでに齢五十を過ぎたような者がいる場合、各州が中央へ申報し、礼部の審査を経て「特奏」された結果、解試・省試を免除の上でただちに殿試の附試に参加し、合格（南宋では三人に一人の割合）した者を特奏名と呼ぶ。これより、特奏名を獲得できたのは、いずれも科挙に参加しつづけて二十五年以上にも及ぶ者たちであり、大部分の受験生の家庭が相応の経済能力を有していたと考えられる。袁燮の叔父である袁方が「若年にして教書を生業とし、『あばら家はわずかに風雨をしのげる程度、痩せた田地では食に事欠き、婚儀が相継ぎ、生計は日ごとに苦しくなる』というありさまで、晩年になって特奏名進士となって官に補せられた」という学者がいるが、筆者は「晩年になって」ということしか信用できない。彼には裕福な妻がおり、父子は挙業に勤しむだけ、息子の一人が袁方の及第以前に正奏名進士となっている。両宋期の特奏名進士は進士総数のほぼ四五％を占め、約四万人に上る。この点だけに従えば、科挙なるものがどれほど有産階級の手慰みであったか、そして彼らのほとんどが潤沢な資本を抱え、幼いころより老いるまで寒士と競い合い、特奏名に甘んじることでようやく試験場を去り、解額を明け渡していたかが分かる。

6　挙業と試験

既往の研究の中には、科挙試験に参加することは「必ず高度な古典教養が必要」であるため、そこから推論して明州の「地域学術と科挙はすでに一体化し、思想活動と科挙の受験勉強は調和・共存関係にあった。これは慶元府における登第者数の逓増パターンを形成する重要な地域社会の背景となった」と、ずいぶん理想的に捉えたものがある(47)。これは「学問」と「試験」を誤って混同している。陳淳は、現在の科挙の学と聖賢の学を比較して、「学のようであって学ではなく、いずれも経書や子・史の書を用いるが、科挙のためにこれを読む者は、いたずらに多くの表面的なものをみて試験用の文章を綴り集めるばかりで、いまだかつてその奥義に触れるものはない。……日夜多くの書物を読んで暗誦しても、ただ排比や駢文といった中身のないことばかりを学習して、いまだ一つとして理義の内容に言及するものはない(48)」と述べる。科挙の参考書を分析している研究者は、科挙で試されるのは書式、すなわち礼部貢院が定めた文体・書式に照らして書かれた文章であり、平時に受ける訓練は一般に「挙業」と呼んだことをつとに指摘している。多くの学問知識があったとしても、答案が書式に適っていなければ、生涯にわたって及第することはない。これに対して、参考書――俗に黄冊子とよばれる――さえ熟読していれば、董仲舒がいつの時代の人物であるかを知らなくても、合格するチャンスがあるのである。明州の士人家族にも、楼昉が編集した『崇古文訣』（別名『迂斉古文標注』）、袁轂『韻類』、高似孫『文苑英華鈔』、そして汪洙の挙業書などの試験参考書を撰した者がいる。

指摘しておかねばならないのは、明州の士人家族が科挙の学習塾を同時に経営する場合があり、これが族人を利したばかりか、族外の士人も引きつけられて師弟関係が結ばれるという、すばらしい投資事業であったことである。このような科挙の学習塾が明州の挙業にどのような影響を与え、家族や学派あるいは郷里に利益をもたらすものであったのかどうか、晩宋時期の軽佻浮薄な文風や士風といかなる関係があるのか、さらに検討していく必要がある。旧型の士人家族はある程度まで教育資源を把握していたのかどうか、新興の士人家族に不満の声は上がらなかったのか、明州城南文化圏以外で、新たな書院や先賢祠を建てることによって新しい学風を打ち立て、新地盤を築いたのであれば、これも今後考察していかねばならない。官学と私学の消長がこうした状況を反映しているのかどうかも課題となる。総じて、資源のあるところには競争が存在するものである。このことは教育と挙業も決してその例外ではなく、とりわけ利益が見込める学田などにその影響が及ぶことになった。

7　家学と文衡の臣

これまでにもしばしば翰林学士ら文学侍従の臣について言及してきたが、彼らと科挙との関係は少なくとも三つある。第一に、彼らは最も主要な出題者であった。第二に、彼らは最も主要な答案閲覧者であり、受験生の命運を握る存在であった。第三に、歴代の科挙改革は、朝廷が彼らに諮って決定したものばかりであり、科挙の動向を左右するばかりか、最新の情報をも掌握していた。この他、もし皇帝の覚えがめでたければ、家族は幸運にもこれら文学侍従の臣を含む皇帝の近習職に就くことができた。

もし翰林学士になろうと思えば、人に抜きんでた才能と見識がなければならず、普通の進士では任に堪えないものである。明州の士人家族は、清要の官そして文学侍従の臣を多く輩出した。例えば著名な「一舅二甥三学士」とは、汪大猷と二人の女婿の息子である陳居仁と楼鑰がいずれも翰林学士となったことを指すものであるが、ちょうどこの陳・楼の二人は、かつて汪家に寄宿してその庇護を受けていたことがある。彼らは、どのような条件で前後して翰林学士となったのであろうか。

財産および人脈以外に、包偉民は楼氏成功の主な条件を「代々儒を業とする家族の伝統および欠かすことのできない政治的機縁」にあったと考えている。実のところ、数多くの士大夫が父祖の幾世代かにわたって挙業に従事してようやく合格しているのだから、代々儒を業とすることは、単なる一般条件に過ぎない。ただ、楼氏については、この一般条件の中で、いささか他と異なる点がある。士人の読書が概ね科挙受験のためであることは、楼氏もまたその例に漏れないが、挙業のほかに学問も修めており、祝尚書の論文題目を借りれば、「受験生の事業」と「君子の事業」が共に重視されていたのである。[49]後者こそ、楼氏の持つ特殊な条件であり、文学侍従の臣となる重要な条件であった。楼氏が盛んになるカギを握る人物は楼鑰であり、彼はまさしく楼氏の学問に専念する家風を利用して、州学教授にはじまり、国子司業、権中書舎人、給事中兼実録院同修撰、直学士院、翰林学士、侍講、そして最終的には執政にまで至った。振り返れば、呉越銭氏（銭惟演の一族）や六代にわたって進士及第者を輩出した華陽王氏（王珪の一族）が北宋期に辿った重要な官途も清要官のそれであった。士人の家族はどのようにして文学侍従の臣を継承していったのか、ある程度の官職の独占状況が存在したのか、家族の進士合格といかなる関係があるのか、いずれも更なる検討が必要である。再度提案しておきたいのは、重要な職官から着手して、家族の発展の軌跡を追うべきだということである。なぜなら、全在職官の名簿から当該家族成員の人数を計算し、これと家族成員内の任官者数を比較すればより完全に近づき、容易に問題を見出しやすくなるからである。

いずれにせよ、進士の家族に対する重要性を検討する際は、進士を分類して以下の点を確認すべきであろう。それは正奏名なのか、特奏名なのか。合格者は進士科なのか、諸科なのか、あるいは詩賦進士なのか、経義進士なのか。利用した解額は国子監のものか、開封府のものか、それとも明州のものか。合格時、誰が試験官だったのか、家族との関係の有無はどうか。官学に進んだ時は誰が学官だったのか、家族との関係の有無はどうか。これらの諸点を確かめることで、明州の士人家族の科挙試験における真の成績およびその家族の発展に対する影響について正確な評価を下すことができるのであり、こうしてはじめて人的ネットワークを研究しているといえるだろう。

（2）　人的ネットワークの陥穽

周知の通り、クラッケは、科挙及第者もしくは父、祖父、曾祖父の三代がいずれも庶民であれば、この科挙合格が上方向への社会移動であると主張したが、ハートウェルは、これについて「家族／拡大家族」という点から反駁し、「個人ないし核家族を分析の単位とするのは誤っている」との認識を示した[50]。というのも、科挙及第者の伯父・叔父や従兄弟、又従兄弟たち、あるいは妻の父や伯父・叔父、兄弟や従兄弟などの中に、おそらく仕官者・資産家・文化人が、また師弟、同門、推挙者のような関係にある者、総じていえばエリート群が存在したからである。科挙及第者はもはやエリート的背景を有しているのだから、新人だとはいえず、上方向への社会移動というには不完全である。要約すれば、拡大家庭に広義のエリートの定義を加えると、実に広範囲にわたるエリートの人的ネットワークを構成することになり、それはいわば従兄弟の関係が広いことを表す「一表三千里」に友人関係の広さをいう「相交満天下」を加えたようなものになってしまう。それゆえに李弘祺は、半ば冗談めいて、これでは根本的に非エリート出身の科挙合格者を見出すことなどできないと言うのである[51]。

研究者は、一方でクラッケの方法に不足を感じつつ、他方でハートウェルの方法に相当のリスクを感じるというジレンマに陥ってしまったようである。筆者は、人的ネットワークを利用して社会的流動性や家族に対する機能を評価する場合には、様々な困難を克服する必要があると考える。

1　科挙合格者の家庭と家族の形態を明らかにする

もし進士及第者の家庭が三代同堂の形態、すなわち祖父や祖母が存命で、父親の世代がまだ分家していないような場合、その伯叔父や従兄弟らの同居共財者は進士及第者に対して多くの援助があったはずであり、及第者のもたらした各種の恩恵もおのずと同一戸籍の家庭成員に及ぶことになろう。もしも進士及第者の家族が聚居型家族に属していれば、及第者が伯叔父や従兄弟らの直接的な支援（教学など）あるいは間接的な支援（家族の財産など）を得た可能性は否定できず、となれば彼らが及第者から何らかの見返りを得た可能性もまた否定できない。進士及第者の家族が共祖属群に該当する場合、及第者が伯叔父や従兄弟らの援助を当然得られるはずだと見なすことはできず、その評価には注意を要する。

楼氏義荘の創建者である楼璹、その五房の子孫は格好の事例となる。五房が分家した後、次子楼鐣の一房は寡妻の指導の下で、子孫が四代同堂・同居共財し、関係も密接であった。輩出した進士の背後には、もとより同居している叔伯父の支援が存在していた。彼らの家庭環境は豊かで、挙業の際におおむね外部の支援を恃まなかったため、彼らの科挙合格と他の四房との間にどのような関係があったかについては判断が難しい。しかしながら、五房は分家していたものの、義荘を所有して五房の共産としており、共同経営を必要としていた。したがって、楼鐣の房は他の四房と確実に相互の交流があり、ただしそれは挙業上のものではなく、義荘経営上の交流であった。果たして、この二種類の異なる交流を一括して論じることは可能であろうか。

2　親等を分け、親等内の人物ごとに各種の身分と地位を明らかにする

人的ネットワークを用いて進士及第者の家庭と家族の重要性を評価する際には、家と族の一層一層の重なりの分析およびその評価が必須である。これには以下のような内容を含んでいる。第一に、及第者の家庭について、及第して

官途に就くことは民戸から官戸への、被統治階級から統治階級への変化を示すもので、各種の減税や免役の特権を獲得する、非常に重要なことであった。第二に、及第者の家族／拡大家族について、かなり複雑な、様々な可能性がある。（a）新たに及第・仕官した家庭は、その族の最初の官戸家庭となり、その重要性については前述した通りである。（b）当該の族がすでに官戸を有しているのであれば、新しく及第・仕官した家庭はその族の官戸数を増やしたに過ぎない。（c）当該家族が複数の官戸を有している中で、新たに及第した家庭が最初に正規のルートで獲得した正真正銘の官戸であり、その他の官戸がいずれも正規のルートとは異なる経路で得た官戸である場合、官戸内における家族の地位を上げたことになる。（d）当該の族がすでに正真正銘の官戸を有していても、新たに及第した家庭の地位が、第一甲及第を果たすなどして最も高ければ、これもまた家族の官戸内における地位を向上させることになる。（e）当該族内に多くの官戸が存在していれば、新しく及第した家庭はさほど重要な存在ではありえない。もちろん、この他にも多くの可能性があろう。我々は、これらをまず明らかにしてはじめて、今回の科挙及第が家庭と家族に対して「身分」（被統治階級から統治階級への変化）や「地位」（同じ官戸内の下層から上層への変化）の上昇移動が起こったのかどうかを評価することができるのである。

したがって、科挙及第の意義を確定する場合には、玉ねぎの皮を剝くがごとく、及第者の家族を親等や五服に照らして一等一等引き剝がしていき、さらに一等ごとに当時どれぐらいの官戸や地位にあったのかを詳しくみていく必要がある。そうすれば、今回の科挙及第が異なる親等の中でいかほどの意義を有していたかが一目瞭然にして理解できる。例を挙げれば、一親等内では、及第者を輩出した家族が最初の官戸、五親等内では、三つある官戸の中で地位が最も高い官戸、しかしながら十親等内では、五つある官戸の中で地位が最も低いという具合に類推するのである。

別の角度からみて、親等内に配置した後、異なる親等の人物が今回の及第にどのような支援を提供したのかを観察することもできる。例えば支援者のほとんどが二親等以内であれば、これは「家人」の援助の結果であって族人のそれではないと認めねばならない。あるいは支援者が四、五親等を超えるようであれば、それはまさしく「族人」の援助があったということになる。

3　科挙及第者は族人とどのような相互交流があったのかを明らかにする

科挙及第者がその族人とは血縁関係があるだけで何の相互交流もないのであれば、今回の科挙合格が家族にも恩恵を及ぼす、ないし恩恵があったとは到底言いがたい。よく知られた事例が蘇洵である。彼は十八歳（一〇二六）で進士科を受験して不合格となると、仕官を諦めたが、ある資産家が娘を彼に嫁がせることを願った。婚姻後、蘇洵はおもまともな職業には就いていなかったが、二十七歳の時（一〇三五）にようやく気付き、重ねて挙業を願うようになった。そこで妻は嫁入り道具を売り払い、彼を各地へ游学にやり、自身は家業を取り仕切り、蘇軾・蘇轍兄弟を養育した。その結果、蘇洵は二度の受験（一〇三七、一〇四六）に失敗したものの、蘇軾兄弟はともに欧陽脩が知貢挙となった科挙試験（一〇五七）に合格、さらに制科でも才能を認められて（一〇六一）、その名は天下に轟いた。興味深いのは、どうして資産家が蘇洵のことを見込んだかである。ひとつの重要な原因としては、彼の二番目の兄の蘇渙が仁宗天聖二年（一〇二四）に進士及第を遂げ、その家が官戸となったことが考えられる。ハートウェルの観点に照らせば、蘇軾兄弟は新エリートとはいえず、彼らの進士及第も社会移動とはみなしえないことになるが、果たしてそうなのだろうか。

蘇渙の及第がおそらく蘇洵にとって良縁をもたらしたことは認めねばならないが、蘇洵親子三人の挙業は蘇渙とは何の関係もない。というのも、兄弟は早くに分家し、蘇渙が及第を遂げてからは各地に出仕するので故郷での滞在日数も次第に減少し、おそらく蘇軾兄弟とは数回しか会っていないからである。蘇洵は『蘇氏族譜』（一〇四四）を編纂し、高祖の墳墓附近に族譜亭を建てると、族人があまりにも疎遠であることを嘆いて「歳時の祭祀にみんなで打ち解けあうこともできず、いささか遠方の者は往来しないほどである」[52]とまで述べている。学者はよもやこれに反駁して、蘇洵が拡大家庭の彼に対する援助を誘っているなどと言うであろうか。当然ながら、我々は族人の相互扶助の事例を見出すことができるが、助け合わないという事例もまた少なからず存在するのである。多くの場合、科挙合格以前に族人は冷たく、及第の後になって親密な交際を始める。人的結合ないしネットワークは、及第以前に結ばれていると は限らないのである。

4　「関係」から「効力」を発生させる触媒の検出

人的結合やネットワークの効果は、甲→乙→丙→丁といった「直接」的な伝達ではなく、甲&乙&丙&丁といった「間接」的な伝達であり、この&は「人的結合の効力を生み出させる触媒」である。これは、血縁・朋友・妻族・同年・同僚・同行・同学・師生といった「関係」が決して自動的に相互扶助の「効力」を生み出すのではなく、触媒が必要であり、それによってはじめて「関係」に「効力」が生まれるよう促進するということを意味している。この触媒には多くの種類があり、伝統観念（例えば何炳棣のいう「私は幼少の頃より父の教えを受け、何が自分自身の本分であるかを深く理解した」[53]というような類）・家族意識・郷里アイデンティティ・政治観念・教育理想・利害の計算、そしていうまでもなく重要な能力の問題などを含む。父子、兄弟、夫妻あるいは舅と婿といった比較的親密な関係であれば、必要な触媒はおそらく少ない。これに対して、又従兄弟や異姓の従兄弟、同姓ないし異姓の甥やその妻のような比較的疎遠な関係であれば、求められる触媒はおそらく多くなってくる。事情が異なれば、必要な触媒も違ってくる。例えば共謀して悪事を働くような場合、おそらく利害の計算が郷里アイデンティティよりも大きくなるであろう。

5　族人が同一ネットワークの所属か異なる複数のネットワークに分属しているかを見極める

過去の研究では、通常、婚姻と交際（あるいは断交）の事例を探し出し、その中で釣り合わない婚姻や政治性の強い婚姻などの特別な例に焦点を当てて、家族に対する実際の機能について検討する。現在の研究は、婚姻と交際の事例を見出した後、それらをひとつの関係ネットワークの中におき、「自動」的に各種の機能が生み出せるようになり、なおかつこれらの機能には「連鎖反応」というべきものがあるので、届かないところはない。こうなるとこれらの機能が直接的か間接的か、大きいのか小さいのかを分析する必要はなく、ネットワークの中にいれば等しくその機能が及ぶということになる。これは絶えず繋がっていくことのできる人的ネットワークであり、その中には友人もいれば敵もいるし、有利な要素だけでなく不利な要素も含まれていることが想像できる。研究者が家族の興起や協同を解釈する際には、有利な要素だけを語って不利な要素は論じないのに対し、家族の没落や衝突を語る場合には、不利な要素だけを指摘して有利な要素は論じようとしない。これは果たして人的ネットワークなのか、それともマジシャンの宝箱なのかと疑惑を抱かずにはいられない読者もいるだろう。高氏の家族は、研究者によって「洛学遺緒」と称され、他の家族との協同や衝突がひとつの実例を提供してくれる。この事例をもとに、人的ネットワークの研究方法上の落とし穴についてみることにしよう。

高氏については、「最もよく人的結合と社会ネットワークの意義を示しているものこそ、四明地域の詩会および郷曲義荘の成立と運営にほかならない。そして高氏の族人はこの二つの活動に参与することで、一方では人的結合を拡大し、一方ではその社会的地位を確固たるものにした」と認識されている。この地域の詩会と郷曲義荘という二つの活動について考える。

地域の詩会に参加したのは高閌で、彼は高家最初の進士であると同時に、二程洛学の伝道者である。本来であれば家族の誉れであるが、詩会に参加した時点で彼には悪評が立っていた。進士合格を果たしたばかりのころ、高閌は洛学擁護の宰相趙鼎に重用され、大いに抜擢されたが、しばらくして趙鼎が秦檜によって排斥され、ついには絶食を強制されて死んでしまう。この間、高閌は秦檜を頼り、「師儒之首」たる国子司業に任じられ、洛学の先達に「権臣に取り入って迎合し、……人びとはみな、閤下の日ごろの志と行いはすべて無に帰してしまったと言っている」と批判された。その後、高閌は秦檜の恨みを買い、退職を余儀なくされる。郷里に戻り、彼はなおも彼に手紙を送ってその同情を誘い、再出仕と祿が子孫に及ぶことを願ったので、朱熹は彼が阿諛追従の徒として終始変わることはなかったと酷評した。しかしながら、彼は洛学に列なることはなかったものの、四明の詩会には参加を許されている。これはなぜであろうか。学者の解釈によれば、それは彼が四明の士人家族と姻戚関係をもち、またひとつ上の世代から培ってきた人脈によるもので、「高閌はその舅の基礎の上に、さらに一歩進んで四明地域の人的ネットワークを拡げていった。……加えて、当地の汪氏・楼氏・戴氏などの著名な家族との密接な交流を頼りに、高氏の人的ネットワーク拡大を有利に進めたのみならず、同時にこれら教育文化活動の推進を利用して、対凝聚四明士人の地方意識を凝集し、模範的な社会文化を形成する上で、大きな貢献を果たした」と述べる。すなわち、人的結合は個人の好ましくない政治行為を許容する、ないし個人の好ましくない政治行為は人的ネットワークを引き裂くことはないというのである。

郷曲義荘に参加したのは高閌の甥の高文善である。彼は楼鑰の委託を受け、袁燮の弟の袁槱と共同で荘務に当たり、「これは四明の郷曲義荘の発展上、最も良好な時期であった。高氏の族人は地方の公益活動中に積極的な役割を演じ、一方では積極的に職務に担当することで肯定的な評価を得、他方では高氏の家族の四明地域における豊かな人脈と良好な関係を表すことになった」。言い換えれば、才能以外に、人的結合によって高文善は義荘の運営に参加、その手腕を発揮することができたということになる。

しかしながら、高閌を容認し高文善を成功たらしめた人的結合は、ついには二度と高氏を容認できなくなってしまう。先行研究では、高文善の実兄である「高文虎と当地の士族との関係は良好で、高文善も四明の郷曲義荘の経営に参加しており、これらの活動が当該地方における交誼を培い、また家族の当該地方における地位向上にも裨益するところがあった。しかし、高文虎と似孫父子が権貴に取り入る状況が明らかとなり、韓侂冑に迎合し、彼とともに慶元党禁を推進するようになると、四明の道学系士人はまさにこの政治対立の主要勢力のひとつに巻き込まれてしまい、これが原因で高父子は士林に恨まれてその謗りを受け、ついに高氏と四明の士族との人的結合は日一日と疎遠になっていった」と述べられる。また、「高氏と彼らとの関係は疎遠どころか、対立すら起こった」とも述べている。すなわち、良好な人的結合は個人の好ましくない政治行為を許容しない、ないし個人の好ましくない政治行為は人的ネットワークを引き裂いてしまうのである。

読者は困惑を免れまい。まず義荘の運営に参加していたのは高文善であり、韓侂冑の党争に参加したのは高文虎と高似孫の父子である。どうして後者の問題を前者に結び付けて考えるのだろうか。高文虎と高似孫の父子の行為による、高家と他の家族との疎遠化や対立化は、この人的ネットワークの連鎖反応であり、こちらのネットワークの結び目に問題が発生すれば、他のネットワークの結び目にも波及するものなのであろうか。次に、高文虎父子の情況は実際のところ叔父の高閌の事例と大差ない。例えば文虎は、高閌の後塵を歩み、前後して国子祭酒と太学博士に任じられ、台州通判の時には内部情報を朱熹に伝えて知州の唐仲友を弾劾させ、後には朱熹の敵である韓侂冑に取り入った。なぜ同じ人的結合でありながら、過去には高閌を許容し、現在は高文虎を容認できないのであろうか。学者の目下の推論は、家族の協同を見出すことができれば、それを人的ネットワークが効力を発生したことに帰し、家族の衝突をみれば人的ネットワークの不具合のせいにしてしまい、これが同一の人的ネットワークであることを忘れてしまっているのである。ではいったい人的ネットワークはどのような状況下で効力を発揮したり失ったりするのであろうか。まさか学者が必要を感じた時に効力を発揮されたり失われたりするというのではないだろう。ここで、人的結合を郷曲義荘の年表の中に挿入してみると、問題の所在を見出すことができる。

一一九〇年、郷曲義荘が成立。

一一九五・一一九八年、高文虎父子が積極的に慶元の党争に参与、楼鑰と袁燮が偽学逆党に列ねられる。

一二〇〇年、義荘の創設者の一人、汪大猷が死去し、高文善が積極的に義荘の運営事務に参与するようになる。

一二〇二年、党禁がようやく緩む。

一二〇八年、韓侂冑が殺された後、高文虎父子が相継いで貶官処分を受ける。

これより明らかなことは、高文虎父子の政治行為（一一九五・一一九八）は、決して人的ネットワーク上に生み出された連鎖反応などではなく、また楼氏と袁氏の高文善との協同（一二〇〇）にも影響を及ぼしてはいない。さもなくば、党禁の被害者である楼鑰は高文善に義荘の管理など任せないだろうし、袁燮の弟の袁槱も高文善と協力して共同管理人になったりはしないだろう。我々は自説を取り繕うことができる。つまり、慶元党禁は四明家族の人的結合を磨り減らしてしまったが、この磨滅した人的結合は決して郷曲義荘の家族による協同に影響を及ぼすことはなく、なおもその結合機能を発揮していた。当然ながら、これは抽象的な表現であり、もしさらに深く検討するのであれば、以下の四つの課題を検討しなければならない。第一に、地域の詩会と郷曲義荘とは、前者は社交で後者は公益という性質の大きく異なる二つの活動であり、両者の背後の人的結合を一体のものとして論じることができるだろうか。人的結合は異なる性質を持つものであり、ある人は甲を率直に諫めてくれる「諍友」、ある人は彼に阿諛追従する「諛友」であれば、絶対に諍友と諛友をそれぞれ友人だとはみなしてほしくないものである。第二に、家族の協同や衝突は時として人的結合という点から完全には解釈できないことがあり、これではかえってその他の要因すなわち先述した触媒を覆い隠してしまいかねない。第三に、人的ネットワークを検討する際には、必ず内部・中間・辺縁といった層に分けるべきであり、小さな一部分が全局面に影響が及ぶようなものであるとは思えない。厳格に論じるならば、一家族内であろうと数家族間であろうと、友人関係のような同じ性質の人的結合であっても、たったひとつのネットワークを結ぶのではなく、多くの関係網を構成するものである。例えば、高閌は甲のネットワークに、高文虎父子は乙のネットワークに、高文善は丙のネットワークに所属しており、これらは重なる部分もあればそうでない部分もあり、高文虎と高文善のような実の兄弟であっても、時として異なる関係網に分属し、あるネットワークでプラスないしマイナスの作用が生じたとて他に影響が伝わるとは限らない。高文虎父子は郷曲義荘という関係網にこれまでに出現したことはないようであるが、彼らの政治行為はおそらくこの関係網に大きな影響は与えなかったであろう。第四に、やはり家庭と家族とを分けねばならず、高文虎の行為が彼の「一家」と四明の家族との関係に影響を及ぼしたとはいえ、彼とその弟の文善が構成する「一族」と四明の家族との関係に影響を与えたとはいえない。同様に、高文善の「一家」が四明の家族と協力関係を保っていることは、彼と文虎が構成する「一族」と四明の家族とが協力関係を保持していることと同じではない。拡大した関係にもその機能を発揮できないところが存在するのである。

三　家族が宋代の重要領域に与えた影響――地方意識とその文化を創出したのか(54)

近年、欧米の宋史学界にある傾向がうかがえる。南宋の士大夫が「明清化」することを以て、彼らが事業発展の重心を中央から地方に移し、国家官僚から地方エリートへと変化、彼らは家族を地方勢力に育て上げることを企て、力を尽くして地方事業に加わり、地方の利益を擁護し、婚姻さえも故意に（戦略性を持って）地方化を目指す、要約すれば地方意識ないしは主義が南宋期に台頭することを強調するのである。以下は、士人社会・百姓・仏教の三者について、家族と地方とのある関係について検討したものである。

（1）家族と士人社会

宋代の家族について研究する台湾の研究者たちは、一方で士大夫の義行が「極大化」し、家族の社会に対する影響を不釣り合いなかたちで膨張させ、他方でこれらの義行が「地方主義化」したと述べ、例えば明州の数家族が共同で推進した郷曲義田は地方の伝統ないし他の地域に優れて文化的特質を持つ郷里意識、総じて明州に特有の地方文化を樹立したと述べている。しかし、このような現象（社会公益・地方伝統・郷里意識など）に対する評価は、「主観」的な認定ではないだろうか。我々は、史学方法上、「客観」的な基準による比較がなされるべきであろう。

郷曲義田は本当に漠然と「社会」の公益とみなしうるのであろうか。その効果の研究とはいったい何を指すのか。我々はこれを直接的なものと間接的なものの二種類に分けることができる。直接的な効果とは、当然ながら受益者自身が得るものであり、彼らは一般庶民ではなく、当地の貧士や貧官の後裔、換言すれば創設者と「同類」であり、一般の「郷曲」とは異なる。彼らが受け取る援助には限度があり、郷曲義田の救済項目は主として「士族で親の葬儀を挙げることができない者には三〇緡を支給し、寄る辺のない女性で嫁ぐことができない者には五〇緡を支給する。……この二つに該当しなければ支給しない」というものであり、応急的な救済に限られ、貧者の支援までには届かない、その効果には十分限界があった。注意しなければならないことは、地元明州の貧士と貧官は親の葬儀や娘の嫁入りの際にはいずれも家族以外の人間を頼らねばならなかったわけだが、それは士人の大多数が「家」を根本に据え、「族」に頼るべき者がいなかったからではないのか、宋代社会の基本単位とは家族ではなかったのか、ということである。

郷曲義田にはどのような間接的な効果があるのだろうか。梁庚堯は以下のように指摘する。まず、参加者の社会的名声を高め、経済上における彼らの社会的責任という負担を減らすことができる。次に、義荘の「先賢祠は、地方人士が郷曲義田に尽力することで得られる社会的名声を、図像の奉祀や祭祀儀式を通じて具体的に表現するもので、すでに当地の士人社会におけるある種の精神的象徴となっており、その精神的な力で義田の継続を支えていた。……この義田の連携を当地のある伝統に仕立て上げ、地方官府が必要に応じて援助を願うようになった」という。黄寛重はさらにこの見解を拡大して、「これは士人家族の密接な交流の中から、郷土への思いに心を揺り動かされて創り出した他地域に勝る文化的特質」であり、そして「義田荘・郷飲酒礼といった公益および文化的活動を推進する過程から、さらに四明の士族の当地に対する関心を表すもので、協同という方式によって集団の力を集め、呼び起こす、文化的特色ある郷里意識を創造した」と認識している。討論の都合上、このことを一種の「義行に篤く分け隔てをしない」、郷民の利益を第一に考えるような地方の文化伝統ないし郷里意識と呼んでおこう。

郷曲義田がある象徴ないし理想であり、一定の影響力を持っていたことは否定できないが、これが地方の伝統や郷里意識となりえたかどうかはまた別の問題であり、たとえそうだったとしても、その効果がどれぐらいであったのかは慎重に評価せねばならない。もちろん郷曲義田の価値については高く評価せねばならないが、その価値を過大評価しすぎてもならず、歴史事実を超越してしまえば、かえって郷曲義田と郷里意識についてのさらに一歩進んだ検討の妨げとなってしまう。歴史研究の際には、しばしば外界の人間が「主観」（各自が吹聴する）的に好ましくない印象をもたらしてしまうことがある。それゆえに我々は、持久性・安定性・普遍性・優先性・独特性という五つのより客観的な基準でもって郷曲義田の明州社会に対する影響を評価すべきである。

①どのぐらい継続したのか。大方に納得していただけると思うが、ひとつのものがおよそ二、三世代続けば、これを伝統ということができるだろう。郷曲義田は紹熙元年（一一九〇）に正式に創設されて機能しはじめ、宝慶元年（一二二六）にもまだ変化がないように思われるが、淳祐十一年（一二五一）以前に、私人の所有から府学の管轄に移っている。正確な寿命は分からないものの、およそ三十七年から六十年ほどの期間に過ぎない。

②安定していたのか。安定とは、その性質と基本的な構想に変化があるかどうかということを指し、その質が変化していればもはや古い伝統とはいえない。郷曲義田の本来の性質は民営と貧者救済であり、その基本的な構想は「義行に篤く分け隔てをしない」ことであったが、後になるといずれも変化してしまったようである。梁庚堯は、郷曲義田の所有者が変化するひとつの原因が、創設者の家族が次第に没落し、かつ政治的立場の違いから関係が悪化すると、「義行に篤く分け隔てをしない」という基本構想が埋没してしまい、再び一致協力することができなかったとみなしている。所有者が代わると、官府は依然として地方の家族に共同管理をさせていたが、その性質は主として官営であり、まさに王徳毅のいう、貧民塚の設置といった平時の救済が、もしも政府によって資金が提供されるようであれば、「実に義の字の本来の意味を失っている」ことになる。(55)所有者が代わり、補助の対象も府学で任職中の生員に拡大されると、ほぼ学校運営を主体としたものになり、義田は学田となって、単純な貧者救済とはいいがたい。このことは、

もとより環境に抗えない、どうしようもないものだが、それでも義荘がすでに変化して士人家族の積極的な参与と実践上の理想に欠ける政府筋の事務になっていたことは指摘しておかざるを得ない。創設者ですら維持できなかった伝統が地方の伝統となりえたのであろうか。さらにいえば、義荘の管理にはすでに問題が叢生していた。王応麟「義田荘先賢祠記」（約一二九三年）によれば、「確かな計画は依然として存在するものの、（先賢の）当初の意義はしだいに失われ、……実際の恩恵がまだ全体に行き渡っていないことが残念である。無駄な成員がいることと、子孫がずっと支給を受け続けているという二つの弊害は、改めることができない」とある。[56]所有者が代わった後、受益者が減少する一方で支出は増加し、無駄飯食らいの成員ばかりか、長期間にわたって義荘から資金を得て生活を送る家族の子孫も出現した。これでは大きな改善も施しようがなく、薛基「重建義田荘記」（一三二七年）によれば、薛自身が「事業に参与しても、制度のゆるみや弊害があって以前とは異なっており、施設もまた同様で、籾米はあっても、それを貯蔵する場所がない」[57]状態だと述べる。先行研究にいう地方の伝統と郷里意識は、もはや有名無実のものとなっていたのである。

③普遍的なアイデンティティが得られていたのか。もし筆者が当地の一介の平民であれば、おそらく自分と全く関係がないがゆえに、郷曲義田の感化を受けることは難しかったであろう。たとえ自身が子弟を養育して士子たらしめても、育成する過程中、郷曲義田から何の援助を受けることもできない。要するに、郷曲義田は士人社会の伝統になりえても、庶民社会の伝統にはなりえず、エリートの郷里意識であって庶民の郷里意識ではないのである。

④アイデンティティを有する者の優先的な選択性は得られていたのか。今日の学界では多元性を論じることが流行となっている。多元的なものは、もとよりそれぞれ排斥するものではないが、それでも軽重と前後、また直接・間接といった区別が存在するのではないだろうか。士人社会においても、同じ性質を持った他の伝統が存在するが、はた

して郷曲義田は優先的な位置に置かれていたのであろうか。郷曲義田の効果に大きな限界があった以上、おそらくそのようなことはなかったであろう。もし筆者がある困窮した士人であれば、自身が最も望むのはできるだけ早く科挙に合格し、この貧困から脱することであって、「親の葬式を挙げられず、寄る辺のない女性が嫁げない」という機会を待つことではなかったであろう。したがって、筆者は「科挙団体」を選択して優先的伝統となし、その長久たらんことを望む。なぜならこの団体が自分の試験技術を高めてくれるのに役立ち、試験に赴く際には旅費の補助があり、祭祀活動とすでに科挙及第を果たして官途にある成員が未合格者の成員を援助するという理想を有し、そして最も大事なことは、おそらく一分の「参与感」を持っていると考えられるからである[58]。ゆえに、精神的、実質的、そして開放の程度を問わず、この組織は遠く郷曲義田に勝っていた。上述した義田の「実際の恩恵がまだ全体に行き渡っていない」という状況を生み出したひとつの原因が、よもや「士人がどうしてもやむを得ないという場合でなければ、人に求めることを恥とみなす」ような風潮が存在しなかったことにあるといえるだろうか[59]。もしどちらを選ぶかと言われれば、筆者はむしろ郷曲義田を捨てて科挙団体を取る。すなわち、ある価値と意識を評価する際には、他の意識との関係や競争力に留意しておくべきなのである。一個人はその役割の多様性から同時に多くの意識を持つことが許されている。例えば、家族意識と郷里意識、国家意識と地方意識などであり、それらが相互に競合する際には、いったいどちらの意識が優先されるのであろうか。

⑤他の地方と異なる特徴を持っているか。これは、他の地方にはない唯一独特な何かを求めているわけではないが、もしも他の地方にも存在するようなものであれば、そこに他の地方よりも優れているもの、ないしとりわけ人に敬服の念を起させるようなものを見出すことは難しい。形式を較べるだけであれば、在地士大夫によって創設された郷曲義田があるいは明州に独特ないし先駆的に存在していたのかもしれない。しかしながら、その基本精神が「義行に篤

く分け隔てをしない」点にあるだけだというのであれば、これは今日ではいわゆる世間一般の価値、ないし儒学の理想であって、決して明州だけに独特であるとはいえない。事実上、甲地方出身の士大夫が乙地に赴いて地方官となれば、彼もまた各種の文化・公益活動を推進していくであろう。その好例を示しているのが史浩であり、彼は知紹興府であった時、俸禄を寄付して府学附属の義田を創立し（一一六八年）、二十三年後には、郷里に住む前宰相という身分で明州の郷曲義田を推し進めている。この両者は実に大差ないものであり、もしも後者が同郷に生まれたことに感興がわいた郷里意識に基づいているというのなら、前者は何と呼べばよいのであろうか。郷曲義田とはいったい明州のためにどのような他地域とは異なる地方精神や地方文化ないし地方意識を打ち立てたのであろうか。このことは学者がより客観的な基準を提出するのを待ってから討論を展開せねばなるまい。さもなくば、あらゆるものが郷里意識という語を冠することが可能であろう。

（2）　家族と庶民

積極的に地方事業に参加して郷里の利益を追求する士大夫は、間違いなく地方エリートなのであろうか。楼异が知明州であった時、方臘の乱に抵抗するなどの功績によって生祠が建立され、かつ孫の楼鑰が参知政事に任じられていた間にもその地位は高まったが、彼には民を虐げて私腹を肥やした一面も持っており、これは楼氏と他の家族による協同に暗い影を落としている。

宋代には、知州が任期満了後、皇帝に拝謁して報告を行い、外任に出る際もまた皇帝に挨拶するという立派な制度があり、中級官吏が皇帝の歓心を得る貴重な機会となっていた。楼异はこの機会を利用し、大金を浪費して民衆に困窮を強いていた徽宗に迎合している。彼が赴任せねばならなかったのは随州であったが、いかにして随州を発展させるかを論じることなく、建議したのはいかに自身の郷里である明州の広徳湖を田地とし、そして増収となった租税はその大部分を国庫に納入するのではなく、専ら皇帝の消費に供し、これを「応奉」と名付ける、という内容だった。徽宗は大いに喜び、ついに官員の本貫回避制度に反して彼を知明州に改めたため、おのずと楼氏の郷里における勢いは高まり、かえって民衆を苦しめることになってしまった。

湖に堰堤を築いて干拓田を作った結果（一一一八年）は、民を苦しめて私腹を肥やすこととなり、新たに増加した湖田は約五七五頃九九畝、上等および中等の田地はほとんどが権勢ある家に借り受けられ、下等のものが強制的に一般庶民に割り当てられ、湖泊より下流域の二〇〇〇頃の旧田は湖水の灌漑を受けられず、生産量は大幅に減少してやがて生産不能に陥り、大量の農民が田地を放棄して流浪を余儀なくされた。権勢ある家にはたいてい楼家も含まれ、楼异には財力もあったので、屋敷を拡張して南北にまっすぐ伸びること百歩（一歩は約五尺）、その美しさは枚挙に暇がないという昼錦坊を作り上げた。これは一介の知州の俸祿ではとても成し遂げられないものである。政府が受け取る租米は生産量の一定の比率に準じているが、紹興七年（一一三七）に佃主から集めた湖田の租米は約一九〇〇〇余碩であり、知州が耕作者に田租を直接政府に渡すよう要求すると、租米はすぐさま四五〇〇〇余碩にまで増加した。ここに地主がいかに豊かな利益を得ていたかが分かる。楼氏は、戦火の後も急速に復興を果たすことができたが、これこそ湖田の耕作を再開した賜物であったにちがいない。要約すれば、新田は徽宗と楼氏などの家族の収入増加およびその関係の増強をもたらし、かえって旧田の廃棄は国家の収入を減少せしめ、民衆の困苦を増す結果となった。紹興九年（一一三九）、明州知事による「政和八年、知州の楼异が湖を干拓して田地とすることを願い出た。……湖が干拓される前、七郷の民田で毎畝六、七碩の収穫があったのに、現在の収穫は往時の半分にも及んでいないのは、湖水による灌漑の利を失ったからである。七郷の田地を数えると二千頃を下らず、失った穀物は約五、六〇万碩となり、またつねに旱害の影響を受けるようになった」という上奏がみえ、さらに地方志には西部七郷の田地では毎年旱害が生じていると記載されたが、まさにこれは灌漑水の不足によるものであった[60]。

（3）　家族と仏教

我々は、一方で士人家族がいかにして仏寺との協同で社会的資源を汲み上げたのかを、他方で士人家族がいかにして仏寺の資源を掠め取ったのかを検討せねばならない。

楼鑰が嘉定二年（一二〇九）に参知政事となった折、ある寺廟を気に入った。そこで朝廷に下賜を願い出て、功徳寺として自身の祖先の祭祀や墳墓の便宜を図り、その寺産は田三四二畝、山九八〇〇畝を有した[61]。黄敏枝は「宋代に高級官僚となった人々は、有額ないし無額の寺院を自分の占有物であるとみなして墳寺にすることで、もともと寺院に属していた荘田も併せて墳寺の所有者の手中に収めた。新たに墳寺一所を置くことは新たに荘田一所を置くようなもので、一寺で一家を養ったのである」と述べている。事実上、北宋末期（一一〇九年）より有額の寺院を指定（指射）することは禁止されたため、臣僚は寺額を獲得した後、必ず自ら屋宇を造り、土地をあがなったという。楊倩描は「南宋時期に創建された墳寺・墳院や功徳寺観等は、その多くが朝廷から賜った小型の寺観を再び個人が出資して拡張するという折衷的な方法を採っている」という。彼の見解は黄敏枝とおおむね一致しており、「このようにしても、墳寺・墳院や功徳寺観の中には、以前からあったものか新設のものか、公有と私有との財産の境界が容易にはっきりとは区分できなかった。このことは外戚や高官の家が墳寺・墳院や功徳寺観の創建にかこつけて、寺観財産を併呑する行為の発生を招くことになった[62]」という。楼鑰に「一寺を以て一家を養う」という状況が存在したのか、今後の検討が待たれる。

黄敏枝にはさらに紹介しておくべき二つの発見がある。第一に、彼女は、南宋中晩期に権力を極めて悪事の限りを尽くしたと形容される史氏（史彌遠と史嵩之等）が、意外にも、ある高官の家のように、寺院を功徳墳寺と指定（指射）することによって寺観財産を併呑するということをしていなかった点を指摘した。第二に、史氏には功徳墳寺十カ所と墳観三カ所があり、彼女はそのうち四カ所に資産があることを突き止めたが、その田地の合計は八三一畝、山地七〇五畝に過ぎなかった。ただし楊倩描は、これらがその寺にもともとあった寺産であり、決して史氏が増やした寺産を含んではいないとの認識のようである(63)。いずれにせよ、これらの発見は、どうして史氏の財産が見出せないのか、まさか財産は家族の連携維持に重要ではないとでもいうのかという、リチャード・デービスの戸惑いを部分的に解消するものである。もしかしたら功徳寺の資産も名目を変えた族産だったとみなせるかもしれない。崇寧時期の新法党勢力が旧法党を根こそぎにしようとした時、元祐党人の十九あった功徳墳寺を全て没官処分としたのは、実際のところ党人家族の財源を断つためで、決して党人の祖先祭祀を禁止するものではなかったのである。

おわりに

歴史研究は、ひとつの学問分野であるから、一定の範囲と規範、および方向と方法を持つべきである。それらは、ひとたび研究を開始すれば確定するものではなく、不断の研究過程の中で徐々に修正がなされていく。ある研究が進歩したかどうかを判断するには、僅かな発見が我々の視野を広げ、知識を増やしてくれるかどうかを見る以外に、その研究の方向と方法が成熟したものかどうかを確認する必要もある。史料の大量の電子化が進み、実に容易に入手できるようになった今日においては、より一層、研究の方向と方法を追究していく必要がある。そうしなければ眼前に史料が横たわっていても、その重要性を見出すことができない。本稿の目的は、明州の家族を事例として、家族研究の方向と方法について検討することであった。

第一に、家族を研究するためには、家庭、家族そして宗族を区分する必要があり、そうして初めて家庭を家族と見なしてしまう誤りを避けることができる。区分の規則については、同籍共財、指導の権威と懲戒権、異籍別財、直系ないし旁系の親族、そして五服制等を含む。

第二に、家族を研究するためには、義居型家族、聚居型家族、共祖属群といった、異なる形態を区分する必要があり、その区分の規則については、分家分産、家族の伝統、族譜、族祭、組織的な相互扶助、非組織的な相互扶助、分化分裂の誘因等を含む。この七つの規則に基づけば、明州の士人家族のほとんどが組織性の低い共祖属群であった。

第三に、ある要素が家族の発展に対して一定の効果を生み出したことを評価する際には、その因果関係が追究されねばならない。例えば、科挙及第者数が多ければ家族が隆盛である要因と見なされるが、ではその要因はどのように生み出されたものなのであろうか。このとき、ある家族が「どれくらいの」進士数を獲得したかを数えた後、さらにその家族は「いかにして」これらの進士を獲得したのか、さらにその取得の「過程」を分析する必要がある。分析の際には、全くもって手続きや規則を欠くようなものではならず、科挙制度内で手掛かりを探し出し、試験内容、解額、解試、省試、殿試、特奏名、太学、科挙の学習塾、そして試験官などの重要な各段階の中で、その家族が優位にあるのかどうかを考察していくのである。要するに、「家族」を単位とする以上、庶民に対置される士大夫の家族がいかに彼らの有利な条件を利用して科挙合格の機会を増加しようとしたのかを必ず指摘しなければならない。これは、絶対に「母親の教育が良かった」、「経済条件が優れていた」、そして「教育条件の手厚さ」等の見解で十分に解釈されるようなものではない。

第四に、ある要素が家族の発展に対して一定の効果を生み出したことを評価する際には、具体的でなければならず曖昧で済まされるべきではない。人的ネットワークの機能を評価する際には、必ず以下のことを理解しておかねばならない。まず、家族成員が全てひとつのネットワーク内に収まっているわけではなく、それぞれ異なるいくつかのネットワーク内に分属していること。そして、これらのネットワークは決して重なり合うものだとは限らず、ひとつを引っ張れば、全体が動くようなものでもないということ。なおかつ、たとえ同じネットワーク内にいたとしても、内部、中間、そして辺縁という区別があり、おそらく得られる利益に違いが生じることとなる。このほか、ネットワークが異なる場合には異なる効果がもたらされ、例えば科挙及第についていえば、試験官のネットワークに到達すれば、その効果は知州のネットワークよりも大きくなる。また、いかなる士大夫でも人的ネットワークを有しており、どんなネットワークにもプラスとマイナスの効果があるので、正確に人的ネットワークの機能を評価する必要がある。これらは架空の設定ではなく、実例から分析を始めなければならず、さもなくば「一表三千里」のレベルから逃れることができない。

第五に、家族の宋代における重要領域への影響を評価する際には、できるだけ「客観」的な基準を利用すべきである。例えば、家族がある地方の伝統や郷里意識を創出したかどうかを評価する場合、持久性、安定性、普遍性、優先性、そして独自性等の基準を採用すべきである。この五つの基準に基づけば、士人家族が力を合わせて創設した郷曲義田の明州という大社会における機能は極めて限定的で、また士人の小社会における効果も非常に限界性を有しており、ある地方の伝統や郷里意識を構成するには不十分であったといえる。他方で、士人家族は民を虐げ私腹を肥やした歴史を残し、また巧みに仏教財産を取り込んで一寺で一家を養っていた疑いが存在した。

総じて明州の社会は、おそらく今日と同様、最も基本的かつ重要な単位は家庭であり、家族でも、さらには宗族でもなかった。明州では家族の社会が出現しておらず、「家族」を出発点としつつも、当地の大多数の士大夫による相互活動を研究しているのであり、おそらくは偽の議題であろう。というのも、彼らの背後の力が主として家庭であって家族ではないからである。「家族」を単位として社会的流動性の問題に挑戦するのも、おそらくは偽の議題であり、ある家族内における甲家の盛衰は乙家と何の関係もなく、また甲家の物的資源と人的ネットワークが必ずしも乙家の世話をするとは限らなかった。明州社会に影響を及ぼしたのも主に家庭であって家族ではなかったが、これらの影響は非常に限定的であり、決して地方の伝統と郷里意識を形成したわけではなかった。

歴史研究に不変の法則は存在しないといわれるが、法則がないのと方法がないのとは別の問題である。本稿の最大の目的は問題に答えることではなく、研究方法上の議論を起こし、曖昧とした歴史学の淵に落ちてしまい、その上さらに誤りを重ねるような事態を避けることであった。大きな問題というのは、もともと小さな問題が組み合わさってできるものである。まず小さな問題をはっきりさせないで、どうやって大きな問題に答えることができるというのであろうか。

＊附録：宋代四明家族研究書目

1956　福沢与九郎「宋代郷曲（郷人）義田荘小考」『史学研究』六二。
1972　伊原　弘「宋代明州における官戸の婚姻関係」『中央大学大学院研究年報』一。
　　　福田　立子「宋代義荘小考――明州楼氏を中心として」『史艸』一三。
1984　Walton, Linda A.（萬安玲）. “Kinship, Marriage, and Status in Song China: A Study of the Lou Lineage of Ningbo, c. 1050-1250,” *Journal of Asian History*, 18. 中文摘要は1985胡志宏を見よ。
1985　胡　志宏（摘要）・沃爾頓（Walton, Linda 著）「宋代的親属関係・婚姻和人的身份：対寧波楼氏的研究」『中国史研究動態』。

石田　肇「南宋明州の高氏一族について――高閌・高文虎・高似孫のこと」宋代史研究会編『宋代の社会と宗教』汲古書院。

1986 Davis, Richard L.（戴仁柱 a）*Court and Family in Sung China 960-1279: Bureaucratic Success and Kinship Fortunes for the Shih of Ming-chou*. Durham: Duke University Press.

Davis, Richard L.（戴仁柱 b）"Political Success and the Growth of Descent Groups: The Shih of Ming-chou,"in Ebrey, Patricia and James L. Watson eds. *Kinship Organization in Late Imperial China*（Berkeley and Los Angeles, CA.: University of California Press).

1992 黄　寛重「宋代四明袁氏家族研究」中央研究院歴史語言研究所出版品編輯委員会編『中国近世社会文化史論文集』中央研究院・史語言研究所。後、黄寛重『宋代的家族与社会』（二〇〇六）に「発明本心：袁氏家族与陸学衣鉢」として再録。

1993 Walton, Linda A.（萬安玲）. "Charitable Estates as an Aspect of Statecraft in Southern Sung China," in Hymes, Robert P. and Conrad Schirokauer eds. *Ordering the World: Approaches to State and Society in Sung Dynasty China*（Berkeley and Los Angeles, CA.: University of California Press).

1996 Davis, Richard L.（戴仁柱）"The Shi Tombs at Dongqian Lake," *Journal of Sung-Yuan Studies*, 26.

1997 包　偉民「宋代明州楼氏家族研究」『大陸雑誌』九四―五。

1998 黄　寛重「宋代四明楼氏家族的興衰歴程」国立台湾大学歴史学系編『史学：伝承与変遷学術研討会論文集』国立台湾大学歴史系）。

梁　庚堯「家族合作・社会声望与地方公益：宋元四明郷曲義田的源起与演変」中央研究院歴史語言研究所出版品編輯委員会編『中国近世家族与社会学術研討会論文集』中央研究院歴史語言研究所。後、黄寛重・劉増貴主編『家族与社会』（台湾学者中国史研究論叢八、中国大百科全書出版社、二〇〇五年に再録）。

李　家豪「没落或再生：論元代四明地区的士人与家族」国立台湾大学歴史学研究所碩士論文。

1999　黄　寛重a「宋代四明士族人際網絡与社会文化活動——以楼氏家族為中心的観察」『中央研究院歴史語言研究所集刊』七〇—三。後、黄寛重・劉増貴主編『家族与社会』（台湾学者中国史研究論叢八、中国大百科全書出版社、二〇〇五年、および黄寛重『宋代的家族与社会』（二〇〇六）に「千糸万縷：楼氏家族的婚姻圏与郷曲義荘的推動」として再録）。

黄　寛重b「人際網路・社会文化活動与領袖地位的建立——以宋代四明汪氏家族為中心的観察」『台大歴史学報』二四。後、国立台湾大学歴史学系主編『転変与定型：宋代社会文化史学術研討会論文集』国立台湾大学歴史系、二〇〇〇年。黄寛重『宋代的家族与社会』（二〇〇六）に「真率之集：士林砥柱的汪氏家族与郷里文化的塑造」として再録。

2002　黄　敏枝「南宋四明史氏家族与仏教的関係」漆侠主編『宋史研究論文集』河北大学出版社。

2004　黄　寛重「家族興衰与社会網絡：以宋代的四明高氏家族為例」『東呉歴史学報』一一。後、黄寛重『宋代的家族与社会』（二〇〇六）に「洛学遺緒：高氏家族的学術与政治抉択」として再録。

2005　蔡罕（著）・岡元司（訳）「宋代四明史氏墓葬遺跡について」井上徹・遠藤隆俊編『宋—明宗族の研究』汲古書院。

黄　寛重「科挙社会下家族的発展与転変——以宋代為中心的観察」『唐研究』一一。

2006　周　揚波「南宋四明地区耆老会概述」『寧波大学学報』一九—五。

黄　寛重『宋代的家族与社会』東大書局。

楊古城・龔国栄『南宋石雕』寧波出版社。

Walton, Linda A.（萬安玲著）・士居智典（訳）「宗教・社会および日中の文化関連——南宋明州（寧波）における仏教と地域社会」『東アジア海域交流史現地調査研究』一。

2007　兪　信芳「鄞県楼氏研究中若干難点試釈——読「宋代明州楼氏家族研究」・『鄞県楼氏宗譜』札記」『天一閣文叢』五。原載は『鄞州文史』二〇〇七年三月。

2008　岡　元司「宋代明州史師仲墓誌調査」『広島東洋史学報』一三。

2009　黄　寛重「政治・地域与家族——宋元時期四明士族的衰替」『新史学』二〇—二。

註

（1）柳立言「宋代明州士人家族的形態」（『歴史語言研究所集刊』八一、二〇一〇年、二八九—三六四頁）。
（2）註（1）前掲論文。
（3）柳立言「宋代同居制度下的所謂「共財」」（柳立言『宋代的家庭和法律』上海古籍出版社、二〇〇八年）、三三六—三三七頁。
（4）柳立言「従法律糾紛看宋代的父権家長制——父母舅姑与子女媳婿相争」（前掲『宋代的家庭和法律』）、二四七—三二四頁。
（5）梁洪生「宋代江西士・宦之家人口諸問題初探——以墓志為古代人口抽様史料進行統計的嘗試」（『人口学刊』一九八九年三月）、四六—五二頁。程民生「宋代家庭人口数量初探」（国立台湾大学歴史系主編『転変与定型：宋代社会文化史学術研討会論文集』国立台湾大学歴史系、二〇〇〇年）、三六七—三八二頁、同「宋人婚令及平均死亡年齢・死亡率・家庭子女数・男女比例考」（朱瑞熙等主編『宋史研究論文集』一一、巴蜀書社、二〇〇六年）、二八七—三〇七頁。馬玉臣「宋代家庭規模再推算」（『中国社会経済史研究』二〇〇八年四月）、三六—四一頁。
（6）Patricia Buckley Ebrey and James L. Watson, eds. *Kinship Organization in Late Imperial China: 1000-1940*（Berkeley and Los Angeles, CA.: University of California Press, 1986）, pp. 1-15.
（7）許懐林「陳氏家族的瓦解与「義門」的影響」（『中国史研究』一九九四年二月）、一五七—一六五頁。
（8）Maurice Freedman, *Lineage Organization in Southeastern China*, L. S. E. Monographs on Social Anthropology 18, London: University of London, Athlone Press, 1958 及 *Chinese lineage and society: Fukien and Kwangtung*, L. S. E. Monographs on Social Anthropology 33, New York: Athlone Press, 1966.
（9）杜正勝「伝統家族試論」（黄寛重・劉増貴主編『家族与社会』、台湾学者中国史研究論叢第八冊、中国大百科全書出版社、二〇〇五、一—八七頁、原載は『大陸雑誌』六五—二&三、一九八二年）、五頁。
（10）楼鑰『攻媿集』（四部叢刊初編）巻五二、四八九頁。

(11) 楼鑰『攻媿集』巻一〇〇、九七〇頁。
(12) 楼鑰『攻媿集』巻八四、七七三頁。
(13) 楼鑰『攻媿集』巻八五、七八五頁。
(14) 楼鑰『攻媿集』巻一〇五、一〇三二頁。
(15) 楼鑰『攻媿集』巻一〇九、一〇七八頁。
(16) 李清臣「厚俗策」（曾棗荘・劉琳主編『全宋文』巴蜀書社、一九九四年）巻一七一六、一八―二〇頁。
(17) 陳淳『北渓大全集』（文淵閣四庫全書）巻一三、一五頁。
(18) 楼鑰『攻媿集』巻一〇〇、九七〇頁。
(19) 楼鑰『攻媿集』巻六〇、五四九―五五一頁。
(20) 況逵「昼錦楼氏義田荘」（王元恭『至正四明続志』〔宋元地方志叢書〕巻八）、五九四九―五〇頁。
(21) 李家豪「没落或再生：論元代四明地区的士人与家族」（国立台湾大学歴史学研究所碩士論文、一九九八年）、四八―四九頁。
(22) 況逵「昼錦楼氏義田荘」（王元恭『至正四明続志』巻一九）、五九四九頁。
(23) 楼鑰『攻媿集』巻六〇、五四八頁、同巻一〇五、一〇三二頁。
(24) 杜正勝「伝統家族試論」、四頁。
(25) 方逢辰『名物蒙求』（斉魯書社、一九九八年）、五頁。
(26) 王応麟（？）『三字経』（斉魯書社、一九九八年）、六頁。
(27) 不著人（編）・中国社会科学院歴史研究所宋遼金元史研究室（点校）『名公書判清明集』（中華書局、一九八七年）巻七、二一三―二一四頁。
(28) 魏道明『始於兵而終於礼――中国古代族刑研究』（中華書局、二〇〇六年）、七―八頁、一三〇―一三一頁、一八六―一八九頁。
(29) Peter, K. Bol, "Local History and Family in Past and Present," in Thomas H. C. Lee ed. *The New and the Multiple: Sung*

Senses of the Past (Hong Kong: The Chinese University Press, 2004), pp. 307-349, とりわけ pp. 318-321を参照。

(30) 洪适『盤洲文集』（四部叢刊初編）巻七六、四八七—四八八頁。

(31) 游九言『黙斎遺稿』（文淵閣四庫全書）巻下、一八—一九頁。

(32) 柳立言「科挙・人際網絡与家族興衰：以宋代明州為例」（『中国社会歴史評論』一一、二〇一〇年）。

(33) 張邦煒「黄寛重『宋代的家族与社会』読後」（『歴史研究』二〇〇七年二月）、一七〇—一七九頁。

(34) 王庭珪『盧渓文集』（文淵閣四庫全書）巻四七、二頁。詳しくは林岩『北宋科挙考試与文学』（上海古籍出版社、二〇〇六年）、二三〇—二五七頁を参照。

(35) 羅濬『宝慶四明志』（宋元地方志叢書）巻一〇、五一九七頁。

(36) 程民生「論宋代科挙戸籍制」（『文史哲』二〇〇二年六期）、一〇八—一一三頁。

(37) 萬如石「通直郎張潜行状」（陳柏泉編『江西出土墓誌選編』江西教育出版社、一九九一年）、八七頁。

(38) 馬端臨『文献通考』（国学基本叢書）巻三一、二九六頁。

(39) 太学から進士合格を遂げて出仕する手段については、祖慧「両宋「上舎釈褐」考述」（『文史』二〇〇七年四月）、二三七—二四六頁に詳しい。

(40) 李弘祺「宋代的挙人」（国際宋史研討会秘書処編『国際宋史研討会論文集』（中国文化大学史学研究所・史学系、一九八八年）、二九七—三一三頁、引用は三〇九頁。

(41) 魏泰『東軒筆録』（中華書局、一九八三年）巻六、七一頁。

(42) 脱脱『宋史』（中華書局、一九七七年）巻三九四、一二〇三三頁。

(43) 陳暁蘭『南宋四明地区教育和学術研究』（鳳凰出版社、二〇〇八年）、二九—三四頁、同「南宋四明科挙考略」（『宋代文化研究』一七、二〇〇九年）、四七五—四八四頁。

(44) 田浩（Hoyt C. Tillman）『朱熹的思維世界』（允晨文化、二〇〇八年）、四五二頁。Hoyt C. Tillman, *Confucian Discourse and Chu Hsi's Ascendancy* (Honolulu: University of Hawaii Press, 1992), p. 252.

(45) 楊寄林「試論両宋進士前三名遴選中的異常現象」（『史学月刊』二〇〇三年九月）、四一―四五頁。

(46) 岡元司「南宋期科挙の試官をめぐる地域性――浙東出身者の位置づけを中心に――」（宋代史研究会編『宋代社会のネットワーク』（汲古書院、一九九八年）、二三三―二七三頁。

(47) 近藤一成「宋代科挙社会的形成・以明州慶元府為例」（『厦門大学学報』二〇〇五年六月）、一五―二四頁。

(48) 陳淳『北渓大全集』巻一五、一一―一三頁。

(49) 祝尚書「「挙子事業」与「君子事業」――論宋代科挙考試与文学発展的関係」（『厦門大学学報』二〇〇四年四月、七五―八四頁。

(50) Robert M. Hartwell, p. 417, "Demographic, Political, and Social Transformations of China, 750-1550," Harvard Journal of Asiatic Studies, 42.2 (1982), pp. 365-442.

(51) Thomas H. C. Lee, "Book Review-*Statesmen and Gentlemen: The Elite of Fu-chou, Chiang-his in Northern and Southern Sung*," *Journal of the American Oriental Society*, 109.3・1989, pp. 494-497.

(52) 祖先祭祀は蘇氏族人の唯一の共同活動であったようだが、後にはきちんと挙行されなくなった。詳しくは馬斗成『宋代眉山蘇氏家族研究』（中国社会科学出版社、二〇〇五年）、二二八―二四四頁を参照。

(53) 何炳棣『読史閲世六十年』（允晨文化、二〇〇四年）、一―二九頁。

(54) 詳しくは柳立言「士人家族与地方主義・以明州為例」（『歴史研究』二〇〇九年第六期）、一〇―一八頁。

(55) 王徳毅『宋代災荒的救済政策』（中国学術著作奨助委員会、一九七〇年）、一〇〇頁。

(56) 王応麟「義田荘先賢記」（袁桷『延祐四明志』（宋元地方志叢書）巻一四）、五七三一―五七三二頁。

(57) 薛基「重建義田荘記」（袁桷『延祐四明志』巻一四）、五七三二頁。

(58) 周揚波「宋代科挙会社」（『雲南社会科学』二〇〇五年五月）、一〇〇―一〇三頁。

(59) 薛基「重建義田荘記」（袁桷『延祐四明志』巻一四）、五七三二―五七三三頁。

(60) 陸敏珍『唐宋時期明州区域社会経済研究』（上海古籍出版社、二〇〇七年）、一五六―一六四頁。徐松（輯）『宋会要輯稿』

（新文豊影印本）食貨七―四五。

(61)　黄敏枝「南宋四明史氏家族与仏教的関係」（漆俠主編『宋史研究論文集』九、河北大学出版社、二〇〇二年）、五四六―五七五頁。

(62)　黄敏枝「宋代的功徳墳寺」（黄敏枝『宋代仏教社会経済史論集』台湾学生書局、一九八九年、二四一―三〇〇頁）、一七二頁。楊倩描『南宋宗教史』（人民出版社、二〇〇八年）、三二九―三三一頁。

(63)　楊倩描『南宋宗教史』、三二七―三三三頁。

国境を越えた過去のかけら——宋・元・明の景徳鎮における陶磁産業——

アンナ・ヘリセン
小二田章　訳

はじめに

元朝の詩人であり官僚であった洪焱祖（一二六七—一三二九）は、杭州滞在時に以下のような詩を書いている。

一器成初售　あるひとつの器が完成して初めて売られると、
争先様又新　また新たに先を争って求める有様だ
低昂百工手　下がったり上がったりする工人の手が、
鼓舞四方人　四方の人々を鼓舞させる
雕刻知何極　彫刻には際限がないが、
漸磨豈易淳　磨いて馴染ませてもありのままだ
光陰併紅紫　年月がくすみをもたらし、
滾滾付泥塵　絶え間なく埃をかぶせていくのだ(1)

この詩は洪が熱心な陶磁器のコレクターであったことを推測させる(2)。洪は陶磁器の価値を単に形や色にばかりではなく、その職人芸に見出している。彼は「漸磨」という言葉を用いているが、この用語は「浸透する」または「(教えて)染み込ませる」という意味である。宋朝の学者であった曾鞏（一〇一九―八三）は次のように書いている。「陶器や鉄製品は磨いて馴染ませるものであり、無理に圧延や切断をするまでもない(3)」。陶磁器と鉄器について、曾は、圧延や彫削といった過剰な処理の成果というより、自然な加工による産物であると述べている。陶工は装飾を加えるのではなく、原始的な創造の過程を模倣して、大地と水から創り上げるのである(4)。となれば、この詩で洪は、天下の人々をとりこにしているある陶磁器の魅力と趣について述べているのである。

もし、洪が単に熱心な陶磁器のコレクターであっただけなら、もうひとつの詩に見えるような、陶工の仕事場に対する認識にはつながらなかっただろう。

舜陶開利孔　舜は陶冶（の業）で経済利益の来源を興し、

山骨竟為虀　山の岩はついに塵となる
野碓多春土　野辺の臼には粉土が多く、
渓船半載泥　谷川の船は泥土を半載する
風煙秋更惨　すなけむりは秋に一層ひどく、
瓦礫路全迷　瓦礫で道はみなぼんやりしている
随牒何来此　命令書のままにどうしてここに来たのだろう、
無階老稚圭　昇進なくして老いた稚圭（前漢の匡衡）のように[6]

洪焱祖は陶器生産業のことも熟知していた。彼は南宋末の徽州歙県に生まれ、陶磁器の街である景徳鎮にある長薌書院の院長になる以前は、その官歴の大半を元朝の学官職にて過ごしていた[7]。この詩は、辺りから採掘された陶石を砕く水力臼からの堆積物や遠くから泥状の粘土を運ぶ船、そして陶磁器生産場の一帯にみられるゴミやかけらといった、あまり望ましくない街のイメージを想起させる。洪がこの詩を書いた十四世紀はじめの数十年のうちに、景徳鎮は帝国そして国外に及ぶ市場に対する、世界有数の陶磁器大量生産地へと、急速に発展を遂げていた。しかし、その騒音とゴミそのものが洪の悩みであるというより、それはむしろ彼の孤独と、その能力を認められていないことに対する不満の象徴であった。

洪のそれらの感傷は、景徳鎮のある浮梁県にて彼が書いたもうひとつの詩に共鳴している。自らを牛飼いの甯戚と唐の学者である韓愈になぞらえることで、洪は宰相が自分を認めてくれないことに対する不平をほのめかす。甯戚は、城外で牛を追う彼の歌を斉の桓公が聞いたことにより、初めてその才を認められた人物である[8]。韓愈はかつて、他人の才能を認知できる人は極めてまれな存在であると議論していた[9]。洪は、浮梁県は本来自分のいるべき場所ではないと感じ、景徳鎮で過ごさねばならなくなったのを罰であるかのように考えている。「ああ、私はここに三年間とどまらねばならない。どうして私には鉄の心がないのか。ここにいるうちに、私の髪は早くも白くなってしまうだろう[10]」。甯戚と韓愈についてのこれらの言及は、中国の文章修辞ではおなじみの、認められない宰相の役に洪を据えるものである。しかしながら、元朝支配のもとで、洪のような南人が、自分たちの帝国官僚制度内における出世が、モンゴル人・中央アジア人・そしてかつての金朝支配領域に住む漢人らを優遇する法制に阻まれたと感じた時、それは極めて当を得た比喩になるのである[11]。

洪の浮梁県における詩が陶磁器の製造に対する嫌悪を示すのとは対照的に、杭州にいる際の詩はコレクションの拡大に湯水のごとく金をつぎ込むほど陶磁器を愛好していることを示す。ここには、いくつかの断絶が見て取れる。空間的には、杭州と浮梁、時間的には、製作のタイミングが異なっている[12]。より注意すべきは、洪のテクスト上で、陶磁器鑑賞とそれがどこでどのように作られるかという知識との結びつきが失われてしまっているということである。洪自身はその両者を有しているにも関わらず、それら二つは彼の文章上では完全に分離させられたままである。つややかな磁器とそれを生み出す埃っぽい窯、鑑定家精神と窯業都市の統治、これらを断絶する意識こそ、今回の研究のメインテーマのひとつである。

本稿は、地図・鑑定家の文章・地方志・商人のマニュアルなどを含む、さまざまな後期帝政期の文学ジャンルのなかで陶磁と窯業の街がどのように切り離され、断片的に表されるかについて検討するものである。この陶磁と陶磁製作に関するテクストの検証が、世界的な断絶を明らかにするだろう。即ち、景徳鎮における陶磁製作と、元朝から世界へとつながる陶磁貿易により作り上げられた交流網との断絶である[13]。多数の史料が、景徳鎮で作られた陶磁の世界的な軌跡を示す年代記をもたらすだろう。中国人の商人は、陸上輸送交易ネットワークと、インドシナ海岸に到達してマラッカ海峡を越えインド洋に出る海洋ルートを用いて、陶磁を輸出していた。そこから、交易者はスリランカやインドの市場、ペルシア湾を越え、あるいは東アフリカ海岸に到達して陶磁を供給した。[14] 十四世紀の旅行者である汪大淵によって至正九年（一三四九）に書かれた『島夷志略』には、一三二八年から三三年にかけての東南アジア、一三三五年から三九年にかけてのアフリカ滞在の記録が描かれており、そこで彼は中国陶磁について幅広い言及を行っている。[15] しかしながら、景徳鎮に関する史料は、このような世界的な結びつきについては口を閉ざしたままである。景徳鎮で作られたものたちは中国の領域をはるかに越えて輸出されていったが、地域的な陶磁製作がどのように世界と結びついていたかについては、地域的な史料からは全く見えない。この、世界的結びつきと地域的史料との間の断絶は、以下に述べるように、後期帝政期の文章様式を通して様々な様相を見せた。様々なジャンルにおける陶磁関連の記述を調べると、このような断絶が中国史料特有の配列から表れるものであることが明らかになる。以下に述べるようなテクスト様式により形成された特徴は、これまで不鮮明なままだった陶磁のある種の側面を目立たせるようなものである。この、テクストジャンルの配列、そしてその明白な断絶と隔離を議論することは、なぜ陶磁についての中国史料が、主に鑑定家の様々なやきものに対する幅広い描写、あるいはコレクターの個人的な鑑定書に代表され、世界的な陶磁貿易の次元にほとんど言及がないのかを説明する上で有用であろう。

一　世界的視座における陶磁貿易

早くも十四世紀に、最上級エリート階層のためにごく少量の磁器が中国からはじめて欧州に持ち込まれたが、十七世紀初頭にはより多くのそれが欧州の港に入ってくるようになった。十七世紀後半から十八世紀にかけて、中国様式の物質文明は欧州内で広汎な支持を得るようになった[16]。磁器は欧州人の間で幅広い関心をもたれるようになり、冒険的な人々を、その模倣あるいは起源の調査へと駆り立てた[17]。そのようなひとりであるフランソワ・ザヴィエ・ド・アントルコル（一六六四―一七四一）という名のイエズス会士は、康熙三十七年（一六九八）に中国に到着し、十八世紀の初頭を景徳鎮で過ごした[18]。彼が康熙五十一年（一七一二）から康熙六十一年（一七二二）にかけて景徳鎮から送った有名な手紙は、欧州・北米の陶磁研究者にとって、長きにわたり中国磁器生産の理解の基礎となっていた[19]。これらの手紙は、ド・アントルコル自らの観察と、その多くは陶業に従事する人々であった彼の改宗者たちの観察、そして彼が読んだ中国の磁器についてのテクストによって成り立っていた[20]。彼は「この種の作業（美しい磁器を作ること）に関する全ての詳細な描写は、必ずや欧州でも有用なものだろう」と推測する[21]。「この種の作業に関する全て」は、街の日常描写、その人口と市街配置、磁器生産の多くの過程についての詳細、窯の構造、そして産業の経済構造までを含んでいる。海外の市場向けに作られた陶磁器は、通常ある種のひな型によって作られたが、それは陶工にとっては特別の困難を生み出した。

もし、ほんのわずかでも欠陥があったなら、完璧以外を欲しない欧州人からは拒絶され、さらに中国人には趣味が合わず売れないということで、そのまま製作者のもとに残されてしまうのである。その際、全く当然ながら、その拒否された物の経費は（受け入れられた）製品に上乗せされているのである[22]。

ド・アントルコルの観察は、ひな型の使用によって、中国の陶工たちが、遠隔地の市場に対応したことや、生産過程で負った経営上のリスクや、世界的交易を浮かび上がらせる。

もちろん、景徳鎮の陶磁を欲しがる者は欧州のみならず、世界中に存在していた。宋代を通じて主に青白の製品が中東地域に輸出され、十四世紀初頭以後、白地にコバルトブルーのイスラム文様で飾られた大皿（非中国の食器様式にデザインされた）により、いわゆる「青花革命」が発生した。(23) その初期のデザインに使われたコバルト顔料の一部は中東地域から運ばれてきたのであり、元朝中国に遍在するムスリム商人たちが陶磁生産者に供給していたことは、十三世紀後半から十四世紀初期にかけて、生産者・商人・消費者の間に強い結びつきがあったことを推測させるものである。(24) アルダビール聖廟（イラン北部）及びイスタンブルのトプカプ宮殿に景徳鎮産の元朝陶磁の素晴らしいコレクションがあることは、中国から中東市場に輸出された生産品の質と量を証明するものである。(25)

周知の如く、景徳鎮で作られた青白陶磁器が欧州への最初の磁器として到来したのは、インド経由であった。ヴァスコ・ダ・ガマ（一四六〇―一五二四）が一四九九年の最初のインド到来の際に入手し、帰還時にポルトガル国王に献上している。一五二〇年には、ポルトガル人が直接景徳鎮の陶工に、特殊な磁器デザインの要求を送っている。(26) インド内においては、ヒンドゥー教の戒律が磁器の広がりを妨げていた反面、ムガル皇帝のシャー・ジャハーン（一五九二―一六六六）はその中国陶磁のコレクションで知られ、またインド人ムスリムの交易者はインド洋において最も活発な中国陶磁の供給者であった。(27) 十七世紀初頭からは、景徳鎮の個人窯はオランダ市場のために大量の磁器の生産を行っていた。(28) マウラ・リナルディの研究は、いわゆるクラーク磁器の形状やデザインを詳細に伝えるが、この磁器は単に今日のオランダの磁器コレクションの一部であるのみならず、当時の絵画の中で晩餐の席や室内を飾るものとして描かれていた。(29) 天啓および崇禎年間には（一六二一―四四）、景徳鎮の器は特に日本の美術市場でもてはやされた。万暦年間の終わりには、地方の製作場に対する有効な支配は急速に衰退しており、それはもはや「皇帝の陶磁器」ではなかったのである。個人窯でつくられるそれは単純で自然なデザインを持ち、慎み深さを重んじ、新しく現れた茶道の中心にそれを据えようとする日本人の消費者のために作られていたように思われる。(30) そして、一六六二年にはアメリカ植民地の住人が、中国の磁器を発注している。(31)

ド・アントルコルの読者にとって、その物体が欧州に至るまでにたどってきた過程は、魅力をかきたてる一部分である。彼の手紙はその読者に、陶磁器がどこでどのように作られたか、世界中の様々な市場のためにどのように生産されたか、そしてどのような形状や装飾が様々な消費者の関心を引いたか、などのあらゆる側面の情報を伝えるものである[32]。彼の手紙からは、ザクソン選帝侯によるマイセン工房の高品質陶磁器生産が一七一〇年にとうに始まっていたにも関わらず、多くの欧州人がいまだにこの種の知識に飢えていたことを読み取れる。一六八五年にルイ十四世により中国に派遣されたフランス人宣教師であるルイス・ル・コント（一六五五―一七二八）は、彼の文章の読者が幅広く存在することに気づいていた。ル・コントはその中国における彼の観察の報告を一連の手紙の中に書き記しているが、そこには一般の家にも陶磁器がありふれて存在していることへの言及を含んでいる[33]。ド・アントルコルのように、ル・コントも、その製作過程や様々な製品の価値、そして欧州人との交易の経済的側面について議論している[34]。これらイエズス会士の手紙は、欧州市場に入ってきたアジアの物質文化とともに、いわゆる中国趣味（シノワズリ）、中国的であると広く信じられていた奇抜なデザインや形状への熱狂の引き金となったという[35]。マキシン・ベルグらが示すように、欧州人の中国で製作された物に対する関心、欧州人がド・アントルコルなどによって書かれた中国人の生産方法の詳細に感じる魅惑、ドイツあるいはフランスの磁器工房の繁栄、そしてイギリスの産業革命の開始、などの結びつきを調査することは可能なのである[36]。

陶磁に関する中国人の手による記載は、ここからの議論で明らかになるように、これら欧州人のテクストとは実に対照的な内容を形成している。中国人のテクストは、ジャンルの枠組みにしたがって、欧州人とは全く異なる方法で、陶磁生産の風景を描写しているのである。地図から詩まで、行政的編纂物から商人の手引書まで、といったここで論ずる様々なジャンルは各々中国陶磁のランドスケープの一部を明らかにするにすぎない。これらのかけらを組み合わせることによってのみ、全体像を見通すことができるのである。以下の議論は地図についての議論から始まり、文集と鑑定家の書いた文章、地方志、商人の手引書へと順を追って展開していく。後期帝政期の中国のジャンルの特殊性により形成された陶磁器のランドスケープは、中国のランドスケープにとどまる。これらのテクストが生み出す展望は、世界的視座がもたらすような広がりを持ち得なかった。それゆえ、欧州人の記録を中国の陶磁関連テクストの青写真として示そうとするよりも、中国の史料を、その史料を形作るジャンルという枠組みのコンテクストの中で評価することのほうが、より実り多い作業といえるだろう。

二　地図と行政領域

中国の陶磁生産の主要地が、さまざまなテクスト上にどのように表現されるかを検討するには、まずそれがどのように地図上に表れるかをみるのが有効であろう。地図が空間に意味を付与し秩序づけるものである以上、その地域についてのより一般的な認識と、地域が可視化されるコンテクストとは、地図製作上の表現から明らかにできるのである。キャロリン・カルティエが指摘するように、テクストと同様に、地図は「現実を選択的に表現したものであり、現実を社会的に解釈したもの」であるとされる[37]。ほとんどの中国の地図は行政上の目的で製作され、行政秩序の枠組みの中の空間を示すものである。しかしながら、景徳鎮のような街は、行政秩序の中では、はっきりした空間を持っていなかった[38]。商業的・技術的な優越で名高く、納税の義務がある場所でも、県という地位を持たなければ、“township”（街）や“market town”（市場町）と訳されるような「鎮」として記された[39]。行政構造の外側にある鎮の地位のため、地図製作者は、行政機能を持たないが、経済的に重要な地域についての表現方法を工夫しなくてはならなかった。景徳鎮周辺の地域図たちは、この問題に対する様々な解決法を示しているが、窯場については一貫していかなる特定の行政構造にも属さないように表現している。しかしながら、景徳鎮についてのより詳細な地図を細かく見てみると、街自体の境界内に行政機構が存在していることがわかる。

例えば、現存している中国最古の地図のうちの二つを見てみる。『禹跡図』は紹興六年（一一三六）に刻石されたもので、それぞれのマスが百里を意味する格子によって表現されている。(40) 現在の江西地域を見てみると、饒州という地域が、路（州）レベルの境界線なしに記載されている。この地図は地域内の川の戦略的重要性、そして饒州がその北東地域および南部地域と近接していることを強調しているが、地図内の各地の下位統治機構及びその結びつきについては殆ど述べていない。しかしながら、やはり十二世紀頃作成の『歴代地理指掌図』では、境界線が描かれており、饒州が江南東路の下に属する州として示されている。(41) これら二つの宋代の地図は行政の階層構造を反映した空間を示している。即ち、『禹跡図』は行政の中心地の名前を、『歴代地理指掌図』は行政的境界線を示しており、ともに景徳鎮のような行政上の目的のない場所は（読者に）見えないようになっているのである。

もちろん、実際的に考えてみれば、このような帝国規模の地図が鎮のような細部まで描き出すことはできない。一方、より小さいスケールの地図を製作しようとする者は、行政区画以外の部分をどのように表現すべきかという問いに直面せざるを得なかった。嘉靖四十五年（一五六六）作成の『広輿図』では、江西省の図のなかに景徳鎮を含んでいる。(42) この地図は府のなかに県の境界線を示さず、また県の所在地も単に四角い囲みで示してあるに過ぎない。景徳鎮は浮梁県から下ってくる昌江の北に見える。昌江の対岸には、地図では山並みと樂平県が見える。江西の境界の先には、明朝期に南京の周囲に置かれた南直隷、そして康熙六年（一六六七）に安徽となった地域があり、我々は徽州の県、即ち、朱熹の祖地であった婺原、典当業を営む者たちの故郷であった休寧、有名な茶産地である祁門などを見ることができる。景徳鎮の地図上の位置は、昌江に乗って徽州経由で北へあるいは鄱陽湖または贛江経由で南へ至る、人や物の流れを加速する便利なルートの存在を示唆するものである。内部の境界線のない地図上で、景徳鎮のような場所は、行政階層構造のマス目の外に存在しているかのように見える。江西省の地図を含む、嘉靖年間の地図『大明輿地図』においても、景徳鎮は周囲との十分な関連性を持たず、まるで（行政の）空間に浮いているかのように表現されている。康熙二十二年（一六八三）の饒州の地図では、鄱陽湖は地図の右手（右が西となっている）に描かれている。[43] 浮梁県は下部の左手にあり、景徳鎮はその真上の、川と川の間に描かれている。この地図は他の地図同様、景徳鎮が人口密集して繁栄する地域であるにもかかわらず、城壁に囲まれた都市に象徴されるような行政機構の外にあったことを示している。

　しかしながら、景徳鎮自体の地図は、少し異なる。例えば、康熙二十一年（一六八二）の景徳鎮の地図では、鎮は川の西の土手の上に位置し、その全周を城壁で囲んでいる。城壁の中の空間は、建物で占められている。それらの建物は、全体で四つあり、全て中庭があり、前面には柱があるが、そこには「禦窯廠」と書かれている。このタームは、宮廷の注文を受けて器物を製作し、公的に任命された行政官の監督のもと活動する窯であるということを示すものである。[44] 言葉を換えるなら、このような表現では、景徳鎮自体が、朝廷への贅沢品納入責任のある官僚機構の延長にのみ、存在しているように見えるのである。もし我々が帝国から省・府・鎮へと焦点を絞っていけば、次第に行政機構が視界に入ってくる。地図は主として行政の道具として機能し、首都にある権力の中心地から支配され管理されるものとして空間を描き出す。縮尺の大きい地図は、行政の点からは、行政官が景徳鎮を把握できていないことを示唆するのではあるまいか。景徳鎮そのものの地図は、行政官の理想としての景徳鎮を示している。中央支配に役立つ建物によって占められている都市として。

もし、地図が単に（行政官と監督者の需要により形作られた）景徳鎮をちらりと見た様子を表したにすぎないものだとするなら、知識人の文集もまた同様に限定的な見方しか示せなかった。この場合、限界というのは以下のようなものを含む史料のジャンルにより生み出される。即ち、後世の官僚や学者に精読させるために様々なジャンルで描かれたテクスト、例えば、実録・起居注など、様々な形式による詩、尺牘や賀文、序跋、伝記、墓誌・神道碑などである。これらの書き物は、一定の考え方を持つ人や官僚といった読者を想定し、優勢なイデオロギー的信念を支持する言説を生み出すものである。

三　学者と官僚の文集に見る陶磁

このようなテクストから表れる地域の景観は、知識人の経験に基づいている。例えば、李紘というほぼ無名の清代の人が書いた浮梁県の宝積寺という寺の改修祝賀記録を見てみよう[45]。李紘はその祝賀記録の中で、はるか以前のことについても書いている。宋代に了元という僧がこの寺を創設したのだが、洪武十七年（一三八四）に蘇軾、黄庭堅らとともに了元を祀った三賢祠が創設されたというものである。李紘はなぜ仏教の僧侶がこれら二人の儒教の文化英雄たちと一緒に賛美されたかについて簡潔に説明している。即ち、仏道に帰依する前に、了元が得ていた儒学の知識に対する声望は蘇軾や黄庭堅の耳に達しており、それこそが了元を含めるふさわしい理由だとしているのである。この了元という仏教僧の役割は、彼の若き日の儒教との関わりを記した碑文により取り繕われている。「彼は僧侶となったが、その会得した儒学は無駄ではなかった[46]」。その「儒学」こそ、李紘の文章が刻まれた岩により保存され、後には文集や地方志の中に含まれることで後世まで残ったものなのである。それはこれらのテクストが生み出す地域についての見方が、景徳鎮に対する知識人の考え方であることをあらわしている。

だが、知識人たちもまた、文集の中により私的な文章を書いており、時にはその中で陶磁を評価している。もちろん、その多くは集まって酒を飲むときの喜びのために、陶磁器を愛好しているのである。

私の磁器の器に、従僕は酒をなみなみと注ぐ。（酒が）足を満たし、膝を浸し、腰の回りにたまって私の心を和ませ、もうこれ以上飲めなくなるまで。もしそれ以上飲めば、酒はあふれだしてぴちゃぴちゃという音を立て、服や靴をぬらしてしまうだろう。従僕は傍でかすかに笑みを浮かべながら、主客の顔が赤くなるまで酒をついでまわるのだ。(47)

この詩の作者であり、十五世紀の翰林院編修であった劉定之（一四〇九―六九）は、その器に喜びを感じているが、それはその素材のためというよりもむしろ、そこに注がれる酒のためである。

もうひとつの詩では、陶磁器の美とその環境の粗雑さが対照的に描かれている。訪れる顧客に茶すら出せない場に、一対の青瓷の器が置かれているのである。

路傍野店両三家　　道端では田舎の茶店が二、三軒

清暁無湯況有茶　　清潔で明るいが、そこには一服の茶はおろか、スープさえもない

道是渠儂不好事　　彼らは好事家ではないといえようか

青瓷瓶挿紫薇花　　青磁の花瓶にさるすべりを挿している(48)

この詩の作者は、洪焱祖と同様に、青磁の花瓶の美しさを評価しているが、その置かれ方は、彼が述べているように、このような陶磁器の例外性よりもむしろ偏在性を示唆している。

このような意味でいえば、冒頭で取り上げた洪焱祖は、特別である。彼の詩は、ある陶磁の例外的な美しさと、長

蔣書院の院長として短期間赴任し味わった景徳鎮の地域性との両方に触れるものである。[49] しかし、重要なのは、この二つは全く別の詩の中にみられ、しかも洪焱祖は自分の書いたものの中で、この二つの詩に、何の関連性も持たせていないのである。洪焱祖のような一介の官僚にとって、その著作物は全く別の二つの表現領域に区分される。公僕としての表現、そしてその個人的な陶磁収集の喜びである。その詩は、有能な統治者から認められない忠実な宰相というアイデンティティを構築するための公的表現の一環として書かれているのである。景徳鎮の水路の泥や道路のゴミなどは単にその好適な背景に過ぎないが、洪焱祖だけがこのような書き方をしていたわけではない。長蔣書院のような書院は南宋期には知的拠点となっており、元代においては、新儒学への移行が行われる際の重要な結節点として栄えた。[50] 書院はまた、科挙制度が一時停止され、南方人には少数の公職しか与えられなかった時期において、公職に就けない儒学者の命綱ともなった。[51] 陳山長のように、南宋の晩期に生まれ、官職に就くことを願って学問を始めたものの、モンゴルの侵攻によりその夢が叶えられなかった者もいた。陳は「物質的富については何ら気にかけなかった」ので、家族を養う責任は妻の肩にかかったが、彼女は「年をとるまでずっと飢えや寒さに耐え続けた」[52]。確かに、長蔣書院は陳に対し物質的サポートよりも地位の面で多くを提供し、また陳の長く苦労した妻のイメージは、陳自身の困難を強調するために示されたものにすぎない。しかしながら、これらのテクストから想起される書院のイメージは、元代の南方中国のどこにでもみられたであろうものでしかない。長蔣書院に属する者の誰も、その近くにいた数百、あるいは数千の、世界市場のために器を生産する陶工たちの活動に言及する者はいなかったのである。

四　鑑定家の文章

しかし、すべての行政官と学者が、ましてや全ての時期において、知識人や官僚の観点からこの地域を見ていたわけではない。その内の幾人かは、私的な陶磁の収集家乃至は鑑定家であった。しかしながら、彼らの活動に対する文章上の記録は、通常文集のなかには見出せず、それ自体で一つの文章ジャンルを形作っている。即ち、鑑定家の文章である。陶磁器のリストを含むこのようなテクストは、その外見の描写と文化的あるいは金銭的な評価を示し、これらの陶磁器の存在する社会についての見方をも提供する。このジャンルは、特に文化的活気に満ち社会が流動的であった明後期、「所有する物自体ではなく所有する方法」がエリート地位の重要なしるしとされた時代に栄えた。[53]これらのテクストにより、地図や文集が示すのとは全く異なる、景徳鎮の陶磁の世界が見えてくるのである。

陶磁についての最も古い鑑定家文学のひとつは間違いなく、宋代に書かれた蔣祈の『陶記』であろう。[54]原著はもはや存在せず、康熙二十一年（一六八二）の浮梁県の地方志のなかに「陶政」という見出しで収録されている。短文（総計で千字あまりのもの）で節分けはない。冒頭はしばしば引用される表現による。「昔、景徳鎮には三百以上の窯があった。陶磁器は純白でわずかなくすみも無かった。かつて他地に売られるときには、商人たちはそれを饒州の『玉』と称した」[55]。早速いくつかの興味深い観察が披露されており、冒頭に「三百」という数字が挙げられている。もちろん誇張なのかもしれないが、そうであっても大変な数であり、工芸の中心地として認識されていた景徳鎮の活気を示唆する。第二に、その純白と汚れ無き外観は、もちろんよく知られた、今日に伝わる宋代の器の美点であり、既知の宋代の美的感覚を裏付けるものである。即ち、純粋さ、色や形状の単純さといったものは、後世よりも宋代において評価されていたのである。第三に、景徳鎮の陶磁は、史料の筆者が「他所」としか記しておらず、どの地域かは明記していないものの地域を越えて活発に交易されていたことは明らかである。そして、その名称が「饒州の玉」であることも興味深い。緑釉の陶磁はときおり玉またはその模造と見たてられるが、ここで触れられた白磁に対しても「饒州の玉」という呼称があることは、それらの玉同様の品質を的確に言い表したものである(56)。

次の部分は、他の窯との比較に移る。「外見は、定窯の赤い器や龍泉窯のエメラルドグリーンの器よりもすばらしい(57)」。定州及び龍泉の窯は、宋代でもっとも珍重された陶磁を生産していた。定窯は北の河北にあり、象牙色の釉をもつ型に基づいて成型した器を生産していた。龍泉窯は、もっと南方の浙江省にあり、西洋のテクストでは“celadon wares（薄緑の器）”として知られる緑色の器を生産していた。景徳鎮の器と定窯・龍泉窯の比較は、これらの地域の生産物にある程度の競争があったことを推測させるものである。この文言は、細部に至るまでそれぞれ異なる要求を持った顧客が存在する、かなり洗練された市場が、数百マイルも離れた窯の生産者に対し、要求を伝えているという状況を表している。蔣祈は次のように書いている。「浙江の東西においては、湖田の窯で作られる黄色と黒色の陶磁が好まれる。江（南）、湖（南・北）、（四）川、そして広（東・南）で好まれるのは、この街（景徳鎮を指す）の窯で作られる青白の器である(58)」。続いて、異なった地域の特徴的な嗜好の要素を描写し、陶磁市場についてさらに詳細に議論している。「もし利益をあげたいのなら、それぞれの地域に合った器を選ばねばならない(59)」。テクストは、品質の悪い製品の投げ売り地域があったことを示唆する。江西・広東・福建そして浙江の消費者から拒まれたそれらは、なお江蘇と安徽で購入者を見出すのである。「地方商人は、これらの器を『黄色のくず』と呼んでいる。この言葉は、その釉が不快な色であり、捨てられかねないものであることを意味する(60)」。確かに、南宋から元代にかけて存在した素晴らしい交易網や交流システムなくしては、このような注目すべき市場の分化は存在し得なかった。このテクストは読者に市場に参加するための専門知識を身に付けさせようとしているのである。このテクスト記録は、単に器自体とそれに付された価値についての識見を伝えるのみならず、国内の陶磁交易の経済について情報を提示している。このテクストは、必要なわいろの水準や規則破りによる出費までも含む経済的な見地からの、それぞれの器の価値や意味付けを示しているのである。

陶磁貿易の多様な側面を示した蔣祈の例に倣って、以後数世紀にわたり、多くのテクストが現れた。具体的には、このジャンルはそれぞれの器の価値をより詳細に描く方向へと発展していった。その最も著名な事例は間違いなく、洪武二十一年（一三八八）に曹昭によって著された影響力ある十四世紀の芸術骨董関連マニュアル、『格古要論』であろう(61)。ここには、古いスタイルの饒州の器は薄くてつやつやしている、その最上のものは飾りのないものである、光沢のある白い器こそ最高である、しかしそれらの価値は定窯のそれには及ばない、などの内容が読み取れる。曹昭の目には、「枢府の器」と呼ばれるものを含む景徳鎮産の器の全てが賛辞に値するものではなかったようである。

これらの器の内には、台が小さく花模様のものがある。内側に「枢」と「府」の文字が描かれたものは最高の価値を持つ。近年製作された飾り気のないスタイルの台の大きいものは、それに次ぐものである。釉の下に青い紋様をあしらったり五色の色彩で飾ったりしたものもある。それら紋様をもつものは、この上なく俗である(62)。

明らかなのは、曹昭が書いた時点では、景徳鎮は明後半に得ていたような高い地位をまだ得ていなかったということである。枢府の器は伝統的に、宋代後半の飾り気のない白い器と元明の青白の器との移行形態であるとみなされ、かろうじて曹昭が示したような厳格な評価が得られるだけで、青白の器に至っては、けばけばしく下品なものとして退けられていた。もちろん、そのような考えは変わりうるもので、青白の器は作られた磁器の歴史の中でも、最ももてはやされたものになるだろう(63)。しかしながら、クレイグ・クルーナスが指摘したように、このテクストは売買される日用品を文化的ステータスに裏付けられた価値ある所有物に、あるいは富める商人を紳士に、「経済力を文化権力に」変えるために、専門家の知識を読者に提供するものであった(64)。蔣祈の『陶記』が景徳鎮の商人に利益を与える助けとなったとすれば、曹昭の『格古要論』は地位を与える助けとなったであろう。

五　地方志——公的な地勢と地域アイデンティティ

これまで見てきた様々なジャンルはいずれもある程度雑多な性質を持つものであったが、地方志こそが本稿で扱う最も包括的なジャンルであろう。[65] この史料は一般的に、地域の官吏や地域エリートたちに強く依存しているだろう地方官の後援のもと、編纂（乃至は先行する版から修改・改訂）される。地方志は、領域内の地勢や経済の描写、税金の総額や地域慣行、寺院や学校のリスト、居住者の伝記、そしてこの地を訪れた高位の人間及び著名となった地域出身者の著述など、地域の情報を提示する非常に多様なタイプのテクストを含んでいる。一九四九年以前の地方志は非常に多く現存しているが、そのほとんどは明後半から清代にかけてのものである。[66] このジャンルは漢—唐期にはすでに存在しており、宋代において、特定の領域単位の地域情況を十分に説明することを目的としたタイプへと発展し、そのような形式が広まっていった。[67]

地方志は、明清期にはたいへん一般的な形態であり、多くの意味で政府の機関誌のような意味を持った。それは中央政府の代表者によって編成されている空間や場所の表現だったのである。想定されている読者には、金銭的に地方志編纂を後援していた地方エリートや官位保持者ばかりではなく、首都にあって地方官の業績を地方志（地方官の後援のもとに生み出された）に基づいて判断しようとしていた官僚も含まれていた。編纂者や編集者が、地方志に地域性の情報を埋め込む方法は、地域の最も強い特徴にスポットを当て、知覚された、あるいは潜在的な問題を糊塗するものであるが、（一方でその方法は）他の地域ではあまり見られない多くの側面を明らかにすることになった。この情報を埋め込む過程に最もぴったりした場所は、地方志の冒頭部分を含む文章の集積にあるであろう。ここで、編纂者は自身の序文やその編纂協力者たちの序文のみならず、先行する地方志の序文までも総括するであろうからである。現存する最も早い浮梁県の地方志は、王臨元という名の知県が編纂した、康熙二十一年（一六八二）の『浮梁県志』である。王は上司の饒州知府である黄家遴に、序文を寄せるよう依頼した。黄は喜んで引き受け、次のように書いている。

山河は美しく、産物は豊かで、かねてより数多くの名地方官や賢者たちがいた。土壌は貧しく習慣は低俗で、人々が生活に困ったとき、彼らは自活のために 土を飲食用の皿へと成形した。豫章の陶磁器は以後国中に急速に普及した。毎年、皇帝の工場の監督官に納める品の割り当てが決められる。普段は、製品が完成した時に、皇帝の私的従僕が監督のために派遣される。このように、一県があらゆるものを作りだすのである。ある者は、皇帝の宮廷内娯楽長官が、国家のために利益を生み出し、それによって局地的にも利潤を増やしているのだと感じている。しかし、（上納物の成功が）食料供給と管理の質に左右されるので、負の側面も非常に増加している。これをいい加減に考えることができようか。そこで、現在の詳細と処置の記録である、この編纂物を引き継ぐものである。この地域と他地域とを比較する際、さらに有用であろう。(68)

この言及は、景徳鎮で何が起きていたのかをより広範囲で見通す興味深い手がかりを提示するものである。地域の自然の美と人才を称賛する決まり文句のすぐ後に、黄はこの地域の負の側面にスポットを当てている。即ち、地質と地域習慣の水準である。陶磁の製作はこのような状況に対処し、地域の人々が生きる手段として提示されている。黄は陶磁の普及については喜ばしく思っているが、陶磁の示す科学或いは広く知られているその美的価値には少しも言葉を費やしていない。宮廷の製造管理に対する描写の中で、黄は再度負の側面を強調している。即ち、上納の要求は、十分な食料の供給と善い地域管理者がある時のみ満たされるということである。黄はなぜ負の側面を強調してきたかについて明らかにしている。彼はこの地方志にある詳細な記録がある種のガイドとなって、地方官がよりよい地域統治を果たせるようになることを期待しているのである。このように強調するのは地方志編纂全体に重みを加えることになるので、もっともなことである。えてして陶磁産業の長所を強調しがちな、陶磁産業について特化した記載と比較すると、この序文は地方官の重要性についての識見を示すものである。

陳淯という康熙二十一年（一六八二）に浮梁県を五か月統治した知県も、この地方志に序を寄せるにあたって、このような地方志に一般に豊富に含まれている地方に関する詳細な記載の重要性について意見を述べている。(69) 続いて彼は自分の治めた地域に密着した描写を提示する。

この地域（饒州）は七つの県により成り立っている。浮（梁県）は無数の山に囲まれたところに置かれている。その範囲は百里に及び、調査によると、人々は穏やかで親切であり、儀礼や教育が盛んであるとのことだ。県の南には景徳という大きな街がある。職業についていえば、陶工と陶磁交易者の地域である。国内においては、陶磁を使用し、利益を集める。舟や荷車がひしめきあい、商人や交易者が我先に訪れ、各地からやってきた人々が混ざり合い、そしてその器を広めていく。なんと壮大で、すばらしいことであろうか。それゆえに、私たちはこの地についてこんなにも詳細に描写し、その全ての観察は水晶のごとくはっきりとしているのである。(70)

陳淯は景徳鎮の街の商業的側面にはっきりと焦点を当て、商人と器、舟や乗り物に言及している。彼の言葉は実際的であり、陶磁器産業により生み出される「用」と「利」を強調しているが、地理についての彼の用語の使い方は興味深い。この産業により生み出される利益は、「五方」から来る商人により、「海内」で満喫されるのである。「海内」は古くは孟子が中国の領域範囲を示すために用いた言葉であり、「五方」は明らかにそれを越えた世界を示す。『礼記』には、互いの言葉を理解できず、またその望みも異なる人々として「五方」の人々が記載されている。(71) 孔穎達の注によると、「五方」の人々とは、「中国」と「四夷」を指すものとして説明されている。[72] ここでついに我々は景徳鎮にその中に位置する世界的コンテクストの切れ端を見つけたのだ。ちらりと垣間見えるにすぎないにしても、陳淯は交易目的の非中国人交易者の存在と中国の中で享受される利益を対比しながら、景徳鎮における非中国人の交易者の存在を明らかに認めているのである。

十九世紀の前半、数多の地方志が国中で編まれたとき、その編纂者は自分の責務を極めて真剣に考えており、しばしば以前のものに含まれていないより古いテクストを探し出そうとした。陶磁産業に関する最も詳しい文章のひとつは、道光十二年（一八三二）の浮梁県の地方志に初めて掲載された。[73] この地方志は当時浮梁県の知県であった喬溎により編纂された。貢生止まりであった彼は、総修の地位を、湖南人の進士で翰林学士、国史館纂修であり、有名な賀長齢の弟である賀熙齢に譲った。[74] 彼の序文は、地方志というものの性質についての議論から始まり、空間の配列と地方の知識の配列の結びつきに焦点を当てている。国王らが国政のシステムを作り、測量することで、街が置かれ、街をとりまく小道、橋、そして堰などが配されるのである。同様に、制度や法、そして保存すべき重要なテクストの選択において、原則を定めなくてはならない。彼は言う、地域の慣習と人才の興廃についての完璧な概観を持ってはじめて、その地域を十分に理解したことになる、と。この包括的だがやや一般的すぎるきらいのある冒頭部に続き、より明確な地域の描写へと続いている。

> 浮梁は饒州の上流にある地域である。肥沃な土地の広大な地域である。環境は優れ「気」は清らかである。景徳はその中でも突出した土地のひとつである。この街で作られる陶磁の皿の恩恵は国中に広がっている。集まる労働者と交易者は常に万を数える。このように、浮梁は非常に声望ある場所として知られている。[75]

賀熙齢は、このエリア全体の長所や名声を並々ならぬ陶磁器産業の発展に帰し、地域文化の中でも特に陶磁器産業という側面についてのみ書き記したのである。

游際盛という県学の訓導は、同じ地方志に収録されたもう少し文学的な序文で、十年もの地方志編纂作業の過程を描写している。

馬のひづめや舟の櫂がしばしばこの光景を横切ってきた。類似点と差異に鋭い観察者たちは、地域の習俗と習慣とを明らかにしてきた。記録の保存者と編纂者たちは、成人男性数を調査してきた。信奉者たちは、地域の古えの賢人智者への奉献を行ってきた。科挙合格者たちは地域の傑出した才能及び偉大な学者たちに親しんできた。詩人と作家は、その文章と詩とを遺してきた。陶磁の官吏は地域の著名な陶磁を広く探し求めてきた。過去の行事や現在の問題は、地域の繁栄と衰退との詳細をもたらした。その廃墟と名所、その仏教寺院と道教寺院といったような、尽きない郷愁の源を。このようにして、心安らかな日々月々を喜びと共に渡っていくのである。(76)

游際盛は地方志の編纂過程を、どちらかといえばロマンチックに描写し、知的で熱心な専門家が追及した地域性の各方面を描いた。地域の才ある人物が科挙合格者によって、文学が詩人や作家によって、土地の陶磁が游の考えではそれに最も精通しているはずの陶磁の官吏によって判断される、というように。游際盛が、「埏埴官哥」(陶磁官吏の兄貴分)というある程度親しみのこもったフレーズを用いて指しているのは、おそらく彼の上官であり、地方志の編纂者に名前を連ねた景徳鎮の監察官である劉芳であろう。

明らかなのは、陶磁は地域の地方志に書かれるように、浮梁県にとって重要な存在であったが、それは人口と地域の重要人物、科挙試験の成功、地域の著作物などの後にのみ書くことを許された。空間の地勢学は景徳鎮を行政機構の中の一つのまとまりとしてのみ位置づけているため、陶磁の景観を決定付けるのは主にこのようなテクスト上の地勢学である。

六　商人のマニュアル

ここまで議論してきた史料によりよびさまされる景徳鎮のイメージは、さまざまな社会コンテクストの中で陶磁産業の織りなす図柄を明らかにしてきた。これらのイメージを生み出すテクスト上の地勢学は、概して儒教の言説の中で景徳鎮を位置づけ、知識人をその中心にすえ、商業活動をより低次の領域に置いた。最後のジャンルである商人のマニュアルは、交易目的でこの地を訪れた商人たちの目に映る景徳鎮のありようを知るのに有用である。これらは、商人の必要を満たすためのテクストである。例えば、商品や市場を求める人々が旅するルートを詳細に描写している。多くのルートは首都に至り、首都と省または府の中心地を結び付けるが、そこには商業ネットワークに欠かせない結節点として、景徳鎮のような街をも含みこんでいるのである。これらのマニュアルは、地方行政の想像上の不適当なマス目に景徳鎮を当てはめるのではなく、商業活動における景徳鎮の中心性を明らかにするのである。

景徳鎮で最も活動的だった商人は、大部分は江西の饒州を安徽の徽州と隔てている明朝の省の境界線を越えた県からやってきた。特に十六世紀以降に、この地域で最も活動的であった徽州商人は、すでに学者の文章中で十分に表現されており、ここで贅言を費やす必要はない[77]。徽州商人が商ったのは地産の茶や原生の密林が茂る山からの木材、木製品（墨、漆、紙そして後には印刷器材など）や、その他地元の工芸品だった[78]。明代のあいだ、経済の成長に伴って、多くの徽州商人が急速に成長し、明清期を通じて、地域全体にわたる徽州商人の共同体は、商行為を通じて莫大な利益をあげていた[79]。依然として塩が彼らの交易の中心であったが、陶磁も利益をあげる商品として決して低くはない地位にあった[80]。

徽州と景徳鎮の近接及び両者を結びつけるアクセスルートの利便性は、徽州商人の磁器への関心についての説明の一部となっている。徽州商人たちは、徽州を南京、揚州、湖広の都市、そして崇安（福建）といった行政の中心・経済要地と結ぶ水陸の幅広いネットワークに繋げていた。[81] 揚子江上の漢口、大運河上の蘇州、珠江上の仏山、そして沿岸の上海のように、後期帝政期の地域間交易においてより有利なポジションを占めた他の地域も存在するが、アントニア・フィナーネが指摘したように、明代では（徽州から）景徳鎮への経路は明後期の商人マニュアルに示されるように十分容易であった。[82] 徽州から景徳鎮への道筋は、例えば、明代に程春宇によって編纂された『士商類要』に描かれている。[83] その道筋は陸路から始まった。十里ごとに配置された、いくつかの「駅站」や休憩所または宿を経由し、休寧県に到着する。[84] その後、旅人は藍渡で川を渡り、斉雲巌の傍らを通り、またいくつかの休憩施設を経由して、祁門県へと至る。ここで、旅人は舟に乗り、昌江を下っていく。その道中では、いくつかの川に沿ったランドマーク、小さな湖や急流などが描かれ、しかる後に浮梁県にたどり着くのである。そこから景徳鎮は、たった三十里の道のりである。この『士商類要』は饒州への道筋を、南昌、そして南康、九江、黄州らを通り湖北の武當山へと延長している。[85] 昌江は簡単で確かなルートであり、このことは数世紀にも亙る景徳鎮の陶磁生産史上ほとんど変化しなかった。

多くの明後期の他の商人マニュアル、例えば『五車抜錦』にも、同じルートが描かれている。[86] その四十三の道筋は、大半が首都（北京と南京）から地方へ、そして省都から所轄の府へと放射状に延びている。道筋を列挙する順序は、その重要性を示している。第一の道筋は、北京から南京を通って福建を目指すものであり、第二のは、北京から広東への南北幹線で、江西はその重要な経由点のひとつである。[87] 最後の十の道筋としては、大運河に沿った南京から北京、揚子江の遡上下降、南昌から江西の重要な二府（饒州と瑞州）への二つの道筋、そして徽州から福建の崇安に至るものなど、しばしば物資輸送に用いられるものが述べられている。[88] 徽州商人たちは、容易に近隣の市場へ旅しそこで見つけた商品を各地へと輸送することができたのである。

川のルートは、商人以外にも必要とされていた。やがて、窯の近隣にあった陶土の堆積は枯渇し、より離れた場所の資源を開発しなければならなくなった。元明期において、陶器製作のための陶土は徽州南西部の婺源から運ばれ、燃料のための木材は祁門から運ばれていた。(89) 陶土は通常陸上輸送されていたが、特に婺源と景徳鎮のように直接の水運連絡がない場合にはそうであった。燃料のほとんどは、川を通って街に輸送されていた。製材された松の木が舟で窯に運ばれることも、丸太が川に浮かべられて牽引されたり、流したりして運搬されることもあった。(90) その場合も、陶工の需要にしたがって十分効果をあげるように、木材燃料の湿りぐあいは管理されていた。(91) 明らかなのは、景徳鎮は徽州の提供物に強く依存していたが、この徽州―景徳鎮の結びつきは省境のはっきりした色つき線により、通常は地図からは見て取れないようになっているのである。最後に、この史料から我々は陶工と商人が見ていたであろう景徳鎮を見ることができた。それは近隣の交易センター及び生産継続に必要な資源と結びついた場所だったのである。

おわりに

本論の目的は、様々な景徳鎮認識を明らかにすることだった。行政空間にきっちり定められていない場として、思いやりのない支配者のもとで耐える皇帝の従僕の背景として、派手な色の下品な器を生産する場として、商人の集まる場所として、そして商業ネットワークの重要な結節点として、である。しかしながら、これらのテクストを通じて最も目立ったことは、中国の領域を越えた結びつきに対する言及のほぼ完全な欠如である。饒州で製作された陶磁器は国内各地域に、そして地域を越え、中国の領域を超えて輸出されており、清朝初期の知県であった陳湝が記したように、四つの海を越えてきた交易者に地域も気づいていたにも関わらず、景徳鎮は世界に繋がった場というよりも、地方に埋没した場として見えるのである。景徳鎮は、皇帝政治のなかで地位や階級を形作る行政構造の外にこぼれおち、地図や著述中では、地理的に最も近い地域の地位によってその位置づけが表されている。景徳の場合、浮梁や饒州、徽州などが近隣地域といえる。手工業や交易は、確かに地域アイデンティティを形成したが、それらのアイデンティティは海の内にとどまり、文化的境界を越えなかった。これらの地域は、その物質文化の輸出が世界的経済関係のネットワークに結びついたという意味では、おそらく「世界的」であったといえるだろう。しかし、地勢学におけるこれらの地域の表現方法にはほとんど影響を与えなかったし、住民や滞在者、行政官のこれらの地域に対する理解にもほとんど関わらなかったであろう。我々はここで、陶磁製作業の世界的な過去は、その復元のためにはあまりにもこなごなであると結論付けざるを得ない。

註

（1）洪焱祖「寓杭有感二首」（『杏庭摘稾』〔四庫全書版〕一六a）。

（2）この器がどのようなものであったかについては、その色が赤紫色であったこと以外、わからない。ナイジェル・ウッドは紫赤の陶器が、酸化錫を豊富に含む銅顔料を青みがかったうわぐすりに加えることで作られると記している。これによって、赤と紫を併せ持つような色彩効果が生まれるのである。Nigel Wood, *Chinese Glazes: Their Origins, Chemistry, and Recreation* (Philadelphia: University of Pennsylvania Press, 1999), p. 172 を参照。

（3）曾鞏「与王介甫第二書」（『元豊類藁』〔四庫全書版〕一六・八a）を参照。

（4）曾の格言の残りの部分は、これを裏付ける。「人間の価値に関する言及であり、ひびは遅かれ早かれ現れるものである」。

（5）神話的な五帝の最後の一人である、舜の陶器製作技術については、司馬遷『史記』に言及がある。舜は川べりの「陶城」

（陶器の街）という場所で陶器を作らせた。「彼が川べりで作らせた器は全て良質で欠陥のないものだった」。William Nienhauser, *The Grand Scribe's Records*（Bloomington: Indiana University Press, 1994）, p.12 を参照。中国では、粘土を形作って有用な器にすることと倫理的な人格を形成することの類比は、大工が木材を曲げ形作る比喩のようにしばしば現れるものである。Francesca Bray, *Technology and Gender: Fabrics of Power in Late Imperial China*（Berkeley: University of California Press, 1997）, pp. 19-20 を参照。

（6）洪焱祖「浮梁秋暁書事三首」（『杏庭摘藁』〔四庫全書版〕一二a）。

（7）洪は平江路・紹興路・衢州路の各儒学に転任していた。『中国歴代人名大辞典』（上海古籍出版社、一九九九）、一七八一頁を参照。洪の文集である『杏庭摘藁』には、儒学者の危素および学者官僚である宋濂の序文が寄せられている。

（8）この物語は、『楚辞』冒頭の「離騒」に取り上げられている。その編者とされている屈原は、その忠誠を君主に認められない宰相の一代表例である。

（9）この言及は、人材を見出し選び出す君主の能力の重要性に焦点をあてた、韓愈による伯楽の物語の語り直しである。伯楽は駿馬を選ぶ能力で有名であったが、韓愈は駿馬が数多くいても、注目され選ばれることなしにはその才能は空費されると論じ、駿馬自体よりももっと重要なこととして、伯楽を評価している。

（10）洪焱祖「浮梁秋暁書事三首」（『杏庭摘藁』〔四庫全書版〕一二a）。

（11）例えば、Elizabeth Endicott-West, *Mongolian Rule in China: Local Administration in China*（Cambridge, Mass.: Council on East Asian Studies, 1989）, p.13 を参照。

（12）これらの詩については、その正確な製作時期を知りえないが、浮梁県在職中に書かれた詩と杭州にて書かれた詩は同じ時期に書かれたものではないと考えるのが妥当だろう。

（13）Barbara Harrisson, “The Ceramic Trade across the South China Sea c. a. d. 1350-1650.” In *Southeast Asia-China Interactions*, ed. Geoff Wade（Kuala Lumpur: The Malaysian Branch of the Royal Asiatic Society, 2007）, pp. 489-505 を参照。中国と東南アジアの日常的な海上交易については、既に多くの研究が存在している。二〇〇六年に *The Journal of the Economic and*

Social History of the Orient（49, 4 ed. Kenneth Hall）はこの課題について特集号を出版した。そのほか、Billy So, *Prosperity, Region, and Institutions in Maritime China: The South Fukien Pattern, 946-1368*（Cambridge, Mass.: Harvard University Asia Center, 2000）、あるいはその成果を含む *The Emporium of the World: Maritime Quanzhou, 1000-1400*, ed. Angela Schottenhammer（Leiden: E. J. Brill, 2001）や、*The East Asian Maritime World 1400-1800: Its Fabrics of Power and Dynamics of Exchanges*, ed. Angela Schottenhammer（Wiesbaden: Harrasowitz, 2007）中の論文を参照。

（14）　Rose Kerr and Nigel Wood, *Science and Civilisation in China, vol. 5: Chemistry and Chemical Technology: part 12, Ceramic Technology*（Cambridge: Cambridge University Press, 2004），p. 728 を参照。「遠隔輸送」と名付けられた章は、南・西アジア及びアフリカにおける中国陶磁の影響について、詳しく取り上げている。これらの地域における陶磁の存在は、考古学的な資料により十分示されている。

（15）　翻訳された『島夷志略』のいくつかの部分については、W. W. Rockhill, “Notes on the Relations and Trade of China with the Eastern Archipelago and the Coast of the Indian Ocean During the Fourteenth Century.” *T'oung Pao* 16,2（1915），pp. 61-73, pp. 435-55 を参照。

（16）　デヴィッド・ポーターは中国の商品のエキゾチックな面が広汎に人々を魅了したことを、中国文化の理解・解読に対する早期の関心の表れから議論している。David Porter, *Ideographia: The Chinese Cipher in Early Modern Europe*（Stanford: Stanford University Press, 2001），pp. 133-4 を参照。

（17）　十八世紀初頭、ザクセン選帝侯であったアウグスト強健王（一六七〇—一七三三）は、磁器生産の工程研究を行っていた科学者のヨハン・フリードリヒ・ベドガー（一六八二—一七一九）及び数学者のエーレンフリート・ワルター・フォン・チルンハウス（一六五一—一七〇八）らを自らの従者として招いている。一七〇九年、彼らの実験がようやく成功し、アウグスト強健王はマイセンに磁器工房を開設した。マイセンの磁器は今に至るまで生産されている。Janet Gleeson, *The Arcanum: The Extraordinary True Story of the Invention of European Porcelain*（London: Bantam, 1998）及び Martin Schonfeld, “Was There a Western Inventor of Porcelain?” *Technology and Culture* 39, 4（1998），pp. 716-27 を参照。

（18）ド・アントルコルの簡潔な伝記は、Robert Tichane, *Ching-te-chen: Views of a Porcelain City* (New York: New York Institute for Glaze Research, 1983), p. 49 に収められている。この伝記によると、彼は一六八二年にイエズス会に入会し、乾隆六年（一七四一）に北京で死亡している。彼の関心は他にも、養蚕、造花工芸そして種痘に向いていた。彼と種痘については、Larissa Heinrich, "How China Became the 'Cradle of Smallpox': Transformations in Discourse, 1726-2002," *positions: east asia cultures critique* 15, 1 (2007), pp. 7-34 を参照。

（19）イエズス会士のジャン・バティスト・デュ・アルドは、自らの著書である *Description geographique, historique, chronologique, politique, et physique de l'empire de la Chine, of 1735.* の中に、ド・アントルコルからの手紙を収録している。この手紙は同様に、一七八一年のイエズス会の文集である *Lettres edifiantes et curioses de Chine.* にも収録された。Isabelle Vissiere and Jean-Louis Vissiere, eds. *Lettres edifiantes et curieuses de Chine par des Missionaires Jesuites, 1702-1776* (Paris: Garnier-Flammarion, 1979) を参照。この手紙の英語訳版については、前掲の Tichane, *Ching-te-chen*, pp. 51-128 に、陶磁関係の多くの手紙が掲載されている。

（20）ド・アントルコルは嘗て『浮梁県志』を読んだと述べている。前掲 Tichane, *Ching-te-chen*, p. 52 を参照。

（21）前掲 Tichane, *Ching-te-chen*, p. 51 を参照。

（22）前掲 Tichane, *Ching-te-chen*, p. 96 を参照。

（23）これらの輸出製品に関する詳細の多くは、劉新垣の監督のもとに行われた景徳鎮地域の考古学的成果に基づいている。劉は天暦元年（一三二八）以前のイスラム様式の大皿の証拠が残っていないこと、また朱元璋、すなわち後の洪武帝（在位一三六八—九八）が至正十二年（一三五二）にこの地域に侵攻した際、その生産を停止させたことを述べている。Liu Xinyuan, "Imperial Export Porcelain from Late Yuan to Early Ming," *Oriental Art Magazine* 45, 1 (1999), pp. 98-100 を参照。

（24）元朝支配下においては、イスラムは仏教・キリスト教と法的に対等な地位を与えられ、ムスリム商人は元の領域内に居住する権利を得ていた。しかしながら、この青白陶磁の装飾に使われたコバルトの正確な由来については、これが単に時代とともに変わったというだけではなく、引き続き学術的な議論を行わねばならないことを指摘しておく。

（25）　アルダビール・コレクションは宋元期龍泉窯の陶磁器、白磁、〝枢府〟器のほか、三十七点の景徳鎮産元朝青白陶磁器を所有している。アルダビール・コレクションについての最も詳細な研究は、John Alexander Pope, *Chinese Porcelains from the Ardebil Shrine*（Washington D.C.: Smithsonian Institution, 1956）である。トプカピ・コレクションは四十点の元朝青白陶磁器を所有している。John Alexander Pope, *Fourteenth-Century Blueand-White: A Group of Chinese Porcelains in the Topkapu Sarayi Muzesi, Istanbul*（Washington, D.C.: Freer Gallery of Art Occasional Papers, 1952）を参照。

（26）　Robert Finlay, "The Pilgrim Art: The Culture of Porcelain in World History." *Journal of World History* 9, 2（2005）, p. 142 を参照。

（27）　ヒンドゥー教の戒律は、非通水性の材料で食物を準備ないしは消費することを指示している。磁器は非通水性の状態に関わらず、通水性の土器または石器に分類され、そのために食器利用に採用されなかった。前掲 Finlay, "The Pilgrim Art", p. 158 を参照。

（28）　Christiaan Jörg, *Porcelain and the Dutch China Trade*（The Hague: Nijhoff, 1982）は、オランダ東インド会社の中国交易についてのよい概説である。ロタール・レダローゼは、十七世紀前半、景徳鎮磁器に対する帝国からの注文が減少し始めたのと同時期に、オランダ商人が与えた影響について議論している。Lothar Ledderose, *Ten Thousand Things: Module and Mass Production in Chinese Art*（Princeton: Princeton University Press, 1998）, pp. 88-97 を参照。

（29）　Christiaan Jörg, "Chinese Porcelain for the Dutch in the Seventeenth Century: Trading Networks and Private Enterprise." In *The Porcelains of Jingdezhen*, ed. Rosemary E. Scott（London: Percival David Foundation of Chinese Art, 1993）, pp. 183-205 を参照。

（30）　日本での受容にいたる状況についてのより深い議論、及び日本でのみ発見されるこの時期の陶磁器の様式については、Colin Sheaf, "Chinese Ceramics and Japanese Tea Taste in the Late Ming Period." 前掲 Scott, *The Porcelains of Jingdezhen*, pp. 165-82 を参照。クリスチャン・イェルクは、この一六二〇年代から一六三〇年代にかけての陶磁器が、特に日本の茶事で使う目的で作られたことを認めている。前掲 Jörg, "Chinese Porcelain", pp. 188-90 を参照。

（31）デヴィッド・サンクチュアリ・ハワードとコンラッド・エディック・ライトは、*New York and the China Trade*（New York: New York Historical Society, 1984），p. 61において、William Sargentの“‘China, a great variety’: Documenting Porcelains for the American Market.”を引用している。前掲Scott, *The Porcelains of Jingdezhen*，p. 207、及びJean Gordon Lee, *Philadelphians and the China Trade, 1784-1844*（Philadelphia: Philadelphia Museum of Art, 1984）を参照。

（32）前掲Ledderose, *Ten Thousand Things*，p. 100を参照。

（33）「磁器に関しては、一般的な家財であり、どの家にもある装飾品である。テーブル、サイドボード、そして全ての厨房がそれであふれている。食べたり飲んだりする際にも用いる日用的な器なのである」。Louis le Comte, *Memoirs and Observations Typographical, Physical, Mathematical, Mechanical, Natural, Civil, and Ecclesiastical, Made in a Late Journey through the Empire of China, and Published in Several Letters Particularly Upon the Chinese Pottery and Varnishing, the Silk and Other Manufactures, the Pearl Fishing, the History of Plants and Animals, Description of Their Cities and Publick Works, Number of People, Their Language, Manners and Commerce, Their Habits, Oeconomy, and Government, the Philosophy of Confucius, the State of Christianity: With Many Other Curious and Useful Remarks*（London: Benj. Tooke and Sam. Buckley, 1697），p. 154を参照。また、Anne Gerritsen, “Ceramics for Local and Global Markets: The Jingdezhen Agora of Ceramic Technologies” in Dagmar Schafer and Francesca Bray, eds., *Cultures of Knowledge: Technology in Chinese History*（Leiden, E. J. Brill, 2011），pp. 164-86も参照のこと。

（34）前掲Comte, *Memoirs and Observations*，pp. 154-8を参照。

（35）中国趣味（シノワズリ）は広い学問分野の研究テーマとなっているが、前掲Porter, *Ideographia*，pp. 133-92が最も鋭く議論を展開している。

（36）Maxine Berg, “In Pursuit of Luxury: Global History and British Consumer Goods in the Eighteenth Century.” *Past and Present* 182（2004），pp. 85-142、及び前掲Ledderose, *Ten Thousand Things*，p. 101を参照。

（37）Carolyn Cartier, “The Evolution of a Geographical Idea.” *Modern China* 28, 1（2002），pp. 79-142を参照。

（38）この「鎮」というタームは、特に南北朝期や宋代のような境界紛争の時期には、境域地帯の戦略的地点にも用いられた。

(39) 鎮についての文献は大量に存在する。最近の、宋~明の揚子江デルタ地域の鎮に対する研究の中で、リチャード・フォン・グランは、その地区の歴史記述におけるいくつかの重要点に焦点を当てている。Richard von Glahn, "Towns and Temples: Urban Growth and Decline in the Yangzi Delta, 1100-1400." In *The Song-Yuan-Ming Transition in Chinese History*, eds Paul J. Smith and Richard von Glahn (Cambridge, Mass.: Harvard University Asia Center, 2003), pp. 176-211 を参照。樊樹志や劉石吉の研究など、中国の鎮研究の多くは、明清期に注目したものである。対照的に、日本の研究は唐から宋という鎮形成期の重要性に焦点を当てている。例えば、森正夫、斯波義信、梅原郁らの研究を参照のこと。フォン・グランの論文は、宋代における鎮の成長から、明後期から清代の間に起きた二度目の鎮急増時期について考察している。前掲 von Glahn, "Towns and Temples", p. 178 を参照。

(40) 行政単位の名称の違いが示すように、地図が石に刻まれた年代は本来の地図の年代とは異なっている。地図に含まれている情報は、一〇八〇~九四年ごろには編集されていたと考えられる。その拓本は、(米国)議会図書館、ハーバード大学、中国国家図書館に所蔵されている。この地図に関する議論については、Joseph Needham and Wang Ling, *Science and Civilisation in China, vol. 3: Mathematics and the Sciences of the Heavens and the Earth* (Cambridge: Cambridge University Press, 1954), pp. 547-8 を参照。中国の地図及び地図製作に関する概要は、Richard J. Smith, *Chinese Maps: Images of "All Under Heaven"* (New York: Oxford University Press, 1996) を参照のこと。中国の初期の地図製作については、Kuei-sheng Chang, "The Han Maps: New Light on Cartography in Classical China." *Imago Mundi* (1979), pp. 9-17 を参照。地図におけるマス目(格子)の利用については、David Woodward, "The Image of the Spherical Earth." *Perspecta* 25 (1989), pp. 2-15 を参照。

(41) 税安礼『歴代地理指掌図』(原本一一八五、上海古籍出版社、一九九五刊を使用)図四十六を参照。この地図は多くの近代版におさめられている。

(42) 『広輿図』は朱思本(一二七三~一三三五頃)製作の元朝の地図をもとに、羅洪先(一五〇四—六四)が最新情報を加えたもので、羅の死後出版されたものである。『続修四庫全書』四四二頁にみえる『広輿図』は、江西省の地図を含んでいる。

(43) この地図は康熙二十二年(一六八三)版の江西省の地方志に含まれている。謝旻編『江西通志』(一六八三、四庫全書版)

絵図一一b―一二aを参照。

(44) Margaret Medley, "Ching-te Chen and the Problem of the Imperial Kilns." *Bulletin of the School of Oriental and African Studies* 29, 2 (1966), pp. 326-38 を参照。その他、Tsing Yuan, "The Porcelain Industry at Ching-te-chen 1550-1700." *Ming Studies* 6 (1978), pp. 45-53 もあわせて参照。

(45) この碑文の文面はおそらく要約された形ではあるが、謝旻編『江西通志』一二四・三四aに含まれている。

(46) 謝旻編『江西通志』一二四・三四aを参照。

(47) 劉定之「平心杯賛」(黄宗羲編『明文海』〔一六九〇年代ごろ、四庫全書版〕一二三・一〇a―b)。

(48) 楊萬里「道傍店」(呉之振等編『宋詩鈔』〔十七世紀ごろ、四庫全書版〕七八・一二a)。

(49) 長薌書院は、景徳鎮の監鎮だった李斉愈によって慶元三年(一一九七)に設立された。元貞二年(一二九六)と泰定二年(一三二五)の二度にわたり、江東宣慰使や総管といったより高位の官僚の指導により改修が行われた。元代を通じ、この書院は機能し続けた。書院の最も充実した記録としては、喬溎、賀熙齢、游際盛等編『〔道光〕浮梁県志』(原本一八三二、江蘇古籍出版社、一九六六の再刊版を使用)六・六一a―六三を参照。また、謝旻編『江西通志』八二・二三aにも長薌書院についての議論がある。

(50) 宋元期における書院の役割については、Linda Walton, "The Institutional Context of Neo-Confucianism: Scholars, Schools, and *Shu-yüan* in Sung-Yüan China." In *Neo-Confucian Education: The Formative Stage*, eds. Wm. Theodore de Bary and John Chaffee (Berkeley: University of California Press, 1989), pp. 457-92 を参照。

(51) 科挙は延祐二年(一三一五)に再開されたが、征服された南方に居住する漢族、いわゆる「南人」は、モンゴル人・中央アジア人・西アジア人・かつての金朝の領域に居住する者たちなどに比べて厳しい扱いを受けた。Paul J. Smith, "Fear of Gynarchy in an Age of Chaos: Kong Qi's Reflections on Life in South China Under Mongol Rule." *Journal of the Economic and Social History of the Orient* 41, 1 (1998), p. 5 を参照。教授や訓導、あるいは主簿といった地方の地位は、南方のエリートにとって好適な就業機会であった。Smith, "Fear of Gynarchy", p. 7 を参照。

(52)　呉澄（一二四九―一三三三）「故陳山長妻姜氏墓銘」（『呉文正集』〔一三三三年ごろ、四庫全書版〕八二・三b―四b）。

(53)　Craig Clunas, *Superfluous Things: Material Culture and Social Status in Early Modern China* (Honolulu: University of Hawai'i Press, 2004 [1991]), xiv を参照。クルーナスのこの名著は、鑑定家の文章に対する最も理解しやすい研究である。比較的視座からの物質文化に対する議論は、Craig Clunas, "Review Essay-Modernity Global and Local: Consumption and the Rise of the West." *American Historical Review* 14, 5 (1999), pp. 1497-511 を参照。

(54)　このテクストの注釈版は、白焜《宋蔣祈陶記校注》（《景徳鎮陶瓷》陶記研究専刊〔一九八一〕三六～五一頁）に見られる。現代中国語への翻訳版としては、顔石麟《宋蔣祈陶記現代漢語訳文》（《景徳鎮陶瓷》陶記研究専刊〔一九八一〕五三～五五頁）を参照。筆者は、道光十二年（一八三二）版の浮梁県の地方志に含まれる版本を使用している。この史料の年代については更なる議論がある。即ち、この史料は現存しない元代（至治二年〔一三二二〕）の浮梁県の地方志（『浮梁州志』）に収められたといわれているが、蔣祈がそのテクストを書いたのは、南宋期の嘉定七年（一二一四）～端平元年（一二三四）の間のことであったのではないかと考えている研究者もいるのである。前掲 Kerr and Wood, *Ceramic Technology*, p. 24 を参照。

(55)　前掲蔣祈「陶記」（喬溎『〔道光〕浮梁県志』八・二五a）。（英語に）翻訳されたものとしては、前掲 Tichane, *Ching-te-chen*, pp. 43-8 に見られる。

(56)　この「陶政」の部分によると、「六二一年、陶玉が玉の模造品の器を宮廷に献上した（唐武徳四年陶玉献仮玉器）」とある。曾国藩、劉坤一等編『〔光緒〕江西通志』（一八八一、續修四庫全書版）九三・五bを参照。また、前掲 Kerr and Wood, *Ceramic Technology*, p. 524 も参照のこと。

(57)　前掲蔣祈「陶記」（喬溎『〔道光〕浮梁県志』八・二五a）。

(58)　前掲蔣祈「陶記」（喬溎『〔道光〕浮梁県志』八・二五a）。

(59)　前掲蔣祈「陶記」（喬溎『〔道光〕浮梁県志』八・二五a）。

(60)　前掲蔣祈「陶記」（喬溎『〔道光〕浮梁県志』八・二五a）。

(61)　このテクストは、著名な陶磁の専門家であるパーシヴァル・デヴィッドによって、厳密な研究と完全な翻訳が行われた。

Sir Percival David, *Chinese Connoisseurship: The Ko Ku Yao Lun* (London: Faber & Faber, 1971) を参照。また、前掲 Clunas, *Superfluous Things*, pp. 11-3 もあわせて参照のこと。

(62) 曹昭『格古要論』(一三八八、四庫全書版) 三・三b—四a。

(63) 青白の器については膨大な文献があり、ここで詳述することはできないが、よい入門書として、John Carswell, *Blue & White: Chinese Porcelain around the World* (London: The British Museum Press, 2000) が挙げられる。

(64) 前掲 Clunas, *Superfluous Things*, p. 13 を参照。

(65) このジャンルに関する一般的な紹介としては、Endymion Wilkinson, *Chinese History: A Manual* (Cambridge, Mass.: Harvard University Asia Center, 1998), pp. 153-61 を参照。このジャンルの性格特徴については、Harriet T. Zurndorfer, *China Bibliography: A Research Guide to Reference Works about China Past and Present* (Leiden: E. J. Brill, 1995), pp. 187-95 に議論がある。また、Sue Takashi, "Revelations of a Missing Paragraph: Zhu Changwen (1039-1098) and the Compilation of Local Gazetteers in the Northern Song China," *Journal of the Economic and Social History of the Orient* 52, 1 (2009), pp. 57-84 もあわせて参照のこと。

(66) Peter K. Bol, "The Rise of Local History: History, Geography, and Culture in Southern Song and Yuan Wuzhou," *Harvard Journal of Asiatic Studies* 61, 1 (2001), p. 37 を参照。

(67) このような発展の詳細は、James M. Hargett, "Song Dynasty Local Gazetteers and Their Place in the History of *Difangzhi* Writing," *Harvard Journal of Asiatic Studies* 56, 2 (1996), pp. 405-42 を参照。

(68) 黄家遴「浮梁県志序」(王臨元編『浮梁県志』〔原本一六八二、中国書店、一九九二の再刊版を使用〕首二a—三a)。

(69) 陳淯は附録の巻九のなかで知県としてリストアップされ、康熙二十一年(一六八二)版の浮梁県の地方志に加えられている。前掲王臨元編『浮梁県志』九・一五bを参照。

(70) 陳淯「重刊浮梁県志序」(前掲王臨元編『浮梁県志』首二b—三b)。

(71) 『礼記』「王制」に「五方之民、言語不通、嗜欲不同」とある。

（72）　テクストには次のようにある。「五方之民者、謂中国与四夷也」。

（73）　喬溎『[道光] 浮梁県志』八・六b—四五bを参照。編纂者は大部分を王宗沐、陸万垓編『万暦江西省大志』（原本一五九七、線装書局、二〇〇三の再刊本を使用）から引用している。「陶政」の項目では、皇帝の窯についての議論、陶土やコバルトについての情報、必要な労働者の数、そして満たさねばならない皇帝への上納物の要求などが含まれている。巻八の第二部はアンソロジーであり、前述の蒋祈「陶記」や唐英（一六八二—一七五六）による十八世紀の重要なテクスト群などが含まれている。

（74）　賀長齢は湖南の岳麓書院で学び、影響力の強い国政アンソロジー『皇朝経世文編』の著者でもあった。賀長齢『皇朝経世文編』（原本一八二七、世界書局、一九六四の再刊本を使用）を参照。彼の政治的影響力についての例は、James M. Polachek, *The Inner Opium War* (Cambridge, Mass.: Harvard University Press, 1992）を参照。

（75）　賀熙齢「浮梁県志序」（喬溎『[道光] 浮梁県志』首一a）。

（76）　游際盛「浮梁県志序」（喬溎『[道光] 浮梁県志』首五a）。

（77）　以下の文献を参照のこと。Michael Dillon, "Transport and Marketing in the Development of the Jingdezhen Porcelain Industry During the Ming and Qing Dynasties." *Journal of the Economic and Social History of the Orient* 35, 3（1992）, pp. 278-90. Du Yongtao, "Locality, Identity, and Geography: Translocal Practices of Huizhou Merchants in Late Imperial China" (Ph.D. dissertation, University of Illinois at Urbana-Champaign, 2006）. Antonia Finnane, *Speaking of Yangzhou: A Chinese City, 1550-1850* (Cambridge, Mass.: Harvard University Asia Center, 2004）, pp. 57-68. Timothy Brook, *The Confusions of Pleasure: Commerce and Culture in Ming China* (Berkeley: University of California Press, 1999）, p. 126 以降。Harriet T. Zurndorfer, *Change and Continuity in Chinese Local History: The Development of Hui-Chou Prefecture, 800 to 1800* (Leiden: E. J. Brill, 1989）。

（78）　前掲 Zurndorfer, *Change and Continuity*, pp. 25-7, 41, 124-5 らを参照。徽州商人の本製作及び本の収集における役割については、Joseph P. McDermott, *A Social History of the Chinese Book: Books and Literati Culture in Late Imperial China* (Hong Kong: Hong Kong University Press, 2006）を参照。

（79）前掲 Zurndorfer, *Change and Continuity*, p. 64 を参照。

（80）前掲 Dillon, "Transport and Marketing", pp. 285-6 及び前掲 Du Yongtao, "Locality, Identity and Geography." を参照。

（81）『商程一覧』はこれらを第八十一から第八十四の道筋として挙げている。前掲 Zurndorfer, *Change and Continuity*, p. 18 を参照。

（82）前掲 Finnane, *Speaking of Yangzhou*, pp. 57-8 を参照。ブルックも徽州商人が利用した川のルートについて述べている。前掲 Brook, *Confusions of Pleasure*, p. 126 を参照。

（83）これは『士商類要』に記載された第三の道筋である。楊正泰、黄汴、程春宇『明代駅站考』（上海古籍出版社、二〇〇六）、三一二頁を参照。楊正泰等『明代駅站考』の第三の附録として再刊された『士商類要』は、このテクストの最も便利な版である。杜永濤はこの種のマニュアルや事典についてかなり詳細な議論を行ってきた。特に、前掲 Du Yongtao, "Locality, Identity", pp. 184-9 を参照。

（84）「駅站」という語は通常「post station」と訳される。国家レベルのネットワークについての最良の研究は、前述楊正泰『明代駅站考』である。「halfway stops」と訳される「舗」については、Liu-hung Huang and Chu Djang, *A Complete Book Concerning Happiness and Benevolence: A Manual for Local Magistrates in Seventeenth-Century China* (Tucson: University of Arizona Press, 1984) の中で議論されている。黄とジャンが訳した十七世紀のマニュアルは、通常の八十〜百里（四〇〜五〇㎞）の設置間隔が、馬にとって長すぎるとし、馬のためを考えるよう、読者に勧めている。「郵便駅の間にある休憩所によって、使命を帯びて先を急ぐ人々は馬を乗り換えることができ、馬が疲れのあまり死んでしまったり、新たな馬が必要になったりする局面を減らすことができるだろう」。前掲 Huang, *Complete Book*, p. 586 を参照。このような休憩所は、私的な住居や、商店や宿屋を含む建造物にあったであろう。

（85）『士商類要』（楊正泰『明代駅站考』三一二―三一三頁）。

（86）もっとも簡便な版は、東京大学東洋文化研究所所蔵の「五車拔錦」と題された万暦二十五年（一五九七）版の日本語訳注版である。酒井忠夫、坂出祥伸、小川陽一ら編『五車拔錦』（原本一五九七、汲古書院、一九九九刊）。

(87) 前掲『五車抜錦』二・六八を参照。
(88) 前掲『五車抜錦』二・一三七―一四一を参照。
(89) 窯で用いられる陶土の各原産地についての描写は、前掲王宗沐『万暦江西省大志』七・四b、七・六aを参照。祁門からの木材についての言及は、前掲 Dillon, "Transport and Marketing", p. 283を参照。
(90) 前掲王宗沐『万暦江西省大志』七を参照。
(91) 前掲王宗沐『万暦江西省大志』七・二四b―二五aを参照。

明代の社学と専制政治

サラ・シュニーウィンド
深澤　貴行　訳

【編者前言】本稿は、Sarah Schneewind, *Community Schools and the State in Ming China*, Stanford University Press, 2006. の第六章「明代の社学」の翻訳である。サラ・シュニーウィンド氏は、地方志・碑記班の研究協力者として、二〇〇七年にトルコ共和国のアンカラ市で開催された第三十八回国際アジア・北アフリカ研究会議で組織したパネル 'What do Rocks and Papers tell us?: Building a new theory for Chinese local history documents' において、'Problematizing "Local" and "Central" Texts about Local Institutions' と題する発表を行った。編者がその成果の本書への掲載をシュニーウィンド氏に依頼したところ、そのエッセンスは、すでに自身の原著で公にしているとのことであったので、編者がシュニーウィンド氏と相談の上、原著の一部を翻訳して本書に収め、更に原著の第八章「結論」部分を附録として併せて掲載することにした。ここにその経緯を付記しておく。

（須江　隆　記）

はじめに

一　生　徒

はじめに

職務到任次第、私は社学について調査を行いました。府州県は各々社学をいくつか建てていました。しかしそれらは全て卑俗で、狭苦しいものでした。また名ばかりのもので実体を伴っておりませんでした。そして教師は安易に一時しのぎに選ばれたものばかりでした。

（魏校『河南学政』一〇―七）

社学の実態とは如何なるものだったのか。詔令や上奏、詩や記録、カリキュラムや叙任など、社学は、様々に語られてきた。そうした文章は、著述した作者たちが自身のために書いたものであった。しかし、現実の学校は、一般民衆の生活にも影響を与えていた。社学の実態を考察し、地域社会の人々にとって社学が如何なる存在であったのかを考察するために、信頼性の低いわずかな史料に対し想像の実践をする必要がある。また学校に関連する文献を理解するためにさえも、想像することは必要だ。哲学的で政治的な声明を作成する科挙官僚は、社学の日常業務を書き記すことで、彼らの声明に力をもたせるために地方の現実と関係せざるを得なかった。そして社学の設立者たちは彼らの業績を永続させるために、学校をとりまく地方政治に注意していなければならなかった。そこで、ここでは明代社学の史料状況について、また地方の課題がどのように社学と相互作用したのかを整理する。如何なる人々が如何なる理由で社学に就学したのか、如何なる人々が如何なる理由で教育を行ったのか、如何に学校に資金が供給されたのか、如何なる建物が作られたのか。国家の命令によって設置された民衆に近しい施設である社学は、人々に歓迎されたのか否か。また明代社会に如何なる影響を与えたのか。

これらの疑問に答えるために、原著の第四章で述べた「記念の記録」と地方志に大きく依拠することになる。さらに原著の第七章では、様々な目的のために著された地方志を検討していく。ところで歴史的事象、実態、制度に関するデータとして、地方志などを利用する手法は妥当なものといえるだろうか。ジェームズ・タンによる明代の戦乱についての研究における記述をみてみよう。二つの県について、第一に、ある事象を同一の地方志における別の項目ではどう描かれたかを検証し、第二に、地方志の記述を『明実録』と『明史』とで検証したところ、完璧な一致を見た(1)。また、多様な人々が社学について記録を残したが、それら書き手の同時代人は当時の現実の学校について熟知していた。学校に対する常識があるゆえに、彼らは我々の基本的疑問に対する明確な回答を書き残していないということもあるが、そのような常識こそが学校に関する修辞をチェックする機能をも果たしていたのだろう。もし、明らかな誤りに基づいて記述されているとしたら、それは有効な主張にはなりえない。特定の地方志の報告をそのまま鵜呑みにして信じることはできないが、多くの地方志を利用しながら、実態を記述しようとすることで妥当なものにできるだろう。

一　生　徒

就学の方針は種々変更され、互いに否定しあっていた。洪武八年（一三七五）の勅令では、全ての子弟に社学に通うことが許された。『御製太誥』は、当初、富裕なものに対して就学を求めたが、経済的に貧しいものも選抜されていた。『教民榜文』と成化元年（一四六五）の勅令においては、就学への自発的な意思が、すくなくとも貧者にとっては再び強調された。それは正史の『明史』や、近代における教育史においても強調された。(2) 一方、弘治十七年（一五〇四）、義務的な就学が布告され、それは崇禎六年（一六三三）にも繰り返された。時には、就学が強制され、熱心な官僚は学校へ来ない子弟の父兄を処罰をちらつかせて脅した。(3) しかし、これは不当なものであり、洪武十三年（一三八〇）の学校の廃止をもたらした。朱元璋は才能に恵まれたものだけが社学に通うことを意図したわけではなく、官僚が生徒を選ぶこともまた意図していなかった。生徒の選抜は、数、位置、規模、日程、そして学校経費と同様に、おそらく実際には、通学を確保することは、就学を強制させるよりも顕著な問題であった。さらには、父兄による選択は、提供される教育の性質や、就学への得失に影響された。

就学の方針を述べる言葉は、『大学』の朱熹の序文により形作られ、それは昔は、「民衆の子弟は全て小学に入学する」というものだった。この言葉や法の影響で、「民の子弟」あるいはただの「子弟」という言葉はほとんどの記録で用いられている。しかし女子も社学に参加していたのかもしれない。女性による女性のための作品の出版が盛況となる中の一部として、唐代の女性作家である宋若昭の『女論語』が再出版され、甘粛の階州の十四の社学に配布された。桂萼は、義理の父母に仕える妻の儀礼の教育を求めた。これらは、兄弟や夫を通じて、女子に教育が間接的に届いていたことを意味するかもしれない。(4) 仮に女性が教育を受けたとしても、そのほとんどはおそらく家庭で全ての教育を受けたのだろうが、トーマス・リーは、幼い子どもは男女一緒にある季節だけ学校に通っていたのではないかと考えている。(5) もしそうであれば、その事実は、男性と女性を不適当にも入り混じらせている仏教信者とは違うということを強調しようとする設立者によって隠蔽されたのかもしれない。

また朱熹の『大学』序による古代の描写に従えば、一般的な就学の年齢は八歳から十五歳（数え年）とあるが、実際の規定は様々であった。例えば魏校は七歳から十二歳と言及している。(6) そして生徒の飲酒や賭博についての警告は、彼らがあるいはもっと年長であった可能性を示唆する。(7) 生徒の数は各学校で三十人から百三十人の間であった。(8) ある学校はあらゆる子弟を受け入れていた。陳献章の記録によれば、程郷県の社学は、全ての子弟のためのもので、貧富、貴賤、才能の有無などは関係なかったとする。別の地方官はとりわけ田舎育ちの子弟、少数民族の子弟、官僚の子、土地役人や軍人の子、塩業労働者や墓堀人、肉屋、酒造業者、木こり、羊飼いなどの卑しい職業の家庭の子や貧しい家の子などを対象とした。(9) しかし一部の子どもは排除されており、魏校は、「倡、優、隷、卒（芸人や歌手、奴隷や兵卒）の子弟はみだりに社学に入れてはならない」と規定している。(10) ほとんどの場合、「才能のある（俊秀）」少年のみが選ばれたが、それは実のところ、社学が郷紳の家族に安価な学校教育を提供したことを意味するのかも知れない。(11)

就学は、家計に影響されていた。時に親たちは農事を妨げるとして社学に反対し、短期間の就学さえも奨励することは稀だった。(12) たとえ学校が冬季のみの開校であったとしても、明代の農民は、しばしば農業以外の年間を通じての活動もしており、子どもの働きは有用だった。いくつかの事例では、貧窮家庭の少年には就学のための奨励金が給付されていた。成化二年（一四六六）、社学を自身の村に建設した郷紳は対策を整えて、貧窮家庭の少年も富裕な少年と同様に、学校に通うことができるようにした。史料では、学校の慈善的側面を強調している。(13) 弘治二年（一四八九）、学校を設立した地方官は、貧しい生徒に給付金と筆記用具を与えた(14)。そして明代後期、別の社学創設者は、生徒を引きつけることが難しいと知り、月額二石の穀物と日額八分（〇・〇八両）のお金を給付し、また二銭五分（〇・二五両）を文具代として給付した(15)。これらの限定された給付や供与では、多くの貧窮した少年たちを実際に学校に通わせることにはならないかもしれないが、幾ばくかの助けにはなっただろう。

学校の場所は、農民の少年の通学に影響した。もし学校が家から遠ければ、家族は学校用品やおそらく授業料と同様に、生徒の下宿にも出費を強いられた。法は、全ての郷村に学校を求めており、一部の社学設立者は、郷里における学校を作ることの重要性を強調した。ある官僚は次のように上奏している。

卑見によれば、都市の近郊は、物質的にも文化的にも特権的な地区である。人々は彼らが日々見聞きすることで、正規の教育を受けなくとも洗練される。しかし深い山や貧しい峡谷においては、影響が及ばないので、我々は特別な対策を設けて、彼らを激励することに専念しなければならない(16)。

田舎の学校の多くが地方志の中には出てこないというだけかもしれないが、機能している社学が全ての村に存在したわけではなかった。州県の官衙所在地の社学は、もっとも一般的であり、各村に学校が設置されたとする史料は、約百五十の府州県の史料に限られる。王蘭陰のデータによれば、一つの県における学校数の最多は二百六（龍渓県）であり、少なくとも学校の七三％は都市の外にあったとする(17)。しかし、もし一県で学校の位置を地図上に配置したとすると、学校は県衙の近くにまとまる傾向にあった(18)。ある地方志は、社学の法に関して、郷村に対しては社学の設置命令がなかったとの誤解を示しているという(19)。私見では全体として、多くの場合、県衙所在地から遠く離れた社学はごく僅かであり、給付金があったとしても、多くの少年にとって就学は困難だった。

学習の喜びは、偉大な文字文化の伝統に参加することに対する誇りや好奇心、歴史的感覚、より広い世界への視野などは無形の利益であり計りがたいものだが、なおざりにはできない。また結婚、葬式、祖先祭祀を正しく遂行することで一族の社会的地位が上昇するので、明代社会において儀礼を学ぶことの重要性を、無視するべきではない。パトリシア・イーブリーによれば、明代後期、中央政府が公表した標準版に加えて、単純化した簡易版の『家礼』が多数売られており、あきらかにやや教育程度の低い読者向けであった[20]。そのような家庭は正しい儀礼様式を学ばせるために息子を学校へ行かせただろう。「良い習慣」の教育を「労働階級の精神をより強く制御する」方法としてみなすことが可能かもしれないが[21]、それはまた生徒に自制の感覚や他の人から尊敬を得られるような威厳を与えることになったかもしれない。明代後期の評論家、管志道は、社学の生徒の社会的自負や儀礼への傲慢さについて不満を述べた[22]。また異なる教育的伝統による記述では、

紳士の主な前提は、外部活動は内面的信念を強くするという見解だった。それはある種の真実を含むように思われる。あらゆる徴候から……所定の作法への配慮は、道徳的自尊心を強くした。……（そして）社会的帰属意識を増大させた……そして模範となる礼儀は、伝統的な上流階級（この場合、郷紳階級）である時は、個人の信念に対しては、益々都合がよかった[23]。

社学の生徒が全て郷紳家庭から来たのか、あるいはより広い多様な背景をもつ家庭から来たのかによるが、儀礼教育は階級的優越性と同一性を強固にするか、あるいは品格ある上流階級の流儀を庶民に伝えるものだった。

いずれにせよ、親たちが賛成すると思うだろうが、一部の親はカリキュラムが儀礼面を強調することに反対した。ある地方志はこう記している。

東里の全ての家族と村は、社学を所有していたが子どもたちに読み書き以上のことを教えなかった。しかしその中で儀式を知る社学の教師は「洒掃、応対、進退」の儀礼の実践を教えた。彼らの生徒は、大通りや道端で先輩

に出会うと、いつでも恭しい姿勢を取り、お辞儀をして先輩が通り過ぎるまで待った。年少期に繰り返して行うことで、彼らは成長してからどう振るまうべきかを知る。しかし彼らの父兄は、正しい道（大義）を知らず、教師への寛大な待遇を知らない。父兄はつまらない下層階級のするべきこと（賤役）とみなす洒掃を、自らの息子たちにやらせようとしなかった。(24)

親たちは、より実践的な技能を好んだのかもしれない。一五〇〇年ごろ、子どもに科挙のための勉強をやめさせて家業を継がせようとしたある家族では、息子にこういった。「名前を書ければ十分だ。更に勉強してどうしようというのか」と。(25)『百家姓』や『三字経』のような入門書、そして（桂萼のカリキュラムにあるような）訓令を学び、日時を示すために使われた干支、一から十までの数字を学ぶことは商業的で官僚的な明代中国においてはほぼ全ての人々に役立つものだった。

もし実際に社学の生徒たちが府州県の官学生員に進学していたのなら、生員という身分に実際の利益があったことになる。それは本人と家族二人までの徭役免除、肉体的刑罰を罰金刑に変換する権利、穀物の手当ての可能性（県ごとにわずか二十人しか受け取れなかったが）、公的行事への参加機会、黒線の入った藍色のガウンと特別な帽子をかぶる栄誉である。(26)実際のところ多くの生員は科挙合格をおもな目的としてはいなかった。しかし、賄賂を贈ったり買収したり策略をめぐらせたりしてその地位を得たのは、徴税、労役、肉体的刑罰を逃れるため、そして在地の地方官にアクセスするためであった。(27)官学の学生となることは、教職に就く機会をも意味した。家族を支え、あるいは生員から降格させられて吏員として働く機会となった。(28)

ある地方官は県学の欠員に社学の生徒を充てるという法に則り、しばしば試験によって生徒から選抜した。(29)嘉定の婁渓にある学校の生徒の登録簿は、儒の歳と名簿に記載された。その年、官学生員となったものがいたのだろう。ある地方官は個人的に生徒を教育し、そして県の役所での儀礼に参加させた。おそらく彼らを県学に入学させるための準備だったのだろう[30]。ある県では、社学の生徒が十五歳になると、書院に参加させるための選抜が行われた。書院では、「彼らは白鹿洞書院のために朱熹によって定められた規範をもとに教育された」[31]。一五〇〇年代初頭、ある社学の生徒全員が昇格に成功した。北直隷の提学官の顧潜は下記のように学事について記事にした。

各府所属の州、県の社学の生徒は、県学への進学を希望していると報告を受けている。彼らは既に何度か請求しており、私は、彼らが真摯であると考え、その要求をかなえることにした。彼らはしばらく県学で書物と儀礼を学び、学校に残るか放出されるかの最終決定を待つことになる。前項の生徒たちは文法の試験と、彼らの家族が禁忌を破っていないかの検査を受けていないので、彼らの中には、やや生活が豊かな行商人や知ったかぶりもいて、近隣のものに見せびらかすためにこの機会を利用しようとするかもしれない。あるいは財産を持つきこりや羊飼いが（徴税から）家族を守るためにこの特権を利用しようとするかもしれない。私は担当者が、彼らに対して十分に注意しないことを心配しているが、彼らを学校に入れることにする[32]。

以前、顧潜は社学の生徒を利用して、彼自身にかかわる問題を解決した。それは『春秋』と『礼記』を専門にする学生が少なすぎたので、この二つの古典を生徒たちが勉強することを約束させるよう明示した[33]。その生徒たちが彼を利用して、学者の服装を私用に供したり、隣人に対し威張ったり、徴税や労役を忌避したりするのではないかといった不安があるにもかかわらず、顧潜は試用的昇格を認めた。エルマンは、清代の地域エリートがどのように試験のシステムを操作していたかを示しているが[34]、これらの明代の社学の生徒は、同様に試験システムを用いようとしていたことを示している。別な戦術としては、さらに下層の人々にまで官学生員の身分の一部を拡大していくよう要求することであり、明代後期までに、下からの圧力によって明らかにそれは達成された。万暦三年（一五七五）の勅令は、社学の教師と生徒が労役から免除されていることを前提として、社学の教師たちを試験することを求めた。[35]法は社学の生徒を官学生員に充てることを認めており、名目的には、官界への門戸は僅かに広く開かれた。しかし実際には歴史的記録に残されるほど有名になったものはごく僅かであった。明代の卓越した人士の中では、二人の太学生と官僚、郷試合格も得ていた翰林学士の彭璉、卓越した僧侶である憨山徳清、そして高名で急進的な思想家であり教師でもある王艮が社学に通っていたことを認めており、もう少し有名でない生徒は墓誌銘に残されている。[36]社学の生徒が学校制度の中で大きく昇進を遂げることはごく稀であった。十六世紀、国子監生は「どんな官職であっても得ることは期待できなかった」。そして郷試の合格率は約三%だった。[37]庶民が社学から官僚へと転進する機会はごくわずかだったといえる。

それにも関わらず、明代中期以降の社学の創設者たちは、人材を勧誘して官僚の卵を倫理的に訓練するための一手段として学校をしばしば語った。実際に「新しい血」を注入する試験制度として開かれていたのかという悩ましい問題については、帝政時代から今に至るまで、社学について論じるときに沸き起こる議論である。明代の社学を通じて、才能ある全ての若者は、真面目に学ぶことで高い政治権力の高みまで昇りつめられるという全祖望の主張は、もちろん、「チャイニーズ・ドリーム」である。それはすなわち、ベンジャミン・エルマンがいうところの「その社会的流動性の神話は……古代以来の文官登用法の本質にある」である。[38]王蘭陰は「かなり多くの」数の生徒が、実際に昇進を勝ち得たと考えている。しかし、彼の六例のうちの五例は、事実というよりはむしろ本質を表明したようなものである。エルマンは、社学を「半官の慈善的施設で……価値ある民衆を教育するために王朝が整備したものだ」と位置づけ、「貧しい家庭出身の生徒が社学において基本的読解力を身につけていたのかもしれないが、そのような生徒たちが科挙の階梯を昇っていたのかというと、そうではなかっただろう。何故ならば、試験制度のそもそもの目的は、大半の人々を除外するためであり、そのような生徒たちも対象としないためであったからだ」と述べている。[39]社学が明代社会に大きな影響を与えていたとする現代の学者の王雲は、直接的根拠を示していないものの社学を出たものが「少なからず」官学に進学したとして、そのような生員がどのようにして官僚となったのかについて、むしろねじれた議論を提示する。[40]

より妥当なのは、王雲が、社学は深い影響を明代の基層社会に与えたと議論している点だろう。学校の不公平な歴史にもかかわらず、王雲は、多くの生徒が学校で教育を受けたことは、社会の生産性に大きな影響をもったのだと主張する。エヴリン・サカキダ・ロウスキーは一年で二千字ほど学んでいただろうと提示している。[41]つまり、基礎的読解力は学校に一年間あるいは何回か冬季に通うことで得られた。王雲は、社学の生徒はあらゆる職業において自然に指導者となったとする。彼らは村や街で文化的知識を広めたので、彼らはなお一層多くの子どもたちを学校に通わせようとした。その結果、全体として庶民たちは、新たに「半ば教育を受けた」家系によって継続的にレベルが高められていったとする。[42]

直接的証拠が無いので、王の主張を評価するには、識字率がひとつの方法となるかもしれない。しかし、識字率に関しては、学術的議論が多く交わされたが、明解な結論には達していない。清代についてデヴィッド・ジョンソンはこのように見積もっている。郷紳の男性と一部の郷紳層の女性に加えて、少なくとも五百万の農事に携わる読書人、聖職者、その他の専門職、教師などがいて、彼らは伝統的に教育を受けた人々である。これらの層は一七〇〇年の成人男性人口の一〇%であったというが、一八〇〇年には五%にまで低下している。文章をある程度正しく読めるが文章を書くことができない人々については、ジョンソンは「どれほどいたのか全く分からない」と述べている。[43]ロウスキーはこう指摘している。商人、都市労働者、使用人、占い師、宗教者などは様々な種類の書籍を利用していた。さらに北方の農民と南方の宗族の構成員たちが記録を残している。これらの知見に基づけば、二十世紀初頭の識字率は約三〇％であり（ジョンソンは一五％から四〇％の間であるということには同意している）、高い社会流動性から識字の必要性は高かったであろう。ロウスキーは、十八世紀末以降、おそらく三〇％から四五％の男性と二％から一〇％の女性は読み書きができただろうと述べている。また「実用的な読み書き能力を持つ人の割合は、清代よりもかなり前に比較的高いものとなっていただろう」と示唆している。(44)明代に関する数字には、更に疑問が多い。ドロシー・コーは、嘉靖年間における印刷文化「革命」――利用できる書籍の数と種類の飛躍的増加、書籍の価格下落、出版社と書肆の増加――を考察しながら、「たしかに、大多数が文盲の社会では、読み書きできる人の増加の速度がどうであっても、読み書きできる人の割合は、人口の一〇％を超えなかっただろう」と記している。(45)アレクサンダー・ウッドサイドはこのような数字の根拠として、保甲のような民間自警団の組織からは、少なくとも全戸の一〇％は家庭内に記録をつけることのできる人が居たと想定できると指摘している。(46)

総じて、社学の教育を受けただけではごくわずかな生徒しか、官学生員や官僚となることができなかったが、社学は、中国社会で一般的な契約を行使したり、ある程度読解を必要とする職業（商業、医術、占い、娯楽、おそらく大工やその他の取引）に参加することができるように、少年たちに読み書きの基礎を提供していた。(47)教育は、裁判での法のように彼らの目的に沿った国の制度を人々が利用できるようにした。(48)学びたい人々にとって、社学はちょっとの間立ち寄るもう一つの学校のようなものであり、ある場所では補完的学校として、又ある場所では、義学、寺の学校、宗族の学校に代わるものとしての位置を占めた。

しかし教化への漠然とした危険はさておき、学校はまた、子どもたちを危険や悪影響にさらしていた。ある地方志は権勢家の息子たちは御しがたいと記しているが、あるコメントはそのような家庭の息子たちが、他の子供と一緒に学校に通っていることを示唆している。[49]甘粛にある社学の規定には、乱暴な生徒を扱うための二つの項目がある。一項。提学官は、二十六日ごとに調査しなければならない。もし、学校の規定に従わず、父兄の地位に頼って、儀式をやぶったり法を犯し、あるいは他の子弟をそそのかしたり堕落させたりするようなものがいれば、提学官は、彼らを名指しして、調査するとともに彼らの父兄にも罰を与えなければならない。一項。賭博や過度の飲酒をする学生、学校で大きな騒動を起こしたものは、関連部署によって報告され、法の上限の処罰を与えられる。[50]

魏校は社学の生徒たちが、怠惰で粗暴で横柄であったり、身分を越えた衣服を着たり、早馬に乗ったり、あるいは飲酒、賭博などに手を染めてしまうかも知れないことを予期していた。[51]明代後期、社学の学生が成人となったころ、実践主義的官僚の呂坤は生徒が徒党を組んで娯楽に興じたり、互いに呪詛しあったり、筆墨を折ったり、書籍を破棄したり、作り話をしたり、他者を挑発したり侮蔑したりしないよう禁じる必要を感じていた。彼は、嘘をつくこと、貪欲であること、下品な言葉、無闇に他人の財産や物を欲しがったり、他人の長所・短所を論じたり、よその女性を見たり、良くない人々と通交したり、装飾的な衣服を着たり、うわさ話や醜聞を捏造したり、暴力や怒りをあらわにしたりすることについて生徒に警告して戒めた。[52]生徒のいじめ、飲酒、賭博は学校にとって好ましいものであるはずがなく、県学における同様の問題により、一部の親は子どもを学校に行かせず家に置いていた。[53]このような危険性や学費、経費に加えて、家内労働力の喪失などは、教育の利益と税役免除の可能性などとともに、親たちの中で比較考慮されるものであった。

職のない書記吏員や吏員出身の官僚、行動違反により追われた官学生員や、服喪中の官学生員、読み書きはできるが適切な行いができず悪いことを教える悪意のあるもの、道教徒、巫術者、異端の学を行うものは教師になってはいけない。これらのものはすべて自主的に退職しなければならない。学規施行後、もし偽装して教師を続けているものがあれば調査・処罰する。(54)

魏校によって編まれたこの禁令は、教師となった人々の多様性を示している。初等教育の目的が基礎的読み書きと計算能力、あるいは一般的な道徳心だったとすれば、このような人々を排除する必要は無かったが、魏校のような改革者にとっての真の目的は、新儒教であった。教師に対し魏校が求めた要素が、質素、公正、まじめさ、信頼であったことから示されるように、行為は学問より大切であった。

魏校にとってだけではなく、多くの学校創設者の目には、教師は教養と人徳によって支えられていて、それゆえ彼らは生徒のモデルとして行動した。(55)ある史料が示すように、「教師が学生や、老人であったとしても、彼の意思と行為が適切で純粋であり、文法に習熟していればよいのだ」とする。(56)ある地方志の規定は教師に期待するものとして、三つの点、すなわち、性格と行動、古典への理解、才能と能力を挙げている。(57)時には、教える能力も資格に含まれていた。(58)ある地方官は、どのように教えるかを知っている人物で、文章力があり、厳格で的確なものを選んだという。(59)北直隷の提学御史の顧潜は選抜試験についての方針をまとめた。

二　教師

社学の生徒の教師に選ばれたものは、順序よく、孝経、小学、四書を教えることができなくてはならない。教師の資格試験の日には、彼らは経典を暗誦し、その大義を説明しなければならない。理解方法については、彼らはどのように子どもたちに教え始めるか、また「洒掃、応対、進退」を教えるかを学ばねばならなかった。四声についてその平仄を知らねばならなかった。他日、文章を書かせた。それらは首尾一貫し音韻が調和したものでなければならない。彼ら教師の書く文字は、明確で正しくあらねばならない(60)。顧潜、魏校そしてその他の提学官たちによる教師の教育の質を保証しようという努力にもかかわらず、万暦三年（一五七五）になるまで、中央の統制を強化するための様々な基準（土地台帳調査のような）は実現されなかった。万暦三年（一五七五）の勅令は、すべての社学の教師を試験し、もし挙止、文法、書法、句読点や発音に欠けるところがあれば、彼らに罰金を課すことを求めた(61)。

理想的な教師は、教養があり礼儀正しいものであったが、荒廃した建物でだらしない子供たちに教育を与えるという厳しい仕事を喜んで受けようというものの多くは、どちらの素養も備えていなかった。適切な教師を探し出して謝金を支払うことは、社学を維持していく側面において、おそらく最難関の課題であった。殆どの学校において、教師はたった一人だけであったし、そうでなくても二人の教師がいるか、あるいは一人の教師と補助講師たちであった(62)。ある地方志編集者は、希望をこめて「優秀な儒者を選ばなければならない(63)」と記すものの、そのような優秀なものは社学で教師を務めることはなかっただろう。十五世紀中葉には、官学の教師でさえ一般に軽蔑された(64)。洪武八年（一三七五）に制定されたように、教師はしばしば官学生員であったし、時には貧しい生員が副収入のために務めることもあった(65)。他の教師は年老いたか引退した学者であった(66)。ある地方志は、こう変化を記している。教師は、以前は年老いた学者だったが、後には（嘉靖十八年〔一五三九〕以降？）、成績優秀な官学生員が務めるようになった(67)。社学の卒業生、あるいは校内の優秀な生徒が教えることもあった(68)。

洪武年間以降、勅令はどのようなものを教師に選ぶのかを明確には示さず、わずかな提学官は別として、在地の地方官や時には地元の権勢家が選んでいた。(69) ある地方志はこう記している。学者たちを説得して教師とするには意欲的な地方官でなければならなかった。というのも彼らは「一般人から距離をおいて住み、自らの知識を隠すことを」好んでいるからだとする。(70) 同輩のグループでの心理的圧力や、多くの場合、俸給の支給も（教師となるよう説得するのに）必要だっただろう。嘉靖三年（一五二四）、都昌県の知県と県丞は社学にふさわしい教師を周囲に求めたことがあった。地元の郷紳はみなある男を推薦したが、その男は大変献身的で教師となるだけでなく、自らの土地を学校建設のために提供した。(71) 弘治年間に白金が二つの学校を建てた時、地元は行いの正しい羅儒士という男を推薦したので、白金は厚遇で彼を雇い、彼の俸給を保証するために土地を与えた。(72) 学校創立者は村の学校に各々教師を選ぶことに十分な関心を払ったかも知れないが、名目だけの閑職としてその職を与える以外には、後の官僚は興味を抱かなかった。地方官の鄭洛書は、学校周辺の住人が適合しそうな教師と生徒を選ぶことを許可した。(73) 教師は時折生徒の父兄によって（常に良い結果となったわけではないが）選抜されることがあった。社学についての地方志の文章では、教師父母を責めており、

彼らと宴会で仲良くやれそうな（教師を選ぶ）。彼らは言葉の意味を知らず、文法に精通していないものでさえ雇うだろう。それが子弟に与える害は少なくない。(74)

としている。

すべての初等教育でそうであるように教師は社学の中心であった。しかし良くない教師を訴える記事は、良い教師を賞賛する記事より多かった。明の初期から中期、何人かの社学の教師を賞賛する墓誌銘が記されており、すくなくとも一つの詩が教師の職を賞賛している。(75) ある地方志は成化年間、海南島のある長官が何人かの熱心でよい社学の教

師を雇用したことを記録している。彼らのうちの一人、梁成は四川からやって来たのだが、落ち着いており、質素で謙虚な人柄だった。彼は家族に厳格に作法を守らせた。彼は古典により様々な哲学と歴史を学び、詩文に通じていた。彼の学生は（地方志はどのようにとは言及しないものの）成功し、そして敬服した長官と軍隊司令官（千戸）は彼のために天堂書屋を建てた。(76)

社学の教師はこのような評価を切望したに違いない。王陽明は、贛州で役人に命令し、学識と品行のすばらしい教師を選ばせ、その名前を入念に記録させ、彼らに俸給を支払い厚遇した。そして生徒の家族が彼らに対して尊敬をもって接するようにし、まじめに学問を受けさせるようにした。(77)後の調査命令では、王陽明はさらに役人に教師を雇うための指示を与え、

彼らを厚く遇し、薪、穀物、紙、筆を支給せよ。さらに、各官は、こまめに学業を励まし、評価しなければならない。……ここで教えるすべてのものに永遠の栄光があらんことを。(78)

教師の働きに報いるよう、彼らの名声が高まるようにと王陽明は約束した。彼はひとつの手本を示した。両広巡撫として、彼は地元の人々の請願に応えて名誉の称号「社学師」を与えた。(79)明朝後期の社会批評家の管志道もまた社学での教育は学者にとって名誉ある専門職であったとする。(80)

王陽明や管志道のような見方があるにもかかわらず、教師たちは史料の中ではあまり注目されていない。彼らは、国家の構成員と考えられてはいるものの、県学の教師のポストがまれに地方志にリストされることがあるという状況とは異なっていた。(81)少数の教師の名前が記録されているのみである。(82)そして一般人は彼らを尊敬していなかった。ある県学の教師はこう不満を述べている。「もし家族が家庭教師を雇うとするなら、たしかに父兄は家庭教師を客人としてもてなし、彼を儀礼でもって称揚し、彼に礼金を払い、食事に招待するだろう。しかし社学を設立するにあたっ

表A―1　社学教師の俸給（婁渓社学の予算も参照）

地域	教師	年代	学校数	銀（両・銭）	穀物（石）
広東　程郷		1485	2		各0.40？
広東　程郷		1485	1		各0.20？
南直隷　崇明		1516	1		
湖広　嘉魚		1522	1		0.5（貧しい生徒への給付も含む）
北直隷　昌平州	生員	1528	2	7.2	
陝西　延綏	生員	1539			毎月4.5　年計54？
北直隷　昌平州	生員	1569	3	3.6	
北直隷　昌平州	生員	1569	2	7.2	
北直隷　昌平州	生員	1569	1	8.2	
北直隷　昌平州	生員	1569	1	6	
北直隷　昌平州	生員	1569		8.4	
浙江　景寧	貧しい生員	1583	2		0.47
山西　偏頭関	生員	1602	1	毎月1.5＝年18？	
陝西 甘粛 階州	貧しい生員	1616	14		0.5（＋耕地）
北直隷　隆平	学者	1626	4		各12？

注）一両銀＝10銭。一石＝10斗。

参考史料：「程郷県社学記」、南直隷『崇明県志』（1513）、湖広『嘉魚県志』（1866）、陝西『延綏鎮志』（1607）、浙江『景寧県志』（1588）、山西『偏関志』（1603／1846）、陝西・甘粛『階州志』（1616）、北直隷『隆平県志』（1629）、北直隷『昌平州志』（1673）。

ては、この道徳的関係は忘れられてしまう……」[83]。別の地方志編纂者はこのように記述する。「十五世紀半ばまで遡ると、人々は教師を尊敬しており、それは十年か二十年は保たれた。今（崇禎二年〔一六二九〕）、生徒より教師が多くなり、その教師たちは職を転々とし、まるで市場にいるようである。だから人々は彼らを尊敬しないのだ」[84]。

もし教師たちが官学生員のように今までに徭役の免除を受けていなかったならば、社学で教える大きな特典は報酬と徭役免除であった[85]。十一の県からの俸給の情報によれば、教師には穀物、金銭、あるいはその両方が支払われていた。その額は穀物〇・五石から銀八両以上までさまざまであった（表A―1を参照）。対照的に、県学の教師は月額米二から二・五石であり、吏員の俸給ほぼ二・五石と大よそ比べられる[86]。飢饉の際、救済のために穀物を供出する国の倉庫は、成人一人につき一カ月〇・三石と計算していた。つまり教師は飢饉時の配給量の二倍まで行かない程度の穀物給付だったということになる[87]。

しかし少額の俸給だとしても多くの教師はそれを求めていた。社学教師で『明史』に唯一名前が残る劉閔を例としてみる。親を失い、劉閔は官僚への道を諦めたが、学問を続け、良き人となり年少者を教育するという古代の聖賢の立派な道に従った。彼は父と祖母の喪に正しく服し、三年間、肉と酒を断ち、彼の隣区での教職から家に帰ると月に二回哭泣した。あれこれの孝行に、地元のすべての人々が彼を尊敬した。副使の羅璟が社学を弘治元年（一四八八）から弘治五年（一四九二）の間に建設した際、劉閔を教師として招聘した[88]。

劉閔は有能で尊敬されていたが、金銭的理由に基づいて社学教師の地位を与えるという慣習は、不適切な教師を引き寄せた。嘉定県における社学の消滅は、教師が「給与目当てで雇われていた一人か二人のヨボヨボの学者」であったということのせいにされた。別の県では、貧窮した教師たちは、あまりにも無能だったので、その言葉遣いを馬鹿にされた[89]。ある四川の地方志は、無学で貪欲な教師が何度も「謝礼金」といっては生徒の家族からお金をせびっていたので、その社学は荒れ果てており、生徒は近寄らず、「蛇蝎」のごとく教師を見ていたと言及する[90]。妥当な俸給を与えることも、地域の人々は不安に感じた。李夢陽は江西の役人に次のように指示している。

金銭、鶏、米、酒などの食料の徴収を命じてはいけない。彼らに（通学を）徭役だと思わせたり、ひそかに書吏や衙役に賄賂を出して、免除を受けようとさせたりしてはならない[91]。

もし教師が「真摯に選ばれず、礼をもって雇用されず、俸給が支払われなければ」、あるいはもし彼らの仕事が、子どもを養育することなのに、教師自身の肉体を養えないというのであれば、学校は存続できない。確かな知識もない教師が、学生から金を取り立て、裕福な生徒は衙門の役人にお金を払って、学校に通わないようにするが、貧しい生徒は、もし告げ口すれば鞭打たれた。だから「十人が教師にお辞儀をすると、五人は逃げてしまう」という状況となる。[92]

給料の問題は、教育の質、就学、学校の存続と複雑に影響した。一方で、俸給は報酬目当ての教師を引き寄せた。地方官と郷紳の支援者は、無能なものに閑職を与えた。教師は特別手当を要求した。また一方では、俸給の支払の滞りは、学校を台なしにしかねない。教師がいなくなる、あるいは教師の質が悪くなり生徒が去る、教師が金稼ぎに精を出さねばならなくなる、あるいは教師が謝礼を徴収するあまり生徒の生活に差し支えたり学校を辞めたり、父兄が怒ったり地域が支援しなくなったりする。初等教育がどこでもそうであるように、十分な資金は鍵となる問題だった。

三　資　金

教師に支払うための確かな資金源は、学校の存続に重要な要素であった。学校は、学生への手当て、図書館、あるいは建物すらなくてもなんとかなるが、教師はなくてはならないものだった。

社学を運営する予算（表A―2を参照）は、年間で二十三両に達し、二・〇八両を学校や付設の寺観の毎年の維持修繕費として積み立てた。おおよそ予算の八四%が教師の人件費、燃料、その他（果物、麺類、油）として学校の三人の教師に充てられた。彼らには穀物の手当てもあった。[93]これはおそらく典型的な状況とみられる。

王蘭陰の言及によれば、社学の四つの収入源は、救済用倉庫からの穀物（万暦年間の二つの事例）、寄付金、学費、そして政府や人々からの寄贈である。[94]時折、地方官は俸給を教師に与えたが、その資金がどこから来たのかは不明である。[95]学費は不定期に教師自身によって徴収された。多くの場合、おそらくある種の公的資金が使われたのだろう。中央政府は県の運営を補塡するために、一定額の土地税収入の留保を許しており、それには公的設備の修繕も含まれ

表Ａ―２　婁渓社学予算（1772南直隷・嘉定『婁塘志』2/10-11より）

カテゴリー	額（両）	支給頻度	年計	年計(含閏月)
筆頭教師の俸給	0.5	毎月（12）	6	6.5
筆頭教師の穀物	（１石）	毎月		
筆頭教師の薪	0.1666	毎月	1.9992	2.1658
補助教師１の俸給	0.4	毎月	4.8	5.2
補助教師１の穀物	８斗	毎月		
補助教師１の薪	0.1	毎月	1.2	1.3
補助教師２の俸給	0.4	毎月	4.8	5.2
補助教師２の穀物	８斗	毎月		
補助教師２の薪	0.1	毎月	1.2	1.3
書籍25巻	0.015	季節ごとに教師一人あたり（12）	0.18	0.18
筆、紙（試験の報奨）		毎年	0.82	0.82
郷賢祠などへの犠牲	（羊一頭、豚肉７斤、鶏２羽、魚２匹、絹１反）	春秋		
季節の果物、麵、食物、スープ、小麦粉、酒、米、油、塩、醬、酢、薪、水	1	毎年	1	1
小計 学校と廟の修繕費 総計	 2.08	 毎年	21.9992 2.08 24.0792	23.6658 2.08 25.7458

ていた(96)。しかし、県の衙門、公的祭壇と寺観、県学への俸給と営繕と比べて、社学はリストの中で優勢順位はかなり低かった。ある地方志では、均役制度による資金が、社学の教師の俸給に使われていたとする。別のケースでは、俸給は社学に近い市場からの税収によっていた(97)。正徳八年（一五一三）、ある社学の設立者は、僧籍簿に登録されている僧たちに初めて税をかけて、紙などの学校の消耗品への支払いに充てた(98)。万暦時代までの事例は見たことがないが、教師の中には、政府の倉庫や学校と関係する倉庫から穀物で給与を受け取ったものもいた(99)。もう少し一般的でない資金源として、地元の人々からの（時には無理やりの）寄付や、授業料

がある[100]。学校が旅行者を宿泊させることがあったが、それは小額の費用や寄付を求めてのことのようだ[101]。

しかし、より好ましい収入源は土地などの継続して収益をもたらす資産の寄付であった。大体が耕地であったが、まれに商店も寄付された[102]。明代の社学への寄付の数字については、十二の県の事例があり、かなりの幅があるものの、平均すると学校一校あたり八十三畝の土地があった（表A―3、A―4参照）。寄付の半分ぐらいで、どうやら賃借人の家族や教師を支えるのに十分だったようだ。裕福な学校はなかった[103]。寄付で得られた財産の管理人が必要だが、ある嘉定の学校は代理人によって店を経営し、別の人間によって土地は管理されていた[104]。婁渓の小学は、嘉靖十五年（一五三六）ごろに七十六畝の土地を寄付されたが、その土地からは税を払ったうえに、更に毎年銀二五・〇八両を得ることができた[105]。この純益はおそらく賃借人の分け前や労働者の労賃を除いた後のものだろう[106]。土地からの生産と、登録のために一人ずつついたが、おそらく臨時の季節労働者であったろう。記録係は、年に二回の犠牲祭も管理していた。年一回と年三回の余剰金の会計は、提出と監査が必要であり、地方官の役所によってなされたようだ。修繕に不要な残金は、城内の有徳の人士が貧窮者に寄付した（これは貧しい生徒ではない）。このように創設者や教師はともかく、地元の人々の一部も学校運営に参加しており、その財産は地域社会の困窮者にとって直接的に利益をもたらした。土地などの寄付は、財政上の安定を保証するのに理想的な方法だったようだ。ある記録が提示するように、「上は公共の金庫を開けることはせず、下は人々の財産には手をつけない」とした[107]。

しかし、寄付は必ずどこかから提供されるものであり、そのどこかとは、しばしば地域の人々の財産によって立てられた宗教施設であった。寺の土地は社学の資金とするために没収された。たとえば地方官の楊子奇は社学支援のために、人々が寺に寄付しようと計画していた土地の一区画を没収した[108]。嘉靖元年（一五二二）の四月か五月、魏校は広東の知府と知州に、登録されてない寺観に属するすべての土地を没収するよう命令した。

表A—3　社学の土地

地域	時期	学校数	面積（畝）	1校毎の畝数	備考
北直隷　隆平	1626	4	987	246.8	地方官によって支出されたかもしれない
北直隷　趙州(寧普県)	1530？	3	600	200	小学3、おそらく一つの社学も含む
北直隷　広平		1	13.6	13.6	
南直隷　常熟	1496	1	57	57	寺院への寄進を没収
南直隷　嘉定	1530年代	17	601	35.4	寺院から没収
浙江　景寧	1525	7	各200＝計1400	200	寺院から没収
江西　徳化	弘治	2	20	10	50斗以上の収穫（設立者より付与）
湖広　嘉魚	1522	1	170	170	総計50石の収穫
山東　掖県		3	900以上	300以上	
河南　睢州		31	2243.1	72.4	
広東　欽州	1538	18	360	20	各20畝
雲南　木密所	1522	1	50＋5（園地）	50	年間70石と4両
総計		89	7401.7	83.2	

註）1畝はおおよそ6分の1エーカー。100畝で1頃。頃で示される数字は畝に換算した。

参考史料：北直隷『隆平県志』(1629)、北直隷・隆慶『趙州志』(1567)、王蘭陰「明代之社学」2/99所引の万暦『広平県志』、南直隷『嘉定県志』(1605)、浙江『景寧県志』(1588)、江西『九江府志』(1527)、江西『徳化県志』(1872)、湖広『嘉魚県志』(1866)、王2/100所引の山東『莱州府志』(1604)、王2/100-101所引の河南『睢州志』(1505)、広東『欽州志』(1539)、『雲南通志』(1576)。明代でも数字が不詳なもの（例えば北直隷『広平府志』〔1676〕）や州/県学と社学の双方に関係する土地については掲載していない。

表A—4　社学の店舗

地域	時期	学校数	商店数	備考
南直隷　嘉定	1530年代	7	172	4つの学校が土地を所有
広東　欽州	1535	1	17	古い社学の土地を売却した利益で購入
広東　英徳		1	1	4間の商店

註）李資坤の17校は地方志の記録より多くの商店を有していたかもしれない。崑山・嘉定『安亭志』(1808) 4/2は社学に関する同時期の記録を含むが、そこでは、李は土地と商店を社学のために準備したとするが、その数についての言及はない。その商店は学校に付設されたようで、毎年、収入の1％が教師二人の俸給に支払われた。南直隷『嘉定県志』(1605)、広東『欽州志』(1539)、王2/101所引の広東・嘉靖『韶州府志』4。

祀典に記載されていない神祠、仏教の建物は、社学の土地とする。これは人々に無限の害悪を与える源を除去し、無窮の利益を与えるものである。破棄された寺、庵と淫祠を徹底的に調査し、没収して政府の財産とする。小作人は耕作して、生産物の一部を教師と学生のためにそれぞれの社学に供給した。もし社学で余剰が出たなら、それらは県学に与えた。登録簿（土地の面積などを登記する）は明確に記されなければならない。学校に石碑をたてて証拠とし、侵奪・占有しようとしたり、騙したりするのをやめさせる。税と徭役は、地域の習慣にならう。熟慮して注意深く決定し、請願して決着をつけ、永遠の利益とする。調査が完了した日には、遺漏、錯誤なきよう一件の書類として送付するように。(109)

魏校は、続いてわざと引き延ばしを図った州に命令し、彼らを指揮して、土地を没収売却させ、資材を再利用して社学をつくり、絵画、彫刻、儀礼用品などは、燃やすか再利用させた。彼は「最も人々にとって都合の良いやり方であるべきだ」と述べており、また、仏教、道教の儀式を続けようというものには厳罰を科すと述べている。(110) 景寧県では二百畝の土地が七つの学校のために仏寺から没収された。たったひとつだけ救われた寺観があったが、ほかのいくつかは唐代からの歴史をもつものもあったにもかかわらず没収された。(111) 実践家たちの目標も同時に達成できるので、没収は学校に資金を与える魅力的な方法だった。魏校が自身の運動について書いているように、「これはまさに正統な学問を高揚させ、異端を排除するもので、都合のよい一石二鳥といえるものだ」とする。(112)

しかし、土地などの寄付は、実際には学校の存続を保証しなかったものもある。嘉定知県李資坤は寺院の土地を没収したが、万暦三十三年（一六〇五）以前のいつかの時点で、嘉定の婁渓の学校の寄付による収入が県学に充てられてしまい、それにより社学の資金と貧窮者への慈善事業にも損害を与えた。(113) 嘉定の社学のみが他の需要に打ち負かされたわけではなかった。社学について記録する地方志は「社学」の二字のほかには、通例ごく最近作られたとか、

「消滅した」（「ずっと以前に消滅した（久廃）」とも表現される）と表現している。王蘭陰の計算によると、地方志で報告された時点で学校の一三％は既に取り壊されていた[114]。そして地方志は時折社学の創設者によって書かれているので、この統計では、消滅した学校の数が少なめに表現されている。基本的類型としては、意欲的な地方官がある学校を設立したとして、その土地を離れたあと、数年後のいつか、あるいは短期間の内に、その学校の運営は崩壊している。

ほとんどの在地の地方官は、社学を無視していた。地方志の社学に関する記録や言及では、社学の設立や維持に失敗したことにより、多くの官僚が非難されている[115]。別の記録では、第一に役人は社学を後世に残していく責任があると考えておらず、第二に彼らが社学の必要性を言うのは口だけであり、第三に葉伯巨をまねて、彼らは学校が名のみの存在となることも黙認していると嘆じている[116]。社学はほとんどの地方役人にとって優先順位が高くないので、焼失したり水害にあったり暴動で倒壊したりしてもほとんど再建されず、それが多くの場合学校が消滅する原因であった[117]。池小芳が述べるように、「役人の怠惰は有害であり、彼らの注意が学校に向くことは逆に有益であった[118]」。

役人は学校を放置するだけでなく、他の用途に転用したりもした。潮陽県では、ある社学は駅亭に作り変えられた[119]。他の学校では、寺観や役所、医療や占いの学校、書院などに作り変えられた[120]。知県と知府は、学校の土地や建物を売却し、他の目的の資金とした。救荒費用、兵士の人件費、城壁の修復などである[121]。ほとんどの場合、売却後の学校は永続的に失われており、学校の運命は一進一退であった。たとえば、嘉靖四年（一五二五）、知州の藍渠は、成化四年（一四六八）に立てられその後荒廃していた古い社学の土地を許氏に売却した。そして藍渠は荒廃した崇寧寺を新しい社学とした。十七の商店によって、俸給や用具代を賄った。しかし数年後、他の同知が城壁を修復するために社学を売却したので、学校は失われた。嘉靖十七年（一五三八）、その学校が元の場所に再建され、商店は買い戻された[122]。まさに朱元璋が社学を設置し廃止したように、在地の地方官は社学を作り、そして廃止した。「明王朝」という大きな組織の中で、学校に対するスタンスをどのように正確に把握できるだろうか。

ティルマン・グリムが示すように個々の学校の存在は、「不連続」であった。学校は官僚の関与やその土地が高価な資産であること、良質な教師を安い給金で雇用することの困難さや、社学の教育の利点が必ずしも常に明確ではなかったことなどによって浮沈を繰り返した。学校はある程度の数の少年を教育するくらいは続いたし、一部の社学の生徒は、県学へと進んだ。しかし、地域における学校の役割を考えたとき、我々は、学校が生徒と教師、そしてその家族にのみ影響をもたらしたのではなかったことを認識しなければならない。空間を占める物質的、財政的な組織として、学校もまた納税者、無給労働者、雇用労働者、地域有力者、商店主、吏員、宗教者、聖職者などの地域社会と影響しあっていたのだ。

四　建　物

小道、小さな村、貧しい村落や辺鄙な場所の（すべてに社学を設立せよ）……。過度に困難なものにする必要は無い。近くの便の良い寺廟を選んでも、自ら（新たに建物を）建設してもよいし、現存する建物や学校を使ってもよい。地域の状況によって人々の意向と地方の習慣に沿うように、社学を設立せよ。

（南直隷提督学校監察御史　耿定向　一五六五年ごろ）[123]

理想を言えば、学校の建物は良い土地に建てられた清潔で広々とした建物であるべきだった。[124] 学校設立者は、建物の質が重要だと考えていた。社学をよい建物に移転させようという提案において、「我々の県の学校は、無作法で荒れていて、生徒を奮起させ引きつけるには十分ではない」と嘆いている。[125] 桂萼のカリキュラムでは、物理的な配置

（二つの堂が四つの科目それぞれに割当られている）によっており、魏校のシステムでは、素っ気無く汚く窮屈な郷村の学校から生徒たちを堂々とした広い場所で儀式を実践させ、文明を体感させるために大きな中央の学校に行かせることで、それぞれ補おうとした。

実際には、学校の建物は、規模、質ともに非常に様々だった。特に陝西では、特定の場所がない社学も存在した。すべての村に、建物ではなく教師の「設置」が命じられていた(126)。王蘭陰は、社学の平均的な規模は、一・六畝と計算し、建物の平均的規模は八間とした(127)。設備のある大きな学校では、生徒が住みこむこともあっただろう。小さな郷村の学校は、寺院や商店で開かれ、生徒はおそらく自宅で生活していた。一つの建物だけの学校もあったが、典型的な学校は、前堂と後堂で構成されるか、中心となる堂一つに学習や寄宿舎用の二つの小さな建物で構成されていた。そして門を設置した壁が四方を囲んでいた。後者のような学校としては、蘇州の「共社学」があり、正統十二年（一四四七）に設立され、建物についての描写が史料上確認できる最も古いものである。真ん中に講堂があり、学習堂や図書館が西と東にあり、それぞれ六間ある。後の学校にも見られるように、朱熹を祀る堂があった。外側には二つの儀礼用の門がありスローガンが掲げられており、「精妙なるものを推奨する」と「最高のものを養成する」とあった。他には「各々三間の本堂を誇るものもあり、書庫、六間の数字を振った東向きの学生用寄宿舎、食事を準備する三間の厨房。学校は壁で囲われていた。その壁の外は、様々な木々―松、竹―が、厚く影をなす。正門の左側には、遠方より来る賓客をもてなす客室があった(128)」。おそらく、最も大規模な学校は、嘉靖十年（一五三一）に雲南に設立されたものだろう。桂萼の計画のように、四つの教学堂があり、二つの門、十二間の学問堂、孔子廟、数階立ての書庫、「観徳」と名づけられた観的台のある射場、厨房、浴場、寄宿舎、倉庫、そして射礼と宴会のための備品を有していた(129)。

規模が大きく、良く整備された学校では、おそらくより良い教育が実施されただろう。それはただ書を読むための灯りがあり、儀礼を実践し学習する場所があり、書籍と備品があったからではなく、良質な教師を招請することができたからでもあった。一般に、郷村の社学は都市にあるものに比べて小さかった[130]。学校の質と規模は、恐らく生徒への教育だけでなく、誰が出席するか、学校が存続するかどうかにも影響を与えていた。成功した一族は、彼らの子弟を設備の整った学校に喜んで送り出し、支援をしようとしただろう。

建物をもたない学校は、共同体の人々との様々な結び付きを利用してやりくりした。学校は政府の建物の空間を共用したりもした。たとえば、華陽県の城隍廟である[131]。明朝初期のある県では、社学は教師の自宅や他の誰かの自宅を利用していた[132]。その際、家主は謝礼を要求していたかもしれない。黄陂県では、地方官が自宅を貸し出していた。そうでなければ購入したところもある[133]。私有地は他の計画のために交換される可能性もあった[134]。使われなくなった私有の建物は、同様に学校となった。これらの場合、購入したのか寄贈されたのか、あるいは没収されたのかは不明である。たとえば、嘉靖十年（一五三一）、貴州の思南の知県は、利用されなくなった祖廟を社学とした[135]。時には、地方官が学校の建築を業績としていても、その場所や建物は裕福な地元の人々により供給されたもの[136]であった。ある社学の教師に選ばれた人は、土地も寄贈した[137]。在地の地方官が私財を社学のために貸与したり、購入したり、交換したりすることもある。その価格が適正なものだったのか、低廉に抑えたのかあるいは価格を吊り上げたのか、あるいは強制的だったのかどうかは、分からない。学費や賃料は収入として歓迎されたであろう。そして特に明代後期には、地域の人々は積極的に共同で建築物を寄付した。（原著の第七章参照[138]）

一方で、学校に建物を供給することは、学校設立者と地域住民に衝突をもたらすこともあった。学校は元々社学があった場所に新築されたか、他の利用可能な政府管理地に建てられた。あるいは政府所有の使っていない建物を利用したりした。それは以前の占卜の学校、医術学校や恵民薬局、以前の税務署などであった(139)。しかし土地や建物は、それを強引に侵奪した人々から取り返したものであった(140)。ある男は、自分が占有した土地を断固として譲らず、幾度もの調査と命令の後に、それを手放した(141)。別の地方官は、以前社学があった政府の土地を取り返すことができず、他の場所を購入しなければならなかった(142)。

学校校舎は、共有、貸与、購入、転用されたが、それは公有や私有の建築物や宗教施設からであった。あるいは購入したり寄付されたり没収したりした政府の土地に一から建築されることもあった。誰が費用を負担したのか。多くの記念文は、人々がお金や労働力に困ることなく学校を建てたとするが、この言い方は、一般には人々が労働力と物資の提供を求められたことを示している(143)。多くの学校が転用した建物を利用していたので、新しい校舎を建てるには、どれほど費用を使ったのかについて情報は少ない。しかし言及する文書が一件だけあり、木製の柱、窓枠、建築足場、その他の費用すべてまとめて銀五両だったとする。この学校は、労役によって建設され、労働者には食料が配給された(144)。しばしば建築は農閑期に行われ(145)、数ヵ月で完成した。地域社会の人々はそのような仕事からの収入を歓迎することもあったが、彼らがボランティアだったのか、賃金が支払われるボランティアだったのか、無償でかつ強制的なものだったのかは、分からない。社学建築に当てる役所の予算は全くなかったが、先述のように、在地の地方官は、地方で保持することを許された限られた財源に頼っていたかもしれない。例えば、成化四年（一四六八）にある市民から北東の四畝の土地を学校建設のために購入した地方官は、提学官陳選の命令で行動したが、彼はおそらく学校建設のために政府資金を利用することが許されていた(146)。他の場合、これらの新儒教施設の建設に取り組んでいると示すために、私財を投げ打っている。たとえば景泰二年（一四五一）、地方官の孫震は市民から土地と建物とを購入する代金として五千貫を紙幣で寄付している(147)。

学校を設置する他の例として、寺院の利用があった。これは学校と寺院との共同関係となりえた。若者は試験のために寺院で長期間勉学に励み、その寺院は初等教育にも利用されていた。活動的な寺院は、社学に長期間場所を貸していた。例えば藍田の地方官石山は、二十の里に社学を設置したが、ほとんどは商店か寺院だった(148)。成化十年（一四七四）、ある知事は社学の教師を務める官学の生員と浙江の新昌県学の生員たちに、石仏寺の堂を使って授業をするよう命令した。山西の潞州のある村の社学は寺院の空き室を使った(149)。学校は廃寺を利用したりした(150)。しかし寺院・社学の関係は、衝突も巻き起こした。ある淫祠を廃棄したものは、県衙の裏の寺院が流賊によって廃墟となっていたと上官に報告している。寺院の僧侶と地域住民は再建のための寄付を求めていたが、地方官は以下のようにしたと述べた。

これが悪い風潮の始まりとなることを恐れ、私はその場で彼らを留め置いた。私はその土地を獲得して、土地を取り戻す計画を絶とうとした。

そしてその場所を書院や程兄弟の廟のために利用した(151)。このような動きは、だいたい妨げられた。万暦年間、ある地方官は、社学を仏寺があった場所に移そうとしたものの失敗したが、その理由は不明である(152)。新しい土地はまだ宗教施設のものなので、僧侶たちが学校による買取を拒んだかあるいはおそらく富裕な一家がその土地を望んでいたのだろう。

とにかく、学校建設の準備というのは、地域社会の住民を喜ばせるというよりは、うんざりさせることが多かっただろう。生徒たちの自宅、商店、寺院で生徒が儀礼の実践や朗読をすることには、無関心だったり満足したりする人もいた。学校に貸与したり資産を売却したりすることで利益を得ることもあるが、その場合も適正な価格が支払われるかどうかは不明であった。たとえば、尚智は、紙幣より銀を好んでいたかもしれない。学校の建物の交換というのは、住居や商売の場所を移動させることを意味し、それは強制的だったろう。また、新学校建設の労働で賃金を得ることを特に農閑期においては喜ぶものもいたかもしれないが、多くの場合徴発されたのだろうし、支払われたとしても日々の稼ぎ以上のものではなかっただろう。しかしこの苛立ちは「淫祠を破壊し、社学を建設する」ための信仰の場所への攻撃に比べたら些細なものだった。

原著の第四章で見たように、明代前期、在地の地方官は地域の廟や仏寺・道観に対する運動に取り掛かっていた。彼らは寺院の土地を没収したり、建物を転用して新儒教の廟にしたり、城隍廟のような国家施設にしたりした。そして少なくとも四十件、明代の記録において[153]、張弼の志を継ぎ、実践主義者は寺院の建物を社学に転用したり、取り壊した寺院から瓦や木材を利用して社学を建築したりした。

シャンクワン・リューとリンダ・ウォルトンは、よい場所を求めて起こった書院や県学と、寺院との間の「特異な」衝突を議論した[154]。たとえば、ある県学は洪武十年（一三七七）、望ましくない土地に建てられた。嘉靖十七年（一五三八）、高地の寺院に移されたが、そこは学校にとってまさにうってつけといえた。その寺院は、「破棄に値する淫祠」であると言及されている[155]。社学の場合、寺廟との競合の例は、さほど特別なことではなく、決まり文句といってもいいぐらいである。そして時には場所の質にも言及される。「淫祠」と社学を入れ替えたというのは、主として競合の直接的表現だ。廟を取り除き、彼らの土地、建物を物理的に占有することで戻ってこられないようにし、建材の瓦や木材を再利用し、土地を没収し、その寺廟の神体と人員を除去するという戦略である。

多くの事例の中でも河間の任丘県の様々な地域で、各共同体が地域の状況により寺院または庵院を社学に作り変えた事例がある[156]。地方官楊子器は、

寺院の中の仏像を破壊し、僧侶を追い出し、それぞれの宗派に戻した。梁や壁は変えずに、機能だけ変えてその

建物を利用した。内装を作り変え、中央には孔子の肖像画を配置し、傍らには社学を設立した[157]。嘉靖十年（一五三一）、雲南に新しい地方官がやってきた。彼自身の記録によると、彼はただちに社学について諮問した。そしてまだ社学建設が完了していないのを知ると、彼は、「遅らせることはできない」といい、知府の提案に従い、市区の南にある尼寺から画像を除去して、学校とすることの承認を上司からうけた[158]。嘉靖八年（一五二九）、福建の督学が安渓県を訪れたとき、知県の黄は、彼は最近いくつかの小さな異端の廟を、一間の社学に変更したことを報告した。黄を讃える文章では、その地域は、

全て急峻な山々で峡谷によって遮断されている。人々は素朴で、巫師を尊敬している。閣下は浮わついた崇拝を禁止し、廟を初等学校とした[159]。

としている。南直隷の中心地といえども、地方官の李資坤によって建てられた嘉定の十六の市中の社学のうち十三が、祠や庵から転用されたものだった。中には唐や宋に遡る歴史を持つ祠廟も含まれていた。そして特筆すべき例として、ある鎮はその廟の名前に因んで呼ばれていたものもある[160]。一五二〇年代の江西南部では、張弼が在職した四十年後、地方官は社学のための建物を手に入れる方法として、淫祠を取り壊したり転用したりすればいいと単純に思っていた。それは確立した方法であり、正統であり、都合が良かった。このようなやり方は、一五三〇年代以降下火となるが、終息したわけではなかった。

原著の第四章で考察したように、十七世紀、湯斌は社学を建設するために淫祠を破壊した。清代後期、改革者康有為は、清代初期の思想家黄宗羲の提案に従い、張之洞も同意して、「淫祠」（仏教・道教を含む）を近代的学校に作り変えることを主張した。

あるものは「帝国にある一万の学校—国家はどのようにしてそれらに支出する資金を得られようか」と言う。私

はまず書院を転用し……そして寺廟の資金を使って作ると答える。しかしこれは限定的解決だ。その後、なにをすべきか。私は、仏寺と道観を転用して学校とすればよいと提案する。今日、帝国の寺観は数万どころではなく、都ではおそらく百以上あり、大きな県では数十、小さな県ですら十を越える。それらは自らの土地を有しており、それらの財産はすべて寄付から成っている……。

張之洞は全寺院の七〇％は学校としなければならないと考えた。彼は学校と同じくらい寺院にも有益な方法を提示した。彼は、西洋に学ぶことで儒教とともに仏教と道教が衰えているとみていたからである。[161] 明代、寺院は遍在しており、それらは新儒教の英雄にとって魅力的な標的となり、価値ある敵となった。

五　交錯する利益と不利益

人々は喜び、子どもたちを学校に通わせるようにする。（一五六七　北直隷『趙州志』）

百の家族ごとに、一つの社学を設置し、軍民の子弟が学校に通えるようにした。しかし人々は喜んで従ったのではなく、非常に苦々しく思っていた。（李默〔―一五五六〕『孤樹裒談』）

記念文と地方志は、社学への出席率が良く効果的で生徒に高度な学問のための学業準備と地方の慣習改善もしていると述べて官僚の功績を讃えている。例えば、「すべての庶民の少年が学校に集まる」と言われたりする。[162]「古典の影響により悪習をやめ[163]」ることで、教育は生徒個人を変化させるだけではなく、彼らが生徒の家族、村全体を変えていくものだった。[164] 二十世紀後半の学者は、社学の影響について議論しているが、とりわけベンジャミン・エルマンは全く社学を軽視している。エルマンは「明清期中国における『公的』学校の欠如は」少年たちの選択を宗学や、義学、あるいは寺の学校か家庭内での教育のみにしてしまったと言及している。(165) 他に際立っているものとして、トーマス・リーは以下のようにみている。朱元璋の勅令以後、五百年間、

その国家の儒教教育の背骨という役目としての社学を十分に認めなければならない。第一に儒教儀礼と道徳涵養の教育に対する責任を負うのと同様に、社学はまた明代では、読み書きの技能普及の主要な伝達手段であった。(166)

エルマンは社学を無視しすぎているものの、リーの主張を補強するための明快な証拠をもってはいない。ここでは、社学はどのように共同体内の生徒、両親、教師、その他の人々に益を与え、また害を与えたのかを堅実に評価するという主張を一掃するのではなく、一定の距離をもって考察する。

学校は地域の人々にとってありがた迷惑なものであった。学校は貧しい生徒に教育、文章能力、雇用、地位の強化、税役免除の機会を与えたが、教師と政府の人員からの搾取やまた周囲の子弟たちからのいじめをうけることもあった。新儒家としての熱情が意図したものは、儀礼と単純化した道徳的教育であり、それは両親たちの期待した実践的技能より明らかに優先されていた。地域の政策によっては、不運にも働く余裕のある家の子が強制的に就学させられ、地方官に「優秀」とみなされて選抜されない子弟は就学を拒否された。学校建設のため郷村から都市にかりだされて労役に就いていたが、彼らが学校へ息子を送りだすには遠すぎた。給料は一流の教師を引き寄せるには安すぎるが、少額の収入を求める人々を引き付けるには十分だった。時には生徒たちに金銭を求めるものがいた。教職が貧窮した学者に与えられると、教育の質を損なうこともあったが、社学は本来新儒家集団の事業なので、他の集団に属する有能な教師たとえば読み書きできる僧侶のような人の雇用を禁止した。彼らは他の収入源をもっていたので、俸給を求めなかっただろう。学校は全ての共同体を制御し教育をするために用いられた。学校は公と私の土地、建物、資金に頼っていた。寄付は寺院が寄進者から得たものを没収した場合もあった。また時に、そうした財物は社学から裕福な家族

の手に渡ってしまったのである。

社学は必要とされたのだろうか。社学に益がないとされれば、親たちは学校を自ら支配するか、別な形の初等教育へ変更した。シャンクワン・リューは、明代中後期の徽州において、教師が供給過剰なのは、地域の宗族が簡単に家庭教師を雇えたり、自分で運営できるので学費がいらない宗学を創立したりすることができたからだとする。[167]原著の第七章で論じるように、広東や他の地域においては、地元の人が地域の社学を創立した。そこには義学があり、宗学があり、寺院の学校が多くあった。[168]それにも関わらず、田舎の貧困地域では必ずしも選択肢があったわけではなかった。ある陝西の地方志では、嘉靖二十九年（一五五〇）に設立された十六の社学が廃墟となった際、「郷村は子供たちに教育を与えられない」と述べている。[169]池小芳は、貧困人口の拡大によって社学を支援できなくなった一つの県の事例を挙げている。仮に明代後期、多くの地域で、税の不均衡と家族の逃亡という重い課題に直面していたとすれば、これは典型的な一例なのかもしれない。[170]多くの地域で、おそらく裕福なものだけが、個人的に教育を施すことができた。[171]しかし無料の社学というものが存在しても、貧困家庭の子弟も必ずしも通えたわけではなかった。筆墨は配給されるかも知れないが、奨学金を受けられるものはもっと少ない。学校が農閑期のみの開校だったとしても、農事以外に携われる三カ月間という時間の中で、子供の労働力を失うことは、家計にダメージを与えることもあっただろう。

地方の施設として、学校は生徒とその家族以外の地域の人々に対しても貢献していた。教師にとって、その地位はわずかな尊敬をもたらすが、労役免除もあり、俸給と何種類かの現物支給があり、生徒から金品を搾り取る機会もあった。財産管理人は借地人に対して威信、権力を獲得し、上前をはねる機会もあった。教師を推薦した人たちは、人の生計を左右することができた。学校のために財産を売ったり貸したりした人は、金銭を得たり、地方官の感謝を受けたりした。建築物、資金、管理、教育、社学への通学は、人々を文化的財産や新儒家の理想、帝国や王朝に結びつけたり、あるいは彼らに郷土愛を与えたかもしれない。

社学は社会を変える意図を持っていたが、明代社会を特徴付ける無数の衝突や、不公正、天災、偽善によって破壊されたりした。魏校に淫祠の破壊と社学の建設、風俗改良を命じられた教師は、仏山に到着すると、こう述べた。「私の指示は、どんな事も、人々の考えにより導かれるのだ」と。(172) しかし魏校自身を含む実践主義官僚は、地域住民の欲求に対抗した。さらに、一部の地方官は社学を広めたのだが、多くは社学を放置した。役人と地域人士は、時折共同して学校を建設し、資金を調達し、管理した。しかし、学校の振興にしても放置にしても、そこに衝突を生むことがあった。地方官と地域人士は誰が学校に通うか、誰が学校で教えるか、何を教えるか、学校の建物をどうするか、資金をどうするかで意見が一致しなかった。官僚、役人、教師、生徒とその家族、そしてその他の人々は、時に口論し、学校と学校の資産を失わせた。追い詰められた伝統を守っていた張之洞は、近代的学校と寺院はお互いに助け合えると論じたが、しかし明代早期、多くの社学は、仏教や道教そして地域の宗教施設とさまざまに競合していた。

第一に、既に見たように、社学の生徒は儒教経典、儀礼と道徳によって教育を受けた。(173) 第二に、一部の社学には、孔子や朱熹やその他の新儒教の聖人廟があり、ときには明確に記録されない廟さえもあったかもしれない。(174) 書院と同じく、廟は学校の重要な場所であった。(175) 第三に、生徒は社学や寺院を兼ねる県学で宗教儀式に参加していた。(176) 婁渓の学校予算は、春秋の犠牲のための資金を用意しており、その他の設立者もまた、この儀式のために資金を工面していた。(177) これらの儒教式典は、他の信仰にとって代わられた。第四に、社学は寺院の収入を妨げた。魏校の禁令は、儒教の教師を読み書きのできる男性の仕事から切り離した。それはたとえば僧侶であり、彼らは伝統的に学校で教えていた。先に述べた収入源のほぼ全ては、仏教、道教の宗教施設の収入源と類似したり、直接競合したりしていた。(178) 他の地方官は、時に公的資金を利用して、僧院を改修した。信者が寄進した金銭や財物を寄進した。僧侶は埋葬代や他のサービス料金を請求し、そして参謁者は香と蠟燭代として金銭を寺院に残していった。公的資金や慈善寄付、そして授業料などが、社学の金庫に入れられてしまうと、それらは寺院から離れて処理されてしまった。旅行者を宿泊させることで金銭を稼いだ学校があったが、それは寺院が長く行ってきたことを模倣したものであった。一部の社学の創設者は、僧侶に直接的に税金を課し、学校に金銭を支払わせた。より劇的であったのは張弼によって始められたことで、寄付された土地は寺院から没収された。

最後に、社学設立者自身は、しばしば祀られた[179]。ときに張弼によって設立された聖人たちの寺院のように、これらの廟は、実際に異端の廟を利用して作られた[180]。十五世紀後半から嘉靖年間にかけて名宦祠、郷賢祠の対となる廟は、多くの実践家の官僚たちによって設立された。それらの官僚はしばしば社学を作った人たちであった。この廟は明らかに上からの指示なしに作られたものだった[181]。実践主義官僚たちは、これらの廟や彼らの尊崇する儒家の廟を作っただけでなく、自分たち自身もそこに祀られた。加えて、おおくの社学設立者は、彼らが任地を離れた後に、「生祠」が地域の人々によってあるいは部下の役人たちによって作られた[182]。改革者達は、しばしば両方の廟に祀られた。ある社学設立者は、全ての家々に彼に捧げる牌があったという[183]。このような廟は設立者の理想を風景の中で視覚可能な形として与えた。そして後の地方官が追うことのできる伝統を体現した。

この伝統は、地方機関で働く人々にとっては、朱元璋や明律の権威と同様に重要だった。社学政策の実践における大変な多様性は、地方の機関の運命は中央をみても説明できないということを示す。むしろ社学と「淫祠」とは、その他の機関も同様であるが、地方官、郷紳、庶民、聖職者との間で続く闘争のなかで設立され破壊された。シャンクワン・リューは徽州の教育に関する研究の中で、社学システムの限定された成功を国家の射程と関係付ける。

スーザン・ナキャーンとエヴリン・ロウスキーは、貨幣と権力の限界は、清朝がその統治を街や地方レベルにまで浸透させるのを妨げると指摘する。もし社学システムが国家機構の一部として考えられるなら、同様の限界は、既に明朝において解決されていた。明朝政府が考えたように、社学の役割は、私的領域が引き継いでその役割を演じようとしていた(184)。

ある意味、この分析は正しい。金銭の不足は問題のごく一部であり、最も誠実な地方官であったとしても、学校は防衛などの急迫する様々な要求により損なわれた。学校は社会的文脈の中で成功したり失敗したりした。皇帝と中央官僚は民を慰安するためにどの事業を際立たせるか選択した。駐在地方官は、資源を学校に費やすか、あるいは城壁に、あるいは救荒に、あるいは他の差し迫る必要に振り向けるか選択した。人民は教師に支払うか、建物を修復するか、そして子どもを学校に通わせるか、学校の資産を占有するか、寺院を再建するか選択した。「限界」について議論するよりも、複合的選択と多くの集団による競合について論ずるべきだろう。さらに、地方制度の形成を先導したものは、多様性だけでなく、明朝の足跡についていくような普遍性であった。これまで見てきたように、社学に対する主導権は皇帝の手から高級官僚へ、そして在地の地方官へと渡っていった。明代後期、それは帝国民自身の手に握られたのである。

註

（1）James Tong, *Disorder Under Heaven: Collective Violence in the Ming Dynasty* (Stanford: Stanford University Press, 1991), pp. 206-210 を参照。

（2）喩本伐、熊賢君『中国教育発展史』（武昌、華中師範大学出版社、一九九一）三九六頁引用の『明史』を参照。

（3）参加の要求については『明史』14/159/4350 を参照。成化年間初め、楊継宗は、嘉興知府として、社学を設立し、全ての民の八歳の子弟の通学を求めた。もし登校しなかった場合、その父兄は処罰された。湖広『常徳府志』（一五三五）では、成化二年（一四六六）、知事の楊宣は八歳から十五歳までの子弟の登校を求めた。万暦・南直隷『績渓県志』7/2b では、全ての郷紳と庶民の八歳以上の子供に対して、通学を命令した。浙江『太平県志』（一五四〇）は、嘉靖年間の地方官の命令によって、八歳から十五歳の庶民の子弟に対し通学義務を課した。広東『香山県志』（一五四八）は戸別調査によって選ばれた才能ある子弟の親は、もし子弟を通学させない場合、処罰された。魏校の「嶺南学政」9/18は故意に違反して社学に子弟を通わせない父兄への調査と処罰を明記した。王蘭陰「明代之社学」2/109（『師大月刊』二一〔四二―一〇二頁、一九三五年〕、『師大月刊』二五〔六二―一二九頁、一九三六年〕）を参照。おそらく義務的なものに、Liu Hsiang-kwang, "Education and Society: The Development of Public and Private Institutions in Hui-chou, 960-1800," Ph. D. Dissertation, Columbia University, 1996, p. 284に引用される欧陽旦の「講民郷約」では、八歳の子弟は全て社学に通わせなければならないとする。山西『蒲州志』（一五五九）は八歳の幼い子弟は全て通学する。江西『新城県志』（一五〇六―一二）は全ての子弟に有益なようにとしており、通学を強要したのか、自発的なものなのか不明である。北直隷『河間府志』（一五四〇）、広東『高州府志』（一八九〇）、乾隆・南直隷『小海場新志』、河南『光山県志』（一五五六）、湖広『醴陵県志』（一六八五）6/25、『河南通志』（一五五五）の徐州の箇所。王鑑之「崑山県虞浦社学記」（銭穀編『呉都文粋続記』所収）、弘治・山西『潞州志』、湖広『郴州志』（一五七六）、四川『合州志』（一五七九）2/15を参照。

（4）陝西・甘粛『階州志』（一六一六）を参照。江西『湖口県志』（一八七四）。おそらく魯山県所有の書籍による間接的な教育を期待された。それは河南の『勧善書』であり、永楽帝の妻、明朝建国の将軍の娘である徐皇后によって編集された。河南『魯山県志』（一五五二）9/5を参照。

（5）トーマス・リーより一九九九年四月二日、個人的に示唆を受けた。スーザン・マンは「女性のための」教訓的な作品は、父親たちによって読まれたので、父親は娘を導くことができたとする。Susan Mann, "The Education of Daughters in the Ming Period," in Elman and Woodside, eds., *Education and Society in Late Imperial China, 1600-1900,* (Berkeley: University of California Press, 1994), p22. を参照。『明史』において小学に分類される書籍は少女向けのものも若干含むが、これらはおそらく家庭内学習のためのものだろう。あるいは女子向けの別学があったのかもしれない。十八世紀、浙江の仁和県では、蘇畹蘭という女性が女子のための学校を開校した教師という評価を得た。Dorothy Ko, *Teachers of the Inner Chambers: Women and Culture in Seventeenth Century China*, Stanford: Stanford University Press, 1994, p. 126. を参照。

（6）陝西『武功県志』（一五一九）は、十五歳になると、あるものは書院へと選抜された。山西『蒲州志』（一五五九）では、八歳、湖広『常徳府志』（一五三五）では、八歳から十五歳、万暦・南直隷『績渓県志』7/21bでは、八歳とそれ以上、浙江『太平県志』（一五四〇）では、八歳から十五歳の子弟、広東『欽州志』（一五三九）では、七歳を超える子弟、南直隷『崑山県志』（一九九〇）では、五、六歳から十二、十三歳、広東『香山県志』（一五四八）では、八歳から十四歳、『明史』14/15 9/4350では、八歳の子弟、魏校「嶺南学政」9/17-8では、六歳か七歳から十二歳までとする。

（7）例えば、陝西・甘粛『荘浪江記』（一六一六）7/15a を参照。

（8）南直隷『常熟県志』（一六三九）2/11では、弘治九年（一四九六）設立の学校に百十人の生徒がいたとする。江西『臨江府志』（一五七二）の清江県では、学校ごとに一人の教師と数十人の生徒がいた。『貴州通志』（一五五五）6/19aでは、弘治年間の地方官は、庶民から六十人以上の才能ある子弟を選んだ。北直隷『隆慶志』（一五四八）は、成化三年（一四六七）以降、地方官は、九つの社学のために三百人以上の才能ある子弟を選んだ。鄭紀「漳州府社学記」（『東園文集』四庫全書）では、知事が百三十数人の才能ある庶民の子弟を選んだ。南直隷『崑山県志』（一九九〇）は、四、五人から二十人ほどの生徒とするが、年齢に関して、この最近編集された地方志は筆者の持つデータと一致しない。

（9）崇禎『呉県志』、広東『西寧県志』（一八三〇）、陝西『武功県志』（一五一九）、北直隷『易州志』（一五〇二）、広東『高州府志』（一八九〇）、南直隷『撫州府志』（一五〇三）14/25、乾隆・南直隷『小海場新志』、湖広『醴陵県志』（一六八五）6/25、北直隷『隆平県志』（一六二九）、南直隷『儀真県志』（一五六七）、北直隷『昌平州志』（一六七三）、『貴州通志』（一五五五）を参照。

（10）魏校「嶺南学政」9/18-9、北直隷『内黄県志』（一五三七）は、庶民（奴隷ではない）の家族の生徒が進学できると述べている。広東『香山県志』（一五四八）は、障害や病気のもの、あるいは粗野で粗悪な子弟は、「強制的には」入学させるべきでないとしている。

(11) 以下を参照。嘉靖・南直隷『江陰県志』では、生来優秀な子どもが、地方官によって選ばれるとする。崇禎『呉県志』では、知的で寛大な庶民の子どもは知府によって選ばれる。万暦『上海県志』では、才能のある子どもは地方官によって選ばれるという。陝西『武功県志』(一五一九)は、教育可能な子弟は、各村で地方官によって選ばれる。『雲南通志』(一五七六)8/62aは、嘉靖元年(一五二二)、社学を設立した官僚は、若い生徒を広く選び学ばせた。南直隷『溧陽県志』(一七四三)は、成化八年(一四七二)、地方官あるいはもしかしたら教師が注意深く賢い庶民の子弟を選んだ。広東『新安県志』(一六八八)5/7、崇禎四年(一六三一)、地方官は才能のある庶民を試験によって選抜した(?)。『貴州通志』(一五五五)6/19aでは、弘治年間、地方官が庶民から能力のある子弟を選んだ。北直隷『隆慶志』(一五四八)、成化三年(一四六七)以後、地方官が才能のある子弟を選抜した。北直隷『内黄県志』(一五三六)、嘉靖十五年(一五三六)、学問に志のある自由(「良」)な家族の生徒が地方官によって選ばれた。徐有貞「蘇州府社学記」、鄭紀「漳州府社学記」では、知事が才能のある庶民の子弟を選んだ。南直隷『六安州志』(一五八四)、ある県のために、万暦の地方官は四つの都市の学校のために生徒を選んだ。広東『香山県志』(一五四八)では、十一月、当局者が戸別訪問して才能のある八歳から十四歳の子弟を選んだ。彼らは皆学校に通わされ、さもなくば罰せられた。

(12) 池小芳「明代社学興衰原因初探」(『中国文化研究学報』二、一九九三)の二三—二四頁は、そのような抵抗の背景の例を挙げている。わずかに地方志二種が、冬季のみ学校が開校されていたと伝える。陝西『咸陽県志』(一五九一)と江西『定南県志』(一六八三)を参照。更に、教師の俸給の一部が耕地によって支払われていたことは、おそらく農閑期のみに授業を行ったことを示している。北直隷『隆平県志』(一六二九)を参照。

(13) 広東『澄邁県志』(一八二〇)9/37-9を参照。

(14) 安徽・南直隷『桐城県志』(一四九〇)を参照。山西『偏関志』(一六〇三・一八四六)1/32は、学校予算は、筆記用具(おそらく生徒用)のために一カ月に一両であったとする。一部の地方官は、必要とする生徒に筆と紙を与えた。時折、消耗品に自らお金を支払い、時にはそれらを他所から収集した。北直隷『邢台県志』(一七四一)4/7、湖広『醴陵県志』(一六八八五）6/25、北直隷『真定府志』（一五四九）。浙江『景寧県志』（一五八八）では、万暦十一年（一五八三）、二つの学校が教師の給料とともに「用品」費のための四十七畝の土地を共有した。

(15) 陝西『延綏鎮志』（一六〇七）4/33を参照。万暦三十二年（一六〇四）に起こった。

(16) 明代の上奏（湖広『黄陂県志』〔一六六六〕14/18）を参照。

(17) 王蘭陰「明代之社学」1/53, 80。王1/80は、地方の学校をもつほぼ全ての県には、都市に一つ学校が存在していたと指摘する（依拠できる九六％の事例による）。また Lief Littrup, *Subbureaucratic Government in Ming Time: A Study Shandong Province in the Sixteenth Century* (Oslo: Universitetsforlaget, 1981), pp. 171-172. を参照。

(18) たとえば、広東『博羅県志』（一七六三）を参照。沃頼によって内郷県では、十二の区の社学が設立されたとする。七つは県衙から五十里内にあった。さらに、それらは全てかつての保であり、移住者を定住させた新地区の沃頼に設置されたものはなかった。河南『内郷県志』（一四八五）3/44a を参照。

(19) 江西『撫州府志』（一五〇三）14/25、湖広『慈利県志』（一五七三）を参照。

(20) Patricia Ebrey, "The Liturgies for Sacrifices to Ancestors in Successive Versions of the Family Rituals" In David Johnson, ed., *Ritual and Scripture in Chinese Popular Religion* (Oakland: Chinese Popular Religion Project, 1995), pp. 129-130. を参照。明代初期、儀式と社会的地位との関連を例証する一族として、泰和県桃源の蕭氏があげられる。彼らは「詩書を学び、優秀な子弟を輩出し、礼教を尊び、田畑の富をもっており、県の六郷全体で著名であった。確かに莫大な富を所有する他の一族もいたが、その彼らは礼教の面で劣っていた……」とする。John W. Dardess, *A Ming Society* (Berkeley: University of California Press, 1996), p. 57. 所引の陳循『芳洲文集』「桃源蕭氏族譜序」を参照。

(21) 王越 他編『中国古代教育史』（吉林、吉林教育出版社、一九八八）の二五一、二五九頁を参照。

(22) Jaret Weisfogel, "Confucians, the *Shih* Class, and the Ming Imperium: Uses of Canonical and Dynastic Authority in Kuan Chih-tao's (1536-1608) *Proposals for Following the Men of Former Times to Safeguard Customs* (Ts'ung-hsien wei-su i)," Ph. D. dissertation, Columbia University, 2002, pp.122-124, p. 127. を参照。湖広『蘄州志』（一五二九）では、最後の項目の編集補

助に社学生武仲賢とある。

(23) Rupert Wilkinson, *Gentlemanly Power: British Leadership and the Public School Tradition: A Comparative Study in the Making of Rulers* (New York: Oxford University Press, 1964), pp. 9-10, p. 61. を参照。これは非常に興味深い研究で、イギリスと中国の帝王教育スタイルの比較をする。

(24) 広東・饒平『東里志』（一五七四、一九九〇再版）一〇七頁を参照。

(25) Liu, "Education and Society," p. 70. を参照。

(26) Liu, "Education and Society," pp. 65-67. Martin Heijdra, "The Socio-Economic Development of Ming Rural China (1368-1644)" Ph. D. dissertation, Princeton University, 1994, p. 345, Benjamin Elman, *A Cultural History of Civil Examination in Late Imperial China* (Berkeley: University of California Press, 2000), p. 137, p. 143. Dardess, *A Ming Society*, p. 151. を参照。

(27) Liu, "Education and Society," p. 232. 所引の顧炎武を参照。

(28) 方法と生員から吏員への降格については、Dardess, *A Ming Society*, pp. 144-147. を参照。

(29) 南直隷・嘉定『婁塘志』（一七七二）2/11を参照。また陝西『武功県志』（一五一九）、北直隷『隆慶志』（一五四八）、『貴州通志』（一五五五）を参照。原著の第三章で指摘したように、江西の教育監督官の邵宝と李夢陽は、官学生員は社学から採用するよう求めた。

(30) 多くの事例が南直隷『常熟県志』（一五〇三）、湖広『常徳府志』（一五三五）にあるので参照。

(31) 陝西『武功県志』（一五一九）2/11を参照。

(32) 何出光『蘭台法鑑録』（一五九七）13/32a、『明史』18/203/5371、顧潜『静観堂集』8/9a を参照。

(33) 明清の学生は乾隆五十二年（一七八七）まで、ひとつの古典に特化することが許されていた。そして顧の見解は正しい。例えば正徳三年（一五〇八）、二五％の候補者は易経を選択しており、二三％は書経、三七％は詩経、そして七％、八％が春秋と礼記であった（Elman, *A Cultural History*, pp. 280-281, p. 654）。顧潜『静観堂集』8/6a では、顧潜の提案は生徒達にとって理に適っているのだとする。というのは、彼らが科挙を受けたとしたら、代わりの古典で合格するものが増えるという大きな変化があるだろうが、その古典はより難しいものとなるのだ。

（34）たとえば、文民の候補生が、より簡単な武挙を受ける許可を得ていたかもしれない。Elman, *A Cultural History*, p. 222. を参照。

（35）『大明会典』78/455「風憲官提督」の項を参照。成化元年（一四六五）、教師は免除を与えられていたが、直接的に学生を免除させるという内容の勅令はない。

（36）『嘉定県志』（一六〇五）19/31aのある進士。他に、冼桂奇がいる。広東『南海県志』29/34b-35a を参照。彭璉（汝器）は、父親に原典学習は無益であるという彼の理解を伝えるまで、社学に数年間通った。そのような理解にも関わらず、彭璉は地方官に選抜され官学生員となった。彼が専門としたのは易経で、省試で第三位を得た。そして翰林学士に任命された。李時勉「翰林修撰彭君汝器行状」（『古廉文集』9/21以下、四庫全書所収）を参照。憨山徳清（一五四六―一六二三）については、ペイイー・ウーが私に示唆を与えてくれた。福徴『足本憨山大師年譜疏注』（蘇州、弘化社、一九三四）の九―一〇頁を参照。王艮については、『明史』24/283/7274にあり、郷塾と呼んでいた。そして Joanna Handlin, *Action in Late Ming Thought*. Berkeley: University of California Press, 1983, p. 28. は社学であると示唆している。

（37）Heijdra, “Socio-Economic Development,” p. 349. Elman, *A Cultural History*, p. 143. を参照。

（38）Elman, *A Cultural History*, p. 230. を参照。

（39）Elman, *A Cultural History*, pp. 246-247, 240. を参照。

（40）王雲「論明代的平民入仕」（『斉魯学刊』六、一九九八）の一二四―一二五頁を参照。

（41）Evelyn Sakakida Rawski, *Education and Popular Literacy in Ch’ing China*. Ann Arbor: Center for Chinese Studies, 1979, p.2 を参照。

（42）王雲『民間社学与明代基層教育』一（聊城師範学院内部出版、一九九二）を参照。より慎重な主張をすると、学校は庶民の子女の教育に対して何らかの影響を与えた。呉宣徳『中国教育史話』（合肥、黄山書社、一九九七）の九七―九八頁を参照。

（43）David Johnson, “Communication, Class, and Consciousness in Late imperial China.” in Johnson, David, Andrew Nathan, and Rawski, eds. *Popular Culture in Late Imperial China,*（Berkeley: University of California Press）, p. 38, p. 59. 参照。

（44）Rawski, *Education and Popular Literacy,* p. 23, p. 5 を参照。ロウスキーはまた読み書き能力のレベルについて議論する。また Alexander Woodside, "Real and Imagined Communities in the Chinese Struggle for Literacy," in Ruth Hayhoe, ed., *Education and Modernization: The Chinese Experience*（Oxford: Pergamon Press, 1992）は彼女の分析とジョンソンの分析について言及し、そして二十世紀に中国での読み書き能力がどのように進展したのかを示す。

（45）Ko, *Teachers of the Inner Chambers,* p. 37. を参照。

（46）その手法の提唱者は、読み書きの要求は、一定の集団にはすぐに合致しないと認識していた。Alexander Woodside, "Real and Imagined Communities in the Chinese Struggle for Literacy." In Ruth Hayhoe, eds., *Education and Modernization: The Chinese Experience.* Oxford: Pergamon Press, 1992, p. 25. を参照。

（47）陸鴻基は明代の様々な異なる層の識字率についてロウスキーが示す図式を拡張し、比較的識字率が高い聖職者の中の読み書き、商業分野の人々、衙門勤務者、その他諸々に対して論ずるために、大衆文学を利用し、その論拠について示している。陸鴻基「明清時代平民識字概況」（陸鴻基編『中国近世的教育発展一八〇〇—一九四九』〔香港、華風書局、一九八三〕）の七四—七九頁を参照。しかし、明代社会の専門家（医者、教師、易者、手紙の代書、告訴状の代書、物語作者、占師）の過多は、当時の社会の識字率が比較的低かったことを表しているのかもしれない。ジェームズ・ハイズは清代の印刷物は、取り替えられるというよりもむしろ、様々な種類の専門家たちに利用されたと指摘する。James Hayes, "Specialists and Written Materials in the Village World," in Johnson, Nathan, and Rawski, eds., *Popular Culture in Late Imperial China* Berkeley: University of California Press, 1985, p. 108. を参照。告訴状執筆者の明律による認識と正当性については、Melissa Macauley, *Social Power and Legal Culture: Litigation Masters in Late Imperial China*（Stanford: Stanford University Press, 1998）, p. 18. を参照。

（48）宋代の沈括は、訴訟様式の書である『鄧思賢』が「しばしば郷村学校での授業に使われた」と言及している。Valerie Hansen, *Negotiating Daily Life in Traditional China: How Ordinary People Used Contracts, 600-1400*（New Haven: Yale University

Press, 1995), p. 97. を参照。また原著の第五章で引用した Erling von Mende, "Literacy in Traditional China: A Late Reflex on Evelyn Rawski" in Raoul D. Findeisen and Robert H. Gassman, eds., *Autumn Floods: Essays in Honour of Marián Gálik* (Newyork: Peter Lang, 1998), p. 60. も参照。

(49)　江西『新城県志』（一五〇六―一二一）を参照。

(50)　陝西 甘粛『荘浪江記』（一六一六）7/15a を参照。

(51)　魏校「嶺南学政」9/36を参照。

(52)　呂坤「呂新吾先生社学要略」（張承燮『儒先訓要続輯』所収）1/1-2を参照。管志道は同様に「社学での恐れるべき若者達」に言及している。Weisfogel, "Confucians," p. 147. を参照。

(53)　Liu, "Education and Society" を参照。

(54)　魏校『嶺南学政』9/42b を参照。広東『香山県志』（一五四八）は、魏校の規定に従い、「彼らは儒学者や引退した学官を（教師として）雇わなければならず、仕事のない吏員や、親の服喪中の生員や行いが良くなくて追い出されたものを雇ってはならない。他所を転々とする流れ者は……、義務感に欠け、制御しにくい。選ぶときには、よく注意しなければならない」としている。教師については、王蘭陰「明代之社学」2/102-105 を参照。

(55)　それを実現するもっとも適切な方法が「有文行者」であった。広東『英徳県志』（一八四三）5/66、江西『新城県志』（一五〇六―一二一）を参照。

(56)　万暦・南直隷『績渓県志』7/2b を参照。ほかの記述は「完全に音韻を理解している学者であり」、「行いが優れ、洗練され、正しい」もの、「尊敬される、良い、方正で、正しいもの」、「良い行いを陶冶され、古典を理解する」、「完全に文法に精通した、熱意のある、尊敬できる」官学の学生、「学識ある品行の」もの、「薫陶を受けて、教育をうけて、文章に優れた儒者」、「はっきりした思想をもち、行いが洗練された」ものというのがある。北直隷『蠡県志』（一八七六）、福建『安渓県志』（一五五三）4/43、乾隆・南直隷『小海場新志』、広東『南海県志』（一八三五）、山西『偏関志』（一六〇三／一八四六）1/32、広東『新会県志』（一六〇九）、広東『電白県志』（一八二六）14/25、北直隷『隆平県志』（一六二九）を参照。

(57)　これらの規定の位置づけ、編纂者、規定の対象などは明確ではない。広東『香山県志』（一五四八）4/4b、軍人は軍の社学で教えた。陝西『寧夏新志』（一五〇一）1/34を参照。

(58)　北直隷『内黄県志』（一五三七）、山東『淄川県志』（一五四六）、北直隷『真定府志』（一五四九）を参照。

(59)　北直隷『真定府志』（一五四九）は、弘治十八年（一五〇五）ごろとする。また彼は青い衣をすべての読み書きのできる住民に与えた。その結果住民たちは社学事業の役割を感じただろう。

(60)　顧潜『静観堂集』8/9a を参照。

(61)　『大明会典』78/455を参照。呂坤は社学の教師に対する多くの試験を提案した。「呂新吾先生社学要略」1/1-2を参照。

(62)　一人の教師であったのは、湖広『岳州府志』（一四八八）、山西『潞州志』（一四九五）2/4b、陝西『武功県志』（一五一九）、四川『雲陽県志』（一五四一）、江西『臨江府志』（一五七二）、乾隆・南直隷『小海場新志』、北直隷『昌平州志』（一六七三）、南直隷『高順県志』（一五六二）、南直隷『海門県志集』（一五三七）、南直隷『六安州志』（一五八四）2/20、南直隷『儀真県志』（一五六七）、陝西『同州志』（一六二五）などを参照。また南直隷・崑山『安亭志』は二人の教師と記録している。一人は読書、一人は古典、つまりそれぞれ初級者と上級者を担当したのかもしれない。山東『淄川県志』（一五四六）、南直隷『常熟県志』（一五〇三）を参照。福建『寧化県志』（一六八四）6/15b によると、嘉靖十一年（一五三二）から翌年に、福建の提学は、それぞれ二人の教師をもつ社学を設置しなければならないと命じた。南直隷・嘉定『南翔鎮志』（一七三二）は嘉靖十四年（一五三五）に設立された学校には様々な方法で給与を受けている一人の教師と二人の講師がいたとする。門番と管理人には様々な方法で支払われたと『雲南通志』（一五七六）8/62a、江西『南昌府志』（一七八九）（門番は薪と水、家族と居住する部屋を提供された）、湖広『岳州府志』（一四八八）278（巴陵県では社学の門番は差役の義務の項目に入れられている）、北直隷『昌平州志』（一六七三）7/13では伝えている。

(63)　江西『武寧県志』（一八七〇）16/29a を参照。

(64)　Elman, *A Cultural History* の p.149. を参照。

(65)　洪武期の規定によると、社学の教師は「品行正しくよく学んでいる官学の生徒」や罪を犯したことのない古典を身につけているものであると考えられた（原著の第二章参照）。学校が官僚の手を離れた後も、朱元璋は官学生員を雇用することを支持した（『太祖実録』6/147/2323）。官学生員が教師となっていた例として、『雲南通志』（一五七六）8/62a、湖広『石門県志』（一八六八）5/30、山西『偏関志』（一六〇三）、陝西・甘粛『階州志』（一六一六）（「貧しい学生」）、福建『寧化県志』（一六八四）、江西『撫州府志』（一五〇三）、北直隷『昌平州志』（一六七三）、浙江『新昌県志』（一四七七—一五一二）、広東『欽州志』（一五三九）5/8を参照。弘治九年（一四九六）、地方官は国子監生を教師として雇った（河南『鄢陵県志』〔一五三五〕8/480を参照）。

(66) 湖広『常徳府志』（一五三五）は、年老いた儒者。河南『鄢陵県志』（一五三五）は、引退した学者。湖広『醴陵県志』（一六八五）は、引退した官僚、年老いた郷紳を示唆している。南直隷『溧陽県志』（一七四三）は、二人の引退した学者、鄭紀「漳州府社学記」は、引退した地方官、江西『吉安府志』（一六六〇）（洪武年間に言及する）、陝西『藍田県志』（一五二九—七一）は、引退した官僚とする。年齢や地位の曖昧な引退した学者官僚とするのは、北直隷『蠡県志』（一八七六）、浙江『太平県志』（一五四〇）、南直隷『常熟県志』（一五〇三）で、地域の学者とするのは、福建『寧化県志』（一六八四）である。広東『澄邁県志』（一八二〇）は、州試の学位をもったもの（一四六六年ごろ）とする。

(67) 陝西『延綏鎮志』（一六〇七）4/33を参照。

(68) 南直隷『上海県志』（一五二四・一五八八）を参照。

(69) 王蘭陰「明代之社学」2/84を参照。

(70) 南直隷・嘉定『石岡広福合志』（一八〇七）4/27aの一五三〇年代の李資坤を参照。

(71) 江西『都昌県志』（一八七二）6/25bでは、後にその土地は有力者によって占有されたとする。教師は知県、知府あるいは知州によって選ばれた。雲南『趙州志』（一五八七）、南直隷『上海県志』（一五八八）、陝西『武功県志』（一五一九）、北直隷『隆平県志』（一六二九）、浙江『太平県志』（一五四〇）、北直隷『内黄県志』（一五三七）、南直隷『六安州志』（一五八四）、陝西『藍田県志』（一五二九—七一）、『雲南通志』（一五七六）8/62a、北直隷『真定府志』（一五四九）、広東『南海県志』（一八三五）に見える明代の記録などを参照。一部の教師は他の地方官僚や提学官らによって選抜された。湖広『石門県志』

（一八六八）の清代の作者は、教師を選ぶ職は明代の提学官にあると考えられるとした。広東『新会県志』（一六〇九）は、嘉靖年間、提学官は社学の教師を試験し選抜したことが事実であるとしている。乾隆・南直隷『小海場新志』は、教師は同知によって選ばれたと記している。北直隷『蠡県志』（一八七六）では、巡回監督にあたる軍官によって選ばれたとする。

(72) 白金自身によって記録された。江西『九江府志』（一五二七）10/22を参照。

(73) 南直隷『上海県志』（一五二四）を参照。

(74) 広東・饒平『東里志』（一五七四）（一九九〇再版）の一〇七頁を参照。また江西『定南県志』（一六八三）を参照。他の例では、学校への要求の中で、地方人士によって選ばれた。山西『蒲州志』（一五五九）2/5b、弘治 山西『潞州志』2/4、『広東通志初稿』（一五三五）を参照。

(75) 墓誌銘については、原著の第二章を参照。倪謙『倪文僖集』9/6（一四九三、四庫全書電子版）の詩を参照。

(76) 広東『儋県志』（一九三六）16/4-5を参照。Liu "Education and Society," p. 284. を参照。若い頃、成化十八年（一四八二）以前、社学教師として勤めた胡敏という男がいたが、彼は生来、思いは県衙に向いていた。記念文が彼のために書かれている。

(77) 王陽明「興挙社学牌」（高時良編『明代教育論著選』三〇六頁と 盛朗西『明清之社学』五〇頁）を参照。

(78) 王陽明「頒行社学教条」は正徳十五年（一五二〇）に編まれたとされている。高時良編『明代教育論著選』三〇六―三〇七頁と盛朗西『明清之社学』五〇―五一頁を参照。

(79) 『王陽明全書』3/322を参照。この言及についてペイイー・ウーに感謝する。

(80) 管志道「従先維俗議」を参照。Weisfogel, "Confucians," p. 262を参照。

(81) ひとつの例外が、ある人事のリストである。それには、給付を受ける生員、僧正司の責任者、三十三人の申命亭老人、里長と甲首、その他、史料ではほとんど記録されない人々の数も含まれている。北直隷『任丘志』（一六〇一）2/34a を参照。

(82) 社学の教師は王朝を通じてますます少なくなっていったようである。墓誌銘の日付はほとんど明朝初期から中期のものである。浙江『新昌県志』（一四七七―一五一二）は、成化十年（一四七四）、社学の教師として官学生員張琰の名を挙げる。

成化十三年（一四七七）、彼は省試合格を得たが、国士監の学位も官職も得なかった。弘治九年（一四九六）頃、常熟県の社学で教えた季鶴は非公式の郷士学者（里儒）という称号のみで、他に学位も称号もなかった。南直隷『常熟県志』（一五〇三）2/11a を参照。わずかな社学の教師は、「引退」の後に教えたとするが、歴史記録にとくに痕跡をとどめていない。陝西『藍田県志』（一五二九―七一）1/8（劉吉慶）、河南『鄢陵県志』（一五三五）2/4（孫震、一五二九）、南直隷『重修溧陽県志』（一七四三）（唐鑑）。南直隷『松江府志』（一五一二）13/31 での松江の社学の教師として雇用された銭潤は、名前以外不明である。北直隷『蠡県志』（一八七六）では、崇禎十二年（一六三九）、学者劉与潔は社学教師として選ばれたとするが、その伝記はない。南直隷『重修溧陽県志』（一七四三）で名前の確認ができる二人の教師に関する伝記は見つけることができなかった。山西『偏関志』（一六〇三／一八四六）1/32は、賀大化という官学生員が、万暦三十年（一六〇二）頃に教えていたとするが、やはり伝記はない。

（83）江西『興安県志』（一六九三）7/23-4 を参照。リューは明代徽州では、指導員は尊敬され、立派な生活を送ることができたとする。指導することについて、一部の一族による世襲の教授となるほどであった。またもし彼らが試験に落第したならば、指導員となるために勉強していたのだからと訴える人がでるほどであった。Liu, “Education and Society,” p. 291-292. を参照。

（84）福建『閩書』（一六一九・三〇）32/42を参照。リューは明代後期、教師は供給過剰であり、国家が社学を再建しようとした時でさえ、徽州の地域の宗族は、多くの教師を雇い、自らの学校を設立し運営することを好んだとしている。Liu, “Education and Society,” p. 293. を参照。

（85）『大明会典』78/454, 455を参照。南直隷『徽州府志』（一五六六）、万暦・南直隷『績渓県志』7/2b、南直隷『安慶府志』（一七二一）7/20、広東『香山県志』（一五四八）、その他を参照。李夢陽「南新二県在城社学記」（江西『南昌府志』〔一七八九〕）も参照。『貴州通志』（一五五五）は、社学の教師たちは官学生員から挙人へ進む際に支援を受けたと伝えている。

（86）Charles O. Hucker, “Ming Government.” in Twitchett and Mote, eds., *Cambridge History of China*, vol.8, pp. 49-51. を参照。一石は約一〇七ℓである。

(87) その数字は清代のものである。R. Bin Wong, "Confucian Agendas for Material and Ideological Control in Modern China," in Huters, Wong and Yu, eds. *Culture and State in Chinese History*, p. 309. の注20を参照。

(88)『明史』25/298/7628を参照。

(89) 南直隷・嘉定『外岡志』（一六三一）（一九六一年再版）2/9、福建『恵安県志』（一五三〇）9/8-9、また陝西・甘粛『階州志』（一六一六）では、教師は「貧しい学生」（貧生）であるとしている。

(90) 四川『合州志』（一五七九）2/15を参照。

(91) 江西『南昌府志』（一七八九）を参照。

(92) 江西『興安県志』（一六八三）7/23-4を参照。

(93) 南直隷『婁塘志』（一七七二）2/10-11を参照。李による別の学校でも、補助教師一人だけに関しては、同様の予算が南直隷・嘉定『黄渡鎮志』（一八五三）に見える。僅かその他の学校における収入と支出はごく僅かしか残っていない。嘉靖元年（一五二二）、雲南の木密所に設立された学校は銀四両と穀物七十石の収入があり、それらは教師の俸給、学生への手当て、春秋の儀礼のために使用された。『雲南通志』（一五七六）8/62a を参照。

(94) 王蘭陰「明代之社学」2/101を参照。

(95) 北直隷『邢台県志』（一七四一）4/7、江西『興安県志』（一六八三）7/23-4、広東『欽州志』（一五三九）には史料があるが、俸給の額については記載がない。

(96) Thomas Nimick, "The County, the Magistrate and the Yamen in Late Ming China." Ph. D. Dissertation, Princeton University, 1993. p. 128. を参照。一四三〇年代、定期、不定期の徭役が、銅銭や銀での納入に代わったが、その収入の六〇%が地域の取り分となった。Heijdra, "Socio-Economic Development," p. 167. 以下と pp. 175-176. を参照。

(97) 北直隷『昌平州志』（一六七三）、広東『文昌県志』（一八五八）3/10は、以前の地方志を引用して、このことが成化十年（一四七四）に起こったとしている。Heijdra, "Socio-Economic Development," p. 235. は、市場運用の利益は無視できるほどで、これらの俸給は、大きなものではなかったかもしれないとしている。

(98) 南直隷『寿州志』(一五五〇) 3/9を参照。

(99) 政府の穀倉については、陝西『延綏鎮志』(一六〇七) 4/33、王蘭陰「明代之社学」2/101が、二例を引用している。社学の穀倉は、江西『徳興県志』(一六八四) の地図、2/7a、2/20、また陝西『蒲城志』(一六六六) を参照。

(100) 王蘭陰「明代之社学」2/101 は裕福な生徒は時折、学費を払っていたと述べている。リューは同意し、葉春及の文章を引用している。

(101) 福建『安渓県志』(一五五二)、福建『恵安県志』(一五三〇) を参照。

(102) 公立と私立とを問わず、初等学校の永続的収入源を確立するために、土地、商店、邸宅の寄付を利用したことが、Rawski, *Education and Popular Literacy*, pp. 66-79. において論じられている。王蘭陰「明代之社学」2/99-101に記載されている寄付された学校のほとんどは、二つの出所に由来するもので、嘉定の李資坤の学校の報告では、商店と土地とされている。弘治十八年(一五〇五)の河南の睢州の地方志では、三十一の県の社学が四二・七畝から一一四・八畝の土地を寄付されていた。ある学校は、寄付として四間の建物がひとつだけであった。王蘭陰はまた寄付の数字を、他の三つの地方志にみえる六つの学校についてあげている。

(103) 所有地は、県学と寺院を支援する寄付と比較すると小さかった。たとえば、正統十年(一四四五)、東莞の寺院は所有地として千九百八十畝もっていた。年間一五〇・九三石を算出した。『延平府志』(一五二五) の記録で延平の州県における多くの寺院と隠居は、年に三十石から百石の穀物を生み出す大土地を所有していたと報告している。それについては原著の第七章を参照。その州のある県では、県学は百二十畝を所有し、書院は三百畝をもっていた。福建・延平『尤渓県志』(一五二七) 3/39-40 を参照。明朝初期の府学は教師の俸給と学生への手当を供給するための千八百八十八畝を有していた。Liu, "Education and Society," p. 45 を参照。一方で、初等学校は、一般に、小規模運営で、江西のある慈善学校はたった年間五両を有するだけだった。江西『定南県志』(一六八三) を参照。

(104) 崑山・嘉定『安亭志』(一八〇八) 4/2を参照。

(105) 婁塘は嘉定県の北部にあり、明代後期には、住民は一万人であった。そして一二〇〇年代後半乃至は一三〇〇年代初期からの職人の市場があった。Jerry Dennerline, *The Chia-ting Loyalists: Confucian Leadership and Social Change in Seventeenth Century China.* (New Haven: Yale University Press, 1981), p. 72, p. 79. を参照。学校には、それぞれ三間の主要な四棟の建物、それぞれ一間の二つの工房と展示館、厨房と浴室、三間の門があった。これと次に示す情報は南直隷『婁塘志』（一七七二）2/10-11からのものであるが、それは李資坤の「風教録」を引用している。李資坤が建設した四つの学校とは異なって、婁渓には、その寄付の中に商店はなかった。

(106) 正徳十六年（一五二一）から嘉靖元年（一五二二）の設立に関する湖広『嘉魚県志』（一八六六）の記録は、地方官が設立した小作人のいる民佃地について具体的に述べている。

(107) 崑山・嘉定『安亭志』（一八〇八）4/2を参照。

(108) 南直隷『常熟県志』（一五〇三）を参照。

(109) 魏校『嶺南学政』9/26を参照。

(110) 魏校『嶺南学政』9/48及び他箇所を参照。

(111) 浙江・処州『景寧県志』（一五八三・六六）を参照。

(112) 魏校『嶺南学政』9/6を参照。

(113) 没収については、南直隷・嘉定『翏東志』41を参照。寄付の損失については、南直隷『嘉定県志』（一六〇五）を参照。資金調達と支出については、王蘭陰「明代之社学」2/101を参照。

(114) 王蘭陰「明代之社学」2/117を参照。

(115) 北直隷『広平府志』（一五五〇）、南直隷『虹県志』（一六七八）には、「それに関係するものたちは、衰退している学校に目もくれない」と、河南『光山県志』（一五五六）には、「長い間、官僚の熱意がなかったために、以前の学校はうまくいかなかった」と、浙江『宣平県志』（一五四六）には、「嘉靖二十一年（一五四二）に記録された設立者が来るまで、当局は社学の法を時代遅れなものとみなし、社学に対し何も対処していなかった」とある。ある清代の作者は、彼の時代においては官僚の放置は問題となっているとしており、また明朝には、それを防ぐシステムがあったのだと考えた。北直隷『昌平州志』

（一六七三）を参照。

(116) 南直隷『溧陽県志』（一七四三）（家族）、江西『興安県志』（一六八三）（口約束）、陝西『涇陽県志』（一五四七）25を参照。また北直隷『真定府志』（一五四九）では、弘治十八年（一五〇五）ごろ、社学設立者と地方官は、教化をなおざりにした以前の地方官たちを非難している。

(117) 福建『長寧県志』（一八三〇）11/14「社学は焼失した」、福建『建陽県志』（一五三三）「火災」、北直隷『東鹿県志』（一七六二）「戦争、天啓二年（一六二二）、洪水で流された」、陝西『洋県志』（一六九六）「明朝末、盗賊が社学を瓦礫に変え、その後茨で覆われた」、江西『彭沢県志』「成化元年（一四六五）、社学は火事によって破壊された」、江西『宜春県志』（一八二三）「学校が四つ、兵士達によって破壊されたが、その後再建された）、江西『徳化県志』（一八七二）「正徳十四年（一五一九）、一つは反乱軍によって廃墟となった」、南直隷・嘉興（あるいは華亭）『重輯楓涇小志』2/26「正徳十一年（一五一六）の社学は、嘉靖三十三年（一五五四）、海賊によって破壊された」、山西『長治県志』（一六七三）「争乱によって焼失した」とあるのを参照。

(118) 池小芳「明代社学興衰原因初探」の二二頁を参照。

(119) 広東『潮陽県志』（一五七二）9/7-8を参照。

(120) 広東『恵州府志』（一五五六）8/10-11「河源県の二～三の社学は書院に転用された」、嘉靖・山東『莘県志』（一五一五以降）「社学は淫祠と入れ替える必要のある書院によって入れ替えられた」、南直隷・安徽『安慶府志』（一五五四）正徳八年（一五一三）に設立された懐寧県の三社学は、嘉靖三十三年（一五五四）までに、二つの書院と烈女祠となった。潜山県の二つは、名宦祠や郷賢祠となった」（南直隷・安徽『安慶府志』（一七二一）も参照）。南直隷『常熟県志』（一五〇三）「成化二年（一四六六）の社学は、転用されて官僚の邸宅となった」、江西『都昌県志』（一八七二）「有力者から再生利用された社学は、万暦十三年（一五八五）ごろ地方官によって転用されて「足兵堂」となり、学校は結果的に移動したが、万暦四十二年（一六一四）までに消滅した」、湖広『蘄州志』（一五二九）「社学は医療と占いの学校に改修されたが、もしかしたら改修以前に消滅していたのかもしれない」、江西『徳化県志』（一八七二）「ある小学は、孔子の弟子である曾子の廟となった」、江西『饒州府志』（一六八四）10/15「ある小学は官署となった」、福建『永安県志』（一七三四）5/6a「ひとつは嘉靖三十五年（一五五六）、州の官僚によって、転用されて楊、羅、李、朱を祀るための書院に転用された」、広東『肇慶府志』（一五八八）「書院に転用された」、広東『高州府志』（一八二七）「様々な期間に転用された学校には、書院も含んでいる」、湖広『黄岡県志』（一六〇八）「現在、社学は道路となっているが、道路の建設が消滅の原因かどうかは不明である」、北直隷『霊寿県志』（一五七六）「書院に転用される社学、寄付された土地の得失に関する詳細は全体に明確でない」、江西『崇仁県志』（一八七三）「四つの賢人を祀る廟に転用された」、河南『夏邑県志』（一五五一）「社学の終焉につけられる理由は、時間の経過があげられるが、しかし社学を再生する代わりに、家畜牧場の囲いのようなひどい命運から学校の土地を買い戻す時、官僚はそれを医療と占師の学校にした」、北直隷『広平府志』（一五五〇）「官僚が如何に社学を瑣末なものと軽く扱っているのかに関する訴えでは、学校を穀倉や馬小屋にしてしまっているという」、河南『鄢陵県志』（一五三五）、広東『潮陽県志』（一五七二）「社学は駅亭や廟となっている」とある。この現象は清代でも継続した。たとえば、広東『順徳県志』（一八五六）によれば、社学は寺院と書院に作りかえられた。

(121)　陝西『麟遊県志』（一六五七）「飢饉の解決に売却された」、広東『掲陽県志』（一七七九）「天啓二年（一六二二）、地方官は、辺境の兵士の俸給を上げるために学校を売却することを命令された」、広東『長楽県志』（一六八七）2/27b「崇禎十二年（一六三九）、学校が立つ土地はおそらく軍事費を支払うために宅地として民間に売却された」などを参照。官僚が学校やその土地を売却した原因については、あまり記録に残されていない。陝西『咸陽県志』（一五九一）「地方官は、社学の土地を民間に返還した」、江西『万載県志』（一七三三）5/28「嘉靖七年（一五二八）、学校は民間の土地として売却された。おそらく原因がいずれにせよ、学校がなくなった後だろう」とある。

(122)　広東『欽州志』（一五三九）を参照。

(123)　南直隷『徽州府志』（一五六六）9/19と南直隷『安慶府志』（一七三一）7/20を参照。

(124)　社学の位置の良し悪しについては、四川『保寧府志』（一五四二）、広東『澄邁県志』（一八二〇）とその他の言及を参照。

(125)　山東『淄川県志』（一五四六）3/47を参照。学校は正徳十四年（一五一九）に設立された。

(126) 陝西『同官県志』（一七六五）5/21、陝西『高陵県志』（一五四一）1/18-9、陝西『咸陽県志』（一五九一）1/13、陝西『同州志』（一六二五）3/6、北直隷『河間府志』を参照。

(127) 王蘭陰「明代之社学」九一―九四頁を参照。いくつかの事例で、学校の壁に囲まれた土地の広さが記録されている。他の場合、その建築物や主要な建物の大きさについても記載があることもある。例えば、鄧州の社学は、長さ二十五丈と幅四丈八尺、あるいは八m×十五mで区切られた。河南『鄧州志』（一五六四）12/5を参照。しばしば、「間」という梁の長さの数字で、学校は記述される。巨大な建物は、つつましやかな建物より広い「間」の数となるので、比較は誤解を招くだろう。三つの学校がそれぞれ三間であったと記録している。まだ「一棟の建物」というように、残存している学校についても他の詳細がないこともある。弘治『貴州図経新志』1/26b は、それぞれ十間程度の広さの二つの弘治十二年（一四九九）設立の学校を挙げている。南直隷『儀真県志』（一五六七）は、ひとつは十間、もうひとつは五間の学校を挙げている。江西『安仁県志』（一六八三）は三間の嘉靖元年（一五二二）の学校を挙げている。福建『安渓県志』（一五五二）4/43 は嘉靖八年（一五二九）に作られた一間の学校が嘉靖十四年（一五三五）に四間に拡大されたことを記録する。他にもたくさんの事例がある。辺境の学校は、必ずしも内地の学校よりも小さくはなかった。例えば、弘治十二年（一四九九）に設立された貴州の都市の学校は、それぞれ十間であった。弘治『貴州図経新志』1/26b を参照。

(128) 湖広『嘉魚県志』（一八六六）9/20-1を参照。社学の記録については、約千五百ある。

(129) 『雲南通志』（一五七六）8/62a と 8/4b を参照。明代後期の江西の学校は、半池すなわち、都にある国子監との関係を表すための県学の前の祭典の堀をも有していた。その堀は古代の学校を模範とする完全な円形だった。江西『都昌県志』（一八七二）を参照。半池は、嘉定の県学では現存している。完全な円の堀は北京に現存する。

(130) 王蘭陰「明代之社学」2/93-4 を参照。

(131) 陝西『華陰県志』（一六一四）を参照。他の学校は土地神の廟を有していた。山東『武定州志』（一五四八）を参照。肥郷県では、明代に設立された五つのうち三つの学校は、この地方志が刊行される時点までに失われていたが、それらは宗教施設であった。北直隷『広平府志』（一六七六）を参照。

(132) 河南『鄢陵県志』（一五三五）8/48を参照。

(133) 湖広『黄陂県志』（一六六六）2/24aを参照。山西『潞州志』（一四九五）には、同知は三つの学校のために人々の土地を購入したとある。弘治『貴州図経新志』1/26bには、弘治十二年（一四九九）の責任者は、学校のために建物を購入したとある。ある学校は、当時、おそらくその目的のために購入された茶館をもっていた。学校がよりよい場所に移動したとき、それは店舗として売却されたからである。陝西『略陽県志』（一五五二）を参照。そのほかの学校は、万暦年間当時、店舗か宿をもっていた。陝西『眉県志』（一七七九）4/16を参照。

(134) 江西・南康『都昌県志』（一八七二）6/25-6では、ある民間人は自らの宅地を明け渡し、その代りに社学の元の場所へ移動したが、その時学校は寺院のよりよい土地へ移っており、半池のために彼の土地を必要としていたとしている。

(135) 貴州『思南府志』（一五三六）4/4を参照。

(136) 広東『新会県志』（一六〇九）を参照。土地は地元人士（士）により寄付された。

(137) 江西『都昌県志』（一八七二）6/25bを参照。土地は後に有力者に占有された。

(138) 知州藍渠が社学の古い土地を許一族に売却したときのように、民間人は古い学校の売却からも利益を得た。広東『欽州志』（一五三九）を参照。

(139) 以前の学校か政府の土地としているのは、河南『新郷県志』（一五〇六）、湖広『醴陵県志』（一六八五）6/25、陝西『寧夏新志』（一五〇一）1/34（射撃場）。医術や占術の学校としているのは、河南『夏邑県志』（一五五一）、山東『武定州志』（一五四八）。かつての税務署としているのは、隆慶・湖広『岳州府志』（石門県の社学）、南直隷『興華県志』（一五九一）、嘉靖・湖広『湘陰県志』、浙江『厳州府志』（一五七八）である。史鑑『西村集』「（南直隷 呉江県）同里社学記」（四庫全書版、一二五九冊八四六頁、一九八三）では、商税務署とする。

(140) 例えば、五つの社学が、山西『潞州志』（一四九五）に挙げられている。福建『建陽県志』（一五五三）5/18には、「地方官は、古い税務署が焼け落ち、その土地が有力者によって専有されていたことを発見した。彼は取り戻して、社学をそこに設立した」とある。山東『臨朐県志』（一五五二）2/35-6では、地方官は二つの村の社学を再建した。それらのうちの嘉靖九年（一五三〇）に設立されたものは、間もなく強奪され、居住者に破壊されたとする。

(141) 河南『夏邑県志』（一五五一）8/67-8を参照。

(142) 湖広『新寧県志』（一六〇六）を参照。その地方志は、関係した地方官により書かれた。

(143) 法による府州県学の建設のための徴発は、人民を酷使しているとはみなされなかったようだ。『大明会典』78/454を参照。

(144) 陝西・甘粛『荘浪江記』（一六一六）7/14aを参照。巡按から社学建設に関する命令。その文章は、政府のどのレベルが、文武の社学の代金を支払うべきかをめぐる論争を示している。

(145) 景泰二年（一四五一）の地方官孫震のもとであった。南直隷『寿州志』（一五五〇）を参照。

(146) 南直隷『上海県志』（一五二四）を参照。

(147) 南直隷『寿州志』（一五五〇）3/21を参照。孫震は尚智から土地を購入した。北直隷『霊寿県志』（一五七六）2/5を参照。ときの地方官は、彼の給料で社学がかつて存在していた土地を買い戻した（しかしその時は、設立した社学を再建するかわりに書院が建てられた）。『雲南通志』（一五七六）8/62aは、嘉靖元年（一五二二）、周愚自身、教師と学生を支えるため、半年ごとの犠牲祭に十分な土地を安普の社学に寄付したとする。湖広『醴陵県志』（一六八五）6/25では、ここの地方官は、いくばくかの土地のために自ら代金を支払ったとする。徐有貞「蘇州府社学記」では、設立者の地方官劉彬は学校を建て、彼の蓄積した給料で百石を賄う土地を購入したとする。また江西『九江府志』（一五二七）10/22を参照。

(148) 陝西『藍田県志』（一五七一）1/8を参照。寺院がまだ活動していたかどうかは明確ではないものもある。二つの事例を挙げるとすれば、福建『寧化県志』（一六八四）は、寺院の中にあった六つの社学を挙げているが、その年代は明確ではない（それはおそらく清代だろう）し、改装されたのかもはっきりしない。弘治十五年（一五〇二）から正徳二年（一五〇七）、地方官の馬淳は四つの寺院の中に四つの社学を設立した。彼は寺院の設備と交換したのか、あるいは寺に加えて学校を付け加えたのかもしれない。福建『上杭県志』（一七六〇）4/20を参照。Susan Naquin, *Peking: Temples and City Life 1400-1900*. Berkeley: University of California Press, 2000, p. 88. を参照。官僚と地域エリートが、寺院の建物を利用し、土地が慈善や組織の活動のために使われるのは、民間人が政府の構内に入ることを許可することに気が進まないからだ。寺院の土地はしばしば「国家と個人が個別にあるいは共に運営する空間となった」。しかし他の場合では、そのような利用は、しばしば寺院が廃される結果に終わったであろうとナキャーンは指摘している。

(149) 山西『潞州志』（一四九五）では、郷村の学校は、寺院にある空室を使った。浙江『新昌県志』（一四七七・一五一二）は、成化十年（一四七四）、知府は社学の教師として勤めた官学生員と生徒に、石仏寺を利用して授業をするよう命じたとする。陝西『藍田県志』（一五二九―七一）は、弘治年間の最初、二十の里に設置された学校のうち二つだけが、建物を独自に有していた。残りは、店舗か寺院の中で運営していたとする。福建『上杭県志』（一七六〇）は、弘治十五年（一五〇二）ごろ、地方官は、様々な寺院や庵に四つの学校を収容したという。浙江『太平県志』（一五四〇）は、二つの廟と一つの寺院は当時、社学として使用されたことを記す。また江西『南豊県志』（一六八五）2/10bは、書院のそばの建物が社学となったが、あまり長くは続かなかったとする。

(150) 広東『欽州志』（一五三九）では、嘉靖四年（一五二五）、廃棄された崇寧寺は新しい社学となったという。江西『崇仁県志』（一八七三）は、教育監督官の李齢の命令で天順六年（一四六二）から翌年に、二つの廃寺を作り変えた学校をあげる。康熙・江西『上猶県志』は、ある学校は五通廟の「跡地」に設立されたが、しかし祠廟が学校設立のために壊されたのかどうかは明確でないとする。広東『掲陽県志』（一七七九）は、学校が古い寺から作られたことを記録する。

(151) 江西・興国『瀲水志林』（一七一一）12/1-4の黄泗「移易風俗申文」を参照。

(152) 陝西『眉県志』（一七七九）4/16を参照。

(153) 多くの事例があるが、その中で、詳細不明な建物から転用された学校は、おそらく淫祠から作られた。多くの学校も同様である。たとえば、嘉靖二年（一五二三）、万暦十五年（一五八七）、如皋県では、地方官はそれぞれ十五カ所、七カ所の社学を「設立するために転用した」（改立）。しかし、宗教施設についての項目に含まれている情報は他にない。その学校は地方志が書かれる時まで長く放置された。南直隷『如皋県志』（一五六〇）（印刷版）六〇頁、南直隷・如皋『白蒲鎮志』（一八四一）2/23を参照。一部の官僚は、社学を設立し、淫祠を壊した。しかし、二つの行動は、明確には連結しない。たとえば、正徳年間の末に、提学林有孚は淫祠を破壊し、六十三の社学を増設した（南直隷『合肥県志』〔一七三〇〕10/8を参照。『明人伝記資料索引』によると、嘉靖十一年〔一五三二〕、林有孚は庶民に落とされた）。同様に、多くの社学を設立し社学への通学を求めた楊継宗は、嘉興の知事だったときに、すくなくとも一つの淫祠を破壊した（浙江『秀水県志』〔一五九六〕9/66には、五十数年後、彼のために廟を設立した記録がある）。

(154)　リンダ・ウォルトンは「書院と仏教や道教の施設との間の土地をめぐる紛争は、聖なる土地と経済資源についての継続的な争いであったことを示す。新儒家、仏教徒、道教徒はまた地域の民衆からの支援と民衆への影響力の面で競合した。文化的変容を意味する「教化」の概念は、儒家が改宗をさせる一つの形態と理解された」と書いている。書院と寺院は時折、山やその他の景観を分け合い、そして「土地についての書院と寺院との間に時折おこる議論への言及は、ともに聖なる土地を独占しようとする試みにより衝突が発生していたことを示す」とする。Linda Walton, "Academies as Sacred Places," in Ebrey and Gregory, eds., *Religion and Society*, pp. 349-350. を参照。シャンクワン・リューはまた、一四〇〇年代後半と一五〇〇年代半ばの府州県学と寺院との間に起こった理想的な土地をめぐる紛争の事例を挙げる。その一例として、正徳十二年（一五一七）、ある寺院の師が、自らの寺院が「淫祠」に近いという非難運動の中で、「淫祠」とされることを恐れ、そこから離れるために、望ましくない場所に移動することに同意したことが挙げられる。Liu, "Education and Society," pp. 28-29, p. 33. を参照。

(155)　浙江『新城県志』（一五七六）を参照。

(156)　これらの転用は、嘉靖元年（一五二二）から嘉靖十九年（一五四〇）の間に、市街に二つの社学を設立した地方官の指導のもとに起こった。万暦二十九年（一六〇一）に編集された県志は、嘉靖十九年（一五四〇）に作られた府志の言葉を繰り返す。だが転用される学校が運営中というのは余り考えられない。北直隷『河間府志』（一五四〇）、北直隷『任丘県志』（一六〇一）を参照。正徳八年（一五一三）ごろ、ある地方官が五つの淫祠を社学に転用した。市中の観音寺も含まれており、他の二つの寺院はその外側にあった。南直隷『崇明県志』（一五一二？）を参照。弘治年間初、淫祠や無額の庵院が破壊され社学に変えられた。南直隷『松江府志』（一五一二）13/31b（印刷版七三六頁）を参照。ある県の地方には、弘治年間、五十余りの社学があったが、おそらく淫祠を転用したものであった。福建『尤渓県志』（一五二七）を参照。

(157) 王鑑之「崑山県虞浦社学記」を参照。

(158) そのほとんどが、取り壊され、再建された。しかし顧潜は後ろの尼院の建物を孔子廟にすることで保存した。彼は古代の建築を尊敬したからである。『雲南通志』（一五七六）8/4b を参照。

(159) 銭江庵は彙征社学となり、四聖宮は侍御社学、玄壇（詳細不明な宗教施設）は会元社学となった。これらは小さな廟だったので、それぞれ学校は一間の部屋となった。最初の二つは嘉靖十四年（一五三五）に改修された。嘉靖三十一年（一五五二）までには廃墟となっていたが、以前の廟が復活したという史料はない。これは少なくともこの県においての二度目の社学設立の試みであり、黄知県が到任した時には長く放置された四つの「もともとの社学」があった。福建『安渓県志』（一五五二）4/43-4を参照。

(160) 南直隷・嘉定『真如里志』（一七七二）1/4b を参照。真如鎮では真如寺の場所に真如小学が建てられ、大寺と呼ばれた。李資坤が紀王廟の場所に学校を建てた後も、儼渓鎮はまだ紀王廟鎮と呼ばれていた。それら祠廟の名前は、すべて南直隷『嘉定県志』（一六〇五）3/19a 以下に見え、また個別の嘉定のさまざまな地方志でも確認できる。

(161) 「現在、西学は日々すばらしいものになっている。そして二つの宗教（仏教と道教）は日々弱体化している。その力はもうもたないだろう。仏教はすでにその役目を終えている。道教はその精神がすでに有効でなくなることを嘆いている。もしそれらが儒教の潮流の支援をうければ、中国は、秩序と平和でみたされ、そして二つの宗教は、守られるだろう。一般に、それぞれの県では、寺院と庵の七〇％は学校に転用されるべきで、三〇％は僧侶と道士を収容させるために残す。財産については、学校に移す。その七〇％は学校で使い、三〇％は僧侶と道士に与えられる……」。張之洞『勧学篇』（ジェローム・ターボル仏語訳、*K'uen-hio P'ien: Exhortations a l'Etude par S. Ex. Tchang Tche-tong* (Shanghai: La Mission Catholique Orphe-nlinat de T'ou-Se-We, 1909), pp. 94-96.）を参照。二十世紀の社学に関する研究者である王蘭陰が張之洞に関する二つの記事を書いているのは注意すべきである。

(162) 李齢「社学記」、『江西通志』（一五二五）12/29-31を参照。

（163）広東『南海県志』（一五三五）を参照。

（164）このような記録の事例としては、以下のものを含む。「人々の才能が日々あふれている」（陝西『武功県志』〔一五一九〕）。「習慣と教育が改善され、儀式は洗練される。教育は啓蒙され、行政は規定され、道徳は統合される。これらは周礼による当局の任務から生み出されたものだ。そして、司馬遷の理論により、官僚の才能は学校よりあらわれる」（四川『保寧府志』〔一五四二〕3/39）。「習慣は大きく変わる」（広東『恩平県志』〔一八二五〕）。「全ての一族が、詩、文、儀式、音楽に通じる」（北直隷『河間府志』〔一五四〇〕）。「暗誦の音は唱和される」（南直隷『桐城県志』〔一四九〇〕）。「子供は敬意と謙譲を知り、村々は音楽と歌、儀式と教えで満たされる」（『広東通志初稿』〔一五三五〕）。「暗誦の音は、隅々まで届き、数年後、習慣はとても良いものとなる」（湖広『醴陵県志』〔一六八五〕6/25）。「習慣は徳となる」（福建『徳化県志』〔一六八七〕4/8）。「大衆の習慣は変化し、暗誦と歌はみな尊敬される」（北直隷『隆慶志』〔一五四八〕）。「音読は、あらゆる場所に響き、地方の習慣は改善される」（北直隷『内黄県志』〔一五三七〕）。「学生は楽しそうに働き、多くは成功する」（河南『新郷県志』〔一五〇六〕2/33）。「村の文化水準は上昇する」（弘治『貴州図経新志』1/26b）。「多くの学生は成功する」（南直隷『常熟県志』〔一五〇三〕）。「みな勉強し、暗誦の音は、一般的になる」（『溧陽県志』〔一七四三〕）。「一月と待たず、暗誦の音は、県の四方までいきわたり、郷紳は喜び、栄えた周代のような状況が、自分たちの時代に確立したことを思う」（王鑑之「崑山県虞浦社学記」）。「その地区は音楽と暗誦で満たされ、皆が行儀正しく温和となる」（南直隷・嘉定『石岡広福合志』〔一八〇七〕）。

（165）Elman, *A Cultural History*, p. 239. を参照。

（166）Thomas H. C. Lee, *Education in Traditional China,A History*. (Leiden: E. J. Brill, 200), pp. 98-99, p. 632. を参照。

（167）Liu, "Education and Society," pp. 293-294. を参照。湖広『常徳府志』〔一五三五〕9/12は社学が失敗したとき、私的な学校（私塾）が起こったと述べる。

（168）Elman, *A Cultural History*, p. 246. を参照。池小芳『中国古代小学教育研究』（上海、上海教育出版社、一九九八）を参照。

（169）陝西『同州志』（一六二五）3/6を参照。

(170) 池小芳「明代社学興衰原因初探」二三頁を参照。

(171) 南直隷『呉江県志』（一四八八）は、古代の例にならって、連帯して一つとなることができた二十五の裕福な一族の住む地区を除いて、社学は名前だけの存在となっていたとする。

(172) 広東『南海県志』（一八三五）29/28b を参照。

(173) 寺院内の異なる場所において異なる活動が達成される手段の模倣として、桂萼のいう分堂システムを解釈するかもしれない。

(174) 崇禎・南直隷『呉県志』13/53に「朱熹の廟と顧野王の廟、後者は、どこかの時点で突然僧侶によって破壊された」と、『雲南通志』（一五七六）に「嘉靖十年（一五三一）、社学に転用されたある女院は、尊重すべき重要な建築があったのだが、社学設立者が孔子廟に建て直した」と、広東『潮州府志』（一五四七）に「四つの学校のうち二つは、朱熹の廟をもっていた」と、山東『兗州府志』（一五七三）29/41に「金郷県の社学は、朱熹の塑像を持っていた」と、徐有貞「蘇州府社学記」に「朱子と郷賢祠」と、王鑑之「崑山県虞浦社学記」に「弘治元年（一四八八）、それぞれの学校は本堂に孔子の画像を備えていた」と、江西『饒州府志』（一六八四）に「嘉靖十九年（一五四〇）、小学の後堂には「二賢堂」があった」とある。聖賢祠をもつ学校について以下の記録には、「すべて李資坤によって一五三〇年代に設立された」とある。南直隷・嘉定『婁塘志』（一七七二）、南直隷・崑山『安亭志』、南直隷・嘉定『黄渡鎮志』（一八五三）、南直隷・嘉定『南翔鎮志』（一七三二）を参照。元代の社学に関する事例において主要な点は、至正二十五年（一三六五）ごろの社学の再建の記録では、そこに廟が置かれていたことである。副知県の陳は、たまたま壊れた社学を見つけ、すこし離れたところで、かつての孔子廟も見つけた。しかしそこには「人々を誤らせるような像が収められていた」と言って、この像を川に投げ捨てて、賢人の画像を古い社学に置き、社学を再建し、そこに学生と教師を入れて、それらを崇拝させた。彼は、説得して、地域住民に二百五十畝の土地を寄付させて、犠牲祭祀と教育費に充てた。この学校のもともとの目的は、明らかに宗教的なものであり、不適切な像への信仰とは、おそらく仏教だろうが、その信仰は孔子と聖賢への適切な信仰に置き換えられた。南直隷『上海県志』（一五二四）を参照。

（175）Walton, "Academies as Sacred Places," pp. 335-338 では、「書院は聖なる所であった。その理由として、書院がある程度寺廟を模倣した事で、寺廟の構成と対応しているからというだけではなく、儒者と官僚の廟を中心に置いて、祀られた人々を敬う儀式は、その書院の成員を共同体へと繋ぎとめるものであったからである」と論じた。ジョン・メスキルによると、祠廟は実際に書院の主要な機能を果たしていた。宣徳十年（一四三五）ごろまで、古い書院は祠廟を保存するためだけに修繕されていた。John Meskill, *Academies in Ming China: A Historical Essay* (Tucson: University of Arizona Press, 1982), p. 21. を参照。福建『永春県志』（一七八九）には、重要な地点が祠廟であったという書院の事例を見出せる。鄧洛書は、多くの社学を設立した人物であり、彼は地方の賢人と官僚を祀る祠廟の記録を書いて書院の中に置いた。南直隷『上海県志』（一五八八）を参照。嘉靖二十二年（一五四三）、ある社学は、よい寺院の場所を求める書院によって移転させられた。山東『莘県志』（一五一五？）を参照。

（176）これはまた、元代、事実であった。至正十年（一三五〇）の石碑は、各月二回、地元の官僚は貧しい官僚と社学の教師と学生を連れて、儒教寺で線香を焚いたとする。河南『魯山県志』（一五五二）4/13を参照。

（177）周氏は、安普の社学に半年に一回の犠牲祭祀と教師と学生を支援するのに十分な土地を寄付した。『雲南通志』（一五七六）8/62a を参照。

（178）明代後期、儒者は儀式の専門家として、富裕な家族の葬式を監督した。ここでも、彼らは仏教や道教と対立した。

（179）人を崇拝することと神を崇拝することには、ある種の相違はあったかもしれない。しかし、どちらも犠牲と名誉を受け入れた。これらの社学の設立者が、効果的に淫祠の対象と自らとを入れ替えていたという考えに抵抗することは難しい。

（180）封川県で、淫祠とされた寺院は、嘉靖二年（一五二三）ごろ、優れた官僚を祭る廟に変えられた。広東『肇慶府志』（一五八八）を参照。このような廟への経費は、あまり高額ではない。明代後期、海瑞は淳安県の予算を記録している。彼は知県であった。そこでは、姚知県祠、郷賢祠、名宦祠には、それぞれ二両が割り当てられていた。また社稷壇には八両が割り当てられていた。そして郷飲酒礼には十一両が割り当てられていた。文廟は三十両、朱子廟は二両以下となっていた。『海瑞集』（北京、中華書店、一九八一）八〇―八九頁を参照。

（181）これらの廟については、Katherine Carlitz, "Shrines, Governing-Class Identity, and the Cult of Widow Fidelity in Mid-Ming Jiangnan."（*Journal of Asian Studies* 56-3, pp. 612-640, 1997）を参照。ロミン・テーラーはこれらを「ともに嘉靖十年（一五三一）ごろから標準であった」と記述するが、個人的に連絡をして、彼がそれらを命じる皇帝の勅令を見つけていないことを確認している。Romeyn Taylor, "Official Altars, Temples and Shrines Mandated for All Counties in Ming and Qing."（*T'oung pao* 83, pp. 93-125, 1997）, p. 101. を参照。嘉靖十年（一五三一）は、社学を設立し、おそらく仏教を攻撃するという失われた勅令が出された時である。

（182）例えば李鏡の生祠については、『湖広総志』（一五九一）、湖広『岳州府志』（一四八八）、過廷訓『本朝分省人物考』嘉定の李資坤を参照。他に社学の設立者を祀る二種類の祠廟があり、社学設立者への廟は以下に見える。湖広『耒陽県志』（一七一六）「連続して互いの祠廟を作り合う官僚」、湖広『嘉魚県志』（一八六六）、浙江『秀水県志』（一五九六）「楊継宗の祠廟」、広東『高州府志』（一八九〇）、南直隷『如皐県志』（一五六〇）「設立者の生祠」、江西『大庾県志』（一七四八）「張弼に加えてもう一つ」、広東『潮州府志』（一五四七）5/52「江西の饒州で生まれ、仕官し祀られた人」、広東『恵州府志』（一五五六）、広東『大浦県志』（一五五七）「二人」、湖広『永州府志』（一六七〇）、山東『臨朐県志』（一五五二）、河南『固始県志』（一五四二以降）「天順三年（一四五九）から成化八年（一四七二）にかけてこの地で勤務し、社学を修復した薛良は、地方志編纂を開始した。その地方志には、祠廟に置かれた彼の画像を収載する」、山西『屯留県志』（一八八五）、南直隷『贛楡県志』（一六七三）「万暦年間の社学設立者」、四川『西充県志』（一七二二）7/22b-23a「馬金と彼の父親である馬廷用、共に社学を設立しており、彼らは生地で祀られた」など他にも事例がある。

（183）江西『崇仁県志』（一八七二）を参照。

（184）Liu, "Education and Society," pp. 309-310. を参照。

附録　結論

一　社学と明代専制政治

中国の文学的引喩の名句を見つけることは、引喩が長い間にわたって用いられてきた道筋を描くことよりもはるかに容易である。(Craig Clunas, *Fruitful Sites Garden Culture in Ming Dynasty China*. Durham, NC: Duke University Press, 1996, p. 52.)

中国の教員養成系大学の教員によって書かれた社学についての論文の多くは、明代の社学は、今日の学校と関係があり、それは清代や一九三〇年代、一九四〇年代の改革者のものと相似している。明代の社学は理解するに値するが、学校が直面した困難は、当時の中国や他の地域での初等教育のものと関係があったのと同じようであると指摘している。(1) 学校の起源やそもそもの根源的性格に焦点があてられてはいない。けれども、明代の考え方では、地方社会の単位として定着している「社」という祭壇は、「地域共同体と中央による統合」との接点にあったので、(2) 社学は、様々な時期に設立された学校としてはふさわしい名前であることがわかる。社学は、皇帝の命で、あるいは王朝の維持につとめている高級官僚によって、自らの国家観で仕事をするが中央政府から任命された在地の地方官によって、そして地方の目的にかなった学校を中央乃至は教化の名声と結びつけて考えたがる現地の住民によって設立されたからである。トーマス・リーは「地域主義者的志向」と「皇帝権力への抵抗」とを組み合わせてしまうことに警告する。なぜなら、調和と統合は、高く評価され、国家乃至は皇帝権さえからも生まれるとみなされるからである。(3) しかし一方で、王朝が地域機関の創設を命じたことや地方機関が設立されたということが、王朝乃至は政府がそれらの機関を支配したとか、それらの機関を通じて住民を支配したことを意味するわけではない。以下では、明代の国家と社会を形成した朱元璋と彼の後継者たちの権力についての筆者の知見を六つの主な点に要約して述べる。(4)

第一、官僚たちに全ての郷村に学校を建設することを命じた最初の勅令に応じて、帝国内のせいぜい半分の県では、利用できるごくわずかな史料によると、それよりもずっと少ない数の県が学校を一つでも有したが、それらの痕跡は史料上にはほとんど残っていない。県学は、そこで教育を受けた家族に直接的に利益を与えたため、ずっとうまくいったし、仏教寺院もまた、朱元璋の寺院数制限という試みにも関わらず、同様であった。明朝の民衆はどの機関を支援するのかを選択した。実際には、筆者が別稿でより詳細に論じたように、反抗的な人々のために、明朝の建国者は何度もその政策を変更せざるをえなかった。(5) 社学の場合、裕福な住民が彼らの子息を通わせることを拒絶したので、たった五年後に学校は廃止されていった。朱元璋は初等学校を利用して新たな征服民に対して新たに制定した法を教育しようとしたが、その試みは失敗した。（原著の第二章）

第二、玉座に就いた朱元璋の後継者は、官僚からの提案を受け入れ学校の規定を変更した。明の創建者の死後、ある卓越した官僚が辺境の不安を沈静化させる可能性を学校が持っていると認識するまで、朝廷では学校に注意が払われなかった。そして中央政府の政策として学校は再興されたが、朱元璋が明確に学校から分離させたはずの官僚の手に委ねられることになった。そして朱元璋は、学校を、父親の職業に戻るであろう子弟たちに基礎的文章力と法を教えるためのところとするつもりであったが、彼の後継者は上奏を受け入れてカリキュラムを変更し、社学を国家の学校システムの最下層に、理論的には、官僚への道に位置させた。この第二の具体化で明代の社学は、明朝初期よりもより強制的でない手段によって国家をサポートするようになった。学校は、帝国で最も優秀な子弟を選んで国家の課程に組み込み、礼や道徳的行為の教育を行うことによって、国家公務のためにもっとも有望な子弟を選抜し訓練した。それは府州県学での無秩序で貪欲な役人を最小限にするためでもあった。同時に、古典、儒教儀礼、模範的教師に触れることは、県学には決して入学することが無いような子弟を道徳的で法を遵守する臣民へと変化させることを意図していた。さらに、古典と古典より続く伝統を尊崇する教育を受ける機会の存在は、民衆を益々国家への支持に向かわせることも意味していた。(原著の第三章)

第三、社学に対して職務上の責任を負っているにもかかわらず、ほとんどの地方官は、社学やその他の徴税・犯罪に直接的関係の無い機関を放置した。しかし十五世紀後半より十六世紀中期にかけての学校拡大への熱情の爆発の中で、官僚自身が、地域社会の変革に関与したという記録が百以上ある。筆者はこのような活動が中央からの指示への服従とは理解されないことを提示した。法の条文にしたがうというよりはむしろ、彼らは明朝建国者の多様な地域政策や他の来源から制度・機構を選択して適応させた。社学は、これらの人々が形成したので、法を教えるというより新儒教を教化する機関となった。実践主義者は、社学と県レベルの酒礼の維持において裕福な地域人士と協働した。それは階級の連帯意識からのためか、あるいは他の問題での彼らへの支援を依頼をするためであった。同じ理由から、実践主義官僚は、名宦祠と郷賢祠を広く建設したが、それは中央政府の規定には見えないものである。一方で、里老人制と郷村レベルの酒礼は、朱元璋による地方行政についての命令の中で、重要な位置を占めていたにもかかわらず無視された。そして仏教と道教の合法性と、民間信仰に対する王朝の相当寛大な態度にもかかわらず、明朝初期の実践主義者は「淫祠」として寺廟や無額の庵院を攻撃した。社学はその戦いにおける武器だった。若い子弟に儒教道徳と儀礼を訓練することにより、社学は彼らが仏教や道教の専門家となることを妨げた。社学は地域の資産を引き出し、それらを仏教、道教などの施設から切り離していた。(6) 学校は壊れた寺院の土地に建てられたり、あるいは寺院を破壊した瓦と煉瓦を用いて建てられ、代り映えのしない地域社会の中で、物理的に寺院と入れ替えたところに建てられたりもした。（原著の第四章）

第四、社学は、道徳の改善とは無関係なやり方で地域の人々の役に立った。明朝初期とおそらくそれ以降、吏員は賄賂を受けるために学校の通学義務規定を操作して金を稼いでいた。社学の生徒は多くの面で隣人との競争において自らが優位に立てるような教育を受けた。彼らは読むこと、契約書を書くこと、あるいはふさわしい形式で他者を威圧することを学んだ。彼らは教師として生きるため、あるいは官学の生員へと昇格するために農耕をやめた。学校で教育を受けた人々は、家庭内の儀礼方法の書物を読むだけではなく、郷紳をどのように見習うか、どのように訴訟に勝つか、どのように試験に合格するか、どのように商売を成功させるか、どのように恋愛をするのかといった書籍を読むことができた。裕福な家庭では、子弟を家で勉強させるよりもむしろ、これらの公的学校に通わせて金を節約した。地域人士は教師として勤務し、俸給や授業料を稼いだり要求したりした。他の地域人士は、教師の職の授与に関して学校を牛耳ったり、学校を設立したり維持するのに必要とする地方官の感謝を買うため、あるいは自らの業績を記録に残してもらうため支援者となった。地域の人々は、学校に場所を貸与し、あるいは売却することで利益を得た。そして地域の人々は地方官が寺院から没収した学校の財産をしばしば侵奪した。明代後期、社学は地域社会の穀物倉庫としても役立ったし、またエリートが集う場所としても機能した。（原著の第六章、第七章）

第五、明朝の人々は、自ら政策を形成したり妨害したりした。皇帝から地方官に至る国家の構成員は、一貫して方針を設定できなかったし、社会の形を決定付けることはできなかった。その命令は提案とみなされ、実際には、王朝、中国文明、儒教とともに高い地位の組織の重みを支えた提案であったにもかかわらず、その提案は、受け入れられることもあったとはいえ、一顧だにされないこともあった。人々は彼らの祈りの場の破壊に抵抗した。社学の生徒は、県学への進級を嘆願し、そして手に入れた。辺境の長老は、学校を求め獲得した。生徒と教師は徴税免除を得た。地域の人士は、国家の政策について自らの意見を述べる政治的な場として地方志をもちいた。それはまさに彼らが政治的組織のために書院を利用したのと同様であった（原著の第三章、第六章、第七章）。やがて明朝建国者がもっていた、農民の子弟たちに道徳と法を教えるための自発的な社学という理想像は、明の国家と社会における他の人々による理想像に取って代わられた。社学の創建は、朱元璋が意図したものとはまるで異なっていたが、それらは朱元璋の賢明な指示に従ったのだと主張できた。何故ならば、「立社学（社学を創設する）」というわずかな句が、すべてを包括していたからである。

第六、社学は、明代の人々が出世をしたり、ライバルを攻撃したり、自らの主張を歴史の上に明確にしたりするための現実的修辞的材料の一部であった。朱元璋の学校についての決定は、当時は効果がなかったとしても、彼のイメージを形成し、明の歴史を支配することになった君主と国家の中央集権化という物語を、現代に至るまで強調することになった（原著の第二章）。後の皇帝たちは、古代あるいは明朝建国者にならっていると主張するために社学を建設する勅令を出して、その正当性を獲得した。高級官僚は社学を統制して官僚的権力を増大させ、王朝における自らの重要性を表現するために学校に関する文章を使って、王朝に対する自らの忠誠を表現した。他の記録者たちは、学校について記録することを通じて、自身や地方情勢へと目を向けさせ、おそらく学校を不完全な代用品として示すことにより、軍事力を緩和させた（原著の第三章）。実践主義者の記念文は、学校の位置と資産を明示的に記録している。それと彼らによる地方志は、表面上は地域史である。そのいずれもが、同時代、そして後代の人々に彼らの業績への注意を向けるようにした（原著の第四章）。新儒教の英雄的資質の類型が十分に確立すると、その資質は、学校を建てそれらについて記述をした地方官によって採用された。それは地方官が自らの名声を高め、彼らの信念を継がせ、彼らの政治的哲学的位置を論じるためであった（原著の第五章）。社学は、文書の中でも現場でも、徐階と海瑞や王陽明と桂萼のようなよく知られた二人の好敵手のために機能した。県には「すべての村々に社学がある」という地方人士によって書かれた地方志の主張は、県の威信を支えた。明朝後期の文章は時折、地域の人士に社学の設立乃至は運営についての名声を与えるものもある（原著の第七章）。これらの国家の下級機関とそれらに関する公文書は、多くの卓越したあるいはそれほど卓越していない明朝人士の役に立った。明初の地方機関に関する命令は社会に影響を与えたが、そうした命令は、順守のために直接的になされるというよりはむしろ、生じた反応や巧みな操作のために間接的になされたし、意図された以外のやり方でなされることもしばしばあった。(7)

二　明　朝

その儀式において、郷村は決まって、法の規定に応ずるというよりはむしろ、儀式自体の目的の表現のために、法を参考にする。（デヴィット・ファウル）(8)

明の十六人の皇帝は、尊敬すべき、残忍な、常識の無い、気取った、病的な、放蕩な、うぬぼれの強い、無思慮な、まぬけな、尻に敷かれた、酒好きな、わがままな、浪費する、ほんとうに無責任な、堕落した、軽薄な、無力なものであった。しかし、彼らは忠誠心や終生の奉仕のみならず、多くの臣民たちの名誉ある殉教者として死すら命じた。なぜであろうか。モートは、このように説明している。

中国の文明は、文明を可能にさせた社会秩序の極致としての（皇帝と王朝の）存在を必要とした。中国人は、皇帝たちの欠点に盲目的ではない。しかし……、正当な王朝は、全ての反抗する成り上がり者の敵よりも好まれることになったし、皇帝制に代わるいかなる他の制度も、文字通り考えられなかった(9)。確かに、王朝の批評家の多くが、絶対君主的で専制的だという前提にたっている。劉魁は、明の支配者に公正と不正を教えようとして他の人々とともに収監されたが、やはり皇帝の善行という点から事情を述べた。彼は、仲間たちにハンガーストライキをしないように説得した。何故ならば、「皇帝の意図は彼らを生かしておくことであって、殺すことではない」からだ(10)。型破りな明朝後期の人、李贄は書簡の中でこう記している。

天下の財物はすべて皇帝の個人的な資産である。皇帝が必要より多く消費したとしても差しつかえないのである。天下の民衆はすべて皇帝の民である。もし皇帝が必要より多く搾取したがっても、（その重荷に）耐え忍ぶのみである。……あなたがたはただ人々を元気付けようとすればいい。皇帝に抗議してはならない(11)。

けれども明朝人士の中にはモンゴルや満州の支配者に従うことを選んだり、宗教的な、あるいは民衆のリーダーのもとで抵抗したり、仕官や、税の支払い、彼らに対する裁判を拒否したりするものもいた。皇帝や王朝への忠誠については、疑問の余地がありえないわけではなかった。そのことについては、依然として説明を要する。

明朝は軍隊や、威信、法と制度、伝統による支持、そして莫大な物的資源を持っていた。しかし、権力や名声、組織、思想、富を独占してはいなかった。明代のかぞえきれない盗賊や反乱の発生は、国家が暴力を独占することとは程遠かったことを示している。つまり合法的暴力でさえも、家父長的家族によって行使され、国家権力は時には盗賊団（多くの人々の目に非合法と映る）や社会的盗賊団（地域社会の視点では合法）にかかわった(12)。多くの点で明代社会では、国家は大きな威信をふるったが、我々が目にするほとんどの史料は、それが真実であるということに部分的に依存した状況の史料により生み出された。またそれらの史料でさえも、不法な行為は地方神が名声を高めるのを妨げなかったということや、官僚たちは国家事業を起こすためには地域住民の威信に頼ったということを示している。同時に国家という枠組みは、すべての国家の役人たちを正当化しなかった。つまり役所に配された吏員や衙役たちは、広く有害だと認識されていた。もし国家が非常に尊敬される存在であったならば、自発的に聖職者を支援し、多くの地域の寺廟に穀物と金銭を寄進する人々から、なぜ徴税することが困難だったのだろうか。

国家組織は非常に広く浸透していたが、知識人階級から商人、物乞いに至るまでの他の社会的集団もまた、時間・空間を超越して組織することができた。明朝は思想的独占もしなかった。明朝は誰でも読んだり解釈したりできる古典や歴史書、経書への言及によって意見を正当化した。それらの書物は、個人的抵抗や家族の結束に権威を与え、良くない政府の正当性に疑いを投げかけた。更に国家は思想的に統合されてなかった。皇帝一族と彼らがやとった人々は、価値をならべたてた三つかそれ以上の宗教を奨励した。その中には、家族への貢献や救済に対する国家の卓越性を疑うものもあった。ビン・ウォンは後期帝政中国国家は思想的な組織への綿密な制御に頼ったと論じた。(13)清朝は、ウォンが把握するように、宗教的組織、学校、保甲、「郷約」教導システムを統制し、そして他の地域的思想統制の手段も厳しかった。しかし明代において、これらの組織は、中央による厳しい統制を受けず、様々な人々によって異なった時に様々な形態で推進された。テューダー王朝の変革によって要求された王権と教会への忠誠の個人的誓約と比較してみると、明朝の思想統制は初期を除いては、比較的害はないと考えられる。世界史において、文官登用試験システムという最も長く存続した政治的教化の装置でさえ、最近では「多用な政治的・社会的利害が互いに競い合い、バランスが保たれている文化的競争の場」として述べられる。(14)

ビン・ウォンはさらに、後期帝政中国国家はほとんどの国内産品に対する権利を好んで徴税することで断念し、その徴税は中央集権ヨーロッパ国民国家との比較では「定期的で、負担は軽く、合法的」だったと論じる。(15)低収入、低消費国家を社会的に決定づけたのは宋代とそれ以降であったことは真実だ。しかし明朝のすべてのレベルと人民によってなされた選択という文脈の中で、社学が成功したり失敗したりしたように、一般に競合という文脈の中で、負担の軽い課税は理解されなければならない。その競合は、ヨーロッパの教会、議会、貴族の要求と比べた場合、隠されているか少しずつではあったが、それにもかかわらず重要であった。王朝と官僚制は聖職者、郷紳、庶民と競合した。国家は他者が富を手にしている限りにおいて、富に対する制御は欠如していた。もし租税がヨーロッパの国々と比較して少なかったならば、賃貸料や利子の割合が高かったことになるので、国家以外の連中が実際には人々の富をより多く求めたのである。

しかしこれは、明朝がその臣民と永続的な衝突があったとか、地域社会に対して無関係であったということを意味しているわけではない。むしろ、上で述べた疑問に答えるためには、明朝の力と明朝が長期にわたって存続したことや、多くの明の民衆の忠誠心と奉仕に対する説明が必要だが、その糸口の一部は、朱元璋が、何度も繰り返して国家制度修正や、個人的利益のために制度を操作しようとする「堕落した」官僚とその悪い仲間の粛清によって懸命に抑えようとしたまさにそのことの中にあると私は考えている。この点に対する碑文についてのファウルの見識は、儀式的領域と同様に制度的領域にも適用できる。郷村と同様に個人と家族に、そして個人的目的と同じく適正な統治であると人々がみなすものに関係する目的に、というようにである。明朝は私的利益が競合しえた場所だったのである。

嘉靖帝は、国家儀礼を利用して、父の地位を上昇させて、新たな皇帝の系譜を始めた。また広東のエリートは皇帝儀礼を基礎とした儀礼を利用して、宗族の組織を築くために皇帝の石碑を中央にすえた。普通の人々は、血縁の孝行や貞節への栄誉を国家に求めることによって、地域社会における地位を獲得した。皇帝は、自らを豊かにして宮殿や寺院を建設するために徴税と他の国家収入とを利用した。官僚は、土地を購入し、何世代にもわたり子孫を居住させる邸宅を建てるために、俸給と賄賂を利用した。一般民衆は土地や建物を獲得するために国家祭壇と学校を侵害した。

国家は教育を受けたもの、金銭的にすぐれたもの、暴力的なものを利用し、彼ら自身とその家族に、自身の利益を拡大する手段を与えた。また思想的な学校を支持する者たちのネットワークに、自身の言説を広め影響力を及ぼすための手段を与えた。おそらくもっとも顕著だったのは、臣民が地方官衙やより高位の衙門へでさえも互いのことを訴え出たので、国家がしぶしぶ財産と作法についての議論の中に引き込まれたことだ。キャサリン・カーリッツは「(明朝の)法制は……全ての……競合する集団を仲介する意図を示し」ており、彼らは不服申し立てとその反論、告訴とその反告訴をファイルできたことを指摘している。[16] 社学のように、明の国家の他の部分は、明の民衆によって下から作られ、民衆達の社会的、政治的、個人的、宗教的必要と利益の役に立った。もし清朝がより厳格な統制を執行することができたとしたならば、それはおそらく、明代に移植された社会的国土から国家機関を再生したことを表していたと言えよう。

註

(1) 王蘭陰と盛朗西の論文に加えて、朱炳煦「元明学制表略」(『中国教育界』一五・六、四七—五一頁)では、元と明の学校を図式的に示している中で、社学の図が印刷されている。この雑誌は一九三〇年代の『中国教育界』で、水着と水泳帽の近代的女学生の画像の側面に社学の図が配置されている。原著の第二章では、一九四〇年代の現代志向の何冊かの書籍と論文や、一般的な学校の出版物に見える学校の論じ方を引用している。

(2) Frederic Wakeman, "Localism and Loyalism during the Ch'ing Conquest of Kiangnan: The Tragedy of Chiang-yin" in Frederic Wakeman and Carolyn Grant, eds., *Conflict and Control in Late Imperial China.* (Berkeley: University of California Press, 1975), pp. 71-72. を参照。地域社会への焦点としての、また宗教的集団としての「社」に関するより詳細な議論については、Michael Szonyi, *Practicing Kinship: Lineage and Descent in Late Imperial China.* (Stanford: Stanford University Press,

2002）と彼の著作の第六章引用史料、それと Barend J. ter Haar, "Local Society and the Organization of Cults in Early Modern China: A Preliminary Study." *Studies in Central and East Asia Religions* 8, pp. 1-43, 1995 を参照。

（3）Thomas H. C. Lee, "Academies: Official Sponsorship and Suppression," in Frederick P. Brandauer and Chun-chieh Huang, eds., *Imperial Rulership and Cultural Change in Traditional China.*（Seattle: University of Washington Press, 1994）, pp. 127-128. を参照。

（4）「権力」についてあえて定義してみると、事後、他者に、ある者の意志と一致した方法で、あるいは具体的で通例仲介された処置で―かなり多くの手段で、あるいは恐らくもっぱら自身の個人的な目的のために―、行動させたり話させたりするための包括的説明となる。

（5）Sarah Schneewind, "Visions and Revisions: Village Policies of the Ming Founder in Seven Phases." *T'oung Pao* 87, pp. 1-43, 2002. を参照。

（6）一方で、マイケル・スゾンイは、寺院は明朝の社壇として始まったと主張する事で自らの合法性を断言できると指摘する。*Practicing Kingship* の一八二頁を参照。

（7）マイケル・スゾンイは最近、軍戸の登録や里甲制度が明初に課されると、それらは、民衆により、財産権の確保を含む様々な目的のために乱用され、回避され、また維持されたと示した（Szonyi, *Practicing Kinship*, p. 8, p. 61, と第三章全体）。マルティン・ヘイジュラの精密な調査では、税法と人口登録システムは、決して完全には実施されなかったが、放棄されたわけでもなく、それらは明代の社会経済的変化の複雑な過程の一要素でしかなかったとされた。Martin Heijdra, "Socio-Economic Development of Ming Rural China（1368-1644）." Ph. D. dissertation, Princeton University, 1994. の三七九頁以下を参照。

（8）David Faure, "The Emperor in the Village: representing the state in South China" In McDermott, ed., *State and Court Ritual in China.* の三七八頁を参照。

（9）F. W. Mote, *Imperial China, 900-1800.*（Cambridge: Harvard University Press, 1999）の七四二頁を参照。私自身の皇帝の位置づけはモートの考えも参照している。

（10）別の作者は、皇帝を批評する劉魁の権利を支持するにも関わらず、皇帝は彼を過失からではなく、誠実さを問うために投獄したと論じた。Dardess, *A Ming Society*, pp. 232-233 を参照。

（11）李贄「復晋川翁書（劉東星への返信）」（『焚書』2/73）を参照。Jin Jiang "Heresy and Persecution in Late Ming Society: Reinterpreting the Case of Li Zhi," *Late Imperial China* 22. 2（2001）, p. 20. を参照。

（12）David Robinson, *Bandits, Eunuchs and the Son of Heaven: Rebellion and the Economy of Violence in Mid-Ming China.*（Honolulu: University of Hawaii Press, 2001）を参照。この文書がいつ修正の最終段階にあったのかを明らかにするロビンソンの著書も、「少なくとも明朝のいくつかの地方では、国家は地域社会における必須の要素であった」と論じ、国家は「一枚岩で統合されていた」（一六六頁）と仮定するのは危険だとする。僧侶たちもまた武術の訓練をしており、時には国家のためにそれを実践した。Charles O. Hucker, "Ming Government," in Twitchett and Mote, eds., *Cambridge History of China*, vol. 8, p. 69. を参照。

（13）Wong R. Bin, *China Transformed*, Ithaca: Cornell University Press, 1997 p. 90, p. 117. を参照。ウォンは清代、特に十八世紀に注目する。

（14）Elman, *A Cultural History*, xxiv. エルマンは一一九頁で、試験制度は「張りつめた官僚的競争を残した。そこでは、朝廷は果敢にエリート階層への制御を維持しようと試み、エリート階層は恥知らずにも社会的地位と経済的資産を増すために政府を利用した」と記す。彼はなぜエリート階層を恥知らずとしたり、朝廷は果敢にとしたりするのだろうか。

（15）Wong, *China Transformed*, p. 134. を参照。

（16）Katherine Carlitz, "The Manipulation in a Ming Dynasty Capital Case,"（Paper presented at the 1999 American Historical Association meeting, Washington, D. C.）の七頁を参照（許可を得て引用）。この論文では、物議をかもす殺人事件に対する、法と地方機関を通じた決着を提示している。容疑者は処罰され、殺された女性は烈女として廟に祀られた。カーリッツは、黄彰健の研究を引用していた。黄彰健『明代律例彙編』（台北、中央研究院歴史語言研究所、一九七九）の七頁を参照。メリッサ・マコーレイ、ブラッドリー・リード、マシュー・ソマーは清代におけるこの種の活動力を多様な手法で示している。明代後期については、チャン・ヨンリンの研究が、時折、地方官が厳重に明律に従ったが、他の場合、彼らは起訴すべきと考えた不法行為（妻売りのような）を無視することもあったし、明律に言及することさえなく事件に決着をつけることもあったとする。

第三部　比較史的視点からの提言

前近代ベトナム碑文研究緒論

八尾隆生

はじめに

本論に与えられた役割は、中国石刻文化圏の一翼を担う、前近代ベトナムの石刻文化、とくに碑文(1)の特徴およびその研究状況を紹介することにある。(2)ただ、論題に「緒論」と付した事由を説明したい。まず「総論」を纏められない最大の理由は、ベトナムの碑文が数にして最大となった阮朝期（一八〇二〜一九四五年）に、その数の多さ故にかえって後世の研究者から軽く扱われ、拓本の採録や位置確認、目録の作成などが遅れているという現実があることである。現に、第一節で述べるように、ほどほどの数のある時代（王朝）の研究が先行しているという皮肉な実態がある。本章でも阮朝期の碑文にはほとんど言及しない。

次に問題なのは、特にこの百年間に、破壊、亡失した碑文が多いことである。漢字・漢文がベトナム語教育から切り離されて以降、その傾向に拍車がかかっている。読まれなくなった碑文は遺棄されるか、民間での建築材として重宝されているのである(3)。

ベトナム本国の経済事情にも原因がある。経済復興が軌道にのったのは一九九〇年代に入ってからであり、拓本や録文を公刊することは経済的、技術的困難を伴った。今世紀に入る前後から、研究に回される資金が増え、印刷技術の向上により、大部な影印本の出版や、パソコンを利用した録文の公開も進んでいる。ただやはり誤植の多さや原碑の記述形態の保存（例えば改行位置の明示など）にまでは手が回らず、利用に耐えないものも多い。

筆者自身の問題もある。筆者の関心はずっと史料の少ない黎朝前期（十五世紀）に集中していたため、碑文は貴重なものであったが、その時代のものばかりをみてきたのである。そのため、他の時代のものとの連続性や特徴など考えもせず、ましてや本場中国の実情をろくに知らないという情けない状態にあるのである。

本論ではとりあえずベトナム碑文収集史を第一節で概観した後、第二節ではベトナム本国と日本での研究の現状と成果を紹介し、第三節では、筆者の専門とする十五世紀の墓誌研究を紹介し、碑文史料の重要性などを論じる(4)。学界展望に、事例研究といったつながりの悪いものであるが、読者のご海容をお願いしたい。

一　ベトナム碑文研究史と現在の状況

ベトナムで漢喃史料を収集し、研究する専門研究機関として、漢喃《ハンノム》研究院 Viện Nghiên cứu Hán Nôm（以下 VNCHN）

がハノイ市に存在し、最近では所蔵史料を積極的にさまざまな形で公開している。そして同院院長チン・カク・マイン Trịnh Khắc Mạnh の『ベトナムの碑文に関する諸問題』［TK Mạnh　2008］はベトナム碑文を概観するに簡便な著作である。

同書［TK Mạnh　2008：10—15］ではまず、碑文研究を三つの段階に区分する。第一段階が碑文の捜索、拓本取り、立碑位置の確認、碑文の文面以外の情報、そして目録の作成である。第二段階が録文の作成、及び現代ベトナム語への翻音及び翻訳作業、そして第三段階がいわゆる「研究」、つまり碑文の時間的・空間的分布状況、碑文内容の分析や、それを用いた歴史、文学、言語学、美学研究などである。この段階区分に従って主にベトナム人研究者の活動を追ってみよう。

1　第一段階

十九世紀後半にフランスはベトナム侵略を開始し、総督府と人文学研究機関である極東学院 École française d'Extrême-Orient（以下 EFEO）はハノイに移転となった。ベトナムにおける近代的歴史学はここに始まる。

同院のフランス人歴史研究者たちはフエの阮朝王宮にある漢喃本を精査する一方、地方にも研究補助者を派遣して、古文書調査をしている[5]。その調査項目には碑文も含まれ、やがて拓本を収集するプロジェクトが開始され、一面ごとに登録順に番号が振られた。第一次インドシナ戦争でフランスが敗北し、ベトナム民主共和国に移管された資料類に、一一、六五一基分、計二〇、九七九面の拓本が含まれていた。

それを受け継いで、ベトナム社会科学委員会 Uỷ ban Khoa học Xã hội Việt Nam（ベトナム社会人文科学研究院 Viện Khoa học Xã hội Việt Nam の前身）所属漢喃班 Ban Hán Nôm（以下 BHN）、現在の漢喃研究院は、拓本目録［BHN

1976］を作成するかたわら、収集作業を継続した。二〇〇八年時点で、約三万面が加わり、五万面を超える拓本が同院収蔵庫に保管されている。その間、未公開の目録［VNCHN 1984-86］［VNCHN 1992］も作成された(6)。九二年にははじめて略編目録［VNCHN 1992］が公刊され、一九一九基の碑文の内容紹介がなされた。しかしその後は拓本収集作業は続くものの、新規に採録された拓本の目録は、省単位にまとめられた小冊子しかない状況である（同院閲覧室に設置）。

2　第二段階

パソコン印刷が普及する以前は、学術雑誌ですら漢喃原文が掲載されることはまれで、現代ベトナム語音への翻音と翻訳のみのことが多かった。そして「効率主義」のため、原史料を読んで翻訳する者と、それを分析して歴史、文学論文を書く者が別というシステムが採用されていた。漢喃研究院はまさにその翻訳の専門家が集まるところであった。

しかし一九九八年から始まった「国際ベトナム学学会」も三回を重ね、原史料を読まない（読めない）研究に厳しい目が外から向けられるようになった。碑文に関しても原文にあたることがようやく当たり前となった。

さてその碑文の原文であるが、その残存形態をマインは三つに分けている［TK Mạnh 2008 : 81］。

一、現碑（再刻碑文を含む）

二、拓本（デジタル写真も最近ではこれに含まれるであろう――筆者）

三、録文集や、中国の地方志や文集のように、書籍中に抄写されて残っているもの

このうち、一の原碑は、現存しないものも多くあり、また個々人の研究対象となる原碑がまとまっているわけでも

なく、原碑だけで研究を行うことは不可能に近い。三は原碑の文章をどこまで忠実に写し取っているか疑問が残る。旧南ベトナム政権下の歴史学界の業績はその全貌を窺い知ることができないが、阮朝期より前の歴史研究の対象地域が中部以北に偏っていたため、当然南ベトナムに原碑はほとんど存在せず、拓本史料も微々たるもので、高円斎Cao Viên Traiがハノイの文廟に残る進士題名碑を抄写した録文集『黎朝歴科進士題名碑記』全四冊［CV Trai 1961］が、一九六一年に現代語訳をつけて刊行されている程度である。

北部政権下では、主に編纂史料の翻訳本が多く出されていたが、歴史学に限らなければ、南北統一後間もない一九七七年に『李陳詩文』全三冊［VVH 1977］が文学院より刊行されている。漢喃班も翌年に『ハノイ碑文選集』全二冊［BHN 1978］を出し、ハノイ市中心部の六十三面の碑文の録文、翻訳文を収録している。その後、九〇年代に入って、ようやく経済状況の好転、外国からの要請により、録文集の公刊が再開される。

漢喃研究院は所蔵する拓本から録文集（一部拓本の写真付き）の作成を開始し、『越南漢喃銘文匯編　第一集　北属時期至李朝』［VNCHN 1998］、『越南漢喃銘文匯編　第二集　陳朝』［VNCHN & TDHTC 2002］が刊行された。前者には北属期三面、十世紀六面、李朝期十八面の計二十七面を、後者は二分冊で陳朝期の四十四面を収録している。第一集が極東学院、第二集が台湾中正大学との共編であったが、黎朝期以降のものは刊行されていない(7)。

テキストの確実性という点で原碑には劣るものの、重宝されるのが二の拓本である。電子カメラ撮影画像も同様の効果が望める。しかし、これも中国と同様、偽拓本の存在が問題となる。二〇〇五年から上記の録文集に代わって、フランス側の援助のもとではじまり、現在も進行中の大プロジェクトが『越南文刻拓本総集』［VNCHN, EFEO, & EPHE 2005- ］の刊行である。漢喃研究院所蔵の全拓本を影印出版するもので、全四十巻とも五十巻とも言われる刊行を予定し、二〇一一年末で、二十二巻までが刊行済みである（一巻あたり一、〇〇〇面の拓本を番号順に影印採録）。

ただしこの刊行の過程で明らかになったのが、極東学院時代の収集拓本に、年代や行政単位などを偽造したものが一部存在するという事実である。また阮朝期の碑文収録は、その数の多さに収録をあきらめたのか、実数に比べて採録数が少なく、黎朝後期の拓本数が相対的に多くなっている。収集を委託された者が金銭授受あるいはノルマ達成を目的として、阮朝期のものをより古いものに改竄した可能性も否定できない。結局原碑の残るものはやはり直接見るしかないのである。(8)

二　本国及び日本人研究者のベトナム碑文研究（第三段階）

第三段階からが本格的な「研究」の領域に入るが、そもそも漢喃研究院の拓本は、長らく研究院外部のものには公開されておらず、その利用は困難であった。ベトナムで碑文に関する専論が増えはじめるのは九〇年代以降のことである。そしてその研究の内容も、拓本の数や内容にやはり大きく左右されている。

極東学院時代の収集拓本を時代毎に区分すると、北属期（十世紀以前）一面、(9)独立草創期（十世紀）数面、李朝期（一〇〇九～一二二五年）が二十三面、陳朝期（一二二五～一四〇〇年）が四十四面、黎朝前期（一四二八～一五二七年）が七十面、莫朝期（一五二七～一六七七年）が一六五面、黎朝後期（一五三三～一七八九年）が五千基以上、西山朝《タイソン》（一七八九～一八〇二年）が約三百基、阮朝期（一八〇二～一九四五年）が四千基以上、となっている［TK Mạnh　2008：49］。(10)ただしこれは碑文の実数を反映したものではなく、阮朝期には数万に達する碑文が製作された。

このうち、李陳期の碑文は数も少なく、内容も圧倒的に仏教関連のものが多い。磨崖碑文や墓誌もいくつか残っているが、再刻碑も多い。マイン［TK Mạnh　2008］が碑文文章の内容分類を始めているが、碑文内容に依拠した歴史研究より、銘文の文学的研究や碑文本文以外の装飾彫刻に関する美術学が主流を占めていたと言ってよかろう。美術系の研究は後代のものも盛んで、『李代の美術』［ND Nùng 1973］、『陳代の美術』［ND Nùng 1977］、『黎初の美術』［ND Nùng 1978］『莫代の美術』［NT Cảnh, ND Chi, T Lâm, & NB Văn 1993］などシリーズものが出されている。(11)

日本では太平洋戦争開始前から前近代ベトナム史研究が開始され、現地文書をもとにした研究すら既に存在していた。(12)しかし碑文研究や碑文に基づく研究が、専著ではないにしろ現れるのは奇しくもベトナムと同様、一九九〇年代に入ってからである。(13)

先駆者の桃木至朗は李陳朝時代史の専門家であり、九〇年代に入って入手した拓本史料（一部原碑から自ら筆写した録文を含む）をもとに、学位論文をまとめあげ、公刊した［桃木　二〇一一］。

まず序章第二節二「金石考古史料」では上記のベトナム人研究者の史料収集・録文作業にも問題点や誤りを指摘し、(14)陳朝期には現在六十の碑文が確認されること（原碑拓本が漢喃研究院に未収録であったり、録文だけのものも含めて）、やはり李朝期には仏教関連のものが多いこと、ただし経済面への言及は少ないこと、それが陳朝期にはやはり仏教に関連するものが多いものの、経済にも関わる内容を含むものが総数の三分の二を占めること、後半期には儒教官僚層の進出を反映してか、儒教の立場から仏教を非難した碑文がみられるようになることを指摘する。(15)

第二章「金石文に見る十四世紀の農村社会」では、碑文情報をもとに、土地や財貨の寄進件数や規模を分析し、王侯による大規模な寄進、在地有力者による中小規模の寄進、女性を含む夫婦・親子など家族レヴェルの寄進が存在し、その背景に土地の私有化、細分化の進展、財産の保護戦略などが読み取れることを指摘する。李陳朝期の土地制度に関しては膨大な研究の蓄積と論争の歴史があるが、文献史料が解釈に行き詰まりをみせている現段階にあって、碑文史料の利用が如何に重要であるかを示したものである。

更に第七章では新興儒教官僚層の出身地が紅河デルタ東縁、下部デルタと、デルタの南のタインホアに多いことを指摘し、そのことが、第二章で指摘した儒教文人による碑文の沿岸部への集中となった可能性を示唆する。

陳朝を簒奪した胡朝政権が明軍によって打倒され、短い直接統治期を経て、新興黎朝が成立する。黎朝では敵であった明の正統学問である朱子学を採用したため、それが碑文にもはっきりと影響を及ぼしている。仏教はそれまでの政治的影響力を失い、仏寺に関する碑文は一斉に姿を消す。公田制の施行により私田の拡大に歯止めがかかり、陳朝後半期のような寄進碑文もみられなくなる。黎朝前期にまとめられた法律である『国朝刑律』(16)では、官吏が自分の治績を碑文に刻む行為を禁じている。(17)「公的」碑文が多数を占めるのも当然であろう。

「公的」碑文としては、黎朝皇帝やその一族が眠るタインホア省藍山《ラムソン》の地に多くある帝王、皇太后、公主、諸王の勅撰陵碑(18)、黎太祖に従った開国功臣達の勅撰「佐命之碑(19)」、それにハノイの文廟（国子監）にある進士題名碑などがあげられる。(20)

このうち、藍山諸碑文は、黎朝成立史（＝抗明独立戦争史）研究に既に多く用いられている。中でも最も有名で版を重ねているのがハノイ大学教授ファン・フイ・レ Phan Huy Lê とファン・ダイ・ゾアン Phan Đại Doãn 共著の『藍山起義』［PH Lê & PD Doãn　1965］である。(21) 進士題名碑は登第者の出身地が知られることから、後世の『登科録』の欠を補う役割をはたし、十五世紀から二十世紀まで続いたベトナムの科挙に関する研究に貢献している。

ただ、概して黎朝前期のベトナムにおける研究は、経済史に傾きがちで、政治史研究はそれほど盛んではない。黎朝はタインホア丘陵地に居住する武人を中心とする勢力がたてた王朝であるが、文明先進地であるデルタ地方の文人勢力（その中には親明的であったデルタ東縁部出身者を含む）との確執・妥協の中で、政事が進められた。

この時期はいわゆる「前近代ベトナムの極盛期」と一般には理解されるが、正史『大越史記全書』（以下『全書』）

は列伝を欠く。十八世紀に黎貴惇により紀伝体史書『大越通史』が編纂されるが、列伝も不十分な上に、完本は現存しない。政治史や制度史研究が本国で深められなかった原因もそこにあるようだが、碑文史料はそれを補完するものとして地方文書と並んで重要なものである。拙著［八尾　二〇〇九］では各族の家譜史料のほか、功臣碑文などを活用し、政治史研究に必須の血縁、人脈関係の解明に努めており、少なくとも本国学界のレヴェルを凌駕していると自負する。

また同書では当時の民による田地開拓に関する事例も、碑文史料を中心に分析している。そして紅河デルタ外延に現存する碑文の記述をもとに、その地域の開発過程や官との交渉の形態を論じ、黎聖宗期は「極盛期」とはいえ、その地方官僚機構がすでに硬直状態を起こしていたのではないか、という見解も提出している。

「栄光の」十五世紀が終わると待っていたのは分裂の時代であった。黎朝を断絶に追い込んだ莫朝は、後世偽朝と烙印を押されたため、また亡命黎朝政権との戦いが継続したため、書籍の形態をとった史料が乏しい。それを碑文史料を多用して莫朝期の政治・経済制度、軍事体制の変化、仏教信仰の公然化など、多方面にわたる分析を行ったのが、漢喃研究院のディン・カク・トゥアン Đinh Khắc Thuân 著『書籍と碑文からみた莫朝』［DK Thuân　2001］である。

一方、残念ながら碑文をもとにした日本人による莫朝史研究は管見の限りまだ存在しない。二〇〇九年より始まった筆者が研究代表者をつとめる科研(22)でその克服に着手したばかりである。

莫朝と黎朝政権との戦いは十六世紀末に後者の勝利で終わり、黎朝はハノイ＝昇龍を奪回し、莫氏は北部山地に地方政権としてなお数十年存在した。この黎朝後期に碑文の内容は多様化し、その数も飛躍的に増加する。

ハノイ市中心から東北にある京北《キンバク》地方（現在のバクニン省とバクザン省にほぼ相当）のこの時代の碑文を、拓本に基づいて網羅的に研究したのがファム・ティ・トゥイ・ヴィン Phạm Thị Thùy Vinh 著『黎朝期京北地方の碑文と村落生活の反映』［PTT Vinh　2003］である。同書は様々な指標（県別、社別、年代別、種類別など）を使った碑文の分布分析、装飾彫刻の形態変遷、莫朝期から出現し始めた橋や亭、市など各種公共施設に関する碑文から見られる村落社会の分析などを行い、碑文の種類が多様化し、「民間碑文」が復活したと指摘する［PTT Vinh　2003：結語］。

彼女以外にも碑文を利用して公刊した著作や論文は多くあるが、歴史研究者の場合、碑文本文だけを史料として利用する傾向が目立ち、碑文一枚一枚と「格闘する」日本の研究手法とは大きな違いがある。かたや漢喃研究院研究員らの研究は歴史研究者の立場からすれば、第二段階、つまり史料整理・史料批判、新解釈の段階で終わっている観が否めない。ヴィンの巨著も労作ではあるが、後半半分は碑文解説である。(23)

日本においては莫朝期と同様、碑文に基づくこの時代の研究は立ち後れている。しかし上述の『越南文刻拓本総集』の刊行が開始されるやいなや、多様化したこの時代の碑文拓本をもとに、同期の政権構造や官―民関係分析に着手したのが上田新也である。(24)

［上田　二〇〇六］は、十七世紀を中心に、形骸化した黎朝の官職を帯びたまま、鄭王府の肩書きを兼帯した文武臣により政治的決定が行われ、行政実務も鄭王府が掌握していたことなどを、碑文に見える官職名の精査から導き出している。

次に［上田　二〇〇九］では、黎＝鄭政権下で行われた、黎朝系官職を帯びたまま鄭王府に出向する「差遣」制度を検討し、鄭王府が人材を吸収していた実態を、碑文に見える用語分類から解明している。

［上田　二〇一〇a］は、鄭王府系組織による統治と在地社会の対応に視線が広がる。同時期には徴税村請制が成立し、徴税機構では官僚制的要素が後退し、村落内有力者層の私的支配が伸張し、両者の緊張状態が続いたことを碑文史料より引き出している。

［上田　二〇一〇b］では以上のような国家機構の検討を踏まえつつ、京師昇龍近郊の一村落（社）の、隣社との紛争を記した碑文史料に依拠し、同時期の社村落が既に自律的共同体となっていたこと、国家機構に参画しつつ在地有力者の立場を維持する者が存在したこと、彼らが村内秩序の維持、社の自律化に主導的役割を担ったことを指摘する。民の顔が見えなかったこの時代の歴史解明に大きく踏み出したものと言えよう。

日本人研究者はその数の少なさ故に業績の数も少ないものの、録文の扱い、解釈、分析の深さなどでは本国のそれに劣ってはいない。ただ最大の弱点は、やはりベトナムの社会を十分に実感していないということであろう。当時の村落内制度、風俗習慣などは今のそれとは大きく違うが、類推の効くものもある。例えばヴィン［PTT Vinh　2003：78］が紹介する「店 điếm」は、昼間は村民の休息場、夜は見張り番の詰所の役目を果たす小屋を意味し、川沿いのムラでは堤防付近に置かれることが多い。ベトナム人なら相似のものが現在もあるため、すぐに理解できることであるが、日本人研究者はその解釈に苦しみ、しばしば誤解が生じる。(25) 民族学研究の業績や手法も取り入れなければ文献学者も生きてはいけないのが現実なのである。

三　「箱碑文」の再解釈

一九九〇年代の後半からベトナム人研究者が「箱碑文」と俗称する碑文が相継いで出土している。内容は墓誌で、銘文を伴ったものも存在する（以下「墓誌」で統一する）。十五世紀史を研究する者として筆者も関心をよせ、録文集［Yao T　1999］や、若干の試論［八尾　二〇〇八］［二〇〇九：終章］を発表している。(26)

表一　黎朝前期箱碑文残存一覧

	墓主	撰者	科挙登第年	順位	勅撰	記年	西暦	所在
㋐	西越郡夫人阮氏	記載無	—	—	×	記載無		原碑失　漢喃研究院蔵拓本：N.16515-16515 bis（タインホア省ドンソン県）
㋑	杜大夫人黎氏	欠失	—	—	×	欠失により不明		タインホア省タインホア市クアンタン社
㋒	西越司馬阮公	記載無	—	—	×	記載無		原碑失　漢喃研究院蔵拓本：N.16516-16516 bis（タインホア省ドンソン県）
㋓	西越宣忠大夫黎公	記載無	—	—	×	記載無		タインホア省トスアン県スアンバイ社
㋔	定国国長公主	欠失	—	—	？	末尾欠失により不明		タインホア省ティエウホア県ティエウザオ社
㋕	寿安宮敬妃阮氏	梁世栄	光順４年(1463)	状元	○	洪徳16年	1485	原碑失『明良錦繡集』黄閣遺文 所載
㋖	阮有永及び室王氏	阮沖愨	光順10年(1469)	第三甲	×	洪徳19年９月16日	1488	タインホア省ハチュン県ハロン社
㋗	郡上主黎氏	阮直	大宝３年(1442)	状元	×	記載無（洪徳期）		原碑失　漢喃研究院蔵拓本：N.11302-11303（ハナム省ズイティエン県チュンザン社）
㋘	皤渓侯阮公	武睿	洪徳21年(1490)	状元	×	洪順３年10月17日	1511	原碑失　漢喃研究院蔵拓本：N.13545-13546（タインホア省ドンソン県）
㋙	錦栄長公主	呉讙（呉鵬？）	洪徳18年(1487)	第二甲	○	景統元年11月10日	1498	原碑失『明良錦繡集』黄閣遺文所載
㋚	嘉淑公主	梁世栄	光順４年(1463)	状元	○	洪徳14年10月11日	1483	タイビン省ヴトゥ県ソンアン社（漢喃研究院に拓本有：N.29619）
㋛	寿明公主	阮沖愨	光順10年(1469)	第三甲	○	洪徳26年４月３日	1495	原碑失『明良錦繡集』黄閣遺文 所載
㋜	懿徳公主	阮道興	洪徳24年(1493)	第二甲	○	洪徳28年11月己酉日	1497	原碑失『明良錦繡集』黄閣遺文 所載
㋝	阮和敬	欠失	—	—	×？	欠失により不明		タインホア省タイクタイン県ゴクチャオ社
㋞	建王妃鄭氏	摩滅	—	—	？	摩滅により不明（洪順期）		タイビン省フンハ県コンホア社（現タイビン省博物館蔵）
㋟	太保平楽侯	梁世栄	光順４年(1463)	状元	×	記載無（洪徳期）		タインホア省トスアン県スアンタン社（現ドンソン県ドンミン社鄭維族祠堂蔵）

㋠	阮盾？※	記載無	—	—	×	洪順２年11月30日	1510	原碑未見　タインホア省タィクタイン県ヴァンズ農場
㋡	襄翼帝	阮徳亮	洪順６年(1514)	状元	○	光紹６年４月16日	1521	原碑失『明良錦繡集』黄閣遺文 所載
㋢	慈敏阮公及び室黄氏	梁世栄	光順４年(1463)	状元	×	洪徳甲辰(15)年11月13日	1484	バクニン省クエヴォ県キムチャン社
㋣	甲河(甲海父)	族内	—	—	×	景暦４年12月26日	1551	バクザン省ヅィンチ社
㋤	莫公	摩滅	—	—	×？	景統己未（２）年(以下本文摩滅のため不明)	1499	ハイズオン省ナムサィク県タインクアン社(漢喃研究院に拓本有：N.37383-37384)
㋥	京北承司吏妻范氏	記載無	—	—	×	記載無		ハイズオン省キムタイン県フタイ町

※㋠の碑文情報は Phạm Thị Thuỳ Vinh 氏によるもので、原碑を筆者は見ていない。また碑文の文章も現代ベトナム語表記のみのため、Nguyễn Thuần と翻音されているこの墓主が「阮盾」となるかは確実ではない。またこの人物は阮氏の家譜には見えない。

同碑文は本体と蓋からなる。本体には誌（銘）、つまり故人の履歴が、蓋の内側（中国の場合は外側が多い）に墓誌の題（「某々之墓」など）が刻まれている。中国では「誌」と「銘」が合体した墓誌銘は劉宋代にはじまるとされる［ショッテンハンマー　二〇〇六］が、出土例は十五世紀に集中している。今まで収集した情報は［八尾　二〇〇八：表一］にまとめ、一部修正の上再掲するが、墓誌を贈られた者は黎朝の公主やそれを娶った功臣子弟に集中し、地理的には黎氏の故郷であるタインホア省に偏在している。

この影響を受けて私撰の墓誌を作り始めたのが、功臣各族と墓誌の撰者である科挙官僚を輩出した一族である。彼らが最初に儒教観念に基づく族意識を持ち始めた集団であり、やがて家譜編纂が普及し始めること、功臣一族の墓誌でも、聖宗後の政治抗争の過程で活躍した人物にはそれが残らず、政治的姻戚の道具として利用された、抗争の中心からはずれた小者《こもの》に墓誌が出てくる皮肉な現象などを前稿［八尾　二〇〇八］では指摘している。

しかし山ほど疑問は残っている。たとえばこの時期に突然墓誌銘が増加するのは何を意味するのか。またその後再びほとんど出土例がなくなるのは何故か。十五世紀初頭の二十年に及ぶ明の内地化政策の影響とそ

写真一　裴氏戯墓誌

の減退も考えられようが、ベトナム碑文史全体を見回すと、それ以前は碑文の個体数そのものが極めて少ないこと、国家統制が厳しく、地中にしか私撰碑文が残せなかったこと、統制が弛緩してくると地上に民間の碑文文化が花咲き、地中に履歴を書いて埋める墓誌は家譜に変化して、作成が衰微していったことが考えられる。

もう一つ、地域対抗（タインホア対ナムサィク Nam Sách＝紅河デルタ東縁）の構図をもとに、黎朝政治史を研究してきた筆者にとって疑問があった。それは紅河デルタ東縁からの出土例が少ないことである。表一のごとく、墓誌を撰する科挙官僚を多く出したナムサィク地方には出土例が二例しかない。

二〇一〇年十二月から翌年一月の科研現地調査の機に、新たに発見されたと言われながらも未見であった墓誌二基を実見することができた。現ハイズオン Hải Dương 省ザロク Gia Lộc 県ドンクアン Đồng Quang 社クアンティエン Quang Tiền 村で発見された「裴氏戯」墓誌と、同省ナムサィク県タインクアン Thanh Quang 社リンケ Linh

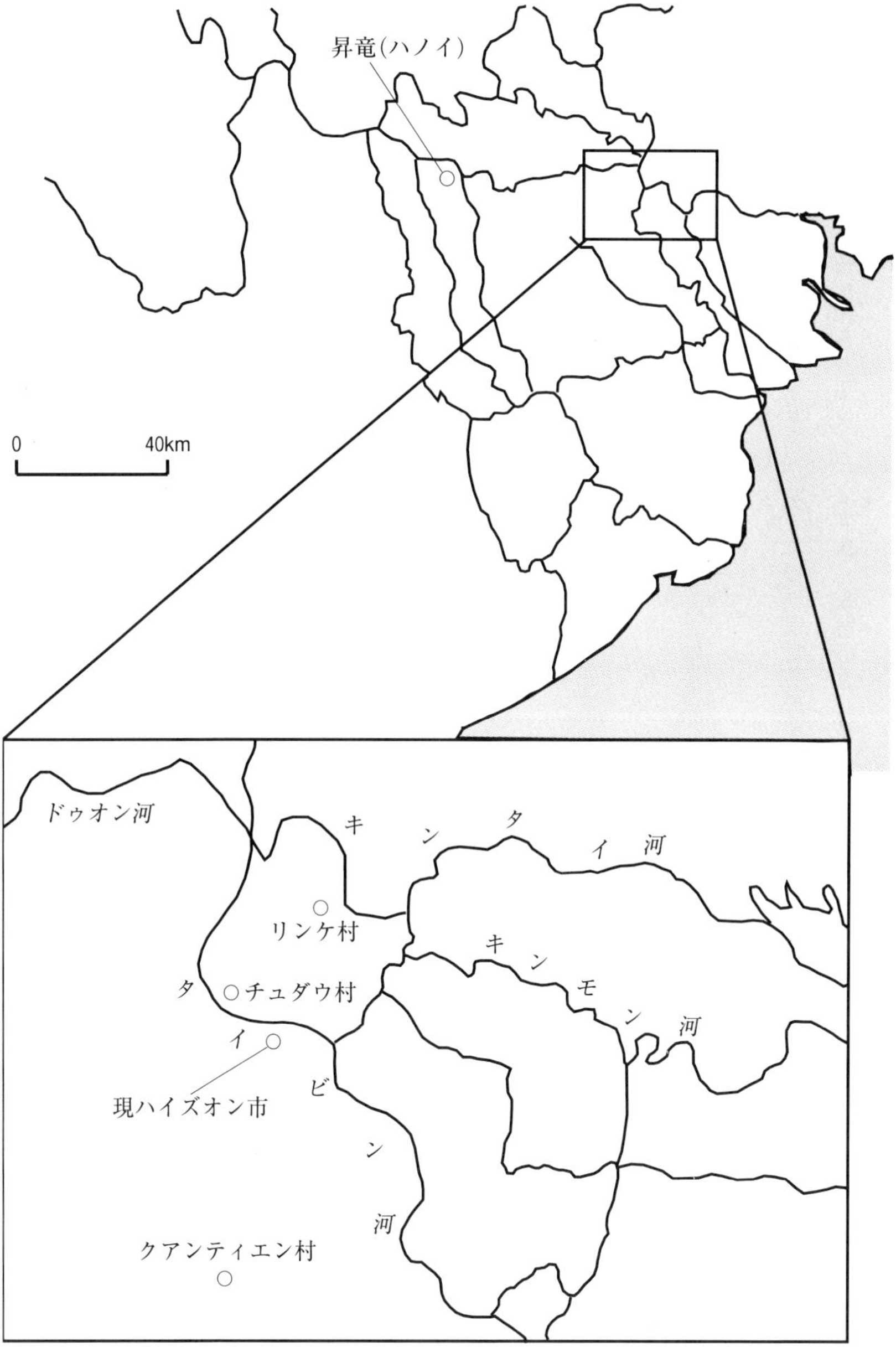

地図　北部ベトナム及び紅河デルタ東縁部

Khê 村で発見された「莫公之碑」（表一㈩、写真㈢）である。

　前者の墓主は十五世紀に盛んになった陶磁器の里チュダウ Chu Đậu[27] の祖といわれ、トルコのトプカプ宮殿に所蔵されている「大和八年南冊州匠人裴氏戯筆」の銘がある青花磁器の作者とされる。ただし、現物は蓋はあるものの、肝心の墓誌本体がない。その代わり、青銅製の大盆に釘か何かで原文を彫りつけたとされるもの（写真㈠）、それに他に光順元年作の銘のある裴氏戯作の竜形をした陶器、薄い家譜などが子孫によって所蔵されている。

　もう一基は、既に拓本が漢喃研究院にある[28]が、刻字の部分に石灰かなにかを詰めてあったため、ほとんど解読不明のものである（写真㈢）。こちらは拓本収録時にはあったはずの蓋の方が既に行方不明となっていた。

　ともにいわくつきの史料であるが、以下に録文を添え、「箱碑文」に関する再解釈を試みたい。

注：算用数字は行数、■は判読不明文字一字、◆◆◆は判読不明文字数文字、□はほぼ間違いない推測による文字、」は改行、【　】は筆者の註記を示す。付線は固有名詞、付線は字喃を示す。

〈裴氏戯墓誌〉

前面石碑

1　景統壬戌年十月初十日、夫軍鄧《ママ》福立」
2　夫人生於平定王庚子、生在光映庄嘉福県」
3　裴氏諱戯奇才夫人之墓」【大字】
4　寿終景統己未年八月十二日。墓在上糖」

1　奇才夫人裴氏戯、号望月。是子女長馬武官裴廷義、招三代老」
2　将裴国興。夫人才文美字、奇才画。改男応試三長、至大保《ママ》壬戌」

後面石碑

3 年、大科犯律、官長逐。後乃出嫁■大主夫君鄧士、為芸燶。■■」
4 在南冊州舟庄。太《ママ》和十年、回光映庄園。男弟裴起招奴、■炉於」
5 北地庄、近定桃江。交商南冊州、制特品、貢皇朝。出入商多、国外」
6 日国・北国・西方。後、鄧士同商奴、■禍死於東海。後、再嫁大家鄧」
7 福舟庄。夫人奇才第一、特品■使舟庄夫人、是者壮女、武才・」
8 通文。北国・日国・西方三番為主商団、及国外、換交特品。悲哉、夫」
9 人奇才陶瓶、仍無子。後回光映庄、興公《ママ》寺・廷・庄族祠堂、興公《ママ》橋」
10 石惇書・林球。至己未年八月十二日夜、天地狂乱、風雷雨。奇哉、■」
11 内夫人臥。■光洪発、如昇龍。段夫人化。後、最霊■。有心求必応。」
12 景統壬戌年十月初十日、夫軍《ママ》鄧福撰」
13 保大壬申年立春正月、■■裴徳閏抄伝古石碑。」
14 註引、擣時、古石碑祖姑蔵大地霊。並禁。」

字喃注

糖 đường 「道」の意、「上糖」で「上の道」ほどの意だが、村中の小地名の可能性が高い。

招 châu 「孫」の意、「招三代老将裴国興」で「老将裴国興の三代の孫」の意。

燶 nung 「焼く」の意、「芸燶」で「焼く仕事＝焼き物業」の意。

廷 đình 「ムラの集会所であるディン đình」の意。

段 đoạn 「するやいなや」の意。

地方の学術雑誌にはこの碑文の発見の経緯やその解読がなされている論文があるようだが、筆者は未見で、地方新聞電子版[29]でしかそのおおよそを知ることができない。とりあえず碑文からわかることを列挙する。

(1)裴氏戯、字望月の生年は平定王（即位前の黎利＝黎太祖）庚子年（一四二〇）で、逝去の年が景統己未年（一五〇二）である。
(2)彼女は開国功臣裴国興の三代の孫にあたり、弟裴廷起が存在する。
(3)彼女は文才があり、絵画に優れ、大宝三年（一四四二）応試したが、女性であることが露見し、放逐された。
(4)その後、富家の鄧士に嫁ぎ、窯業を生業とし、南冊州の舟庄 Châu (Chu) Trang（今のチュダウ Chu Đậu）に居住した。
(5)大和十年（一四五二）に光映庄に戻り、弟と陶工を雇い、窯を庄の北につくった。（運送路としての）定桃江に近く、南冊州方面と商売を行った。
(6)優品を制作し、朝廷に貢納した。交渉相手の商人が多く、国外でも日本、中国、西方（イスラーム圏か？）ともつきあいがあった。
(7)夫鄧士は使用人とともに難に遭い、東海（南シナ海）で死去した。
(8)その後彼女はやはり富家で舟庄の鄧福と再婚した。
(9)彼女は度胸もあり、語学も堪能であったため、国外でも日本、中国、西方諸国が彼女を商（船）団のリーダーとし、国外に赴いて（他国の）優品と交換した。

⑽彼女には子が無く、後に光映庄に戻り、寺や亭《ディン》、族の祠堂を起工し、惇書・林球に石橋を起工した。
⑾立碑者は鄧福であるが、（この録文は）保大壬申年（一九三二）に（子孫の）裴徳閏が古碑から抄写したものである。

十五世紀のベトナム陶磁の産地チュダウの祖とされる女性陶匠裴氏戱の略歴が記されている。このうち「前面石碑」（おそらく箱碑文の蓋）とある部分は原碑が最近出土しており、比較するとほぼ忠実に抄写されていることがわかる（ただし字喃が一字紛れ込んでいる）。しかし、この「後面碑文」（箱碑文の本体）録文は、ベトナム史を少しかじった者であればすぐわかるが、明らかに後世のものである。このような、文法的には漢語と口語ベトナム語、文字に漢字と字喃がまざる碑文は十五世紀にはまず存在しない。同音異字の誤写も多々あり（夫軍→夫君、大保→大宝、興公→興工）、この原碑を抄写したとされる家譜（一八三二年のもので現存の家譜の元本とされる、筆者未見）の時点か、それより少し前の黎朝後期に創作された文章である。

しかし、単純に「偽録文」と言い切るにも疑問が残る。十九世紀初頭に、彼女の作品がトルコに存在することを子孫たちが知っていたとは思えず、このような詳細な偽録文をつくるとも思えない。ベトナムでは墓誌を作る際、録文を家譜などに残すことがあり、後世その録文を「訳した」可能性がある。

では「訳された」と仮定して、内容に改竄はないのだろうか。彼女の祖父とされる裴国興は彰徳県貢渓社（現大ハノイ市ミドゥク県ホンソン社）を出身地とする。同地はナムサィク地方とは逆の、紅河デルタ西氾濫原に位置する。保大十三年（一九三八）奉抄の文書が含まれている同地の裴氏本宗の『家譜』[30]によれば、彼は早くから黎利に従ったが、黎朝成立後は政治家としてはふるわず、故郷における自分の影響力を保持するため、娘たちを同県内の地方有力者や、西方山地部に居住する土酋家に嫁がせている。しかし同家譜に裴廷義の名は見えない。

ナムサィク地方には明の統治に協力した者が多くいて、彼らの田地は黎朝成立後に収公された。にもかかわらず、拙著［八尾　二〇〇九：第八章］で分析したように、同地で功臣が田地を賜与された形跡はみられない。タインホア対ナムサィクの敵愾心からであろうか。それほどタインホア出身者の多い功臣の、同地への浸透度は低いのである。無論、支派が同地で形成されていたとも解釈可能であるが、であれば裴氏戯の大成功に本宗の家譜が言及してもよさそうなものである。よって裴国興の孫とするのは付会の可能性が高いと断ぜざるを得ない(31)。

しかし彼女が在地の有力者と窯業を興し、内水路を利用してデルタ東縁の河口から海外交易に乗り出したというのは十分真実性のある話である。実際トルコだけでなく、この時期のベトナム陶磁は東南アジア各地はもちろん、沖縄や日本本土でも見いだされている。上記の地方新聞電子版は、彼女の名前を記した羅針盤（といっても矢印を石に刻んだもの、写真二）が出土していることから、彼女自ら海外に渡航したとまで書いている。事実はどうあれ、功臣子孫を名乗ることが事業を展開する上で都合がよかったのであろう。彼女といいその二人の夫といい、この地で手工業と対外交易により経済力を蓄える者が存在したことは認めて良かろう。

次は十五世紀中葉の「莫公」の墓誌である。

〈莫公之墓〉

【蓋】

1　景統己未年莫公之墓」

【本体】

1　馳威将軍太原馴象衛副◆◆◆」2　南策府至霊県■■社人。考■■■■氏◆◆◆」3　紹平六年己未八月十三日、生◆◆◆」4　洪徳三年壬辰■人■日、◆◆◆錦衣衛舎人司」5　舎人。十年己亥■月初八日、◆◆◆郎将軍錦衣衛」6　舎人司◆◆◆十一年■子十月二十六日、陞竭」7　騎将軍錦衣舎人指揮使司◆◆◆鉄騎尉中階。」8　二十年己酉十月二十日、◆◆◆将軍錦衣衛舎人」9　指揮使司指揮同知雲騎尉上列◆◆◆」10　景統元年戊午二月初八日、奉■太原馴象衛副◆◆◆次」11　年己未四月二十九日、終。本年十一月初四日、葬于渓口」12　■野之南。■■本社巡察副使阮■之女。子四人。長」13　忠◆◆◆舎人。次莫◆◆◆衛舎人司」14　舎人◆◆◆人司舎人」

写真二　羅針盤？

拓本と、現地で撮影した写真（写真三）を比べ合わせながら録文を作成したがやはり判読不能の字が多い。内容も先の碑文に比べ素っ気ないものであるが、姓が莫、出身地がナムサィクの至霊県、太宗紹平六年（一四三九）に生まれ、聖宗洪徳三年（一四七〇）に錦衣衛という禁軍要職につき、憲宗景統元年（一四九八）にデルタ北方の太原馴象衛に左遷され翌年没したこと、息子たちも同様の近侍の軍人の途を歩んだことなどが知られる。

拙著［八尾　二〇〇九：第四章］では黎利の抗明軍がデルタ地方に進出した際、ナムサィク地方の武人は最も遅れて黎利軍に参加したため、「開国功臣」となれなかったこと、黎朝成立後も不遇をかこったこと、それがナムサィク出身の母をもつ黎宜民（太宗廃太子）とナムサィク出身者による仁宗弑殺事件につながったことを論じた。しかし莫某公が三十歳足らずで禁軍の要職に

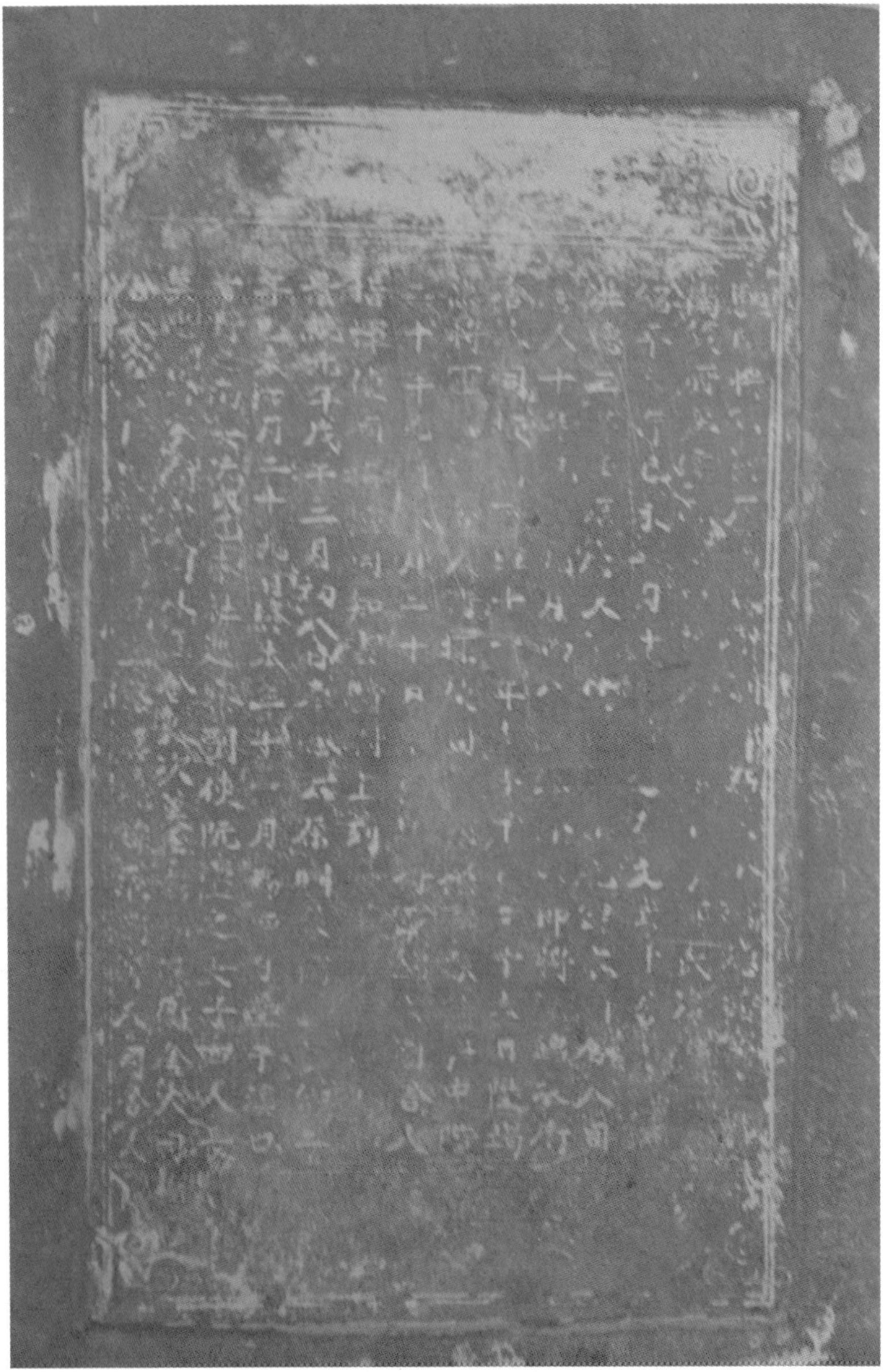

写真三　莫公墓誌

ついていることは、本人の勤務状態が良かったこともあろうが、抗明世代の親族が、「功臣」にはなれずとも、黎朝成立後それなりの軍職についていたことを示している。またこの碑文の出土した位置からすると、莫公一族は後に黎朝を簒奪する莫登庸（莫太祖）の一族と血縁的に近しい関係にあった可能性が高い。(32) たとえ地位は低くとも、皇帝に近侍するところにナムサィク出身者はすでに一定の勢力を占めていたのであり、年代記とタインホア出身の功臣一族の家譜のみで論を進めた筆者の限界がここに露呈した。

聖宗期に既に政権内部での地位と経済力をこの地方の人士が持ち合わせていたことが、聖宗没後三十年の混乱期を経て莫氏政権が誕生した一因である、そう思わせる微かな痕跡がこの二つの碑文なのである。

おわりに

本論ではベトナム碑文の特徴を指摘することにあった。しかし、概観したように、碑文の出現が遅いことなどを除けば、中国のそれとさほど変わったものではない。無論、石質や装飾彫刻に関しては筆者には語る能力がないが、唯一特徴と言えるものに、「后（後）仏碑」「后（後）神碑」が存在する［PTT Vinh 2003 : 76］。現地調査するたびに山ほど目に入る碑文であるが、ヴィンの解説によれば、村の財政難や災害時に金品や不動産を寄托した人物を「后（後）Hậu」と呼び、碑文を作成してその功を称えるものである。その配置場所が仏寺なら「后仏碑」、デン（神社）なら「后神碑」となるわけである。民間碑文が多くなる黎朝後期から出現し、国家に安易に頼れない村落の立場と、村内にも存在する経済格差を証拠立てるものである。ただその数のあまりの多さから、十分な研究はなされていない。

ベトナム碑文研究の環境は好転してはいるものの、決して明るいものとは言えない。本国人研究者と外国人研究者との学術交流も正直なところ表面的である。本論では取り上げなかったが中国や台湾でもベトナム碑文の研究はかなりの業績が存在する。例えば耿慧玲［二〇〇四］は『越南漢喃銘文匯編　第一集』・『第二集』とベトナム漢喃本、さらに中国史料を用いて李陳朝期の宗室の姻戚関係、政権興造、対中関係などを分析した労作であるが、日本人はともかくベトナム人の研究を一切参照していない。逆にベトナム人や日本人研究者も同じである。

ベトナム人研究者の中には初等・中等教育から漢字を排したため、漢字は読めるが書くのは苦手という方も多い(33)。漢喃研究院でベトナム人学生が拓本をローマ字で筆写するのを見て正直驚いた記憶がある。しかし彼らには地の利や豊かな情報があり、そして多くが地方の出身者ゆえその地の風俗や習慣に詳しい。かたや日本人には伝統的で手堅い東洋学の手法があるが、時間や情報、なにより研究者の数が足りない。また第二節末でも述べたように現地の当たり前の知識に欠け、中国史研究からの類推に頼りすぎる弊害がある。それぞれの長所・短所をどう補い合いあえるかが、ベトナム碑文研究発展の鍵を握っているのである。

〈参考文献目録〉

［上田　二〇〇六］上田新也、「十七世紀ベトナム黎鄭政権における国家機構と非例官署」『南方文化』三三
［上田　二〇〇九a］上田新也、「ベトナム黎鄭政権の官僚機構――十八世紀の鄭王府と差遣――」『東洋学報』九一（二）、二〇〇九
［上田　二〇〇九b］上田新也、学位申請論文「黎鄭政権機構の研究」広島大学大学院文学研究科、二〇〇九
［上田　二〇一〇a］上田新也、「ベトナム黎鄭政権における徴税と村落」『東方学』一一九
［上田　二〇一〇b］上田新也、「ベトナム黎鄭政権の地方統治――十七～十八世紀鉢場社の事例――」、山本英史編『近世の海域世界と地方統治』（東アジア海域叢書1）、汲古書院、二〇一〇

［清水・LT Liên・桃木　一九九八］清水政明・Lê Thị Liên・桃木至朗、一九九八、「護城山碑文に見る字喃について」『東南アジア研究』三六（二）、一九九八
［ショッテンハンマー　二〇〇六］アンゲラ・シュッテンハイマー（吉田真弓訳）、「墓誌銘研究における石刻の重要性」『アジア遊学』九一、二〇〇六
［藤原　一九七六］藤原利一郎、「黎朝の科挙──聖宗の科挙制確立まで──」『史窓』三四、一九七六（後、藤原利一郎『東南アジア史の研究』法藏館、一九八六に再収）
［桃木　二〇一一］桃木至朗、『中世大越国家の成立と変容──地域世界の中の李陳時代ベトナム史──』、大阪大学出版会、二〇一一
［八尾　一九九五］八尾隆生、「黎朝聖宗期の新開拓地を巡る中央政権と地方行政──安興碑文の分析──」『東南アジア研究』三三（二）、一九九五
［八尾　二〇〇一］八尾隆生、「黎朝碑文集Ⅱ──黎朝開国功臣関連碑文（一）──」『広島東洋史学報』六、二〇〇一
［八尾　二〇〇二］八尾隆生、「黎朝碑文集Ⅲ──黎朝開国功臣関連碑文（二）──」『広島東洋史学報』七、二〇〇二
［八尾　二〇〇六］八尾隆生、「碑文に見るヴェトナム黎朝初期の政権抗争」『アジア遊学』九一、二〇〇六
［八尾　二〇〇八］八尾隆生、「ヴェトナム紅河デルタ・ニンビン省瑰池社の開拓史──国家と地方官、民との交渉再考──」『東洋史研究』六六（四）、二〇〇八
［八尾　二〇〇九］八尾隆生、『黎初ヴェトナムの政治と社会』広島大学出版会、二〇〇九
［八尾　二〇一〇］八尾隆生、「社会規範としてのベトナム『国朝刑律』の可能性──書誌学的考察より──」、山本英史編『近世の海域世界と地方統治』（東アジア海域叢書1）、汲古書院、二〇一〇
［山本　一九四〇］山本達郎、「安南の不動産売買文書」『東方学報・東京』一一（一）、一九四〇
［耿　二〇〇四］耿慧玲、『越南史論──金石資料之歴史文化比較──』、台北：新文豊出版公司、二〇〇四

[BHN　1976] Ban Hán Nôm, *Thư mục Văn bia*, Hà Nội: tài liệu đánh máy, 1976.

[BHN　1978] Ban Hán Nôm, *Tuyện tập Văn bia Hà Nội*, 2 quyền, Hà Nội: Nxb. Khoa học Xã hội (KHXH), 1978.

[CV Trai　1961] Cao Viên Trai (soạn), Võ Oanh, (dịch), *Lê Triều Lịch-Khoa Tiến-Sĩ Đề danh Bí ký*, Sài Gòn: Bộ Quốc-gia Giáo-dục, 1961.

[ĐK Thuân　1996] Đinh Khắc Thuân, *Văn bia thời Mạc*, Hà Nội: Nxb. KHXH, 1996.

[ĐK Thuân　2001] Đinh Khắc Thuân, *Lịch sử Triều Mạc qua Thư tịch và Văn bia*, Hà Nội: Nxb. KHXH, 2001.

[ĐV Ninh　2000] Đỗ Văn Ninh, *Văn bia Quốc tử giám Hà Nội*, Hà Nội: Nxb. Văn Hoá-Thông tin, 2000.

[Gaspardone E　1935] Emile Gaspardone (ed.), *Les stèles royals de Lam-Sơn*, Hanoi: École française d'extrême-orient, 1935.

[H Lê　1993] Hoàng Lê, "Bài bia mộ ông Từ mẫn họ Nguyễn và bà vợ họ Hoàng do trạng nguyên Lương Thế Vinh soạn", *TCHN* (*Tạp chí Hán Nôm*) số 16, 1993.

[H Lê　2001] Hoàng Lê, "Thêm một gia phả khắc trên đá", Trong: VNCHN (soạn), *Thông báo Hán Nôm học năm 2000*, Hà Nội: Nxb. KHXH, 2001.

[L Giang　2001] Lâm Giang, "Về tìm bia hộp tại núi Cốc xã Dĩnh Trì, huyện Lạng Giang, tỉnh Bắc Giang". *TCHN* số 46, 2001.

[M Hồng　1998] Mai Hồng, "Những tư liệu về dòng họ Đinh trên đất Thái Bình có liên quan tới việc lên ngôi vua của Lê Thánh Tông", Trong: VNCHN (soạn), *Thông báo Hán Nôm học năm 1997*, Hà Nội: Nxb. KHXH, 1998.

[NĐ Nùng　1973] Nguyễn Đức Nùng, *Mỹ thuật thời Lý*, Hà Nội: Nxb. Văn hóa, 1973.

[NĐ Nùng　1977] Nguyễn Đức Nùng, *Mỹ thuật thời Trần*, Hà Nội: Nxb. Văn hóa, 1977.

[NĐ Nùng　1978] Nguyễn Đức Nùng, *Mỹ thuật thời Lê sơ*, Hà Nội: Nxb. Văn hóa, 1978.

[NT Cảnh, ND Chi, T Lâm, & NB Văn　1993] Nguyễn Tiến Cảnh, Nguyễn Du Chi, Trần Lâm, & Nguyễn Bá Văn, *Mỹ thuật thời Mạc*, Hà Nội: Nxb. Viện Mỹ thuật, 1993.

[NT Thảo　1999] Nguyễn Thị Thảo, "Một tấm bia thời Lê vừa mới phát hiện", Trong [VNCHN　1999].

[NV Nguyên 2007] Nguyễn Văn Nguyên, *Khảo sát Giám định Niên đại Thác bản Văn bia*, Hà Nội: EFEO, 2007.

[NV Thành 1998] Nguyễn Văn Thành, "Những tấm bia hộp của họ Nguyễn-Gia Miêu Ngoại trang ở Thanh Hóa", Trong: VNCHN (soạn), *Thông báo Hán Nôm học năm 1997*, Hà Nội: Nxb. KHXH, 1998.

[NV Thành 2006] Nguyễn Văn Thành, "Tấm bia hộp thời Lê Thánh Tông của Thái bảo Bình Lạc hầu Trịnh Duy Hiếu", *TCHN* số 76, 2006.

[PĐ Doãn 1976] Phan Đại Doãn, "Nguyễn Chích trong cuộc kháng chiến chống Minh qua di tích và văn bia", *Khảo cổ học* số 20, 1976.

[PĐ Doãn 1985] Phan Đại Doãn, "Văn bia thần đạo Đỗ Khuyển", *Nghiên cứu Lịch sử Thanh Hóa* số 1, 1985.

[PĐ Doãn 2005] Phan Đại Doãn, "Văn bia thần đạo Đỗ Khuyển-Khai quốc công thần thời Lê sơ", *TCHN* số 71, 2005.

[PH Lê & PĐ Doãn 1965] Phan Huy Lê & Phan Đại Doãn, *Khởi nghĩa Lam Sơn*, Hà Nội: Nxb. KHXH, 1965 (In lần thứ 2, 1969, Hà Nội: Nxb. KHXH. In lần thứ 3, 1977, Hà Nội: Nxb. KHXH, In lần thứ 4, 2005, Hà Nội: Nxb. Quân đội Nhân dân).

[PTT Vinh 1997] Phạm Thị Thùy Vinh, "Về một loại bia mộ thời Hồng Đức", Trong: trường Đại học Khoa học Xã hội và Nhân Văn, Đại học Quốc gia Hà Nội (soạn), *Lê Thánh Tông (1442-1497) -Con người và Sự nghiệp-*, Hà Nội: Nxb. Đại học Quốc gia Hà Nội, 1997.

[PTT Vinh 2003] Phạm Thị Thùy Vinh, *Văn bia Thời Lê Xứ Kinh Bắc và Sự Phản ánh Sinh hoạt Làng xã*, Hà Nội: Nxb. Văn hóa-Thông tin, 2003.

[SVHTTTTHT 1993] Sở Văn hóa Thông tin Thể thao Hà Tây, *Văn Bia Hà Tây*, Hà Đông: Sở Văn hóa Thông tin Thể thao Hà Tây, 1993.

[SVHTTTTLS 1993] Sở Văn hóa Thông tin Thể thao Lạng Sơn, *Văn Bia Xứ Lạng*, Lạng Sơn: Sở Văn hóa Thông tin Thể thao Lạng Sơn, 1993.

[TB Hoành 1999] Tăng Bá Hoành, *Gốm Chu Đậu* (In lần thứ 2), Hải Dương: Bảo tàng tỉnh Hải Dương, 1999.

[TK Mạnh　2008] Trịnh Khắc Mạnh, *Một số Vấn đề về Bia Việt Nam*, Hà Nội: Nxb. KHXH, 2008.

[TV Lạng & NV Phong　1999] Trần Văn Lạng & Nguyễn Văn Phong, "Phát hiện sách đá ở mộ thân phụ Trạng nguyên Giáp Hải", trong: [VNCHN　1999].

[VNCHN　1984-86] VNCHN（Viện Nghiên cứu Hán Nôm, Viện Khoa học Xã hội Việt Nam）, *Thư mục Bia Giản lược*, Hà nội: tài liệu đánh máy, 1984-86.

[VNCHN　1991] VNCHN, *Danh mục Thác băn Văn khọc Hán Nôm Việt Nam*, Hà Nội: tài liều in Nội bộ, 1991.

[VNCHN　1992] VNCHN, *Văn khắc Hán Nôm Việt Nam*, Hà Nội: Nxb. KHXH, 1992.

[VNCHN　1998] VNCHN, *Văn khắc Hán Nôm Việt Nam*, tập 1, Từ Bắc thuộc đến thời Lý, Hà Nội: VNCHN và Paris: EFEO, 1998.

[VNCHN　1999] VNCHN, *Thông báo Hán Nôm học năm 1998*, Hà Nội: Nxb. KHXH, 1999.

[VNCHN & TĐHTC　2002] VNCHN & Trường Đại học Trung Chính, *Văn khọc Hán Nôm Việt Nam*, tập 2, thời Trần, Hà Nội: VNCHN và Đài Bắc: Trừờng Đại học Trung Chính, 2002.

[VNCHN, EFEO, & EPHE　2005-] VNCHN, EFEO, & École pratique des Hautes Étude（EPHE）, *Tổng tập Thác bản Văn Khắc Hán Nôm*, Hà Nội, 2005-.

[VNCHN, EFEO, & EPHE　2007] VNCHN, EFEO, & EPHE, *Thư mục Thác bản Văn khắc Hán Nôm Việt Nam*, Hà Nội, 2007.

[VVH　1977] Viện Văn Học, *Thơ văn Lý-Trần*, tập I, tập II quyền Thượng, tập III, Nxb. KHXH, 1977.

[Yao T　1999] Yao Takao, "Tập văn bia thời Lê-1-Bia hộp thời Lê sơ", 『大阪外国語大学論集』二一、1999.

註

（1）　本論では、サンスクリット碑文（いわゆる梵字碑文）や南部のクメール碑文、現在盛んにつくられている現代ベトナム語碑文は研究の対象からはずし、漢字及び字喃による碑文のみを扱う。また石刻という言葉自体、あまりベトナムではなじみがないので、以下では碑文、碑文文化といった用語に統一する。

（2）当初の予定では、地方志や家譜などの私文書を含む地方文書も本論で扱う予定であったが、そちらに関しては拙著［八尾　二〇〇九：序章附、第一章第一節］である程度言及していることと紙幅の都合により、碑文史料に議論を集中する。

（3）例えば、ハノイ市の中心から西北に位置するヴィンフク省で、新しく黎朝期の碑文が発見されたが、その速報記事電子版の中で、省文化情報スポーツ観光局長は、「新たな発見は喜ばしいが、省内三県に、極東学院時代の一九三七年には二百九十基の碑文が存在したが、今は六十八基しか見いだせない」と語っている（Phát hiện bia đá thời Lê ghi chép việc trùng tu, sửa chữa Văn Từ Phủ Tam Đới tại trường Trung học Phổ thông Trần Phú（26/02/2010 14: 46), http://www.vhttdlvinhphuc.vn/Article.aspx?c=tintucsukien&a=1623）。

（4）筆者は既に前稿［八尾　二〇〇八］［二〇〇九：終章］でそうした試みを行っているが、新史料の発見により、自論の一部をここで改めたい。

（5）漢喃研究院に保存されている「社紙」と呼ばれるペン書きの資料群がその成果である。

（6）［VNCHN　1984-86］はタイプ打ちの内部資料であるが、さすがに漢喃院図書閲覧室には閲覧者用に配架されている。［VNCHN　1992］はドットプリンター打ちのもので、おもだったベトナム人研究者の間に配布されたらしい。当時留学中であった筆者は幸運にもその配布に預かった。

（7）地区別、時代別の録文集・翻訳集もいくつか刊行されるようになった（『諒山《ランソン》の碑文』［SVHTTTL　1993］、『ハタイの碑文』［SVHTTHT　1993］、『莫代の碑文』［ĐK Thuân　1996］、『ハノイ国子監碑文』［ĐV Ninh　2000］など）。また各省、県、社レヴェルまで、かつての「地方志」にあたるĐịa chí（漢字で書けば正に「地志（誌）」）の刊行が相継ぎ、その中に碑文の写真、録文、訳文などが掲載されていることも多い。漢喃研究院の研究員もこれらの編纂に多く参加している。

（8）グエン・ヴァン・グエン Nguyễn Văn Nguyên［NV Nguyên　2007］によれば、おおよそ四〇〇〇番台で偽拓本は姿を消している。彼の鑑定作業は懇切丁寧なものであるが、原碑がないものは「偽拓本」とまでは言えないジレンマが残る。

（9）隋大業十四年（六一八）の紀年がある碑文で碑題も「大隋九真郡宝安道場之碑文」とあるものである。肝心の内容は摩滅が激しくてほとんど読めない。十世紀の小王朝断続期にも仏典を碑柱に刻んだものが数基古都ホアルーに残るのみである。

(10) 拓本の分布はフランス植民地期の四十以上の省にわたるが、数量は北部デルタ地方に集中している。なおヴィンが示す数字はマインのそれと合わない。どうもヴィンは拓本の数と碑文の実数を判別していないようである。
(11) その他のベトナム人の研究に関しては桃木［二〇一一：巻末参考文献］を参照されたい。
(12) 例えば不動産売買文書を分析している［山本　一九四〇］など。
(13) 厳密には、藤原利一郎の黎朝科挙に関する論考［藤原　一九七六］は、『黎朝歴科進士題名碑記』［CV Trai　1961］を用いており、最初の碑文史料利用例と言えよう。
(14) 氏は『越南漢喃銘文匯編』の公刊を評価しつつも、その第一集は注が簡略に過ぎ、改行部分が示されていないこと、第二集は協力者である台湾人の研究者がベトナム史に不明なため、初歩的な誤りや先行研究を引いた注などがほとんどないこと、両集とも肝心の録文に明らかに誤っている部分があり、原碑や拓本を結局みなければならないことなどを指摘している［桃木　二〇〇九：二二一〜二二三］。
(15) その他、ベトナム語音韻史研究に貢献したニンビン省ニンビン市内の「護城山碑文」群が一旦行方不明になった後再発見され、清水政明、レ・ティ・リエン Lê Thị Liên と協力して音韻学と経済史研究の複合研究を行っており、全文の録文も収録されている［清水・Lê Thị Liên・桃木　一九九八］。
(16) 同書の成立過程に関する見解は［八尾　二〇一〇］を参照されたい。
(17) 『国朝刑律』巻二　違制章第三十九条には、「諸職官在任、雖有政跡、而立碑・建祠者、笞伍拾貶一資、毀其所立。無政跡者、加二等。（おおよそ職官で在任中に治績があがり、碑文を立てたり祠を建設した者は笞五十貶一資とし、その建築物は破壊する。治績があがらなかった者（が同様のことをした場合）は罪二等を加える）」とある。同条のもととなった唐律巻十一職制第一百三十四条では、治績があがった者の立碑までは禁じていない。
(18) 藍山諸陵碑文拓本の一部は、ガスパルドン Gaspardone, E. 編『藍山碑文集』［Gaspardone E　1935］としてフランス植民地期に既に公刊されている。
(19) 功臣碑文はわずかしか残っていないが、漢喃研究院に拓本は存在しない。筆者が作成した録文については［八尾　二〇〇一］［二〇〇二］を参照。筆者以前にゾアンが録文公開、翻訳などを行っている［PĐ Doãn　1976］［1985］［2005］。

（20）その他にはニンビン省の「洪徳堤」建設に関わる複数の碑文、文人としても有名だった五代聖宗の詩文を刻んだ磨崖碑、後述の「箱碑文」などが存在する。

（21）同書は正史『全書』や黎太祖自撰『藍山実録』が、政争に影響されて曲筆されている部分を補う史料として碑文史料を十全に利用している。

（22）二〇〇九～二〇一一年度日本学術振興会科学研究費・基盤研究（B）（海外学術調査）「現地史料収集・既存史料再検討に基づくベトナム莫氏政権の研究」。

（23）むろんこうした評価は歴史研究者からのものであり、彼女らの業績を貶める意図は全くない。むしろベトナム本国の歴史研究者が碑文史料とまともに向き合わないことに苛立ちを感じるのである。

（24）氏の研究は既に学位請求論文［上田　二〇〇九b］として纏められているが、未公刊なので初出論文の方を取り上げた。

（25）上田［二〇一〇b：二三六～二三九］では原文にある「店」を訳していない。

（26）ベトナム研究者による新碑文報告、録文公開、訳文公開は、筆者の知る限り以下のごとくである（発表順）。ホアン・レ Hoàng Lê［H Lê　1993］［2001］、ヴィン［PTT Vinh　1997］、マイ・ホン Mai Hồng［M Hồng　1998］、グエン・ヴァン・タイン Nguyễn Văn Thành［NV Thành　1998］［2006］、グエン・ティ・タオ Nguyễn Thị Thảo［NT Thảo　1999］、チャン・ヴァン・ラン Trần Văn Lạng & グエン・ヴァン・フォン Nguyễn Văn Phong［TV Lạng & NV Phong　1999］、ラム・ザン Lâm Giang［L Giang　2001］。

（27）チュダウ窯に関してはハイズオン省前館長タン・バ・ホァイン Tăng Bá Hoành の概説［TB Hoành　1999］が日本語で読める。

（28）拓本番号は本体が三七三四三、蓋が三七三四四である。

（29）「当時の女主、いま初めて語られる物語」全二回 “Bà chúa gốm, chuyện ngày nay mới kể” http://vietbao.vn/The-gioi-giai-tri/Ba-chua-gom-chuyen-ngay-nay-moi-ke/55266883/412/

http://vietbao.vn/The-gioi-giai-tri/Hoa-giai-loi-nguyen-cua-ba-chua.../412/
「古墓の秘密」全三回 “Bí mật ngôi mộ cổ”
http://vietbao.vn/The-gioi-giai-tri/Bi-mat-ngoi-mo-co-Ky-I/5533194/412/
http://vietbao.vn/The-gioi-giai-tri/Bi-mat-ngoi-mo-co-Ky-II/5535282/412/
http://vietbao.vn/The-gioi-giai-tri/Bi-mat-ngoi-mo-co-Ky-cuoi/5536246/412/
など。

(30)　この家譜に関しては［八尾　二〇〇九：序章附］を参照。

(31)　ほかにも、(3)の科挙に応試したなどという話も現実的ではなく、彼女の権威付けのための創作であろう。

(32)　『全書』巻十四　端慶四年（一五〇八）三月初四日〜夏六月の条によれば、登庸の家系は、邃（明に仕える、至霊県出身）→嵩→萍（宜陽県に徙居）→檄→登庸、とあり、その祖先はこの碑文の主と同県出身者であったことが知られる。

(33)　実のところマイン［TK Mạnh　2008］やヴィン［PTT Vinh　2003］ですら、黄→皇、随→隋といった同音漢字の誤植が散見される。

古代ギリシアの書承文化と碑文習慣——アテナイを中心に（1）——

師尾晶子

はじめに

碑を建てるという文化は古今東西を問わず、広範に見られる。顕彰碑、奉納碑、記念碑、墓碑といったジャンルはとりわけ普遍的に存在すると言ってよかろう。本稿の対象とする古代ギリシア世界においても、現存碑文の多数を占めるのは奉納碑や墓碑である。現在までに発見されている碑文の総数は二十万とも三十万とも言われているが、墓碑が過半を占め、残りの過半を奉納碑が占めている。しかしながら、それがどのように建てられていたか、どのようなことが書かれていたか、どのような嗜好が見られるかといったことを問題にするとき、その地域、時代固有の特徴があらわれてくる。

本稿では、古代ギリシア世界における文字使用と碑文建立文化の拡大のあり方を概観することから、古代ギリシア人が碑に文字を刻むという行為にいかなる意味を見いだしていたのかについて、アテナイを事例に考えたいと思う。とくに、碑文のなかで何が重要視されていたかという点に注目しながら、碑文を建立した人々が何を訴えようとしていたかを検討し、碑文建立の本質を問いたいと思う。

古代ギリシア世界のなかでもアテナイにおける碑文の生産は数的に突出しており、前七世紀頃からはじまった碑文の生産は、前四世紀をピークに後三世紀頃まで途切れることなく続いた(2)。この間、墓碑と奉納碑はいうまでもなく、決議碑文、祭暦、会計記録、さまざまな記念碑など幅広いジャンルの碑文が建立され、さらに商取引や日常生活においても石や陶片、鉛板に多種多様な文字が刻まれた。決議碑文や会計記録など公的碑文の数が他のポリスに比べてきわだって多いことから、アテナイにおける碑文建立の習慣については政治的側面から考察されることも多く、さらにそのピークが前四世紀にあることから、民主政との関わりから考察されることも多い。しかしながら、アテナイにおいても、数的には墓碑や奉納碑が過半を占め、前五、四世紀においてすら、決議碑文や会計記録は全碑文のごく一部を占めていたに過ぎない(3)。それゆえアテナイの碑文習慣について、人々の日常生活における刻文の習慣にも寄り添いながら、より広い側面から考察し、その中に決議碑文の建立という習慣を今一度位置づけてみることが必要なのではないかと思われる。

本稿は、かかる目的を達成するための提言であり、一試論でもある。それにより、他地域・他時代の碑文建立習慣と比較するための素材を提供できればと思う。

一　アルファベットの導入と文字利用の普及

古代ギリシアにおいて、文字が広範に用いられるようになったのは、アルファベットの導入以降と考えてよいだろう。導入の時期や過程については、言語学者やエトルリア語研究者、オリエント研究者をも含めた多岐にわたる研究成果により、近年、むしろ議論が複雑になっているが、[4]それらの研究成果によれば、前八世紀のはじめには、ギリシアを含めて広く地中海地域にアルファベットが導入されたらしい。ただし、ギリシア世界において、前八世紀の段階でアルファベットの導入が知られる地域は現状では限定的で、一定の普及を見せるのは前七世紀に入ってからと考えられている。

今日までのところ、前八世紀にさかのぼるギリシア語の文字使用の例が知られている地域としては、アッティカ（アテナイ）、エレトリア（とくにアポロン・ダフネフォロス聖域）、南イタリアのピテクサイ、クレタ島の中南部コモスの聖域などである。陶器や陶片など小型の奉納物に刻まれた銘や、陶器など個人の所有物に記された所有者を示す名前、アルファベットを順番に記したものなどが大部分を占めるが、ピテクサイを除けば大部分が聖域から出土している。このことは初期の文字がとりわけ聖域での祭儀との関連で使われていたことを推測させる。また、銘の刻まれた奉納物が出土していることは、アルファベットという新しい表現手段を獲得した人々が、導入からあまり時を経ずして、奉納のために文字を用いはじめたことを示していると言えよう。[5]

アッティカ出土の最古のグラフィティは、オイノコエと称される注酒器の胴体の肩の部分に引っ掻いて書かれたもので、アッティカのみならず全ギリシア世界においても現存最古のものである（前七四〇年頃。通称ディピュロン・オイノコエ。*LSAG* 76(1) ＝ *CEG* 432)。韻文の内容から、何らかの舞踏の競演での勝利にちなんだ賞品であることが推測され、発見場所が墓所であったことから、副葬品としておさめられたものと考えられている。同じく墓所から発見されたピテクサイ出土のネストールの杯（前七三〇～七二〇年頃。*LSAG* 239(1) ＝ *CEG* 454）とともに、最初期の文字としてはきわめて長い韻文からなることも特筆される。手元にある器に引っ掻いて書かれたという形態、韻文形態の詩という内容上の特徴から、宴会で使用されたものが副葬されたと考えられるかもしれない。(6) あえて文字の刻まれた器が副葬されたということは、有力者の日常生活の中に文字が早くも浸透し始めていたことを示すと同時に、彼らがそれらに特別な思いを認めていた様子をうかがうことができる。

これに続くグラフィティは、アクロポリスから発見されたスレート上の石に刻まれたものである（前八世紀？ *IG* I³ 1418 ＝ *LSAG* 76(2) ＝ *CEG* 433 ＝ *DAA* 310)。縦横六センチメートル、厚さ二センチメートルほどの石片に二行にわたって文字が刻まれたものだが、内容は定かではない。ただし、韻文で記されていると思われること、アクロポリスから発見されていることから、何らかの奉納品として持ち込まれたのではないかと推測されている。(7)

アゴラから出土している一文字ないし二文字程度のグラフィティを除くと、これ以外の前八世紀の事例は知られておらず、アッティカにおける文字使用の事例は前七世紀まで待つことになる。

二　初期のグラフィティからみた「書くこと」の広がり

アッティカ郊外のヒュメットス山頂のゼウス聖域は、出土遺物から前十二世紀から後六世紀頃にかけて信仰の場として利用されていたことが明らかにされている。遺物の数のピークは前七〜六世紀初頭にあり、前六世紀に入ると遺物の数は激減する。祭神たるゼウスはおそらくはゼウス・オムブリオスで恵みの雨をもたらす神と考えられている。遺物の中で注目すべきは一連のグラフィティをともなう陶片である。これらのグラフィティは最も古いもので前七〇〇年頃のものと推定されており、一九七六年にラングドンによって一括して公刊された(8)。

いくつかの断片には「何某が私をゼウスに捧げた」という初期の定番とも言える奉納銘が書かれており、さらに「私はゼウスのもの」、「ゼウスのもの」、「何某が奉献した」といった文言が書かれたものもある。特徴的なのは、「何某が書いた」、「何某が私を書いた」、「何某がこのように書いた」などのように「書いた（*egrapsen*）」という文言を含む陶片が複数出土していることで、さらにアルファベットを順に書き記しただけのものも発見されている。これらはそれだけを見るならば奉納物には見えないが、聖域で発見されているという事実を勘案するならば、またエレトリアのアポロン・ダフネフォロスの聖域から発見された前八世紀の陶片の中にもアルファベットを書いたものなどが発見されていることから、これらもまた奉納物として持ち込まれたと考えてよいだろう。アルファベットが普及しはじめてまもない時期に、文字自体が奉納にふさわしいものと考えられ、「書く」こと自体が「奉納する」ことと同義であったことを示しているようにも思われる。奉納対象の神について、「ゼウス・セミオスに」、すなわち「徴《しるし》の神ゼウスに」（Langdon 2）と書き記されたものも発見されていることから、しるし＝文字として、文字の書かれた陶器、ないし陶片が奉納物としてとりわけふさわしいと考えられたとも推測できる。実際、いくつかの陶片は、はじめから陶片自体が奉納物として捧げられていたことが文字の書かれた状況から明らかになっている(9)。ヒュメットス山頂のゼウス聖域から出土したグラフィティは、アルファベットの黎明期に、人々が文字という新しいメディアに対してどのような観念をいだいていたか、また人々が奉納行為を通じて神々とのコミュニケーションをとろうとするときにどのような手段がふさわしいと考えていたかを示唆している。

ヒュメットス聖域にはどのような人々が訪れていたのだろうか。

この聖域は、上述したように雨の恵みをもたらす神ゼウスの聖域であったと考えられている。またその地理的な位置と地形的特徴から、ヒュメットス山には付近の人々だけではなく、アッティカ全域とりわけ東部から参拝客が訪れ、さらに一部はアッティカの外からも訪れていただろうと推測されている。祭神の特性から考えて、その多くは豊穣を願う農民であっただろう。奉納された陶器の多くは酒杯や注酒器であったが、ほとんどすべての器は装飾彩色をともなわない無地の簡素なデザインのものであった。単に文字を書くのに適していたから選ばれたのか、それとも使用者の社会階層をあらわしているのかは必ずしも明らかではない。しかしながら、アクロポリスから出土している同時代の陶器と比べても簡素なものであったことから、またこれらの器が現地での宗教儀礼に用いるために持ち込まれたであろうことを考えるならば、有力者ではない一般的な農民が多くを占めていたと推測することもできよう。さらに陶器ではなく文字の書かれた陶片が奉納されていたことも、主要な奉納者が社会の上層階層の人々ではなかったであろうことを示唆している。

アルカイック期には、宴会において即興で酒杯や注酒器などに詩や文字を書き記すことが貴族文化の一つの特色となっており、上述のように早くも前八世紀の時点でその片鱗がみられた。民主政期のアテナイにおいては、もっぱらエリートの習慣とされていたそうした文化がこれまで無関係だった階層の人々にも知られることとなり、当番評議員（プリュタネイス）の詰所たるトロスとよばれた建物の内部において、幾分変形された形で展開されていたことが、近年指摘されている。(10) ヒュメットスの陶片についても、上層階層の人々の間に広がりはじめていた文字文化を目にした人々が、その行為を模倣して陶片や陶器に文字を刻み、ヒュメットス山頂の聖域に奉納物として捧げたとは考えられないであろうか。そうだとすれば、アルファベットの導入からまもない前七世紀という時期に、人々がこの新しいメディアにどれほど強い宗教的な力を見いだし、魅惑されていたかをあらためて示しているように思われる。少なくともごく初歩的なレベルで文字を書くという能力、文字を書こうとする欲求については、すでに前七世紀の時点で上層階層の人々に限定されず、より多くの人々の間に広がりはじめていたことを示唆しているように思われる。

ヒュメットス山頂の聖域から出土した奉納陶片は、完璧な文字を書くのではないにせよ、文字を刻むという行為は、初期の段階から少数者に限定されることなく、より幅広い人々の間に普及していったことを示している。また、文字が地方の聖域においても使われ、人々の生活と密着していたことを示唆している。

三　奉納銘と自己の顕示の永続性──自己の顕示として名を刻むということ

奉納行為において、文字は早い時点で重要なコミュニケーション手段と考えられていた。アッティカで発見された遺物のうち、現在までに知られている最古の銘をともなう奉納物は、上述の *IG* I³ 1418と陶器に描かれた文字（グラフィティと焼く前に書かれたディピンティ）をのぞけば、それぞれアクロポリスに奉納された青銅製の水盤と大理石製の水盤に記された銘で（*IG* I³ 550, *IG* I³ 589 = *DAA* 376〔前六五〇～六〇〇年頃〕）、前七世紀後半まで待つことになる。前六世紀に入ると、水盤のほか、銘入りの祭壇（*IG* I³ 590 = *DAA* 330〔前六〇〇～五七五年頃〕）も出現し、さらに奉納物本体にではなく、奉納物の台座や支柱に銘を刻むという習慣も普及しはじめた。アクロポリスにおける彫像の奉納は、前六世紀後半から前五世紀はじめにかけてピークをむかえ、この間さまざまな形状の台座および支柱が生み出され、そこに銘が刻まれた。エレウシスの聖域においては、エレウシニア祭に関連して開催された競技祭での優勝記念の銘入り奉納物もあらわれ、古いものでは、銘入りの大理石製の円盤（*IG* I³ 989 = *Eleusis* 6〔前六〇〇～五五〇年頃。ただし *Eleusis* 6 では前五二五～五〇〇年頃〕）や幅跳びの際に用いられた青銅製のおもりに銘が刻まれたもの（*IG* I³ 988 = *Eleusis* 1〔前五七五～五五〇年頃〕）などが知られる。現存の史料から見る限り、前六世紀半ばに役職者が共同で捧げた奉納碑が出現するまで、奉納はもっぱら個人あるいは家族によっておこなわれた。このことは、公的な記録を公的空間に展示するという習慣が生まれる前に、文字が社会の個人個人によって、それぞれの主張を公にするために使われ、普及していったことを示していると言えよう。

奉納銘は必ずしも奉納物に必要なものではない。しかしながら、アルファベットの導入以降、多くの奉納物には銘が刻まれ、一定の形式が採用されるようになった。そしてその銘は、本体に刻むにせよ、台座に刻むにせよ、支柱に刻むにせよ、見られることを意識して刻まれた。

奉納銘において、もっとも基本的な要素として刻まれたのは、奉納者の名であった。奉納者名はほぼすべての奉納銘に書かれていたと見てよい。「何某が奉納した」とのみ記されるのがもっとも簡素かつ基本的な形式であったが、奉納対象となる神の名（アクロポリスにおいてはほぼすべてが女神アテナ）が与格で書かれることもあり、韻文の奉納銘においてその比率は高くなった。いずれの場合も奉納者の名は主格で記され、そして韻文でない奉納銘においては、冒頭に刻まれるのが通例であった。視覚的に奉献者の名は最も目立つ場所に配置されたわけである。自らが主体であることを示す形で名前を刻むということがいかに名誉なことであったかについては、時代は下るが、前四世紀の史料が端的に語っている。

すなわち、デモステネスは『ティモクラテス弾劾』のなかで、「諸君は皆、冠の下の台輪に刻まれた文字を見ていることと思います。『同盟者がアテナイ人を武勇と正義ゆえに加冠した』、あるいは『同盟者が戦利品をアテナ女神へ献じた』、あるいはポリスごとに『某国がアテナイ人を加冠した。アテナイ人に救われたゆえに』、例えば『エウボイア人が解放してもらったがゆえにアテナイ人を加冠した』、さらには『コノンがラケダイモン人に対する海戦により』、『カブリアスがナクソス沖の海戦により』など」（Dem. 24. 180. 傍線は筆者）と語っている。デモステネスのこのくだりは、アテナイにとってこうした献呈を受けることがいかに誇らしいものであったかを語っているのだが、刻まれた銘において奉納者が冒頭に主格で示されていることからも、銘文でもっとも強調されるべき語が奉献者自身であったこと、感謝の奉納をしながら、実は奉納者自身の名を一番目立たせているということがはからずも明らかにされている。

さらに前三四七／六年の顕彰碑文の中では「彼らが冠をアテナ＝ポリアスに奉納する（と言う）ので、競技委員（アスロテタイ）は銘を（次のように）刻んだ上で神殿に冠を奉納せよ。『レウコンの息子たちスパルトコスとパイリサデスは、アテナイ民会によって加冠されたことにより、アテナ女神に奉献した』と」（*IG* II² 212, 33-38 = RO 64. 傍線は筆者）と記されている。顕彰者に与えられる名誉の一つとしての加冠とその後の奉納が規定されているわけだが、ここでも奉納銘文の形式の基本が貫かれていることが見てとれる。

後述するように、何を主語にするか、何を主格で記載するかと言うことは、古代ギリシアの碑文の中で何よりも重要な項目であった。なぜなら、主格で記すことで主体が示され、それによって内容の如何にかかわらず、もっとも目立つものとなったからである。このスタイルは、名誉のみならず、不名誉な名指し、敵の名指しにおいても徹底されることとなった。

主格で名乗るということの意味について、狭い意味では碑文とは言えないが、広い意味で碑文の中に数えられる陶片追放に用いられた陶片と呪詛板を例にもう少し立ち入っておこう。

四　他者を名指しする——陶片と呪詛板

陶片追放制度は、前五〇八／七年のクレイステネスの改革で導入されたと言われる。アテナイ市民は、年に一度、陶片追放の投票をおこなうかどうかを民会で議論し、施行が決定されるとその二ヵ月後に陶片追放の投票を実施した。投票は、陶片に僭主となるおそれがあると思われる人物の名前を記載するという形式をとり、成年男子市民が投票権をもった。初めての陶片追放は前四八七年におこなわれたと伝えられる[11]。

今日までに発見されている陶片の数は、一九六六年までにアゴラで発見された一六五八枚とケラメイコスから発見されている約八五〇〇枚の陶片をあわせて、おおよそ一一〇〇〇枚にのぼる[12]。「何某の息子何某」という形式で候補者の名が書かれるのが最も一般的な書き方で、全体の八割以上を占めた。残りの大部分は名前に区名を添えたもので、そのほか、名前、父親の名、区名の連記されたものが若干あった[13]。被投票者を揶揄するような言葉が書き加えられたもの、「私は飢饉を追放する」といったように社会風刺とも言えるものも少数存在するが、単に名前だけが記されたものが大方を占めていた。

ここで注目されるのは、被投票者の記名にあたって九割近くが主格で書かれていたことである[14]。この傾向は、代書屋とでも言うべきプロの書き手によって書かれた陶片においても変わらなかった。このことは、書き手の表現の稚拙さによるのではなく、意識的に主格が選択されていたことを意味している。すなわち、奉納碑において「何某が奉納した」ということに重点が置かれていたことと対照的に、ここでは「何某が追放されるべきだ」ということが意識されていたと考えられるのである。あるいは初期の奉納銘や境界標にみられる「私は何某である」という書き方を踏襲し、陶片そのものが被投票者の名を名乗るということが意識されたのかもしれない。「（私は）何某に（一票を投ずる）」でも「（私は）何某を（追放する）」というのでもなく主格で書かれたということは、陶片追放における主語はあくまでも追放候補者たる被投票者であったことを示している。このようにすることで、不名誉をこうむる者の存在は際立つこととなった。

同様のことは呪詛板においても見られる。[15] 呪詛板を用いた呪詛は、アッティカでは前六世紀末ないし前五世紀初頃より知られる。多くは手紙に用いられたものと同程度の大きさの鉛板に呪詛を刻み、丸めて封をして他者の墓などに潜ませ地下の神々に訴えるという形式がとられたが、呪詛の標的たる人物を模した人型を鉛箱に入れて、その人物および箱の内側に呪詛を刻んだものなども知られている。前四世紀半頃までの呪詛板は、訴訟の原告ないし商売がたきに対する呪詛を記したものが大部分を占め、その形状にかかわらず、ほとんどが呪詛の対象者の名前を列挙しただけのものであった。ここでも注目すべきは、その対象者の名前が主格で刻まれていたことである。前四世紀半ばから「私は縛りつける（*katadō*）」という言葉が冒頭に書かれるようになり、呪詛の対象者を浴びせるさまざまな動詞が並列して書かれる事例も増えてくるが、それでもその後に書かれた呪詛の被対象者名は主格で列挙されることが多かった。「私は縛りつける」という呪詛者の行為を書き記した上で、別途、主格で呪詛される者の名前が書かれたのは、改めて「何某が呪縛される」ということを確認する行為だったとも言える。[16]

前四世紀末からヘレニズム時代に入ると、呪詛の対象者名が対格で書かれるのが通例となったが、このことは書承文化の進展を示すとともに、本来「名指す」という行為がもっていた意味合いが変わってきたこと示唆しているように思われる。

五　石碑建立のはじまり

前七世紀第四四半世紀に入るころから、ポリスやその下部組織の構成員にかかわる法、祭暦や条約といった公生活にかかわる記録を石や青銅板に刻むという習慣が、ギリシアのさまざまな地で見られるようになった。アテナイにおいてはドラコンの法（前六二〇年頃）、およびソロンの法（前五九〇年頃）が木製の回転柱に書かれて掲示されたと後世の伝えにあるが、現存史料にもとづけば、石碑の出現は前六世紀半まで待つことになる。

アッティカ出土の現存最古の公的な石碑とよべるものは、おそらくはヒエロポイオイ（犠牲委員）がアクロポリスに奉納した一連の碑文である（*IG* I³ 507, 508, 509, 509bis）[17]。刻文された年代は必ずしも明らかではないが、「競技場を作った（*epoiêsan*）」あるいは「競技を開催した」という表現から、また「競技祭（*agôn*）を設立（奉納）した（*thêsan*）」と書かれていることから、さらにこの碑がアテナに捧げられていることから、大パンアテナイア祭における競技祭の遂行にちなんで奉納されたものと考えられている。とりわけ *IG* I³ 507において、列挙された人々が「はじめて（*hoi*…*prôtoi*）」競技祭を設立したと書かれていることから、*IG* I³ 507はパンアテナイア祭がペイシストラトスのもとで大々的に組織化された年に奉納されたのではないかと考えられ、したがって前五六六年のものではないかと解釈されている。

上記の碑文とほぼ同時期、前五五〇年頃にはアテナ聖財財務官が、おそらくは聖財の整理を完遂したことを記念して、青銅銘板をアクロポリスに奉納している（*IG* I³ 510）[18]。

　これらの碑文は、それ以前から存在していた奉納に属するが、いずれも石柱もしくは青銅板のみから構成されていて、台座ではなくそれ自体が奉納物となっていることが特徴である。エレウシスからもエレウシスに競技場をつくったことを記念した同時代の奉納碑（*IG* I^3 991 = *Eleusis* 3〔前五五〇年頃〕）が発見されており、同様の特徴を備えていた。(19)いずれも役職者が任務を遂行したことに対する感謝と責任の証として奉納されていることが特徴である。類似の事例としては、アテナ聖財財務官であったカイリオンが奉納した銘文付きの祭壇があるが（*IG* I^3 590〔前五九〇年頃〕）、こちらは個人による在職中の奉納であり、奉納碑の形態も大きく異なる。(20)個人ないし家族ではなく、公職に関わる人々自身が集団で碑を奉納するという習慣は、前六世紀半頃から出現しはじめたと考えられ、しかもアクロポリスやエレウシスなど複数の聖域でほぼ同時に広がりを見せていることが注目される。

　前六世紀半には、スニオンから「スニオンの人々が奉献した」と刻まれた大理石の断片が出土している（*IG* I^3 1024〔前五五〇年頃〕）。形状の特徴から、奉納碑ではなく、銘の刻まれた奉納像の大腿部の一部ではないかと推測されており、したがって奉納像本体に刻まれたものではあるが、クレイステネスの改革によって区（デーモス）として編成される以前からスニオンに居住していた人々が自らを「スニオン人」と称して銘を刻んでいることは注目に値する。アッティカ出土の碑文としては、この断片が共同体の名を刻み、その行為を文字に刻んだ現存最古のものとなる。

　前六世紀末に入るころから、公的碑文のジャンルは急速に拡大していった。前五〇五年前後には、ボイオティアとカルキスに対する戦勝記念碑が「アテナイ人」によってアクロポリスに奉納された（*IG* I^3 501a）。碑は台座に刻まれたもので、石碑のみから構成された記念碑ではないものの、「アテナイ人」と刻まれた最古の碑の一つである。

　これに前後して、碑文のみから構成されたさまざまな用途の石碑の建立もはじまった。アゴラの境界標（*IG* I^3 1087, 1088, 1089〔前五〇〇年頃〕）など聖俗の公共空間の境界を示す境界標が出現するとともに、祭礼に関する規定を刻んだ種々の碑（*IG* I³ 230〔前五二〇～五一〇年頃〕、231〔前五一〇～五〇〇年頃〕、232〔前五一〇～四八〇年頃〕、2〔前五〇〇年頃〕、5 = *Eleusis* 13〔前五〇〇年頃〕）があらわれた。このうちエレウシスで執りおこなわれる犠牲についての手続きが記された *IG* I³ 5は、台座と思われる石の正面に刻まれていることと、上部に何か載せられていた痕跡のあることから、もともと上部に記載されていた手続きの追補ではないかと推測されている。そうだとすれば、さらに古い碑文が存在していたことになる。これらはいずれもアクロポリスではなく、それぞれ内容に関連する場に建立された。アクロポリスについて言えば、現存最古の奉納碑をのぞいた碑文は「サラミス決議」と通称される民会決議（*IG* I³ 1〔前五一〇～五〇〇年〕）で、これに続く碑文は、いわゆる「ヘカトンペドン碑文」（*IG* I³ 4〔前四八五／四年〕）となる。

このように見てくると、役職者によるグループでの奉納という習慣からはじまった公的碑文の建立は、前六世紀末までにはアッティカのさまざまな地域、とくに聖域において、儀礼手続きを碑に刻むという形で広まっていったように思われる。さらに言えば、上述の「スニオン人」の例に見られたような地域コミュニティの形成が、公的碑文を建立するという習慣を生み出す原動力となったのではないかと思われる。前五世紀後半、とりわけ前四三〇年代以降に顕著になってきたアクロポリスにポリスの会計記録や民会決議を石碑に刻んで建立するという習慣は、このような地域の種々の共同体の中からわき上がってきた碑文建立の習慣に由来していると考えられるのである。

六　民会決議碑文にみる碑文の主体

古代ギリシアの碑文習慣の特徴の一つに民会決議を碑に刻んで建立するということがある。決議碑文はポリスの決議のみならず、さまざまな下部組織の決議もまた碑に刻まれたが、ポリスの決議の場合、石碑は当該ポリスの中心聖域に建立されるのが普通で、アテナイにおいてはアクロポリスが民会決議碑文の建立の場となった。アテナイにおける現存最古の民会決議碑文は上述の「サラミス決議」であるが、前四三〇年代まではその数はきわめて限定的であった。民会決議については、奉納碑や戦没者記念碑、会計碑文などほとんどすべての分野の碑文が建立されるようになってから、むしろおくれて碑文建立の習慣が成立したように思われる。(21)

さて、民会決議碑文において、碑文の主体はどのように表現されたのであろうか。これまで見てきた書承文化の拡大と「名乗り」との関係が、ここではどのような形で示されているかを見てみよう。

民会決議碑文は「評議会と民会によって決議された」、「民会によって決議された」といった一文からはじまるのが通例であった。これにより、民会すなわち「アテナイ市民」が決議の主体であることが示されたわけである。前三四〇年代頃から、顕彰碑文において冠の中に主格で「民会」、「評議会」と刻まれたシンボルが添えられる事例が増えてくるが、(22)これは顕彰碑文における主体があくまでも「民会」であり「評議会」であったことを視覚的に主張したものだと言える。冠の中に「民会が何某を」と刻まれたものも知られており、主語が「民会」であり、被顕彰者は客体であることを端的に示している。(23)ローマ時代には顕彰像に「民会が何某を」いう銘文が台座に刻まれたものが頻出するが、ここでも「民会が」という文字が一行目に刻まれ、そのあとに被顕彰者名がつづくというのが通例であった。(24)もっとも「民会が」という主語が碑文においてあからさまに強調されるようになったのは、カイロネイアの戦いを目前に控えたころからであって、ポリスの強固な存在と一体性を内外に目に見える形で示そうとする意思表示であったとも言える。それでもこれらの事例は、民会決議の本質をわかりやすく示しているという点で興味深い。

さて一般に民会決議を刻んだ碑文は、初期の公的奉納碑と同様に、句読点も単語の区切りもなく、文字で埋め尽くされていた。原稿用紙のマス目に文字を入れていくように文字の配列の縦横をそろえた、研究者の間でストイケドンスタイルとよばれる書式は、古典期にとりわけ好まれたが、前四三〇年代頃からこの書式を逸脱して碑文に頭書を付したものが出現した[25]。頭書はしばしば本文よりも大きな文字で書かれ、内容から、①「神々」あるいは類する語が書かれたもの、②決議年代を示す書記ないしアルコン名が書かれたもの、③被顕彰者の名が書かれたもの、④条約や同盟といった決議の主題が書かれたものの四つに分類できる。単体で出る場合、いくつかが組み合わさって記される場合とがあったが、「神々」という表現をのぞけば、頭書の習慣は前四世紀末頃までに廃れていった。頭書の書き方、および頭書の出現から衰退までの変遷の様子を見ると、石碑の中で人々が何を重視していたかということはもちろん、石碑に対する人々のとらえ方の変化もまた明らかになってくる。少々、細かな話になるが、それぞれの頭書がどのようなものであったかを見ていこう。

まず①は、前四四〇年代から神殿会計碑文で時に使われており[26]、これがやがて民会決議碑文においても使われるようになったのではないかと思われる。「神々」の語はつねに主格で書かれた。前五世紀半には、これを模倣したグラフィティも知られており（Lang C21）、また前四世紀以降は境界標（*IG* II² 2747）や個人の奉納碑（*IG* II² 4560, 4571）にも模倣が見られる。民会決議碑文を目にした人々にとってもっとも記憶しやすく印象的な文字であったと言える。「神々」の解釈は必ずしも明らかではないが、魔術的な守護を期待していたのではないかと一般には考えられている[27]。「神々は」と主格で記されていたことを、あらためて考えるならば、碑文自体が神々のものであると言うことを示していると言えるかもしれない。碑文の多くが聖域に建立され、それゆえ奉納物であったということを思い起こせば、①の頭書は他の頭書とは一線を画すものであったとも言える。

日付を冒頭に記すことが一般的になってからも、「神々」という語はローマ時代にいたるまで残った。碑文の主体をめぐる人間社会の位置づけとはかかわりのないこの用語は、もっとも古くから使われ、そしてもっとも長く残ることになった。

②は前四二〇年代頃から出現し、当初はもっぱら刻文時に評議会の書記をつとめた者の名が書き記された。碑文の建立にあたっては評議会の書記が責任を負ったから、書記個人の名誉心が頭書に反映されたと考えられる。前四二一年以降、アルコン名が併記される事例があらわれたが（*IG* I³ 83, 102, 104, 111, 114, 115, 124, 228）、書記については「何某が書記をつとめた」という文の形式であらわされたのに対して、アルコン名は文ではなく、「何某がアルコンの時」という句で記されることが圧倒的に多く、要するに「何某がアルコンの年、何某が書記であった」というように補足的な役割しか持ちえなかった。すなわち、民会決議の刻文の責任を負った書記の名が優先的に刻まれていたことを示唆している。前五世紀末にはアルコン名のみ記載される事例もあらわれ（*IG* I³ 126, 191）、前四世紀前半に決議年月の記載法が標準化されてくると、徐々にアルコンの年が先頭に記載されることが多くなったが、アルコン名については「何某がアルコンの年」という形式が標準でありつづけ、決議年代の明示の手段にとどまった。(28)

書記名の頭書については、前四世紀に入ると徐々に減少し、前四世紀半をもって消滅した。しかしながら、前三三一／〇年の民会決議碑文では、決議の日付を示すアルコン名、プリュタネイアの日数などが書かれた後、前後に行間をとり、もっとも目立つレイアウトをもって書記の名前が刻まれた（*IG* II² 348）。

③および④は、決議内容の題名とでも言うべきものである。③については、ほとんどすべてが属格を用いて「何某について」、「某国について」という形式で記載された。これらの事例は大部分が顕彰碑文か条約碑文にあたるが、被顕彰者や条約相手国が主語とされることはほぼ皆無であり、(29)「アテナイ人が〇〇について決議した」という意味を含むかのごとく属格が使われた。少数ながら与格を用いたものもあるが、その場合も意味はほぼ同じである。一方、④については、しばしば主格が用いられ、「何某のプロクセニア」、「アテナイ人と何某の条約」といった形式で記され

た。事項が主格で示されたのに対して、人や国が属格ないし与格であらわされたことは興味深い。すなわち、被顕彰者も相手国も決議の主体ではなく、あくまでも受ける立場であったことをあらためて示していると言える。いずれも前五世紀末から前四世紀前半をピークとして前四二〇年代頃から前三世紀後半にいたるまで出現した。顕彰碑文においては、しばしば被顕彰者が刻文の費用を負担したため、刻文のレイアウトには被顕彰者の意向も反映されたと思われる。外交関連の決議碑文の頭書にこうした頭書が付されることが多かったのは、被顕彰者の名誉心のあらわれと言えよう。しかし、それでも主体はアテナイ人でありつづけた。

前四世紀後半以降、決議の末部ないし中央に空間をもうけて被顕彰者への褒賞を強調する書式が普及してくると、顕彰や条約を示す句が頭書に刻まれることはなくなった。この書式の変化は、しかしながら、被顕彰者からの要請というよりも、アテナイが外国勢力の配下におかれる危機を体験する中で、ポリスとしての存在を誇示するための一つの表現であったと思われる。

頭書の出現と消滅、頭書の内容の変遷からは、決議の主体としての民会が主語であることが強調される一方、刻文に関わった書記や刻文費用の提供に関わった被顕彰者が何を強調しようとしていたか、それがどのような形で実現されていたかが示されていると言える。「名乗る」という書承文化に慣れ親しんできた社会において、民会決議碑文の書式においてもその表現をめぐり、その時々の書記や被顕彰者の思惑が反映されていたのである。

おわりに

本稿では、古代ギリシアにおいて書承文化がどのように普及し、碑文建立の習慣が生み出されてきたかを概観してきた。模倣しながら数文字を書き記すというレベルまで含めるならば、文字を書き記すという行為はかなり幅広い階層の人々の間にまで広がっていたと考えられる。そして稚拙ともいうべきグラフィティと贅を尽くした奉納碑との間には、他者へのメッセージにおいて、とりわけ「名乗る」という点において共通の姿勢が見られた。公的な石碑を公共空間に建立するという習慣は、さまざまなレベルで広範に広がっていた文化の中から生まれてきたと言ってよい。建立された決議碑文の内容を実際に理解できた者はごくわずかであっただろうし、またその内容にどれほどの人々が関心を持ったかは定かではない。しかしながら、公共空間に建立された碑文を日常的に目にしていた人々は、それをそれぞれのやり方で模倣してきた。日常の場で展開された模倣行為は、ひるがえって公的碑文の書式にも影響を与えたであろう。公的碑文のデザインもまた、それを見る市民の目を意識して変遷してきたと考えられる。多種多様な分野の石碑を建立するという文化は、このような裾野をもって展開されてきたのである。

たしかにアテナイは他に類を見ない数の碑文を建立した。その原動力は目に見える形で「名乗る」という行為が、一部の人々に限定されることなく広範に流布していたことによるものではないかと思われる。

註

本稿で用いた碑文集の略号は以下の通りである。

CEG = P. A. Hansen, *Carmina Epigraphica Graeca Saeculorum VIII-V a. Chr. n.*, Berlin, 1983.

DAA = A. E. Raubitschek, *Dedications from the Athenian Acropolis*, Cambridge Mass., 1949.

DTA = R. Wunsch, *Defixionum Tabellae* (*IG* III 3), Berlin, 1897.

Eleusis = K. Clinton, *Eleusis: The Inscriptions on Stone*, Athens, 2005-2008.

IG = *Inscriptiones Graecae*, Berlin.

Lang = M. Lang, *Graffiti and Dipinti*. The Athenian Agora 21, Princeton, 1976.
Langdon = M. K. Langdon, *A Sanctuary of Zeus on Mount Hymettos, Hesp.* Suppl. 16, Princeton, 1976.
LSAG = L. H. Jeffery and A. W. Johnston, *The Local Scripts of Archaic Greece*, 2nd ed. Oxford, 1990.
RO = P. J. Rhodes and R. Osborne, *Greek Historical Inscriptions, 404-323 BC.*, Oxford, 2003.

（1）本稿の内容の一部については、第三十八回国際アジア北アフリカ研究会議（ICANAS 38、二〇〇七年九月）で発表し、その報告原稿をもとにした論文 "How did People Enjoy Epigraphic Culture in Ancient Greece? Inscribing Names on Monuments" をプロシーディングズに執筆した（印刷中）。なお、本稿のうち、文字のもつ呪術的力と名乗りの意味については、より広い側面から「文字と社会」『西洋古典学研究』六〇（二〇一〇）九五～一〇二頁に発表した。また、本稿ではほとんど触れなかった、決議碑文の建立の場としてアクロポリスの成立状況については、「決議碑文の建立の場としてのアクロポリスの成立」『パルテノン神殿造営目的に関する美術史的研究』（二〇一一）一五三～一六五頁に発表している。本稿は二〇〇七～二〇一〇年度科学研究費補助金基盤研究（C）「碑文学・図像学的見地からみた古代ギリシアの外交――儀礼としての外交構築」の研究成果の一部である。

（2）アッティカ碑文の数の変遷については、C. Hedrick, "Democracy and the Athenian Epigraphic Habit," *Hesperia* 68 (1999) 387-439, esp. 389-395を参照。

（3）前五世紀について言えば、公刊されている碑文約一五〇〇枚のうち、決議碑文はおよそ二五〇、会計碑文二五〇（ただし、一枚の石碑に複数年記録されたものが年ごとにカウントされているため、実際の数は一四〇あまり）である。奉納碑文については、総数五五〇ほどのうち三十ほどが公的奉納に分類される。また墓碑については、五十四枚の戦没者碑（公的墓碑）、二二三枚の私的墓碑が収録されている。あえて公的碑文と私的碑文に分類するならば、その数的比率はほぼ同値となる。

（4）地中海域へのアルファベットの広がりについて、近年の成果をもっとも簡潔にかつ的確にまとめたものとしては、A. Johnston, "The Alphabet," in N. Ch. Stampolidis and V. Karageorghis eds., *Sea Routes…Interconnections in the Mediterranean 16th-6th c.*

BC, Athens, 2003, 263-276を参照。

（5）　エレトリアのアポロン聖域出土のグラフィティについては、A. Kenzelmann Pfyffer, T. Theurillat and S. Verdan, "Graffitti d'époque géometrique provenant du sanctuaire d'Apollon Daphnéphoros à Erétrie," *ZPE* 151（2005）51-83を参照。また、コモスの聖域については、E. Csapo, A. W. Johnston, and D. Geagan, "The Iron Age Inscriptions," in J. W. Shaw and M. C. Shaw eds., *Kommos IV: The Greek Sanctuary*. Princeton, 2000, 101-134を、ピテクサイについては、A. Bartonek and G. Buchner, "Die altesten griechischen Inschriften von Pithekoussai（2. Hälfte des VIII. bis VI. Jh.）," *Die Sprache* 37（1995）129-231を参照。

（6）　B. Powell, *Homer and the Origin of Greek Alphabet*, Cambridge, 1991, 162は、ディピュロン・オイノコエについて、その書き方の特徴から、宴会の席で、酔客が一行ごとに交代しながら優勝者を祝する即興詩を書いたものではないかと推測している。ネストールの杯の解釈については、C. A. Faraone, "Taking the" Nestor's Cup Inscription "Seriously: Erotic Magic and Conditional Curses in the Earliest Inscribed Hexameters," *CSCA* 15（1996）77-112を参照。

（7）　*IG* I³ 1418およびディピュロン・オイノコエともに字体が特異であるため、アッティカで刻まれたのではなく、他国からの訪問者が刻んだとする解釈も絶えない（*LSAG* p.15-16）。これに対する反論は、M. Guarducci, *L'epigrafia greca dalle origini al tardo impero* 1, Roma, 1967, 135-136を参照。

（8）　M. K. Langdon, *A Sanctuary of Zeus on Mount Hymettos, Hesp.* Suppl. 16, Princeton, 1976.

（9）　いくつかの陶片は首の細い陶器に属するにもかかわらず、その内側に文字が書かれていたことから、文字が書かれたときにはすでに割れた状態であったことが確認できる。これは、文字の書かれた陶片自体が奉納物であったことを示している。Langdon, *op. cit.*（註（8））, 46-47参照。

（10）　A. Steiner, "Private and Public: Links between Symposion and Syssition in Fifth-Century Athens," *CSCA* 21（2002）347-379, esp. 354-355, 373-377参照。

（11）　陶片追放制度については、とりわけ M. Lang, *Ostraka*（The Athenian Agora 25）, Princeton, 1990, 1-6および S. Brenne,

“Ostraka and the Process of Ostrakophoria,” in W. D. E. Coulson *et al.* eds., *The Archaeology of Athens and Attika under the Democracy*, Oxford, 1994, 13-24を参照。投票者が自ら投票したい人物名を記すというのが原則であり、そのためかいわゆる誤字・脱字も多く見られるが、代筆がおこなわれることもあった。その意味で古典期のアテナイ人の識字の実態を知る上でも興味深い。

（12）発見された陶片の全体像については、S. Brenne, *Ostrakismos und Prominenz in Athen, Tyche Suppl.* 3, Wien 2001, 28-29を参照。

（13）S. Brenne, *op. cit.*（註（12））, 79, Tabelle 5をもとに計算すると、分類可能な八五六八枚の陶片のうち、「名＋父名」が全体の八一・二%、「名＋区名」が一七%、「名＋父名＋区名」が一・七%。時代による傾向の差がないことも特徴で、前五世紀半以降も名＋父名の形式が大方を占めた。一方、テミストクレスやクラティオスの息子カリアスなど特定の人物が「名＋父名」ではなく「名＋区名」の形で投票されていることも目立つ。これは、被投票者本人による政治活動の結果と考えられる。

（14）*M. Lang, op. cit.*（註（11））, 17-18およびS. Brenne, op. cit.（註（11））, 13-24を参照。Brenne（p. 23）によれば、名前の格のわかるオストラコンのうち、主格が八七・四%、属格〇・一%、与格九・八%、対格二・七%。

（15）呪詛板についての概要は、E. Eidinow, *Oracles, Curses, & Risk among the Ancient Greeks*, Oxford, 2007, esp. 139-232および、古山正人「西洋古代における Curse Tablets。概観と訴訟・政争呪詛」『國學院雑誌』一〇七（二〇〇六）一～一二頁を参照。

（16）たとえば、*DTA* 42（前三世紀）, *DTA* 71（Classical / Hellenistic）など。

（17）*IG* I^{3} 508左面に残された-ioiがヒエロポイオイと読む唯一の根拠で、*IG* I^{3} 507については完全な補いである。四枚の碑文のうち *IG* I^{3} 509bis については、断片に過ぎるため、*IG* では同シリーズの碑文ととらえることに慎重である。いずれも大理石ではなく石灰岩（ポロス）の石柱の一面ないし複数面に文字が刻まれており、石柱の上に奉納物が置かれていた形跡はない。

（18）銘板の四隅に穴が開けられていることから、神殿の壁面に貼られていたか、あるいは木板等に打ち付けられて展示されていたと推測されている。

（19）これも石灰岩（ポロス）の碑で、「競技場（*dromos*）をつくった」という表現が用いられている。そのほか、*IG* I^3 972（前五五〇年頃）も形状から言えば同種の碑と考えてよいかもしれない。一面に「マニスの息子イオニコスが奉献した」と刻まれ、もう一面に「ヘラクレイデス。アルコンたち。アリスタルコス。デモクレス。スピンテル。エウテュコス」と刻まれたこの碑は、イオニコス個人が建立し奉納したもので、ヘラクレイデスおよび四名のアルコンと奉納者との関係は不明であり、アルコン名が年を示しているのか、被奉献対象であるのかも不明である。J. Wiseman and J. W. Shaw, "An Archaic Inscription from Attica," *Hesperia* 39（1970）139-144を参照。彼らはゲノスの成員による奉納と推測している。

（20）「財務官をつとめる（*tamieuôn*）クレディコスの息子カイリオンがアテナに奉納した」という銘が祭壇上部に刻まれている。一般に個人や家族による奉納においては、職人や商人による奉納を除いて、身分や職名が書かれることは稀で、「何某の息子何某」と書かれるのみであった。名門の出身であれば、名前以上の情報は必要とは考えられていなかったからだと思われる。

（21）これについては註（1）の拙著「決議碑文の建立の場としてのアクロポリスの成立」を参照。

（22）初出は*IG* II^2 222（前三四四／三年）。

（23）たとえば*IG* II^2 237（前三三八／七年）においては、「民会がフォルミオンを。民会がカルフィナスを」と刻まれている。

（24）たとえばカエサルを顕彰した*IG* II^2 3222（前四八年もしくは四七年）。

（25）前五世紀のアッティカ碑文の頭書に関する詳細については、拙著「前5世紀アッティカ碑文の成立年代決定法に関する検討」『西洋古典学研究』五二、一三―二二頁参照。前四世紀以降の変遷については、A. S. Henry, *The Prescripts of Athenian Decrees*, Leiden, 1977を参照。

（26）アテナ・パルテノス像制作に関する会計文書（*IG* I^3 457［前四四二／一年］が初出となる。民会決議ではIG I^3 50［前四三五年頃］が初出で、神殿の扉の造作に関わる決議である。

（27）この問題をめぐる研究史については、前野弘志『アッティカの碑文文化』広島大学出版会、二〇〇七年、一五一～一七〇頁を参照。

（28）「何某がアルコンであった」という文の形式で示された事例は、*IG* I^3 104, 114, 115, 124, 126で、いずれも前五世紀末のものである。この時期の政治情勢を反映しているのかもしれない。

(29) 唯一の例外は、前三三一／〇年にトラキア王セウテスの息子でアテナイ市民権を付与されていたレブラスに関する決議（*IG* II^2 349）で、「セウテスの息子でコテュスの兄弟のアグリュレ区のレブラスが」と主格で冒頭に刻まれている。

あとがき

編者が生まれて初めて海外の地を踏んだのは、すでに日本大学で職を得てから三年後の二〇〇〇年八月末のことであった。しかも図らずも国際会議で報告するために訪れたその地たるや、中国史研究者とは無縁と思われても仕方がない、カナダのモントリオール市であった。勿論、当時同行した方々からは、最初の海外が中国ではなくカナダであることを揶揄されてしまった。それ以前は、留学経験も全くなく、従って英語も中国語も特別な訓練を積んだわけでもない外国語が不得手な編者が、よもやモントリオール市で開催された国際会議で、英語で研究発表をすることになるとは、夢にも思っていなかったし、それから十年余りの間も、それを発端として、海外学術交流の活動に何故か携わってしまい、果てはかかる本書を刊行するに至るとは、予想すらできなかった。

編者をそうさせたものは、いったい何であったのか。勿論「天命」かもしれないが、よくよく考えてみると、地方志・碑記班の活動をともにして下さった伊原弘氏の「押し」による力が大きかったのではないかと思う。伊原氏は、早くから、日本のごく限られた研究者だけではなく、広く様々な研究者が欧米の研究者とも学術交流をすべき必要性を感じられ、この十年余りの間、我々の世代をそうした方向へ牽引されてこられたと言っても過言ではあるまい。実際にこの寧波プロジェクトでの五年間も、積極的にその旨を主張され、国際会議等でパネルを形成するに当たっては、常に高いハードルを設定されて、編者が何とか越えられるように激励しつづけて下さった。限られた時間の中で、慣れない英語でのメイルのやりとりを海外の研究者たちと重ねることは、正直かなり大変でしんどい思いをしたのは事実である。但し一つ一つの国際舞台での活動で、得難い経験をしたり、感動や達成感を味わったりすることができたのは、ひとえに伊原氏のお蔭と痛感している。また本書の内容に関しても沢山の御助言を賜った。先ず何よりも、この五年間にわたり、編者に刺激を与えつづけて下さった伊原弘氏に心より厚く御礼申し上げたい。

加えて、感動や達成感を得られたのは、勿論、海外研究協力者の方々が、文字通り「協力」して下さったからでもある。この五年間の中で活動をともにしたベティンヌ・バージ、アンゲラ・ショッテンハンマー、ティ・ジェ・ヒンリクス、ジョセフ・デニス、クリスチャン・ド・ペー、アンナ・ヘリセン、サラ・シュニーウィンドの皆様方や、本班のメンバーではなかったが、国際会議等で御尽力をいただいたトーマス・リー、アラン・アロー、柳立言の各位には、矢張り特別な思いがある。多忙な中、遠路自費で駆けつけてくれたり、会議終了後に「ヴィクトリー！」と叫んでくれたり等々の行動には、本当に頭が下がる思いであったと同時に純粋に感激した。謹んで感謝申し上げたい。ここで形成された絆は今後も大切にし、更なる人的交流に繋がるように努めていきたい。またこうした方々を日本に招聘した際には、高津孝氏にも大変お世話になった。地方志・碑記班が関わった企画において、翻訳をはじめ報告、コメンテーター等の仕事を快諾して下さった上、招聘者を沖縄調査に同行する際にも、うるま市教育委員会の榮野川敦氏とともに格別なる便宜をはかっていただいた。伏して謝意を表したい。

また、本書にも原稿を執筆して下さった八尾隆生、師尾晶子の各位には、中国史とは異なる分野の専門家でありながらも、地方志・碑記班の最初期の活動時より、何かと御理解・御協力を賜った。お二人には謹んで謝意を表する次第である。お二人の存在なくしては、比較史的な視点から、中国史における碑や地方志の研究を見つめ直すことなどできなかったはずである。本書での翻訳の労を引き受けて下さった、河合佐知子、吉田真弓、浅見洋二、山口智哉、小二田章、深澤貴行の各氏にも御礼を述べたい。特に吉田真弓氏には、本書での翻訳のみならず、本班の国際的活動に際して要した様々な翻訳の仕事もお引き受けいただいた。感謝申し上げる。

そして、この五年間に限らず、十年余りにわたって我々の国際学術交流活動を見守って下さったのが、財団法人東方学会であった。特に前事務局長で現顧問の柳瀬廣氏と現事務局長の河口英雄氏には、格別の御理解と御助力を賜った。二〇〇〇年の夏より以来、ようやく本書のような成果を刊行できるに至ったことを御報告申し上げるとともに、伏して御礼を申し上げたい。

最後になるが、寧波プロジェクトの数ある計画研究班の中にあって、弱小班であった「小藩」の地方志・碑記班を「お取り潰し」にすることもなく、我々の活動に御理解と御尽力を賜り、本書を東アジア海域叢書の一冊に加えることを認めて下さった、寧波プロジェクト領域代表の小島毅氏に厚く御礼申し上げる。

なお本書の刊行に際しては、汲古書院の石坂叡志氏と小林詔子氏に大変お世話になった。とりわけ小林詔子氏には、遅滞しがちな編集作業過程において、随分と無理を聞き入れていただいた上、組版の工夫などでも貴重な御意見を賜った。恐縮の極みである。

このように本書は、様々な方々の御尽力により世に出ることになった。逐一お名前は挙げられなかったが、寧波プロジェクト各班に所属の多くの方々にも御支援を仰いだ。「小藩」ゆえの苦労も多々あったが、それを克服できたのも、これらの方々のお蔭と思っている。

このプロジェクトによる活動は、すでに終了してはいるが、碑と地方志のアーカイブズの探究は、まだ端緒についたばかりである。今後とも国際的かつ比較史的視野をもちつつ、更なる中国地域史料・地域史研究の進展を目指していきたい。また編者のようなものでも、充分とは言えないまでも、海外の研究者との学術交流が何とか可能であった。留学経験も豊富で、かつ英語や中国語などの外国語を堪能に操ることができる編者より下の世代の方々が、少しでも本書に触発されて、果敢に欧米圏等へも学術交流のために挑んでいくような状況が頻繁に出現することを祈ってやまない。

二〇一一年十二月二十二日

須江　隆

East Asian Maritime World Series Vol. 6

Explore Archives of Inscriptions and Local Gazetteers

SUE Takashi ed.

Contents

Ⅱ Possibilities of Inscriptions and Local Gazetteers as a Resource for Historical Research

Ⅲ Suggestions from a Point of View as History of Comparison

執筆者紹介（掲載順）

須江　隆（すえ　たかし）1963年生。日本大学生物資源科学部教授。博士（文学）。「『呉郡図経続記』の編纂と史料性――宋代の地方志に関する一考察――」（『東方学』第116輯、2008年）、“Revelations of a Missing Paragraph: Zhu Changwen (1039-1098) and the Compilation of Local Gazetteers in the Northern Song China”, *Journal of the Economic and Social History of the Orient,* vol. 52:1, 2009、「修復された碑文「唐縉雲県城隍廟記」――記録保存の社会文化史研究に向けて――」（『立命館文学』第619号［本田治教授退職記念論集］、2010年）など。

アンゲラ　ショッテンハンマー（Angela Schottenhammer）1964年生。ゲント大学東南アジア言語文化学部教授。Prof. Dr. *The Emporium of the World: Maritime Quanzhou, 1000-1400,* Leiden, Boston, Koln: E. J. Brill, Sinica Leidensia 49, 2001、*The East Asian Mediterranean－Maritime Crossroads of Culture, Commerce, and Human Migration,* Conference volume, Wiesbaden: Otto Harrassowitz, East Asian Maritime History 6, 2008、“A Buried Past: The Tomb Inscription (muzhiming) and Official Biographies of Wang Chuzhi (863-923)”, *Journal of the Economic and Social History of the Orient,* vol. 52:1, 2009など。

ティ・ジェ　ヒンリクス（TJ Hinrichs）1961年生。コーネル大学歴史学部助教授。Ph. D. “New Geographies of Chinese Medicine”, in *Osiris, Beyond Joseph Needham: Science, Technology, and Medicine in East and Southeast Asia* (Morris F. Low, ed., 2nd Series, 1998)、“Healing and Medicine in China” in *The Encyclopedia of Religion,* Second Edition, vol. 6 (Lindsay Jones, ed., New York: Macmillan, 2004)、“Governance through Medical Texts and the Role of Print”, in *Knowledge and Text Production in an Age of Print: China 900-1400.* E. J. Brill (Lucille Chia and Hilde De Weerdt, eds., 2011) など。

ジョセフ　デニス（Joseph Dennis）1963年生。ウィスコンシン大学歴史学部助教授。Ph. D. “Between Lineage and State: Extended Family and Gazetteer Compilation in Xinchang County”, *Ming Studies,* vol. 45-6, 2002、“Financial Aspects of Publishing Local Histories in the Ming Dynasty”, *Princeton East Asian Library Journal,* vol. 14:1-2, 2010、“Early

Printing in China Viewed From the Perspective of Local Gazetteers", in *Knowledge and Text Production in an Age of Print: China 900-1400*. E. J. Brill (Lucille Chia and Hilde De Weerdt, eds., 2011) など。

クリスチャン ド ペー (Christian de Pee) 1967年生。ミシガン大学歴史学部准教授。Ph. D. *The Writing of Weddings in Middle-Period China: Text and Ritual Practice in the Eighth through Fourteenth Centuries*, Albany: State University of New York Press, 2007、「試論晩唐至元代仿木結構墓葬的宗教意義」(『考古与文物』 4、2009年)、"Purchase on Power: Imperial Space and Commercial Space in Song-Dynasty Kaifeng, 960-1127", *Journal of the Economic and Social History of the Orient*, vol. 53:1-2, 2010など。

伊原 弘 (いはら ひろし) 1944年生。城西国際大学国際人文学部講師。『宋と中央ユーラシア』(中央公論新社、2008年)、『中国都市の形象』(勉誠出版、2009年)、編著『宋銭の世界』(勉誠出版、2009年)、編著『清明上河図と徽宗の時代——そして輝きの残照』(勉誠出版、2012年) など。

柳 立言 (LAU Nap-yin) 1958年生。中央研究院歴史語言研究所研究員。Ph. D.『宋代的家庭和法律』(上海：上海古籍出版社、2008年)、『宋代的宗教､身分与司法』(北京：中華書局、2011年)、「空白的地方是：〈《名公書判清明集》的無名書判〉(《中国古代法律文献研究》第五輯、2011年) など。

アンナ ヘリセン (Anne Gerritsen) 1967年生。ウォーウィック大学歴史学部准教授。Ph. D. *Ji'an Literati and the Local in Song-Yuan-Ming China*, Leiden: Brill, 2007、"Fragments of a Global Past: Sites of Ceramics Manufacture in Song-Yuan-Ming Jiangxi", *Journal of the Economic and Social History of the Orient*, vol. 52:1, 2009)、"Ceramics for Local and Global Markets: Jingdezhen's Agora of Technologies", in Dagmar Schafer and Francesca Bray, eds., *Cultures of Know-ledge: Technology in Chinese History*, Leiden: E. J. Brill, 2011 など。

サラ シュニーウィンド (Sarah Schneewind) 1964年生。カリフォルニア大学サンディエゴ校歴史学部准教授。Ph. D. *Community Schools and the State in Ming China*, Stanford

University Press, 2006、*A Tale of Two Melons: Emperor and Subject in Ming China*, Hackett Publishers, 2006、（editor）*Long Live the Emperor! Uses of the Ming Founder Across Six Centuries of East Asian History*, Society for Ming Studies, 2008など。

八尾　隆生（やお　たかお）1960年生。広島大学大学院文学研究科教授。博士（文学）。『黎初ヴェトナムの政治と社会』（広島大学出版会、2009年）、「藍山起義と『藍山実録』編纂の系譜――早咲きのヴェトナム「民族主義」――」（『歴史学研究』789号、2004年）、「ヴェトナム紅河デルタ・ニンビン省瑰池社の開拓史――国家と地方官、民との交渉再考――」（『東洋史研究』第66巻第4号、2008年）など。

師尾　晶子（もろお　あきこ）1959年生。千葉商科大学商経学部教授。"The Parthenon Inventories and Literate Aspects of the Athenian Society in the Fifth Century BCE", *KODAI Journal of Ancient History*, 13/14, 2007、「古代ギリシアの石碑――関係性の記録と記憶の共有」（『歴史学研究』第859号、2009年）、「文字と社会」（『西洋古典学研究』第58号、2010年）など。

＊　＊　＊

河合　佐知子（かわい　さちこ）1971年生。南カリフォルニア大学大学院博士課程（歴史学）Ph. D. candidate. "The Lady of the Eighth Ward: Political, Economic, and Military Power of Nyoin during the Twelfth Century, Japan", Master's thesis, University of Southern California, 2007など。

吉田　真弓（よしだ　まゆみ）1958年生。カリフォルニア大学バークレー校東アジア言語文学科卒。文学博士。翻訳：エドワード・H・シェーファー著『サマルカンドの金の桃』（勉誠出版、2007年）、『真訳論語――より良く生きるための言葉』（イースト・プレス、2011年）、書評：林義勝、ゲイル・K・サトウ、寺内威太郎、高田幸男著『アジア周縁から見たアメリカ：1850年～1950年』（アジア教育史学会編『アジア教育史研究』20号、2011年）など。

浅見　洋二（あさみ　ようじ）1960年生。大阪大学大学院文学研究科教授。博士（文学）。

『中国の詩学認識――中世から近世への転換――』（創文社、2008年）、「校勘から生成論へ――宋代の詩文集注釈、特に蘇黄詩注における真蹟・石刻の活用をめぐって――」（『東洋史研究』第68巻第1号、2009年）、「中国宋代における生成論の形成――欧陽脩『集古録跋尾』から周必大編『欧陽文忠公集』へ――」（『文学』第11巻第5号、2010年）など。

山口　智哉（やまぐち　ともや）1974年生。中央研究院歴史語言研究所博士後研究員。博士（文学）。「宋代「同年小録」考――「書かれたもの」による共同意識の形成」（『中国―社会と文化』第17号、2002年）、「宋代郷飲酒礼考――儀礼空間としてみた人的結合の〈場〉」（『史学研究』第241号、2003年）、「宋代地方都市における教育振興事業と在地エリート――紹興新昌県を事例として」（『都市文化研究』第9号，2007年）など。

小二田　章（こにた　あきら）1979年生。早稲田大学大学院文学研究科博士後期課程在学。「「名臣」から「名地方官」へ――范仲淹の知杭州治績にみる「名地方官像」の形成」（『早稲田大学大学院文学研究科紀要』第四分冊第53輯、2008年）、「北宋初期の地方統治と治績記述の形成――知杭州戚綸・胡則を例に」（『史観』第165冊、2011年）、「方志と地域――杭州地域の歴代地方志「官績」項目を例に」（『史滴』33号、2011年）など。

深澤　貴行　（ふかさわ　たかゆき）1977年生。早稲田大学ライティング・センター勤務。「南宋沿海地域における海船政策――孝宗朝を中心として――」（『史観』148、2003年）、「南宋沿海地域社会と水軍将官」（『中国―社会と文化』20、2005年）、「南宋代沿海地域の湾澳と地域社会」（『史観』159、2008年）など。

東アジア海域叢書6

碑《いしぶみ》と地方志のアーカイブズを探る

平成二十四年三月十五日発行

監修　小島　毅
編者　須江　隆
発行者　石坂叡志
発行所　株式会社　汲古書院
〒102-0072東京都千代田区飯田橋二-五-四
電話〇三-三二六五-九七六四
FAX〇三-三二二二-一八四五

富士リプロ㈱

ISBN978-4-7629-2946-5 C3322

東アジア海域叢書　監修のご挨拶

にんぷろ領域代表　小島　毅

この叢書は共同研究の成果を公刊したものである。文部科学省科学研究費補助金特定領域研究として、平成十七年（二〇〇五）から五年間、「東アジアの海域交流と日本伝統文化の形成——寧波を焦点とする学際的創生」と銘打ったプロジェクトが行われた。正式な略称は「東アジア海域交流」であったが、愛称「寧波プロジェクト」、さらに簡潔に「にんぷろ」の名で呼ばれたものである。

「東アジアの海域交流」とは、実は「日本伝統文化の形成」の謂いにほかならない。日本一国史観の桎梏から自由な立場に身を置いて、海を通じてつながる東アジア世界の姿を明らかにしていくことが目指された。

同様の共同研究は従来もいくつかなされてきたが、にんぷろの特徴は、その学際性と地域性にある。すなわち、東洋史・日本史はもとより、思想・文学・美術・芸能・科学等についての歴史的な研究や、建築学・造船学・植物学といった自然科学系の専門家もまじえて、総合的に交流の諸相を明らかにした。また、それを寧波という、歴史的に日本と深い関わりを持つ都市とその周辺地域に注目することで、「大陸と列島」という俯瞰図ではなく、点と点をつなぐ数多くの線を具体的に解明してきたのである。

「東アジア海域叢書」は、にんぷろの成果の一部として、それぞれの具体的な研究テーマを扱う諸論文を集めたものである。斯界の研究蓄積のうえに立って、さらに大きな一歩を進めたものであると自負している。この成果を活用して、より広くより深い研究の進展が望まれる。

東アジア海域叢書　全二十巻

○にんぷろ「東アジアの海域交流と日本伝統文化の形成――寧波を焦点とする学際的創生――」は、二〇〇五年度から〇九年度の五年間にわたり、さまざまな分野の研究者が三十四のテーマ別の研究班を組織し、成果を報告してきました。今回、その成果が更に広い分野に深く活用されることを願って、二十巻の専門的な論文群による叢書とし、世に送ります。

【題目一覧】

1　近世の海域世界と地方統治　山本英史編　二〇一〇年十月　刊行
2　海域交流と政治権力の対応　井上徹編　二〇一一年二月　刊行
3　小説・芸能から見た海域交流　勝山稔編　二〇一〇年十二月　刊行
4　海域世界の環境と文化　吉尾寛編　二〇一一年三月　刊行
5　江戸儒学の中庸注釈　市来津由彦・中村春作・田尻祐一郎・前田勉編　二〇一二年二月　刊行
6　碑と地方志のアーカイブズを探る　須江隆編　二〇一二年三月　刊行
7　外交史料から十～十四世紀を探る　平田茂樹・遠藤隆俊編　二〇一三年六月　刊行予定
8　浙江の茶文化を学際的に探る　高橋忠彦編
9　寧波の水利と人びとの生活　松田吉郎編

10　寧波と宋風石造文化　山川　均　編　二〇一二年三月　刊行予定
11　寧波と博多　中島楽章・伊藤幸司　編　二〇一二年七月　刊行予定
12　蒼海に響きあう祈り　藤田　明良　編　二〇一二年九月　刊行予定
13　蒼海に交わされる詩文　堀川貴司・浅見洋二　編
14　中近世の朝鮮半島と海域交流　森平　雅彦　編
15　中世日本の王権と禅・宋学　小島　毅　編
16　平泉文化の国際性と地域性　藪　敏裕　編
17　儒仏道三教の交響と日本文化　横手　裕　編
18　明清楽の伝来と受容　加藤　徹　編
19　聖地寧波の仏教美術　井手　誠之輔　編
20　大宋諸山図・五山十刹図　注解　藤井　恵介　編

▼Ａ５判上製箱入り／平均３５０頁／予価各７３５０円／二〇一〇年十月より毎月〜隔月刊行予定
※タイトルは変更になることがあります。二〇一二年三月現在の予定

編者のことば

本書は、日本江戸期の中庸注釈を中心として、四書の学とその注釈学を東アジア海域文化交流の展開の中に位置づけ、東アジア近世儒学を捉える視座を革新しようとするものである。

第一部は、四書注釈の特質とその意義を、それがもと生まれた中国を中心化した視座からではなく、中国、朝鮮、琉球、江戸期日本の、相関する東アジア海域文化の全体的展開という視座から論じる。二〇〇八年一二月に大阪大学で開催した国際シンポジウム「東アジアにおける近世の『知』と四書注釈」の論議を発展させたものである。

第二部は、江戸期の代表的な中庸注釈もしくは中庸論について、第一部の論議の成果を取り込みつつ個別に論じる。各書物や議論の内容や論点のポイントを読者に精確に伝えるように配慮し、研究の基礎解説として使用できるように論述した。

市來津由彦・中村春作
田尻祐一郎・前田勉　編

東アジア海域叢書5

江戸儒学の中庸注釈

編者　**市來津由彦**

編者のことば

従来、「外交」と言えば、国家と国家との関係交渉を指すものとして捉えられていた。しかし、前近代社会においては国家対個人の関係や国家と関わりのない個人対個人の関係も重要な「外交」の課題となりうる。そして「外交史料」も同様な問題をはらんでいる。すなわち、国際関係を処理する段階は、皇帝対国王といった君主間の国書のやりとりに加えて、中央政府対中央政府、地方政府対地方政府といった様々な段階があり、「箚子」や「牒」などの書式による文書が数多く用いられている。これらに加えて、商人、僧侶、留学生なども末端の外交を担ったと考えられ、日記、旅行記など多様な「外交史料」が存在する。

本書は、以上のような広義の「外交」、「外交史料」の解明を共通の課題として十～十四世紀の東アジア世界における国際関係のあり方の解明を試みたものである。

平田茂樹・遠藤隆俊　編

外交史料から十～十四世紀を探る　東アジア海域叢書7

編者　**平田茂樹・遠藤隆俊**

編者のことば

鎌倉時代初頭、大陸から渡来した石工たちがいた。彼ら宋人石工は、戦乱で焼亡した東大寺の復興に従事したのである。復興が一段落ついた後、彼らやその子孫たちは、この国に優れた多くの石造物を残した。

本書は、彼らの出自を寧波と措定し、彼の地における石造文化の実態を探った、三年にわたる調査の報告である。

この調査により、寧波には今まで知られていなかった優れた石造文化が存在していたことを日本の学界に明示することができた。さらに、渡日した宋人石工の故地と、その技術的背景を明らかにした。

鎌倉時代は、日本の石造文化における最大の転換期であった。しかし大陸に起源を有する文化は早々に爛熟を迎え、続く南北朝時代には早くも衰亡の途を辿った。

本書がトレースする日本石造文化の根源とその定着に関するプロセスは、ひとり石造文化のみならず、造形文化というものが歩むモデルケースの一つとしても興味深い。

ご一読いただければ幸いである。

山川　均　編

寧波と宋風石造文化

東アジア海域叢書10

編者　山川　均

編者のことば

十世紀から十六世紀にいたるまで、東シナ海を横断して寧波と博多を結ぶ航路が、日中交流のメイン・ルートであった。この寧波—博多航路は、東アジア海域における基幹ルートであるとともに、ユーラシアの東西をむすぶ長距離交易ルートの東端に位置し、周辺海域の交易圏ともリンクしていた。

この寧波—博多航路によって、海商や外交使節が往来し、禅僧たちが渡航して文化交流や情報伝達を担った。また中国の銅銭・陶磁器・絹、日本の金銀や硫黄が運ばれ、東南アジアや朝鮮の物産も転送された。本書ではこうして東シナ海を渡った人・物・文化の移動に着目して、東アジア海域交流の諸局面を描きだしてみたい。第一部では宋元・明代の海上貿易や具体的な物の移動の実態を検討し、第二部では明代を中心に、外交秩序や文化交流の諸相を論じることにしたい。

中島楽章・伊藤幸司　編

東アジア海域叢書11

寧波と博多

編者　**中島楽章・伊藤幸司**